U0513394

广视角·全方位·多品种

权威·前沿·原创

皮书系列为
"十二五"国家重点图书出版规划项目

社会建设蓝皮书

BLUE BOOK OF
SOCIETY-BUILDING

2013 年
北京社会建设分析报告

ANNUAL REPORT ON ANALYSIS OF BEIJING
SOCIETY-BUILDING(2013)

主　　编／陆学艺　宋贵伦

执行主编／唐　军　岳金柱

副 主 编／宋国恺　胡建国

社会科学文献出版社
SOCIAL SCIENCES ACADEMIC PRESS (CHINA)

图书在版编目（CIP）数据

2013 年北京社会建设分析报告/陆学艺，宋贵伦主编.
—北京：社会科学文献出版社，2013.4
（社会建设蓝皮书）
ISBN 978 - 7 - 5097 - 4589 - 2

Ⅰ.①2…　Ⅱ.①陆…　②宋…　Ⅲ.①社会发展 - 研究
报告 - 北京市 - 2013　Ⅳ.①D671

中国版本图书馆 CIP 数据核字（2013）第 086445 号

社会建设蓝皮书
2013 年北京社会建设分析报告

主　　编／陆学艺　宋贵伦
执行主编／唐　军　岳金柱
副 主 编／宋国恺　胡建国

出 版 人／谢寿光
出 版 者／社会科学文献出版社
地　　址／北京市西城区北三环中路甲 29 号院 3 号楼华龙大厦
邮政编码／100029

责任部门／皮书出版中心（010）59367127　　　　　责任编辑／陈　颖
电子信箱／pishubu@ ssap. cn　　　　　　　　　　责任校对／赵敬敏
项目统筹／邓泳红　陈　颖　　　　　　　　　　　责任印制／岳　阳
经　　销／社会科学文献出版社市场营销中心（010）59367081　59367089
读者服务／读者服务中心（010）59367028

印　　装／北京季蜂印刷有限公司
开　　本／787mm×1092mm　1/16　　　　　印　　张／23.5
版　　次／2013 年 4 月第 1 版　　　　　　　字　　数／381 千字
印　　次／2013 年 4 月第 1 次印刷
书　　号／ISBN 978 - 7 - 5097 - 4589 - 2
定　　价／69.00 元

《2013 年北京社会建设分析报告》
编撰人员名单

编委会主任	陆学艺	宋贵伦		
编委会副主任	张 坚	钱伟量	杨 茹	唐 军	李东松
编委会成员	曹飞廉	丁 云	高 峰	胡建国	鞠春彦
	李阿琳	李东松	李 升	李君甫	李晓婷
	刘金伟	陆学艺	钱伟量	宋贵伦	宋国恺
	唐 军	王丽珂	杨桂宏	杨 荣	杨 茹
	岳金柱	张 坚	张 荆	赵丽琴	赵卫华
	朱 涛				
主 编	陆学艺	宋贵伦		
执行主编	唐 军	岳金柱		
副 主 编	宋国恺	胡建国		
撰 稿 人	曹飞廉	韩秀记	何雪梅	胡 备	胡建国
	蒋帮奎	鞠春彦	李君甫	李 升	李晓壮
	李振锋	刘金伟	马晓燕	宋贵伦	宋国恺
	宋 鹏	吴镝鸣	王长红	王丽珂	魏亚萍
	谢振生	谢振忠	熊 煜	徐国红	杨桂宏
	杨 明	杨 荣	尹志刚	岳金柱	张海静
	张 荆	张胸宽	张秀娟	张子谏	赵丽琴
	郑广淼	朱 涛			

主要编撰者简介

陆学艺 男，江苏无锡人，研究员，博士研究生导师。曾任中国社会学会会长，中国社会科学院社会学研究所所长，第八届、第九届全国人民代表大会代表。现任北京工业大学人文社会科学学院院长，中国社会科学院荣誉学部委员，中国农村社会学研究会会长。主要研究领域为社会学理论、社会结构研究和农村发展理论研究。曾就农村实行家庭联产承包责任制、农村改革和发展问题发表了大量的论文、调查报告和著作，主要有《农业发展的黄金时代》、《联产责任制研究》、《当代中国农村与当代农民》、《三农论》、《转型中的中国社会》、《中国社会结构变迁》等。主编了《社会主义初级阶段中的社会学》、《社会学》、《中国社会发展报告》、《中国社会形势分析与预测》、《当代中国社会阶层研究报告》、《当代中国社会流动》和《当代中国社会结构》等著作。曾获国家和省部级奖多次，主持多项国家社会科学基金重大和重点课题研究，包括国家社科重点课题"中国国情丛书——百村经济社会调查"、"中国社会思想史研究"等。

宋贵伦 男，河北人，中共党员，现任中共北京市委社会工委书记、市社会建设工作办公室主任。北京师范大学本科毕业，北京市委党校在职研究生毕业，研究员。历任中央文献研究室秘书处秘书、理论研究组助理研究员，中央宣传部办公厅副处级秘书，北京市西城区委宣传部副部长（挂职）、常务副部长（正处级）、部长，北京市委宣传部副巡视员，北京市委宣传部副部长，北京市社会科学界联合会党组书记、常务副主席（2002 年 8 月破格晋升为研究员）。2007 年 11 月，任北京市社会科学界联合会常务副主席。第十一届全国人大代表（北京）。2012 年 7 月 3 日，当选中国共产党北京市第十一届委员会委员。

唐　军　男，湖北人，博士，教授、硕士研究生导师。北京工业大学人文社会科学学院副院长，社会学学科部主任兼社会学系主任和社会学研究所所长；中国社会学会理事，北京市社会科学院社会管理研究中心专家组成员。主要研究方向为社会学理论、发展社会学、劳工研究、家族研究。主持的研究课题有教育部人文社会科学研究项目"村民自治后的家族问题"、法国国家科学研究中心（CNRS）"国际合作计划"（PICS）资助项目"失业工人：欧洲与中国工业省份的调查研究"、北京市教委人文社会科学重点项目"资本再造与身份重构：对改制国企中转岗职工的社会学研究"等；代表性成果有《蛰伏与绵延——当代华北村落家族生长的历程》、《历史上最具影响力的社会学名著20种》以及《仪式性的消减与事件性的加强——当代华北村落家族生长的理性化》（《中国社会科学》）、《对村民自治制度下家族问题的理论反思》（《社会学研究》）、《生存资源剥夺与传统体制依赖：当代中国工人集体行动的逻辑》（《江苏社会科学》）、"Du licenciement au chômage: l'évolution de l'exclusion sociale que les salariés licenciés subissent en Chine aujourd'hui"；*SANTÉ, SOCIÉTÉ ET SOLIDARITÉ*。

岳金柱　男，社会学博士，中共北京市委社会工作委员会研究室主任，北京师范大学中国社会管理研究院兼职教授，研究方向为社会管理。发表了《建设世界城市背景下推进北京社会组织培育发展和服务管理的思考》《加快推进社会组织管理改革和创新发展的若干思考》《试论社会组织在社会转型中的角色与作用》《完善社会管理格局 健全社会建设体系——对北京社会建设与管理创新的若干思考》等重要论文。

宋国恺　男，甘肃靖远人，博士，副教授、硕士研究生导师。北京工业大学人文社会科学学院社会工作系副主任。主要研究领域：发展社会学、农村社会学、社会结构。主要研究成果：《中国变革：社会学在近代中国兴起的视角》、《从身份农民到职业农民》、《当代中国社会结构》（合著）、《晋江模式新发展》（合著）、《历史上最具影响力的社会学名著20种》（合著）等。主编《新时期新型农民自我教育系列丛书》。主持国家社会科学基金项目"流动人口中自雇佣者社区融合研究"、北京市委组织部优秀人才计划项目"外来流动人口社会融合研究——以建外街道为例"等。"北京市属高等学校人才强教深化计划"中青年骨干人才。

胡建国 男，山东青岛人，博士，北京工业大学人文社会科学学院见习教授、硕士研究生导师、院长助理、社会学系主任。主要研究领域：社会分层与社会流动、劳动社会学、社会建设与管理。主持的研究课题有国家社科基金项目、北京市哲学社会科学规划项目、北京市教育科学"十一五"规划项目等。出版专著两部，在《人民论坛》、《中国党政干部论坛》、《红旗文稿》、《人文杂志》等刊物上发表论文 40 余篇，多篇被《人大复印报刊资料》等刊物转载，参加《当代中国社会结构》、《晋江模式新发展：中国县域现代化探索》等书的编著。中国社会科学院"当代中国社会结构变迁研究"课题组成员。被北京市人力资源和社会保障局表彰为"北京市博士后杰出英才"。

摘　要

本报告是北京工业大学"北京社会建设分析报告"课题组 2012～2013 年度分析报告。

本报告主要利用北京市政府和相关部门发布的权威数据和材料，结合课题组成员的观察和调研，全面总结了 2007 年党的十七大到 2012 年党的十八大五年来北京社会建设所取得的主要成就，分析了 2012 年北京社会建设存在的主要问题，对 2013 年北京未来社会建设的趋势进行了展望，并提出了相应的对策建议。

自 2008 年以来，北京市积极应对国际金融危机影响，及时制定实施一系列稳增长、惠民生的具体措施，克服困难，深化改革，经受住了复杂形势的严峻考验，保持了经济平稳较快发展。经过初步核算，2012 年全市地区生产总值达到 1.78 万亿元，五年年均增长 9.1%；人均地区生产总值提高到 13797 美元，达到中上等收入国家水平。五年来，北京市经济呈现出持续快速增长态势，为推动北京社会建设奠定了良好的经济基础。

2012 年是北京社会建设史上重要的一年，党的十八大提出了全面建成小康社会的宏伟目标，广大居民对北京社会建设提出了新期待新要求。2012 年，北京社会建设态势平稳，人民生活进一步改善，城乡一体的就业格局基本形成，民生建设和社会事业发展建设进一步完善，城乡区域发展更趋协调，社会建设和管理创新开创了新局面。主要体现为经济增速减缓但总体平稳，城乡居民收入持续快速增长，民生事业得到进一步改善，城乡结构进一步调整变动，城乡接合部 50 个重点村改造工程取得新进展，社区建设也取得了新进展。北京社会建设开创了新局面，为全面建成小康社会奠定了重要基础。

当然，在 2012 年，北京社会建设还存在一些问题，如物价上涨问题、居民对公共服务需求的问题、住房问题、交通问题、大气质量问题等。这些问题

既涉及社会公平问题，也是老百姓最关心的民生问题。如何解决这些问题，北京需要在社会建设方面下功夫，尤其是在发展经济的基础上，更加注重社会建设。同时，要努力实现从加强和创新社会管理向全面推进社会建设的重要转变，促进经济社会协调发展。

关键词： 社会建设　社会管理　社会服务　小康社会

Abstract

This report is the 2012 – 2013 annual report of the research group of "Beijing social-building analysis report" of the Beijing University of Technology.

This report mainly used the authoritative data released by the Beijing Municipal Government and relevant departments and materials, combined with the observation and research of the group members. It summarized the main social-building achievements from the 17th National Congress of CPC to the 18th National Congress of CPC comprehensively, analyzed the main problem faced by Beijing social-building in 2012. We forecasted the trend of Beijing social-build in 2013, and proposed the corresponding policy suggestions.

Since 2008, Beijing Municipal government has actively responded to the the impact of the international financial crisis, and developed specific measures around growth maintenance and improvement of people's well-being, conquered difficulties, deepened reform, actively responded to the complexity of the situation, and maintained stable and rapid economic development. After a preliminary accounting, in 2012 the city's GDP reached 1. 78 trillion yuan, average growth of 9. 1% in recent five years, and per capita GDP of $ 13, 797 is close to the level of upper-middle-income countries. During the five years, Beijing's economy showed sustained and rapid growth and laid a sound economic base to promoting Beijing's social-building.

2012 is a landmark year in Beijing social-building history. The 18th National Congress of CPC proposed the grand goal of building a well-off society for all, the majority of the residents look forward new requirements of socia-building of Beijing. In 2012, the trend of social-building in Beijing is steady. People's living standard was further improved. The employment pattern of urban and rural integration has taken shape. The people's livelihood and social undertakings construction was further improved. The development of urban and rural areas was more coordinated. Social-building and management innovation has created a new situation. Economic growth

was slowing down, but smooth overall. The income of urban and rural residents continued to grow rapidly. The people's livelihood has been further improved. Urban and rural structure was further readjusted. The renovation project of 50 major villages in suburban areas has made new progress, and community building also made new progress. Social-building in Beijing has entered a new stage, and has laid an important foundation to building a well-off society for all.

Of course, in 2013, Beijing social-building is also facing some problems, such as price increases, increasing demand for public services, housing problems, transportation, air quality and, other issues. These questions are both issues of social equity and livelihood issues that people are most concerned about. To solve these problems, Beijing needs to work hard in terms of social-building, and, especially on the basis of economic development, pay more attention to social-building. Meanwhile, Beijing should strive to transform itself from strengthening and innovating public administration to promoting social-building and coordinating economic and social development.

Key Words: Social-building; Social Management; Social Service; Well-off Society

前　言

本书是中共北京市委社会工作委员会与北京工业大学合作建立的北京社会建设研究院2013年研究新成果，是北京社会建设蓝皮书系列的第四本，是对北京市2012年度社会建设工作的回顾与总结，也是对2013年北京社会建设前景的展望。

我们自2010年推出第一本北京社会建设蓝皮书以来，总体认为近年来北京更加注重经济社会的协调发展，明显加大了社会建设的力度，社会建设不断取得新成就，北京社会建设正在向积极健康的方向阔步迈进。当然，北京在社会建设方面取得显著成绩的同时，也面临一些突出的问题。因为随着经济社会的发展，人们对就业、养老、教育、医疗卫生、交通住房等最为迫切的基本民生问题，对社会管理问题，对社会事业的发展改革问题等提出了更新更高的要求。

从2007年党的十七大到2012年党的十八大召开的五年中，北京市经济社会经历了持续快速发展的五年，首都改革开放和现代化建设取得令人瞩目的辉煌成就，标志着北京市现代化建设事业的伟大进步，也奠定了未来十年北京市全面建成小康社会的坚实基础。

2013年，北京社会建设将在党的十八大精神的指引下，继续深入推进，做好全面推进社会建设这篇大文章，使广大人民共享改革发展的成果。这也是我们社会建设蓝皮书系列持续关注的大课题。

本书作者主要来自北京工业大学人文社会科学学院，也有几位作者来自北京市社工委、北京市残疾人联合会、北京市信访办、北京市社会科学院、北京市行政学院、大兴区委党校等合作单位。除总报告之外，各位作者的观点只属于作者本人，既不代表课题组，也不代表作者所在单位。

本书的完成离不开北京工业大学党政领导的关心与指导，我们在此表示衷

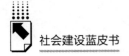

心的感谢。北京工业大学科技处及其他相关职能部处对本课题的实施提供了多方支持，我们对此表示诚挚的感谢。北京工业大学人文社会科学学院领导杨茹、钱伟量等多次参加我们的研讨，在此对他们的鼓励和支持也表示衷心的感谢。

本书由宋国恺、胡建国、刘金伟、李君甫、杨桂宏、朱涛、曹飞廉、谢振忠、韩秀记统稿，由陆学艺和唐军统一修改并定稿。社会科学文献出版社社长谢寿光、皮书出版中心主任邓泳红和编辑陈颖等在协调、编辑等环节做了大量的工作，在此一并表示诚挚的谢意。

编　者

2013 年 3 月 23 日

目 录

BⅢ　社会建设篇

BⅣ　社会管理篇

B V 调查研究篇

皮书数据库阅读 使用指南

CONTENTS

B IV Reports on Social Management

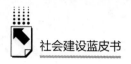

B V Reports on Social Surveys

总 报 告

General Report

B.1

开创社会建设新局面
迈向全面建成小康社会

——2012～2013年北京社会建设分析报告

北京工业大学"北京社会建设分析报告"课题组

执笔人：宋国恺

一 过去五年北京市经济社会发展成就

从2007年党的十七大到2012年党的十八大召开的五年中，北京市经济社会经历了持续快速发展的五年，首都改革开放和现代化建设取得令人瞩目的辉煌成就，标志着北京市现代化建设事业的伟大进步，也奠定了未来十年北京市全面建成小康社会的坚实基础。

（一）首都经济发展迈上新台阶

自2008年以来，北京市积极应对国际金融危机影响，及时制定实施一系列稳增长、惠民生的具体措施，克服困难，深化改革，经受住了复杂形势的严

峻考验，保持了经济平稳较快发展。初步核算，2012 年全市地区生产总值达 1.78 万亿元，五年平均增长 9.1%；人均地区生产总值提高到 13797 美元，达到中上等收入国家水平；地方公共财政预算收入达到 3314.9 亿元，年均增长 17.3%；产业结构进一步优化，生产性服务业、文化创意产业比重分别比 2007 年提高了 5.6 个和 2.1 个百分点，服务业比重由 73.5% 提高到 76.4%；高技术制造业较快发展，都市型现代农业体系初步建立，首都经济的特征更加彰显。五年来，北京市经济呈现出持续快速增长态势。

（二）民生保障水平明显提高

2012 年北京市城乡居民平均收入分别达到 36469 元和 16476 元，年均实际增长 7.5% 和 8.7%，农民收入增速连续四年快于城镇居民。

医疗机构"管办分开""医药分开"改革实现突破，医药卫生体制改革三年任务顺利完成，医疗卫生服务水平不断改善。基本实现了养老保障制度城乡一体化和医疗保险制度城乡全覆盖。

城乡一体的就业格局基本形成，城镇累计新增就业 217.6 万人，登记失业率始终控制在 2% 以内。基本实现了每个困难家庭至少有一人就业。加强老旧小区综合整治，累计提供各类保障房 80 万套，廉租房的保障覆盖面有了很大提高。

全力推进"大民政"建设，民政直接服务对象从 48 万人增加到 284 万人，扩大了近 5 倍。建成民政设施项目 150 个，事业经费由 57 亿元增长到 130 亿元，服务能力明显提高。实施居家养老助残政策和老年人优待办法，推动社会福利向适度普惠型转变。社保相关待遇标准五年提高六次，各项标准均提高 50% 以上。人民群众更好地享受到改革发展成果，生活水平不断提高。

（三）城乡区域发展更趋协调

过去的五年，北京市不断完善惠农富农政策体系。完成农村集体经济产权制度改革和集体林权制度改革主体任务。12 万农民在护林、管水等公益性岗位就业，农民生产生活条件明显改善；城南行动三年计划、城乡接合部 50 个重点村城市化改造成效显著；通州等重点新城建设提速，西部地区转型发展步伐加快，生态涵养发展区活力增强，为实现科学发展打下了坚实基础。

（四）社会建设和服务管理开创新局面

北京市制定实施了全面推进社会建设的意见和规划，率先形成了社会建设四级工作网络。开展社会组织直接登记试点，建立政府购买社会组织服务机制，构建"枢纽型"社会组织工作体系。截至 2012 年底，在全市登记的社会组织中，社会团体有 3426 个，民办非企业单位共 4247 个，基金会共 213 个，上述社会组织主要分布在宗教、法律、文化、教育、工商服务、社会服务等 14 个领域。加强社会工作者和志愿者队伍建设，选聘 7067 名大学生到社区工作。

建立多元化矛盾调解体系，深入开展领导干部接访、下访和社会矛盾排查化解，推进人民调解、行政调解、司法调解有效衔接，连续五年实现信访总量、集体访、联名信三下降。

加强和创新社会管理，网格化服务管理体系建设全面推开，村庄社区化管理分类推进。深入推进"平安北京"建设，完善社会治安防控体系和治安重点地区排查整治机制，加强流动人口、特殊人群服务管理，创新警务模式，首都安全稳定大局进一步巩固。

总之，过去的五年，是北京市推动首都科学发展取得重大进展的五年；是转变经济发展方式迈出坚实步伐，综合经济实力显著增强的五年；是城乡面貌焕然一新，城市服务管理水平明显提升的五年；是保障和改善民生力度最大，人民群众得到实惠更多的五年。

（五）郊区区县经济与社会进一步协调发展

从 2010 年起，"北京社会建设报告"课题组每年对郊区区县社会建设绩效进行综合排名，四年来，郊区 9 区县社会建设排名总体发生了变动。怀柔区社会建设连续四年综合排名第一位，平谷区排名显著上升，顺义区总体保持前列。从 9 个区县经济建设排名和社会建设排名的对比情况来看，多数区县的经济发展与社会建设基本实现了协调发展，甚至有几个区县社

会建设指标优于经济发展指标，表明北京郊区区县基本实现了经济与社会的协调发展。

表1 2008~2011年北京郊县社会建设绩效评估排名变化

	房山	通州	顺义	昌平	大兴	怀柔	平谷	密云	延庆
2008年排名	6	8	2	4	3	1	7	9	5
2009年排名	7	9	4	5	8	1	3	6	2
2010年排名	8	9	5	4	6	1	2	7	3
2011年排名	7	8	3	5	4	1	2	9	6

二 2012年北京市社会建设的总体形势

2012年北京市社会建设态势平稳，人民生活进一步改善，城乡一体的就业格局基本形成，民生建设和社会事业发展建设进一步完善，城乡区域发展更趋协调，社会建设和管理创新开创了新局面。

（一）经济增速减缓但总体平稳

受2008年金融危机的影响，以及为了加快经济发展方式的转变，2011年GDP增速为8.1%，2012年下调为7.7%，创近年新低。尽管2011年的GDP增速为8.1%，2012年的经济增速下调为7.7%，减缓了0.4个百分点，但GDP总量由2011年的16251.9亿元，增加到2012年的17801亿元，增加了近1550亿元；人均GDP由12643美元/人增加到13800美元/人，增幅为1157美元/人。2012年在整体经济环境比较困难的状况下，经济发展取得了与预期相符的增长成绩，实属不易。

2012年12月，北京市居民消费价格（CPI）同比上涨3.5%，这是连续3个月涨幅上涨，同时创下了近8个月新高。从价格月度同比涨幅看，1~12月呈现先降后升的"U"字形态势。而全年CPI同比上涨3.3%，较上年回落2.3个百分点。但仍高于全国涨幅（2.6%）0.7个百分点。

在2012年12月居民消费价格中，服务项目价格上涨4.2%，远超过消费品价格上涨 2.7%。在八大类商品和服务中，食品类、居住类是带动价格上涨的主要力量。其中，居住类价格上涨 8.7%，房租价格上涨 9%，与食品类共同拉动总指数上涨 2.8 个百分点。

（二）城乡居民收入持续快速增长

2011 年全年城镇居民人均可支配收入 32903 元，实际增长 7.2%。农村居民人均纯收入 14736 元，实际增长 7.6%。2012 年城乡居民收入分别达到 36469 元和 16476 元，年均实际增长 7.5% 和 8.7%。2012 年城乡居民收入与 2011 年相比，分别增长了 3566 元、1740 元。

（三）民生事业得到进一步改善

1. 就业形势平稳

2012 年，北京市就业形势平稳，城镇新增就业 43.9 万人，帮助 12.57 万名就业困难人员实现就业，实现 6.66 万名农村劳动力转移就业。

2. 试点"医联体"，为患者节省费用

2012 年北京有 5 家医院试点"医药分开"，平均每人次患者省下了大约 100 元的花费，其中医保基金省下 70 元，个人省下 30 元。首批参加"医药分开"试点的朝阳医院，在取消以药补医的同时，还建立了与区域内二级医院、社区卫生服务中心等基层医疗卫生机构一体化分工合作的区域医疗联合体，即北京朝阳医院集团内的几家医院之间实现了检查结果互认，双向转诊畅通，床位资源统筹使用，以缓解大医院住院难的现况。同时，友谊医院、世纪坛医院也正在试点"医联体"。

3. 继续提高社会救助相关标准

从 2013 年 1 月起，北京市城市低保标准从家庭月人均 520 元调整为 580 元。农村低保最低标准从家庭月人均 380 元调整为 460 元，各区县政府在此基础上制定本区县农村低保标准调整方案。城乡低收入家庭认定标准维持现行标准家庭月人均 740 元。截至 2012 年底，北京市城乡低保对象共约 17.69 万人，其中城市低保共 10.98 万人，农村低保对象共 6.71 万人。本次城乡低保调整后，预计全年增加低保金支出约 1.45 亿元，总计全年城乡低保金支出约

10.66亿元。此次社会救助相关标准的调整，是深入贯彻落实党的十八大精神，千方百计增加城乡居民收入，确保低收入群众的生活水平随着经济社会的发展得到提高而采取的一项具体措施。

表2　北京与全国及部分城市城镇最低生活保障标准比较

单位：元/月·人

年份	2003	2004	2005	2006	2007	2008	2009	2010	2011		2012	2013
全国	149.0	152.0	156.0	169.6	182.4	205.3	227.8	251.2	—		—	—
北京	—	290	300	310	330	390	410	430	480	500	520	580

资料来源：根据民政部网站公布历年相关数据、北京市民政局相关文件数据整理。

（四）城乡结构进一步调整变动

1. 城乡接合部50个重点村改造工程取得新进展

2010年初，市委、市政府启动了城乡接合部地区50个重点村的城市化改造工程。这50个村分布在9个区33个乡镇街道，38个在规划中心城区，12个在规划新城地区。村域总面积约85.3平方公里，涉及户籍人口21.4万人，流动人口超过100万人。改造工程主要包括旧村拆迁、农民转居就业、产业调整升级、回建绿地和市政设施配套建设等方面。经过两年的努力，基本完成了旧村拆迁任务。目前，50个村的回迁安置房建设、整建制"农转居"、集体产权制度改革、拆建还绿等后续各项工作正在按计划推进，其中15个村已竣工入住，5个村部分竣工，27个村共65888人完成了整建制"农转居"，37个村完成了农村集体产权制度改革，共完成拆建还绿面积7231亩。

2. 明晰农村集体土地产权，保障农民权益

2012年，北京市全市已对13个区县、194个乡镇和街道、3953个行政村进行了调查，集体土地所有权登记发证率达到94.3%。未来在集体土地上获得的利益，将借助所有权证和使用权证进行分配。只有产权明晰，才能保证农民集体经济组织、村民未来能得到权益上的保障。几个集体土地数量多的大区中，朝阳区的集体土地所有权登记发证率达到98.88%，延庆县的集体土地所有权登记发证率也达到了97.04%。

2012 年，北京市有 110 万农民取得了按股分红的集体资产性收益，与 2010 年相比，人数翻了一倍还多。目前北京市农村集体资产已达到 4100 亿元，这些并不包括大量的集体山林、集体建设用地、集体土地等资源性资产。如何进一步管好用好农村集体资产资源，保障农民集体资产收益权，促进农民增收，是下一步深化农村改革，破解新型城镇化、"三农"问题的重要环节。

（五）社区建设取得新进展

根据 2009 年《北京市社区工作者管理办法（试行）》规定，社区工作者是"在社区党组织、社区居委会和社区服务站专职从事社区管理和服务，并与街道（乡镇）签订服务协议的工作人员"。为了提高社区管理和服务水平，要求有"政治素质好、业务能力强、服务水平高的专业化、职业化社区工作队伍"。

近几年，随着社区建设工作的进一步加强，北京市社区工作者队伍结构发生了明显变化，社区工作者队伍呈现明显的年轻化、知识化、职业化趋势。2012 年，北京市再一次对社会工作者的工资进行单独调整，社会工作者平均工资上调 800 元。至此，社会工作者工资已连续 4 年累计上调了 2400 元，社工工资水平已经达到了所在区县事业单位工作人员水平，今后不再单独调整。同时北京市已经制定政策，今后社工工资将与事业单位工作人员同步同幅调整，北京市今后不再集中大规模招聘大学生社工，社工招聘将进入常态化。

社区管理机制运行平稳。从 2009 年起，北京市着手在社区推行"两委一站"的机构设置。社区党委领导和统筹社区发展，社区居委会按照法律规定实行居民自治，社区服务站成为政府延伸在社区的公共服务平台。通过机构分设，逐渐调整社区党委、居委会承担的各项职能，将权利和责任相对厘清，同时能根据工作职责，选聘优秀人才加入，确保社区管理与生活服务、党委指导与居民自治相得益彰，和谐发展。

社区服务与管理更加精细化、人性化。2011 年，《北京市社区基本公共服务指导目录（试行）》，共梳理出十大类 60 项社区基本公共服务项目，在全市大力推进并逐步实现社区基本公共服务的全覆盖，在推行社区服务和管理过程中突出精细化和人性化的特点：服务重点人群，敢抓难点问题；服务模式灵活

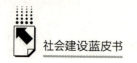

多样，细致周到；服务手段信息化，服务理念创新开放。

社区服务逐渐走向专业化，管理更加科学化。在社区服务中，整合使用社工专业方法，强调适用性和实用性；社区服务管理项目化，注重社区工作的实效性；形成"社区＋社工＋社会组织"三社联动模式，加强社会参与；社区工作者观念从"问题视角"逐步向"优势视角"转换。社区服务相对 5 年前取得了新进展。

三 2012 年北京市社会建设面临的问题和挑战

北京正处在转型发展的关键时期，发展中不平衡、不协调、不可持续问题依然突出。深化改革开放和转变经济发展方式任务艰巨，治理交通拥堵、改善空气质量任重道远，创新社会管理、解决好群众最关心的民生问题还需付出更多努力。

（一）经济增长难度加大，物价形势依然严峻

2013 年地区生产总值增长预期目标是 8% 左右，维持在 8% 左右的增速难度加大。因为在人均 GDP 突破 1 万美元后，继续保持高速增长难度加大。同时 2013 年经济快速增长的余地有限；从发展动力看，北京市还处在调整转型期，新的动力培育还需要一个过程。在要素支撑、资源环境、能源运行、生活必需品保障等方面的压力依然较大。

与此同时，在"8% 左右"的经济增速目标前，北京还面临着"四降"任务，即单位 GDP 能耗下降 2% 以上，二氧化碳排放量下降 2.5% 以上，水耗下降 4% 以上，主要污染物排放量均减 2%，北京转变经济增长方式的任务相当艰巨。市发改委有关负责人表示，综合来看，2013 年北京经济保持稳定增长，有宏观基础，也有实际支撑，完成 8% 左右的增长目标是可行的，但要付出更大努力。

2013 年居民消费价格指数涨幅控制在 4% 左右。2012 年，全市居民消费价格指数涨幅为 3.3%。从涨价因素看，翘尾因素对 2013 年价格指数影响明显，预计在 1.5 个百分点左右；原材料、人工、环境成本刚性上涨也将是长期

趋势；国际输入性通胀压力仍较大；国家或将加快资源环境价格和服务价格改革，北京市也需要疏导部分积累的矛盾。总体而言，综合北京市拉动价格上涨和抑制因素，2013 年居民消费价格指数涨幅控制在 4% 左右的形势依然严峻。

（二）城市防灾能力经受重大考验，改善空气质量任重道远

1. 北京市经受"7·21"暴雨袭击，考验城市防灾能力

2012 年 7 月 21 日午后至 22 日凌晨，北京市普降特大暴雨，房山成为本次特大暴雨的重灾区，人民群众生命和财产遭受严重损失。这次特大暴雨雨量之多、破坏力之大均历史罕见。房山区成为本次特大暴雨的重灾区，平均降雨量为 281.1 毫米，达到百年一遇，全区 2019 平方公里的面积上在 10 小时内共降水 6 亿立方米。平原最大降雨点为房山区城关镇，降雨量达到 357 毫米，山区最大降雨点为河北镇，降雨量达到 541 毫米，为五百年一遇。暴雨造成平原和丘陵地区严重积水，山区引发泥石流，多种灾害同时发生，破坏力极强，在特大暴雨侵袭下，全区 25 个乡镇街道均不同程度受灾，房山区境内 17 条河流，除永定河外，有 16 条河流水位暴涨，其中拒马河洪峰流量达到 2550 立方米/秒，大石河洪峰流量达到 1110 多立方米/秒，全区灾情严重地区近千平方公里。

据初步统计，洪水共冲毁桥梁 60 座，76 条区级以上道路 14 条断路，损毁道路 300 处，共 750 公里，房山连接市区的道路除六环外全部中断。良乡、长阳、城关城区 161 条道路损毁，49 条市政道路塌陷，部分地区水深达 2 米，京港澳高速南岗洼桥水深达 6 米，致使 127 辆车被淹。全区受损房屋 9.6 万间，倒塌 340 间，农作物受灾达 1.2 万公顷，禽畜死亡 17 万只，防洪坝受损 200 公里，农田水利设施损毁 300 处。大雨共造成 12 个乡镇停电，5 个乡镇断水，11 个村道路被毁，村庄与外界联系被隔断，1.3 万户通信中断；全区受灾社区 115 个，受灾村庄 433 个，受灾区属企业 1125 家，停产企业 670 余家，新增地质灾害 99 处。据统计，这次特大自然灾害共造成直接经济损失 88 亿元，受灾人口达到 80 万人，42 人在洪灾中遇难（其中因公殉职 4 人）。

2. 北京市频遭雾霾天气笼罩，空气污染严重

2013 年 1 月，雾霾天气一直笼罩着北京，霾天达到 29 天。而雾霾预警信

号的数量也居其他气候预警信号之首，达到 30 次。这相当于北京市民每隔一天就要经历一次雾霾天气。冬季三个月的雾霾天数主要集中在了 1 月、2 月。在 39 天的雾霾天中，30 天集中在了 1 月和 2 月。雾霾天气造成北京地区空气污染严重，能见度低。2012～2013 年之交成为北京市 60 多年来雾霾最多、最频繁的年份。

大气污染的深层次原因是中国 30 年来快速工业化和城镇化过程积累的高耗能、高排放行业产能过剩和布局不合理、能源消费量过大和以煤为主的能源结构持续强化、城市机动车保有量快速增长、油品质量不高，建筑工地遍地开花、污染控制力度不够、生态环境持续恶化等，主要大气污染物排放总量超过环境容量。

（三）民生事业建设不断面临新问题

这些年来，广大居民持续关注的住房价格不断攀升问题、长期以来的交通拥堵及停车难等交通问题几乎无解。2013 年初，北京市长时段的雾霾天气和大气污染问题成为广大居民关注的新问题。

在改善民生和创新管理中加强社会建设方面，北京市不断面临新问题，广大居民对民生建设问题提出了新期待新要求。我国每年新增失独家庭高达 7.6 万个，目前全国失独家庭已超过百万个，未来有 1000 万失独家庭、2000 万失独老人。其中北京市的失独老人近 8000 名。这些家庭的养老成为突出的社会问题。

另外根据《北京城市独生子女空巢失能父母家庭生活状况调查报告》，西城区 15 个街道办事处所辖的 255 个社区中，每 500 户抽取家庭中至少有一个失能老人的家庭有 305 户。其中，父亲 218 人，失能 186 人，占 85.3%；母亲 278 人，失能 196 人，占 70.5%；父母共计 496 人，失能 382 人，占 77.0%。独生子女家庭的"空巢"失能父母是现代社会中极为特殊的弱势群体，能否为这个弱势群体提供相应的服务也成为突出的社会问题。

四 2013 年北京市社会建设的对策建议

2013 年是全面贯彻落实党的十八大精神的开局之年，是实施"十二五"

规划承前启后的关键一年。首都北京经济社会发展仍存在诸多的不稳定、不确定因素，在就业、社会管理等方面仍面临各种问题和挑战。

北京市在社会建设方面的总体要求是，在改善民生和创新管理中加强社会建设，努力让人民群众过上更好生活，深入推进基本公共服务均等化，加大社会服务管理创新力度，继续办好惠民实事，不断增进人民群众福祉。推进素质教育和义务教育均衡发展，努力办好人民满意的教育；实施就业优先战略和更加积极的就业政策，制定城乡统一的用人单位招用补贴和绿色就业扶持政策，着力提高就业和居民收入水平；落实国家收入分配改革政策，制定实施居民收入倍增计划，建立工资正常增长机制，着力提升中低收入群体的收入水平。落实推进农村经济薄弱地区发展及低收入农户增收的意见，保持农民收入增速快于城镇居民；加快实现社会保障人群全覆盖，稳步提高待遇水平，进一步做好社会保障工作。扩大市级医院医药分开改革范围，优化医疗资源配置和医疗服务体系，提升人民群众健康水平。进一步健全社会管理体制，深化基层社会管理和服务体系建设，创新社会管理和维护首都稳定；严格落实2012～2020年大气污染治理措施，深化以大气为重点的污染治理。

（一）加快转变经济发展方式和巩固扩大内需

加快转变经济发展方式，促进首都经济持续健康发展，充分发挥首都资源优势、服务优势，创新体制机制，加快产业转型升级，调整优化需求结构，增强发展的平衡性、协调性和可持续性。巩固扩大内需，更好地发挥消费的基础作用和投资的关键作用，实现社会消费品零售额、固定资产投资分别增长11%和9%左右。促进消费、建设良好消费环境，鼓励支持网络购物等新型业态发展，推动商贸服务转型升级，扩大文化、娱乐、培训、家政、医疗保健等服务型消费规模。着力促进民生消费，推进家具以旧换新工作，启动15万个小微商户便民金融服务设施建设，延伸保障房入住等住房消费服务。加大民生建设、基础设施、生态环境、防灾减灾等领域投资力度。全力抓好重要商品的供应保障，着力降低流通成本，加强价格监测，整顿市场秩序，保持物价水平基本稳定。

（二）实现更高质量的就业

就业是民生之本，2013年北京市城镇将新增就业人口36万人，全年城镇登记失业率控制在2%左右。促进重点群体就业，建立高校毕业生信息库和岗位需求信息库，深化实名制就业登记，强化创业帮扶，开展好专项服务活动。北京生源高校毕业生就业率将保持在95%以上。全市将实施城乡统一的鼓励用人单位招用补贴政策，在农村地区推广建立社会（绿色）公益性就业组织，将逐步建立政府出资的公益性岗位开发利用机制，充分挖掘各类公益性岗位资源安置城乡就业困难人员，使更多的城乡劳动者能够实现正规就业。除新增就业人口外，北京市还要帮扶9万名城乡就业困难人员就业，确保就业特困人员全部托底安置。全年计划促进登记失业人员和农村劳动力完成就业21万人。

（三）采取新思路新方法改造城乡接合部

尽管北京市五环以内的建设用地只有700平方公里，但整个北京的集体建设用地，即农民掌握的用地有1000多平方公里，这是城乡一体化的出路和希望。北京市在城乡一体化的道路上，改变以往征地、拆迁、上楼、开发、卖地、房地产的老路，在城乡接合部的"城中村"改造中，对集体土地的利用要采取新思路新方法。与过去50个重点村的改造相比，今后的城乡一体化有三个特点：第一，以村集体组织为主，可以引入社会化的方法，引入社会资金；第二，不搞简单的征地、拆迁、上楼、土地入市的模式，而是大量地、长远地进行产业升级，让集体组织管理、经营这个资产，不再是买卖关系；第三，保障农民的生产资料，不涉及农民的耕地，不让农民上楼后成为失地的农民。这样，土地和房屋始终掌握在农民手里，村里不仅有了长久持续稳定的收入来源，还可以解决村民的就业问题。

（四）继续推进各类保障房建设

2013年北京市住房工作的主要目标已经确定，建设筹集各类保障房16万套，竣工7万套，继续推进1000万平方米老旧小区抗震节能综合整治和简易住宅楼改造工作。2012年的保障房建设计划任务与2013年基本持平，为新开工 16 万套，基本建成 7 万套；实际完成了建设收购 18 万套，基本建成 10 万套，配租配售 93 万套，全面超额完成任务。而且公租房规模占比明显提高，占 2012 年配租配售总量的 71%。在 2012 年完成 1500 多万平方米改造任务基础上，目前全市仍有 2800 万平方米老旧小区需进行综合整治。

为了确保各类保障房建设，市政府优先安排保障房供地，确保住宅供地的 50% 以上安排用于保障房建设，特别是部分城市功能拓展区和城市发展新区要从全局出发增加供地，承担"全市统筹"供地保障任务。财政投入将加大力度做好保障房红线外配套和专项资金支持。保障房建设投资中心将发挥投融资平台作用，加强金融创新，加快配租进度，确保全年建设收购保障房 3 万套，实现应租尽租。

（五）进一步加大民生和社会事业建设投入力度

民生和社会事业是社会建设的重要内容和组成部分，民政惠民服务要有新突破。2013 年北京市加大民生和社会事业建设的投入力度，根据实际情况研究制定困难群体收入倍增计划，扩大民政服务覆盖面，实现民生福利水平与经济发展同步增长。

1. 城镇居民大病医保二次报销比例不低于 50%

2013 年，包括"一老一小"和无业残疾人在内的参保人员将可享受相当于"二次报销"的"城镇居民大病医保"。居民医保参保人员如患癌症等 10 种大病，在现有报销基础上如个人负担超过 2 万元，还可以按照一定比例再次报销。目前包括起付线、报销比例等具体方案已提交政府相关部门协调，预计年内即可推行实施。按照 2012 年人保部等六部委联合下发的意见，各地具体报销政策可因地制宜，但实际支付比例应不低于 50%；并且按医疗费用高低分段制定支付比例，原则上医疗费用越高支付比例越高，力争避免城乡居民发生家庭灾难性医疗支出。

2. 实施残疾人服务"一卡通"工程，加强残疾人社会保障和服务体系建设

"一卡通"是即将开发的残疾人身份认证，卡中记录有残疾人的具体信息。目前，残疾人乘公交时需要出示残疾证才能享受免费政策，很多残疾人担心受到歧视而不愿意出示残疾证。为了让更多的残疾人能平等地融入社会，民政局和经信委等单位正在研究残疾人专用的"一卡通",发卡后残疾人可以像普通人一样刷卡乘公交,而不必再出示残疾证。2013 年内,北京市近 42 万持证残疾人有望获得"一卡通",享受免费乘公交、免费游览公园和免费上网等贴心服务。2013 年还将制定出台残疾儿童免费康复、成年残疾人康复补贴等政策。同时,为 2 万名盲人配发生活安全辅助包,为 3.7 万名听力残疾人配发燃气报警器。

3. 建设首批 10 家失独老人养护基地

我国每年新增 7.6 万个失独家庭,目前全国失独家庭已超过百万个,北京市的失独老人近 8000 名。从 2013 年开始,由爱心传递热线与全市 400 家养老机构合作,共同建立失独老人养护基地,每个养老机构将为失独老人及家庭提供标准床位 50 个,并由专业人员对失独老人进行免费的心理疏导。首批将有北京第一社会福利院等 10 家机构建立失独老人养护基地。同时,针对失独老人入住养老院等相关问题,民政部门将开展课题进行专门研究。

(六)治理交通拥堵和提高城市防灾减灾能力

交通拥堵对于北京市来说是个"老大难"问题,治理交通拥堵仍面临诸多挑战。治理北京交通拥堵,需要坚持标本兼治,要求学习借鉴国内外城市成功经验,研究制定新的治堵方案,做到年年有计划、年年有成效。一是加快发展轨道交通,二是提升路网通行能力,三是增强城市交通疏导能力,四是加强停车服务与管理。倡导绿色交通、文明交通理念。

"7·21"特大暴雨山洪泥石流灾害给北京市带来了惨痛的教训,要求进一步提高城市防灾减灾能力。加强高层建筑、人员密集场所等重点区域火灾防控,提高极端天气、地质灾害应对处置能力。细化各类灾害和突发事件应急预案,加强消防、防洪、防震、防疫等设施设备和队伍建设,完善重要物资紧急储备体系,健全快速响应机制。加强中心城区的防洪及雨洪调蓄,做好水系规划衔接,消除排水管道断点盲点,启动西郊砂石坑等蓄滞洪区建设。严格落实新建项目和居住小区雨水控制利用规划,建成一批老旧小区雨水利用设施。大力普及防灾减灾知识,提高市民防灾减灾意识和自救互救能力。

（七）治理雾霾等极端恶劣天气

治理雾霾等极端恶劣天气，从源头进行标本兼治，建立长效机制。一是政府部门要倡导绿色行政，改变 GDP 挂帅的传统发展思路，积极调整产业结构，减少或消除高污染、高耗能、低产出的企业，多引进绿色环保产业。二是在城镇化推进过程中，要尽量在保持城市或农村原有的生态平衡的基础上推进城镇化建设。三是将加强生态文明建设作为重要政绩考核指标之一，强化生态文明建设的政绩考核对保障和发展民生的积极意义。四是要加强环保责任相关制度建设，建立环保地方政府"一把手"负责制。五是政府部门要从自身做起，尽量减少公车使用量。六是倡导绿色出行，加强公交站点和线路调整，重新划定自行车道，倡导绿色、低碳出行，减少拥堵。七是加大造林绿化力度。作为治理 PM2.5 的重要措施，北京市 2013 年 3 月中下旬启动 35 万亩平原造林任务。平原造林任务，将在包括永定河、北运河、潮白河荒滩荒地，京密引水渠和南水北调干线两侧，京平、京开高速公路等两侧建设绿色通道。2013 年，北京还将启动京津风沙源治理二期工程建设，并进行"三北"防护林体系建设。其中，"三北"防护林工程计划人工造林 1.05 万亩。当然造林任务依然繁重。八是要进一步完善与环保有关的法律法规，提高企业污染物排放的市场准入标准，加大对企业违法排污行为的处罚力度，等等。

特　稿

Special Contribution

Special Contribution

B.2
深入贯彻落实党的十八大精神
努力开创首都社会建设新局面
——在 2013 年全市社会建设工作会议上的报告

宋贵伦

摘　要：

　　2012 年和过去的五年，北京市社会建设取得重大成绩，在社会服务、社区管理、社会管理、专业社会工作者队伍建设等方面均有重要突破，北京社会建设基本模式初步形成。2013 年，北京社会建设要继续以保障和改善民生为重点，完善社会服务体系，改革社会体制，创新社会管理，提升社区和社会组织建设水平，提高社工队伍和志愿者工作水平。

关键词：

　　社会建设　北京模式　工作会议

一　2012 年工作情况和过去五年工作的主要体会

2012 年，在市委市政府领导下，全市社会建设工作抓重点、抓协调、抓落实，全面实施"规划纲要"，扎实推进社会服务管理创新，不断完善社会建设科学体系，为迎接党的十八大胜利召开、推动首都科学发展、促进社会和谐做出了应有贡献。主要表现在以下几个方面。

（一）社会服务水平不断提升

坚持以保障和改善民生为重点加强社会建设。公共财政加大投入力度，投入173.4亿元，全面完成了35件市政府为民办实事工作任务。市社会建设领导小组各成员单位按照市委市政府要求和"十二五"社会建设规划"折子工程"，认真落实服务民生各项任务，在社会保障、就业、就学、就医、保障房建设、老旧小区综合改造等方面办了许多实事好事。坚持服务为先，协调市社会建设工作领导小组30多个成员单位完成1322个社区基本公共服务全覆盖任务，累计达到1967个社区，占总数的71%。新建成213个"一刻钟社区服务圈"示范点，累计达到622个，覆盖1116个社区、惠及790万社区居民。着力完善养老服务体系，落实"九养"政策。大力推进公共文化服务体系建设，开展基层公共文化设施服务效能评估，不断丰富群众文化生活。进一步加强便民利民服务体系建设，在117个社区推广车载蔬菜直销模式，解决居民买菜贵、买菜难问题。在600个居住小区开展垃圾分类达标试点工作，涉及16个区县51.46万户。

（二）社会管理精细化深入推进

市委市政府召开全市网格化社会服务管理体系建设推进大会，印发《关于推进网格化社会服务管理体系建设的意见》，在巩固发展东城、朝阳、顺义三区试点成果基础上，在全市各区县162个街道、乡镇开展试点工作，占总数的50%，实现了网格化社会服务管理体系建设的新突破。全市已有27个职能部门将工作力量下沉到网格。十八大安保期间，各区县通过网格报告问题726万件、解决696万余件，解决率达到95.9%。推动实有人口服务管理全覆盖，首次摸清了全市实有房屋的数量与构成，首次实现了实有人口信息的统一整合，首次实现了人房关联和精确定位，首次形成了全市标准地址信息数据库。探索建立了流动人口服务管理双向协作机制，建立了全员人口信息系统，启动居住证制度立法调研工作。大力推进"智慧北京"建设，搭建物联网应用支撑平台，实现医疗卫生、交通等9个部门60类物联信息共享。推进城市基层发现、反馈、解决问题的"微循环"管理机制，市级平台积压案件削减超过50%。重视发挥基层群众在服务管理工作中的主体作用，广泛动员开展交通、治安、环境三大秩序管理整治工作，全面强化对全市187处秩序乱点和240条重点大街九大类问题的整治力度。

（三）社区建设规范化基本实现

社区建设成效显著。经过五年的努力，全市城市社区建设基本实现规范化，并完成首批211个示范点建设任务。完成第二批社区用房建设项目，全市共有2199个城市社区用房面积达到350平方米，占总数的81%。圆满完成全市第八届社区居民委员会选举工作，户代表和直接选举比例达到29.5%，比上届高出18.5个百分点，1668名大学生社区工作者通过选举进入社区居委会，33名"新居民"进入社区居委会。开展"六型社区"创建工作，建成520个示范单位，农村典型示范社区133个。确立501个智慧社区试点，社区网站服务体系建设实现全覆盖。总结推广怀柔、昌平、大兴、房山等区县农村社会服务管理经验，确定134个村庄作为社会服务管理创新试点。推进社区城乡一体化建设，完成500个农村社区服务站标准化建设，基本实现全市农村社区服务站标准化建设全覆盖。朝阳区在老旧小区开展准物业管理试点，海淀区推动物业管理"四方共建"，石景山区推动社区管理"五统一"，平谷区建立社区"微服务"机制等都产生了较好效果。社工队伍建设成效显著。出台《首都中长期社会工作专业人才发展规划纲要（2011—2020年)》，编写《北京市社区工作者培训大纲》，启动"万名社区工作者培训计划"及"社区工作者硕士研究生培养计划"。五年来第三次大幅度提高社区工作者工资待遇，全市社区工作者人均每月核增800元绩效工资，并建立了与本区县全额拨款事业单位职工工资同步同幅增长机制。全市4218人通过全国社会工作者职业水平考试，占全国的近50%，累计达到11723人，由原来的占全国1/10上升占1/8以上。社工事务所累计达到50家。购买第三批共 192 个专业社工岗位。"最美社工""最美慈善义工""感动社区人物"等评选表彰活动产生了广泛深刻的影响。丰台、通州等区县广泛开展社工技能"大练兵"、"大比武"活动并产生了较好效果。西城、密云等区县在街道体制改革中特别是整合协管员队伍方面进行了积极探索，创造了先进经验。

（四）社会组织"枢纽型"工作体系基本形成

推进市级"枢纽型"社会组织规范化建设，不断完善社会组织服务管理。推动"枢纽型"社会组织体系向基层延伸，共认定区县级"枢纽型"社会组织 174 家，不断完善"枢纽型"社会组织工作网络。加大社会组织培育扶持力度，利用市社会建设专项资金购买了 368 个服务项目，试点购买了 200 个社会组织专职管理岗位，为 156 家市级社会组织充实了专业化工作力量。11 个区县设立了社会建设专项资金，共投入 5446 万元购买了 518 项社会组织服务项目。举办"北京公益行——2012 年北京社会组织公益系列活动"，动员 27 家市级"枢纽型"社会组织、16 个区县近万家社会组织参加，全年累计服务城乡居民超过百万人次。市级"枢纽型"社会组织积极发挥作用，通过建立"二级"枢纽、促进社团实体化、建立专业服务机构、开展能力建设、举办品牌活动等方式，不断创新服务管理。西城、朝阳区率先建立区级社会组织服务中心。各区县通过本级"枢纽型"社会组织引导、带动社会组织发展，特别是广泛参与社区治理和社区服务，取得了明显成效。

（五）社会动员机制发挥突出作用

动员社会力量服务保障党的十八大。各有关部门、各区县积极动员起来，集中开展了迎接十八大 10 个专项行动，从社会矛盾排查化解、突出治安问题和社会治安重点地区排查整治、公共安全隐患中的生产安全、公共卫生安全、食品安全排查整治、流动人口服务管理、特殊人群服务管理、社会组织服务管理、城市秩序治理等方面深入开展工作。发挥群防群治工作优势，组织动员 140 万治安志愿者开展"平安志愿行动"，为党的十八大营造了和谐稳定的社会环境。出台《关于在社区、社会组织、新经济组织中进一步加强信访和矛盾纠纷排查化解工作的指导意见》。认真开展公共场所社会文明提示语设置工作，在 10 大类 10000 个重点场所，共设置 100000 条文明提示语，为党的十八大召开营造了良好的社会文明氛围。领导干部、专家学者、普通百姓三支队伍组成的十八大精神宣讲团，深入社会领域宣讲，迅速掀起了学习贯彻新高潮。志愿服务体系不断完善。全市实名注册志愿者达170 万人，11 个区县成立了志愿者联合会。进一步健全应急志愿者管理机制，建立市级应急总队、33 支专项队伍、403 支基层应急队伍。市民劝导队工作稳步推进，共建立市民劝导队 2000 余支、队员约 6 万人。动员社会力量积极参加"7·21"抗洪抢险和"11·3"抗击特大暴雪工作。房山区、延庆县全员动员战斗在第一线，全市社会力量积极动员起来，社区从身边做起，社会组织发挥专业优势，非公经济组织积极捐资捐物，百余家志愿团体组织动员 6 万多人次参与救灾服务，为夺取救灾胜利做出了积极贡献。

（六）社会领域党建广泛覆盖

深入开展社会领域创先争优暨基层组织建设年活动，社会领域表彰了 350 个先进典型，叶青大厦、金诚信矿业建设集团党委、北京市注册会计师协会、北京市福建企业总商会、北京国际城市发展研究院被评为全国创先争优活动先进基层党组织。制定《中共北京市委关于进一步加强和改进非公有制企业党的建设工作的意见》，全面实施"非公企业党建促进工程"，全市新建非公有制企业党组织 855 个。以基层组织建设年为契机，对全市 8210 个非公经济组织和 835 个社会组织进行了分类定级。启动全市社区党建"三级联创"活动，全市各街道、绝大部分乡镇建立了社会工作党委，基本实现社区党建工作区域化。27 家市级"枢纽型"社会组织全部建立党建工作委员会，指导成立党组织 98 个，建立 70 余个党建工作小组，基本实现市级社会组织党建工作全覆盖。圆满完成社区党组织换届选举，1147 名"大学生社工"被选进党组织，换届"直选"比例达到 95.4%，比上届高出 78.7 个百分点。以"学习十八大、加强社会建设"为主题召开座谈会，分别举办了区县局级领导干部、区县社工委书记（社会办主任）、"枢纽型"社会组织负责人、街道工委书记、街道办事处主任、社区党组织书记、"两新"组织党组织负责人等一系列培训班。

总之，在党的十七大精神指引下，在市委市政府领导下，经过 2012 年和过去五年的共同努力，首都社会建设开创了崭新局面，走在了全国前列，站在了新的历史起点上。其主要标志是：北京社会建设基本模式初步形成，基本规模初步形成，积累了许多经验，奠定了坚实基础。

一是基本工作模式初步形成。依托社会工委、社会办建立的社会建设领导小组办公室综合协调机制，"五个更加、一个全覆盖"的工作体系，"1 + 4 + X"的政策体系，网格化、村庄社区化等方式方法，社区"三位一体"、社会组织"枢纽型"、商务楼宇"五站合一"实践模式，等等，取得了一系列创新成果，具有时代特征、中国特色、首都特点的北京社会建设体系框架初步形成。

二是基层基础工作规模初步形成。社区建设规范化基本实现、社会组织"枢纽型"工作体系基本形成、社工队伍建设专业化职业化格局基本实现、志愿者工作队伍建设初具规模、社会领域党建广泛覆盖等，产生较好工作成效，各种基本量化指标任务完成均在 80% 以上，北京社会建设基层基础工作进入"80 后时代"。

三是积累了许多经验。比如，以党建工作为龙头，通过党建工作创新推动社会服务管理创新，以党建工作全覆盖引领社会服务管理全覆盖；着力夯实社区建设、社会组织建设两个基础，构建中国特色社会主义新的社会治理结构；着力建设社会工作者和志愿者两支队伍，形成一支专业化、职业化社工队伍和一支庞大的志愿者队伍；实现商务楼宇"五站合一"全覆盖，把党组织建在商务楼宇，把政府公共服务延伸到商务楼宇，把群团组织引进商务楼宇，打造"铁打的营盘"、服务"流水的兵"；把街道（乡镇）作为社会服务管理创新的主渠道、主力军、主平台；等等，都产生了实实在在的效果。按照中宣部部署，2010 年、2011 年，中央和全国新闻媒体两次集中宣传北京社会建设经验。

四是奠定了坚实基础。社区建设从抓规范化到"1060 工程"（基本公共服务全覆盖）、"一刻钟服务圈"、网格化；社会组织从抓"枢纽型"工作体系到购买服务、建设社会组织孵化中心、开展"公益行"活动；社工队伍建设从实施"大学生社工计划"到三次大幅度提高待遇、培育社工事务所、启动"万人培训计划"；志愿服务从转化奥运志愿者成果到制定实施《志愿者管理办法》、实行实名注册、建设应急志愿服务队伍；购买社会组织服务从购买服务项目到购买管理项目、管理岗位；社会领域党建从成立街道（乡镇）社会工作党委到建立"枢纽型"社会组织党建"3＋1"机制、实现商务楼宇"五站合一"全覆盖；等等，各方面工作一年一个脚印、步步深入，一浪一浪向前推进、滚动发展，有计划、有步骤、有成效地夯实基层社会建设工作基础，使北京社会建设实现了五年上台阶的目标。

这些成绩的取得，得益于市委、市政府的高度重视，得益于北京社会建设体制优势，得益于全市上下的共同参与以及全市社会工作者的共同努力。在此，我谨代表市社会建设工作领导小组办公室，代表市委社会工委、市社会办，向各位领导、各位同志，特别是来自各区县、各"枢纽型"社会组织、各非公有制企业党组织的负责人、各位社区工作者、志愿者表示衷心的感谢，谢谢大家的参与和支持！

学习领会党的十八大精神，回顾过去五年的工作历程，我们深切地体会到：进一步加强新形势下的社会建设，必须搞好顶层设计、形成科学体系，必须加快体制改革、创新服务管理，必须服务保障民生、构建社会和谐，必须夯实基层基础、切实解决突出问题，必须加强综合协调、形成工作合力。与此同时，我们也清醒地认识到：过去取得的成绩还是初步的，工作中还存在不少问题和差距，特别是在完善体制机制、加强统筹协调、推动社会服务管理精细化等方面还有大量工作要做，还有不少差距，还有许多方面需要加强和改进，必须进一步加大工作力度、狠抓工作落实。

二　2013年工作总体思路和重点任务

2013年是全市社会建设工作进入新阶段、迈上新台阶的关键一年。在巩固已有成果、总结已有经验基础上，进一步保持良好的工作状态和精神状态，创造新业绩、开创新局面，使命光荣而艰巨，意义重大而深远。

2013 年全市社会建设工作总体思路是：在市委市政府领导下，深入贯彻党的十八大和市第十一次党代会精神，以保障和改善民生为重点，以社会体制改革为动力，以社会服务管理精细化为着力点，紧紧围绕社会服务更加完善、社会管理更加科学、社会动员更加广泛、社会环境更加文明、社会关系更加和谐和社会领域党建全覆盖的目标，进一步推动社会服务管理创新，进一步开创首都社会建设新局面。

2013 年全市社会建设工作基本要求是：巩固提高，拓展延伸，改革创新，务实高效。即巩固已有成果，提高实际效能，努力实现社会服务管理规范化；拓展工作领域，延伸工作触角，努力实现社会服务管理全覆盖；改革体制机制，创新社会服务管理，努力实现社会服务管理科学化；破解实际难题，务求工作实效，努力实现社会服务管理精细化。

围绕上述总体思路和基本要求，2013 年全市社会建设工作的重点任务如下。

（一）完善社会服务体系，切实保障和改善民生

按照党的十八大要求，社会建设要以保障和改善民生为重点，多谋民生之利，多解民生之忧，解决好人民最关心最直接最现实的利益问题，积极推动就学、就业、就医、提高收入、社会保障等突出问题的解决。按照市委市政府要求，社会建设领导小组各成员单位要着力办好惠民实事，努力满足人民群众过上更好生活的新期待。深入推进基本公共服务、社会公益服务、社区便民服务广泛覆盖，不断提高社会服务水平。推进制定促进养老服务业发展的政策体系，着力构建社会化养老服务体系。加快完善社区服务体系，完成第三批 800 个社区基本公共服务试点建设任务，力争 2013 年实现城市社区全覆盖。再建 200 个"一刻钟社区服务圈"，进一步整合资源，完善便民服务网络。

（二）加快社会体制改革，推动社会服务管理创新

按照十八大"一个围绕、四个加快形成"的目标任务要求，在总结经验基础上，完善思路、加快推进北京市社会体制改革。巩固发展北京市社会建设创新成果，着力推进体制机制创新，健全社会建设领导小组及其办公室统筹协

调工作机制，完善"纵向到底、横向到边"的工作网络。着力推进工作体系创新，制定首都社会建设指标体系，加快形成整体设计、量化管理的工作体系。着力推进社会服务体系创新，完善购买社会服务机制，加快形成政府主导、覆盖城乡、可持续的基本公共服务体系。整合资源、形成合力，集中实施一批惠及民生的重大项目，积极推动和扶持社会企业发展。着力深化街道体制改革，完善基层社会服务管理体系，加快形成统筹协调、条块结合、以块为主的社会服务管理体制，使街道、乡镇社会服务管理骨干的作用得到更好更大的发挥。着力完善社会组织"枢纽型"工作体系，加快形成市、区（县）、街道（乡镇）三级工作网络，加快推进二级"枢纽型"社会组织和区县、街乡"枢纽型"社会组织建设，深化社会组织登记体制改革，加快推进行业协会改革，加快形成政社分开、权责明确、依法自治的现代社会组织体制。着力推进社会管理方式方法创新，加快形成源头治理、动态管理、应急处置相结合的社会管理机制。

（三）提升科学化水平，推进社会服务管理精细化

全面推进网格化服务管理体系建设，积极推动市级层面部门联动整合，指导区县全面落实网格化体系建设任务，基本形成街道乡镇网格化工作全覆盖。切实解决保障民生、实有人口服务管理、环境整治、综治维稳、突发事件应对处置、社会矛盾化解、社会动员、社会心理服务、社会领域党建等突出问题，努力实现社会服务管理精细化。认真组织开展首届"北京城市管理奖"评选工作，提升城市管理科学化水平。加快推进社会建设法治保障，扎实推进社会领域立法，在完善"1+4+X"政策体系基础上，将社会建设纳入法制化轨道，做好《北京市志愿服务促进条例》修订工作，推动"社区办公和服务用房建设与管理"进入立法程序。积极推进依法行政工作，扎实开展社会领域"六五"普法工作。

（四）加强规范化建设，提升社区和社会组织建设水平

完善社区治理结构。进一步健全社区民主自治机制，逐步推广朝阳区准物业管理经验，在老旧小区停车、治安、保洁等方面取得突破。探索建立物业管

理行业联合会，继续开展业主大会及业委会法人制度试点建设。探索开展驻区单位履行社会责任试点工作，完善社区共建共享机制。在基本实现社区建设规范化基础上，再建设200个社区规范化示范点、500个"六型社区"示范单位和100个农村社区建设典型示范社区，启动第三批社区用房建设项目，力争全市城市社区办公和服务用房面积全部达到350平方米。逐步扩大农村社区规范化建设覆盖面，继续建设一批农村社会服务管理创新试点项目，推进城乡接合部重点村的回迁和社区建设工作。完成首批智慧社区建设，启动第二批500个智慧社区建设。加强"枢纽型"社会组织规范化建设。加强政府购买社会组织服务政策和平台建设。加快推进北京市社会组织孵化一中心、多基地工作体系建设，大力扶持、积极培育公益性社会组织发展。深入开展第二届"北京公益行"系列活动。着力抓好社区社会组织建设，加强对全国性社会组织、在京国际社会组织和外地驻京社会组织以及"草根"组织的联系、引导和服务。

（五）加强能力和作风建设，提高社工队伍建设和志愿者工作水平

加强干部队伍作风建设，按照中央和市委部署，在社会领域深入开展"为民、务实、清廉"为主要内容的党的群众路线教育实践活动。认真落实密切联系群众、转变工作作风有关规定。坚持以人为本、关注民生、构建和谐、服务社会，为民多办好事实事。勤政廉政，勤俭办一切社会事业。不断加强能力建设，坚持和完善各级领导干部社会服务管理培训制度。加强社会工作者队伍专业化职业化建设。健全社会工作专业人才工作联席会议制度，加强市、区两级社会工作者联合会建设。实施"万名社区工作者培训计划"和"社工高层次人才培养计划"。探索面向社区工作者定向招录公务员、事业编机制，拓宽社区工作者发展渠道和空间。实施"社工事务所标准化建设工程"，制定《专业社工岗位购买工作指导目录》。加强志愿者队伍建设，提升社会动员能力。进一步发挥志愿者工作联席会、志愿者联合会作用，深化街道志愿服务指导中心、志愿者服务示范站等平台建设，加强志愿者工作的统筹协调和重大问题研究。全面推进志愿者实名注册工作，规范志愿者服务管理。举办志愿服务博览会，促进志愿服务供需有效对接，完善志愿服务项目化管理体系。加强应

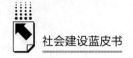

急志愿者队伍建设和服务项目开发。健全社会动员体制机制，抓好 50 个城乡基层自治和公共治理试点。研究制定《北京市突发事件社会动员工作管理办法》。深化市民劝导队工作，开展特色创新项目，健全长效工作机制。

（六）加强党建工作，基本实现社会领域党组织和党的工作全覆盖

成立北京市社会领域党建工作研究会，健全社会领域党建工作联席会机制，推动社会领域党建理论创新和实践创新。完善街道（乡镇）社会工作党委运行机制，实施社区党建"三级联创"，健全社区党建科学考评体系。完善市级"枢纽型"社会组织党建"3＋1"工作机制，指导区县、街道"枢纽型"社会组织加强党建工作。深入推进非公有制企业党建工程，提升规模以下非公有制企业党组织组建率，基本实现非公有制经济组织党组织和党的工作全覆盖。健全非公有制企业党组织书记联席会机制，搞好非公有制企业党建工作的指导和协调。加强非公有制企业党建队伍建设，聘请 1200 名离退休党员干部担任非公有制企业党建指导员。加强商务楼宇工作站示范点建设，提升商务楼宇工作站服务能力。探索建立党员信息卡制度，实施流动党员动态管理。

各位领导、同志们，当前首都社会建设既面临新的发展机遇，又面临新的挑战。让我们以更加良好的精神状态和扎实的工作作风，团结奋进，攻坚克难，开拓创新，全面推进社会建设和服务管理创新，不断满足广大人民群众对幸福生活的新期待，为推进首都科学发展、促进社会和谐，为全面建成小康社会、实现中华民族伟大复兴做出新的贡献。

Implementing the Spirit of the 18th National Congress of CPC and Creating a New Situation of Social Development

Song Guilun

Abstract： Social building in Beijing has achieved the great performances in social service, community governance, social management, social workers in 2012 and last five years. The model of social building of Beijing had taken shape preliminary. In the following year, some steps will been taken with a focus on safeguarding and improving people's livelihood, improving social services, reforming social system, making innovation in social management and community governance, boosting social organizations, and promoting the level of community workers and social workers.

Key Words : Social Building; Beijing Model; Working Meeting

B.3
北京市朝阳区社区工作者队伍建设
及其对社会建设的主观评价调查

"北京市朝阳区社区服务管理创新案例研究"课题组 *

执笔人：魏亚萍

摘　要：

社区社会工作者作为和谐社区建设的直接承担者和社区服务直接提供者应被纳入北京市社会管理系统之中。研究者随机抽取北京市朝阳区 288 名社区工作者，开展了关于"2012 年北京市社会建设与管理情况的看法"的问卷调查。本文从"北京市社区工作者队伍建设情况"，社区工作者对"2012 年北京市社会管理和社会发展形势基本看法"，以及"2012 年我国发展形势的看法"等方面对本次调查结果做出阐释。值得一提的是，社区工作者对 2012 年我国社会形势的评价总体积极向上，绝大多数社区工作者对北京市社会建设的前景充满信心。社区工作者认为物价问题和教育问题是北京市社会发展中最为关注的问题。社区便民服务，老年人服务和社会保障服务最需要政府经费投入。

关键词：

社会建设与管理　社区工作者　评价

一　研究目的

社区是城市管理的基本单元，随着我国城市化进程不断加快，社区在缓解

---

* 该报告属"北京市朝阳区社区服务管理创新案例研究"课题组的研究成果，课题组成员为杨荣、宋国恺、魏亚萍、曹晓鸥等。执笔人魏亚萍，社会学博士，北京工业大学人文社会科学学院副教授。

社会压力，保障社会稳定，促进个人和社会发展等方面功不可没。社区社会工作者作为一支在新形势下应运而生的新兴工作团队，已然成为了社区建设的主体力量，其肩负的责任也越来越重。作为和谐社区建设的直接承担者和社区服务直接提供者的社区社会工作者，理应被纳入现代社会管理系统之中。了解他们对北京市社会建设与管理的基本看法，一方面可以为当前社区发展与建设相关政策的制定提供一定事实依据；另一方面，也能够发现当前社会建设与管理方面的不足之处，表达基层社区工作者对政府管理和服务的诉求与期盼。

二 调查方法与对象

1. 数据收集

2012 年 10～11 月，课题组对朝阳区社区工作者进行了一次问卷调查。本次问卷调查使用访问式问卷法，通过多阶段分层抽样的方法。首先随机抽取了朝阳区的 20 个街道/地区，然后在这 20 个街道/地区中又随机选取了 29 个社区，在每个社区中随机抽取 6～10 名社区社会工作者作为问卷调查对象。本次调查共选取了 300 名社区工作者进行了问卷调查，回收有效问卷 288 份，有效回收率为 96%。

本次调查问卷主要涉及"社区工作者基本工作情况"，社区工作者对"当前社区管理工作的态度和评价"，对"北京市社会建设情况的看法"以及对"2012 年我国社会形势的看法"等四部分内容。在全部问卷调查结束后，研究者对回收问卷进行了检查核实，然后进行数据编码，最后使用社会统计软件 spss17.0 对本次调查的数据进行了统计分析。

2. 样本分布

参加本次问卷调查的 288 名社区工作者中，其中男性 76 人，占 26.4%；女性 212 人，占 73.6%，这也与当前我国社区社会工作者中女性占绝大多数的现状相一致。在所有被调查对象中，35 岁以下的 134 人，占 46.7%；36～34 岁的 90 人，占 31.4%；46～55 岁的 50 人，占 17.4%；55 岁以上的 13 人，占 4.5%。从工作岗位来看，在社区居委会工作的有 122 人，占 48.8%，在社区党委工作的有 29 人，占 11.6%；在社区服务站工作的有 88 人，占 25.2%，在社区其他部门工作的有 11 人，占 4.4%。参加本次调查的社区工作人员学历绝大多数在大专以上（见表 1）。可以说，本次问卷调查样本在性别，年龄，工作岗位和学历 4 个分组中的构成情况基本上与朝阳区实际情况相符，样本具有较好的代表性。

表 1　调查对象学历分布

学历	人数（人）	百分比（%）	累积百分比（%）
高中及以下	26	9.0	9.0
大专	135	46.9	55.9
大学本科	120	41.7	97.6
硕士研究生	7	2.4	100.0
合　计	288	100.0	—

三　调查内容与结果分析

（一）社区社会工作者队伍建设基本情况

1. 性别构成：女性是社区工作者队伍的主力军

参加本次问卷调查的 288 名社区工作者中，其中男性 76 人，占 26.39%，女性 212 人，占 73.61%（见图 1）。这与其他地方及全国的社区工作者队伍男女性别比例失衡情况大致相同。由此可见朝阳区社区工作者仍是女性占七成以上。这是因为传统观念束缚下一些具有相当工作能力的男性还不愿参与到社区工作之中，而且偏低的收入也没有吸引力。

尽管这样的性别结构在全国都很普遍，但诸如社会治安综合治理、流动人口的管理、某些社区纠纷的解决等社区工作，男性社区工作者有着较明显的优势。因而，当前朝阳区男性社区工作者较低的比例会影响到社区工作的开展，这需要引起相关部门的关注。

2. 年龄构成：社区工作者队伍已经呈现出明显的年轻化特点

通过调查数据显示，中青年人成为社区工作队伍的主体。在 288 名参加调查的社区工作者中，35 岁及以下的人员比例占到 46.69%；36~45 岁的社区

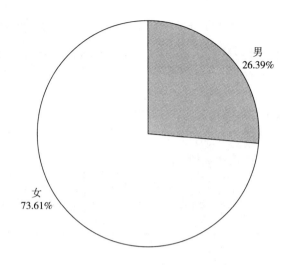

图1 社区工作者性别百分比分布

工作人员占31.36%，45岁以下的社区工作者累计达78%（见图2）。

从年龄结构看，当前朝阳区社区工作者队伍年龄结构合理，实现了老中青三代工作者的有机结合。过去"清一色"的社区"居大爷""居大妈"，已经被大量经过公开考试、直接选举、竞争上岗等方式产生的年轻人所代替。这与近几年采取向社会公开招聘充实社区社会工作者队伍有着密切联系。

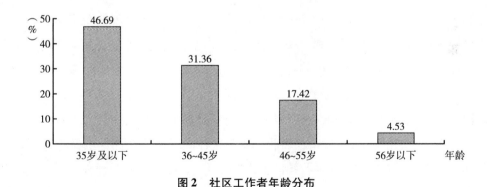

图2 社区工作者年龄分布

3. 政治面貌：党员和共青团员是社区社会工作者队伍中的中坚力量

在参加调查的288名社区工作者中，党员人数达到122人，占38.9%，共青团员56人，占19.4%，两者合计占58.3%。民主党派1人，无党派人士3人。调查数据显示，社区工作者中党员和共青团员占一半以上，充分发挥了党

的先锋模范作用，成为社区工作者队伍的中坚力量，将党的政治优势、组织优
势和密切联系群众的优势在社区建设中得到了很好的体现。

表2　社区工作者政治面貌分布

	人数(人)	百分比(%)	累积百分比(%)
中共党员	112	38.9	38.9
共青团员	56	19.4	58.3
民主党派成员	1	0.3	58.7
无党派人士	3	1.0	59.7
群众	116	40.3	100.0
合　计	288	100.0	

从另一侧面来看，由于社区居民来源分散，且在思想意识、利益诉求和生
活方式等方面呈现出多样化的特点，这就使社区党组织在宣传、教育、联系、
组织、团结群众方面的任务更重而难度大。社区工作者队伍中半数以上为党员
和共青团员，自然成为社区党组织工作得以开展的支撑力量。

4. 文化程度：社区工作者高学历水平与低专业化水平相并存的知识结构

在参加调查的288名社区工作者中，46.9%的人具有大专学历，41.7%的
人具有大学本科学历，而且还有2.4%的人具有硕士研究生学历（见表1）。
高学历的人才加入社区工作者队伍中来，是近1~2年内出现的新变化。相比
全国及其他地区的社区干部，朝阳区的社区工作者文化水平整体相对较高，呈
现出向本科以上学历发展的趋势。

同时，社区工作者的专业化水平处于初步发展阶段。如统计图2所示，
72.79%的社区工作者还没有获得国家社会工作师职业资格，具有中级社工师
职称的社区工作者占7.42%。因此，朝阳区社区工作者在社会工作专业知识
和专业技能方面还有待提高，社区工作者专业化队伍建设亟须加强。

5. 工作年限：社区工作者新从业者居多，工作经验有待增加

在参加调查的社区工作者中，近一半人是新进入社区工作岗位，共124人，
占49.6%，他们从事社区工作的时间为1~3年，社区管理工作的经验较为欠缺。
有4~6年工作经验的社区工作者有71人，占28.4%，7~10年工作经验的29人，
占11.6%，从事社区工作在10年以上的工作经验丰富者只占10.4%（见表3）。

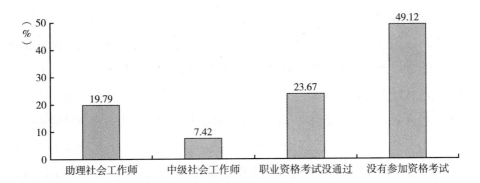

图 3　社区工作者获得社会工作职业资格情况

表 3　社区工作者从事社区工作的年限分布

工作年限	人数(人)	占比(%)
1~3 年	124	49.6
4~6 年	71	28.4
7~10 年	29	11.6
10 年以上	26	10.4
合　计	250	100.0

6. 自我评价：社区工作者的工作满意度高于生活满意度

从本次问卷调查结果可以看出，社区工作者对自己工作和生活的评价总体来说是持积极的，肯定态度。有 57.3% 的社区工作者对自己工作状态表示满意，35% 的人对自己的工作状态评价为一般，7.7% 的人对自己的工作状态不满意。而对自己的生活状态评价，社区工作者中有 49.1% 表示满意，41.1% 的人评价为一般，有 9.8% 的人评价为不满意（见表 4）。

表 4　社区工作者对工作和生活的自我评价情况

	很满意	比较满意	一般	不太满意	很不满意	合计
人数(人)	53	111	100	20	2	286
对自己的工作状态(%)	(18.5)	(38.8)	(35.0)	(7.0)	(0.7)	(100)
人数(人)	37	104	118	22	6	287
对自己的生活状态(%)	(12.9)	(36.2)	(41.1)	(7.7)	(2.1)	(100)

7. 压力来源：收入水平偏低成为社区工作者最主要的压力源

在本次调查问卷中，研究者询问社区工作者最主要的三项压力来源，结果显示：七成以上的社区工作者选择"经济收入低"是其主要的压力来源，三成以上的社区工作者选择了"住房条件差"和"子女教育问题"是其主要压力源。经济收入，住房条件和子女教育均属于基本生活压力，可见社区工作者的日常生活负担较重。对于工作压力，有36.9%的社区工作者选择了"工作负担重"作为其主要压力源。与工作压力相比，对社区工作者来讲生活方面的压力要明显高于来自工作方面的压力。诸如"工作环境"（7.5%），"工作业绩评价不尽合理"（16.2%）和"职业晋升难"（14.5%）这些工作压力源被选中为压力源的比率要远低于"住房条件差"（35.3%），"子女教育问题"（31.5%），"老人赡养问题"（26.1%）等生活压力源（见表5）。

表5　工作生活压力来源分布

压力来源	回答		限选三项的选中率（%）
	人数（人）	百分比（%）	
工作环境差	18	2.5	7.5
工作业绩评价不尽合理	39	5.4	16.2
现工作不适合自己	18	2.5	7.5
工作负担重	89	12.3	36.9
老人赡养问题	63	8.7	26.1
住房条件差	85	11.8	35.3
子女教育问题	76	10.5	31.5
人际关系紧张	5	0.7	2.1
无可以依赖的社会关系	40	5.5	16.6
经济收入低	186	25.7	77.2
协调家庭关系	14	1.9	5.8
职业晋升难	35	4.8	14.5
个人健康状况不佳	23	3.2	9.5

（二）社区工作者对当前北京市社区管理工作的看法

1. 社区网格化管理对社区信息收集、环境保护和治安防控工作最为有效

社区网格化管理是近年来社区管理的一种新型模式，它是一种精细化、动态化、扁平化的管理模式，在一定程度上顺应了信息社会的发展大潮。为了了

解这一新型管理模式在近年社区管理实践中的效用如何，研究者在调查问卷中列出了14类日常社区管理工作，请社区工作者根据自己的工作实践体会依其效用分别选出三项网格化管理最为有效的社区工作。调查结果显示，52.3%的社区工作者认为社区网格化管理第一有效的是"信息收集与管理"。20.8%的社区工作者把"环境保护"排在第二有效的位置，12.6%的社区工作者认为社区网格化管理第三有效的工作是治安防控（见表6）。

表6 社区网格化管理的工作有效性评价

单位：%

工作项目	有效性排序			限选三项的选中率
	第一	第二	第三	
信息收集与管理	52.3	6.1	9.9	69.8
应急处理	9.5	20.3	7.2	37.8
社区党建	2.1	3.0	3.2	8.6
环境保护	13.7	20.8	8.1	41.4
卫生医疗服务	2.5	3.5	5.0	11.3
治安防控	2.9	10.4	12.6	26.1
矛盾调解	0.4	4.8	3.2	7.7
养老助残服务	2.5	5.2	7.7	15.8
青少年教育	0.8	1.3	0.5	2.3
社区清洁	5.4	6.5	11.3	23.4
基础设施修缮与管理	2.1	4.8	10.8	16.7
流动人口管理	4.1	10.0	7.7	21.2
居民组织建设与管理	1.7	2.6	11.7	16.2
社区团委和青年活动	0.0	0.9	1.4	1.8
合　计	100.0	100.0	100.0	300.0

从限选三项的选中率高低排序情况看，社区网格化管理对"信息收集与管理"，"环境保护"，"应急处理"，"治安防控"和"社区清洁"工作收效是较好的，对于"社区团委和青年活动"，以及"青少年教育"这些工作，社区工作者认为社区网格化管理的作用似乎并不大。在社会进入信息时代的大背景下，使用社区网格化管理是对社区及社会进行管理，向社区居民提供服务的一种尝试。如何利用好，发挥出网格化管理的功效是迫切需要社区研究专家学者探讨研究的问题。

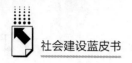

2. 待遇低、工作负担重和经费短缺是制约社区管理工作的主要因素

参加本次调查的社区工作者中，65.9%的人认为目前制约社区管理工作的主要因素是"待遇低影响了社区工作者的工作积极性"，65.1%的人认为"社区工作经费短缺"影响了社区的管理工作，也有65.1%的社区工作者认为"社区承担政府下派的工作任务过重"影响到社区的管理工作。在社区工作者看来，待遇低，工作负担重和经费短缺是制约社区管理工作的最主要的三个因素。除此之外，36.2%的社区工作者认为"居民参与不足"也是制约社区工作的因素，18.5%的社区工作者认为"各类评比众多"影响了社区工作的开展。只有16.8%的社区工作者从个人主观因素方面分析了制约社区管理工作的因素是"个人社工专业知识和技能欠缺"（见表7）。

表7　制约北京市社区管理工作的影响因素

制约因素	回答		限选三项的选中率（%）
	人数（人）	百分比（%）	
社区工作经费短缺	151	21.7	65.1
社区工作者专业知识技能欠缺	39	5.6	16.8
居民参与不足	84	12.1	36.2
社区居民组织发育不完全	33	4.7	14.2
社区党委、社区居委会、社区服务站配合不利	10	1.4	4.3
社区居委会与业主委员会关系不顺	6	0.9	2.6
社区工作者分工不明确	15	2.2	6.5
社区承担政府下派工作任务过重	151	21.7	65.1
工作考评制度不健全	11	1.6	4.7
待遇低影响了社区工作者的积极性	153	22.0	65.9
各类评比众多	43	6.2	18.5
合　计	696	100.0	300.0

值得关注的是，许多学者研究中普遍强调的影响社区管理的"社区组织发育不全""社区工作人员分工不明确"以及"工作考评制度不健全"这三点影响因素，被参加调查的社区工作人员选中为影响因素的比率却是很低，选中率分别为4.7%、2.2%、1.6%。社区工作者在城市社区管理的一线工作，他们对于社区管理有着丰富而真实的感受和体验，也最直接能反映出当前社区工

作的实际情况，但往往因为各种条件限制，使得他们的想法和声音很难被公众和政府相关部门知晓。因此在相关部门制定社会政策和专家学者调研社区管理问题的同时，听取在基层工作的社区工作者声音是必要和必须的。

3. 社区便民服务、老年人服务和社会保障服务最需要政府经费投入和支持

近年来，政府把满足居民需求的社会服务作为社区建设工作的重点，使社区建设得到了社会各方面的支持，资源的合理利用自然在社区管理中成为一个重要问题。研究者在问卷中询问了社区工作者"在社区服务体系中最需要政府经费投入和支持的三项服务"，41.1%参加调查的社区工作者选择了"社区便民服务"，40.7%的社区工作者选择了"老年人服务"，39.4的社区工作者选择了"社会保障服务"，31.4%的社区工作者认为"社区文化服务"亟须政府经费投入和支持，30.5%社区工作者认为"社区环境保护"需要政府投入经费支持。而对于"社区治安服务"、"社会救助和救济服务"和"流动人口管理服务"的被选中率相对不高，分别为22%、29.7%和23.7%。

表8　需要政府投入和支持的社区服务项目

社区服务项目	回答		限选三项的选中率(%)
	人数(人)	百分比(%)	
就业服务	52	7.3	22.0
社会保障服务	93	13.1	39.4
社会救助和救济服务	70	9.9	29.7
社区文化服务	74	10.5	31.4
社区便民服务	97	13.7	41.1
流动人口管理服务	56	7.9	23.7
社区教育	46	6.5	19.5
社区治安服务	52	7.3	22.0
老年人服务	96	13.6	40.7
社区环境保护	72	10.2	30.5
合　计	708	100.0	300.0

4. 各类社区评比是有必要的，在促进社区工作的同时也出现了一些问题

从参加调查的社区工作者中对于各项社区评比的态度来看，绝大多数社区工作者认为社区评比是必要的，仅有9.3%的人认为"没有必要开展"。同时，分别有50.9%和49.1%的社区工作者认为社区评比"有助于社区工作水平的提高"和"有助于社区服务质量提高",43%的社区工作者认为社区评比有"有助于提高社区居民认同"(见表9)。这些评价都说明,当前北京市开展的各类社区评比工作的取得了一定的成效,并且得到了社区工作者的肯定。

另外,众多的社区评比也出现了一些问题。超过1/3的社区工作者认为社区评比"流于形式,多在应付检查""整理评比/检查资料烦琐""增加社区工作负担"。出现的这些问题需要引起相关管理部门的重视,探索并开展"成本低,效果好"的社区评比项目是管理部门在日后工作中需要强调的。

表9 社区工作者对当前各类社区评比的态度

对各类社区评比的评价	回答		多项选择选中率(%)
	人数(人)	百分比(%)	
有助于社区工作水平的提高	142	17.4	50.9
有助于社区服务质量提高	137	16.8	49.1
有助于提高社区居民认同	120	14.7	43.0
有助于改善社区工作者形象	105	12.9	37.6
流于形式,多在应付检查	102	12.5	36.6
增加社区工作负担	99	12.1	35.5
整理各种评比/检查资料烦琐	84	10.3	30.1
没有必要开展	26	3.2	9.3
合　计	815	99.9	292.1

5. 社会工作专业知识技巧有助于社区管理工作水平的提高

在问及社区工作者在"社区管理工作的实践中,社会工作专业知识和技巧的作用"时,31.05%的社区工作者选择了"很有帮助",41.94%的社区工作者选择了"比较有帮助",也就是说,72.99%的社区工作者肯定了社会工作专业知识和技巧在社区工作中的帮助作用。选择"帮助作用不大"和"没有帮助"的被调查者分别占22.58%和1.61%,2.82%的社区工作者选择了"说不清楚"(见图4)。

6. 社区工作者主观感受居民对社区工作的满意度较高

本次问卷调查将社区管理工作归类为10项工作内容,使用5分制满意度测量法,即选择很满意5分,比较满意4分,一般3分,比较不满意2分,很

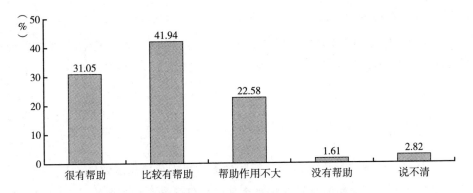

图4 社会工作专业知识和技巧在社区管理中的作用

不满意1分，请被调查者逐项进行评价。研究者通过计算每项工作的满意度主观感受的平均分值，发现社区居民对社区工作者服务态度的满意度最高，居第二至第五满意的依次为"对纠纷的调解""民意表达""社区组织发展""对弱势群体的帮扶""社区治安"。这些工作都处于高度评价区间。相对于其他社区工作，社区工作者主观感受到居民对"便民利民生活服务"，"社区基础设施建设"和"社区环境整治"三项工作的满意度处于中等满意度区间，低于其他项社区工作的满意度（见表10）。

表10 居民对社区工作的满意度

	人数（人）	平均值	标准差
对社区工作者服务态度的评价	245	4.49	0.638
对纠纷调解的评价	244	4.18	0.703
对民意表达的评价	245	4.16	0.767
对社区组织发展的评价	242	4.10	0.798
对弱势群体的帮扶的评价	245	4.09	0.795
对社区治安的评价	244	4.04	0.805
对工作场所舒适状况的评价	244	4.01	0.829
对社区环境整治的评价	246	3.95	0.802
对社区基础设施建设的评价	244	3.92	0.855
对便民利民生活服务的评价	243	3.91	0.858

本次问卷调查中居民对社区工作的满意度评价是由参加调查的社区工作者主观感受判断而得到的，总体上讲社区工作者的主观感受评价较高，所涉及的

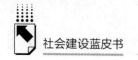

10 项社区工作在近 7 成以上参与调查的社区工作者都主观感受到居民对社区工作是满意的。在 10 项社区工作中，没有一项工作被社区工作者主观感受为不满意，可以认为，参加本次调查的社区工作者能够主观感受到居民对其工作的认可。

（三）社区工作者对 2012 年北京市社会发展形势的基本看法

1. 社区工作者对所在社区居民实际生活水平提高持乐观评价

居民的生活水平最能真实反映一个地区的经济社会发展水平。参加调查的社区工作者对 2012 年自己所在社区居民实际生活水平变化的评价中，认为"上升很多"的占 14.58%，认为"略有上升"的占 38.89%，两者合计达53.47%。也就是说，有一半以上的社区工作者认为所在社区的居民生活水平比 2011 年有所提高改善。有 35.76% 的社区工作者认为"基本持平"，认为"略有下降"和"下降很多"的分别为 10.42%、0.35%（见图 5）。这与2012 年居民消费价格指数涨幅过大，特别是与食品等基本生活资料价格上涨过大有直接的关系。

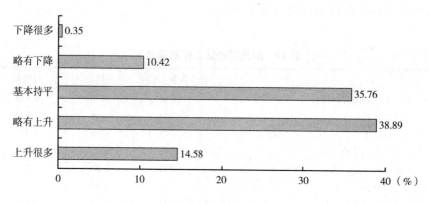

图 5 对社区居民生活水平变化的评价

2. 物价稳定与社会治安稳定是衡量北京市社会形势稳定的最主要标准

改革发展需要稳定、和谐的社会环境。参加调查的社区工作者在对判断2012 年北京市社会形势稳定的标准中，最主要标准的第一选择里，居首位的是"物价稳定"，有 127 人（44.6%）将物价稳定作为评价社会形势稳定的首要标准，这反映出社区工作者对物价稳定在社会稳定所起到的作用达到高度一致的认识。居第二位和第三位的衡量标准是"社会治安稳定"和"生活水平稳定"，分别占32.2%和26.1%（见表11）。这说明在基层工作的社区工作者较为强调和关注关系老百姓日常生活层面的物价和治安在社会形势稳定中的标志性作用。这种选择其实与社区工作者每天工作和服务的内容有关。

表11　衡量北京市社会稳定的标准

单位：%

标准	重要性排序			限选三项的选中率
	第一	第二	第三	
物价稳定	44.6	6.4	10.0	60.7
人心稳定	15.1	12.0	5.0	32.5
社会经济持续稳定发展	6.3	11.3	6.1	23.6
社会治安稳定	10.2	32.2	14.6	57.1
政治稳定	13.7	12.4	12.5	38.6
就业稳定	3.2	12.7	18.2	33.9
生活水平稳定	5.3	11.0	26.1	42.5
领导班子稳定	1.8	2.1	7.5	11.1
合　计	100.0	100.0	100.0	300.0

值得思考的是，被地厅级领导干部高度认同的"社会经济持续稳定发展"这个关键性标准，并没有得到社区工作者的认同。在本次调查中，只有6.3%的社区工作者将"社会经济持续稳定发展"列为判断社会形势稳定的第一标准，11.3%的社区工作者将其列为第二标准，6.1%的社区工作者将经济发展稳定视为第三标准。

3. 物价问题和教育问题是北京市社会发展中最为关注的问题

参加本次调查的社区工作者在对北京市社会发展形势给予充分肯定的同时，也认为当前和谐北京建设中还存在着一些亟待解决的社会矛盾和问题。研究者在调查问卷中列出了19类社会问题，请社区工作者根据社会对问题的关注程度依次选出五项。调查结果显示，社区工作者对2012年北京市和谐社会建设中存在问题的关注程度排序具有明显的层次性。

根据表12的统计结果，可以看出在显示关注程度第一位的选择中，物价

表12 对北京市社会发展存在问题的判断

单位：%

存在问题	严重性排序					限选五项的选中率
	第一	第二	第三	第四	第五	
教育	20.8	4.5	6.7	6.0	4.7	42.9
物价	21.5	15.7	5.6	6.8	6.9	58.2
就业	5.2	17.8	8.5	4.3	3.2	39.2
收入差距	12.2	14.3	17.3	8.9	1.1	54.2
住房	15.3	13.3	14.8	13.5	4.0	60.8
医疗	4.2	10.1	8.8	11.7	11.2	46.5
养老	2.8	4.9	7.4	7.1	12.3	34.4
社会风气	3.5	1.7	5.3	6.0	6.9	23.1
腐败	5.6	4.2	6.3	8.2	6.9	30.4
贫困	0.3	0.3	1.1	2.1	2.5	6.6
政府效率	0.7	2.1	2.5	2.5	3.6	11.7
环境保护	0.3	2.4	2.1	2.8	3.2	10.6
社会治安	1.0	1.4	2.5	4.3	6.9	16.5
交通	5.2	2.8	4.6	8.5	8.7	29.7
城镇拆迁	0.7	1.7	2.5	2.8	5.1	12.1
农民工社会融入	0.3	0.3	2.1	1.4	2.9	5.9
基层财政困难	0.3	0.7	1.4	1.8	3.2	7.7
地区发展差距	0.0	1.4	0.7	1.1	5.4	8.1
其他	0.3	0.0	0.0	0.0	1.4	1.5
合 计	100.0	100.0	100.0	100.0	100.0	500.0

问题是2012年北京市社会形势发展中最为关注的问题，选中率高居榜首，达21.5%。排在第二位至第五位的分别是教育（20.8%）、住房（15.3%）、收入差距（12.2%）和腐败问题（5.6%）。从限选五项的选中率合计超过40%的情况看，选中率从高到低依次排序为住房（60.8%）、物价（58.2%）、收入差距（54.2%）、医疗（46.5%）和教育问题（42.9%）。可以说，这些问题多涉及民生问题，直接影响人民生活水平的提高，尤其是住房已经是全社会高度关注的问题。同时也是今后一段时期内，北京市社会建设需要着力解决的现实问题。

4. 贫富差距和反腐倡廉是社区工作者关注的焦点问题

社区工作者对2012年北京市社会发展的关注点集中在贫富差距、反腐倡廉、住房、收入分配、就业再就业等几个方面。在最关注的三项问题的合计选中率来看，有46.3%的社区工作者选择"贫富差距"是他们最关注的问题，33.7%的人选择了"反腐倡廉"，27.7%的人选择了"收入分配制度"（见表13）。而对于"区域统筹发展"（1.8%）、"外交政策"（2.8%）、"科技发展"（3.5%）等较为宏观政策面上的问题社区工作者的关注度相对比较低。

社区工作者作为社区居民的心理疏导者和居民生活的关心者，在日常工作中会较多地为弱势群体提供服务。自然，贫富差距问题就成为社区工作者的关注问题，有很高的选中率。这也从侧面反映出追求社会公正的社会工作专业价值理念对社区工作者价值判断的影响。

表13　社区工作者最关注的问题

关注问题	回答		限选三项的选中率（%）
	人数（人）	百分比（%）	
反腐倡廉	96	11.2	33.7
就业与再就业	65	7.6	22.8
党的执政能力	27	3.2	9.5
国际形势	24	2.8	8.4
教育资源公平	51	6.0	17.9
党和政府危机应对能力	14	1.6	4.9
科技发展	10	1.2	3.5
外交政策	8	0.9	2.8
区域统筹发展	5	0.6	1.8
城乡社会经济一体化	15	1.8	5.3
贫富差距	132	15.4	46.3
社会治安	32	3.7	11.2
环境保护	32	3.7	11.2
收入分配制度	79	9.2	27.7
公民道德教育	26	3.0	9.1
物价波动	64	7.5	22.5
医疗体制改革	52	6.1	18.2
住房问题	73	8.5	25.6
养老问题	48	5.6	16.8
其他	2	0.2	0.7
合　计	855	100.0	300.0

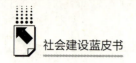

5. 绝大多数社区工作者对北京市社会建设的前景充满信心

社区工作者对当前北京市社会建设的前景主观判断选择中，回答"充满信心"的占58.25%，回答"信心一般"的占38.60%，1.04%的社区工作者回答"不清楚"，1.75%的社区工作者选择"没有信心"（见图6）。这表明绝大多数社区工作者对北京市社会建设的前景持积极、乐观和肯定的态度的。也预示着北京市全面建设小康社会将有一个美好的前景。

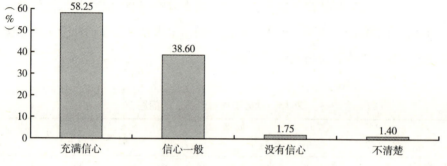

图6　对北京市社会建设的前景信心预期

（四）社区工作者对我国社会形势的基本看法

1. 社区工作者对2012年我国社会形势的评价总体积极向上

在本次调查中，社区工作者对2012年我国社会形势的总体评价情况：近七成社区工作者给予积极肯定的评价，其中认为"非常好"的占23.0%，认为"比较好"的占47.0%，认为"一般"的占25.8%，认为"不太好"的占4.2%（见图7）。

2. 社区工作者对2012年我国政府各领域工作进展情况评价不同

本次调查将2012年我国政府各领域的工作归类设计成10项工作内容，使用5分制满意度测量，即很满意5分，比较满意4分，一般3分，比较不满意2分，很不满意1分，请被调查者逐项进行评价。研究者根据被调查者填答的结果计算出问卷列举的10项政府工作评价的平均值和标准差，从高到低排列（见表14）。如表14所示，参加调查的社区工作者对2012年我国政府有关工作进展情况评价最高的是"政府增强经济发展的措施"，其次是"政府应对突

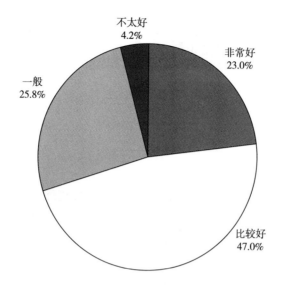

图 7　社区工作者对 2012 中国社会形势的总体评价

发公共事件的能力"，再次是"政府对弱势群体权益的保护"以及"政府整顿社会治安秩序的措施"。评价最低是"政府惩治腐败问题的举措"，倒数第二位的是"政府在调控房价和物价方面的措施"和"当前大学生就业的现状"。社区工作者对政府各项工作进展情况的不同评价，从某种程度上也说明政府这些工作的开展效果是不平衡的，有些工作的成效比较明显，得到群众认可，而有些工作的成效则不那么明显，甚至有些工作的评价比较低，群众的认可度偏低。

表 14　社区工作者对政府工作的满意度评价

	人数（人）	平均值	标准差
政府增强经济发展的措施	285	3.76	0.809
政府应对突发公共事件的能力	284	3.69	0.915
政府对弱势群体权益的保护	285	3.61	0.971
政府整顿社会治安秩序的措施	285	3.60	0.885
政府推行医疗卫生制度改革的措施	284	3.50	0.953
政府处理中日关系的对策	285	3.47	1.063
政府调整收入分配，缩小贫富差距的措施	287	3.37	1.117
我国当前大学生就业的现状	286	3.18	0.874
政府在调控房价和物价方面的措施	287	3.12	1.039
政府惩治腐败问题的措施	286	3.03	1.056
合　计	278	—	—

需要引起警惕的是 27.9% 的社区工作者对政府惩治腐败问题的措施表示不满意，而关系基本民生的房价和物价调控措施也有 26.1% 的社区工作者表示不满（见表 15）。对治理腐败问题任何时候也不能掉以轻心，必须在体制和机制上制定更加切实可行的预防和避免腐败的措施办法，要让群众真正感受到政府反腐倡廉的决心，从而提升其对社会发展的信心。

表 15　社区工作者对政府工作的满意度

单位：%

	非常不满意	比较不满意	一般	比较满意	非常满意	合计
增强经济发展的措施	1.1	2.8	32.6	46.0	17.5	100.0
应对突发公共事件的能力	1.8	7.0	30.3	42.3	18.7	100.0
对弱势群体权益的保护	2.1	10.9	28.4	40.7	17.9	100.0
整顿社会治安秩序的措施	0.7	9.1	35.1	39.3	15.8	100.0
推行医疗卫生制度改革的措施	3.5	8.8	34.9	39.4	13.4	100.0
政府处理中日关系的对策	5.6	10.5	31.9	35.4	16.5	100.0
调整收入分配，缩小贫富差距	3.8	20.6	29.3	27.9	18.5	100.0
我国当前大学生就业的现状	3.1	14.7	50.0	25.5	6.6	100.0
调控房价和物价方面的措施	6.6	19.5	38.0	26.8	9.1	100.0
政府惩治腐败问题的措施	9.4	18.5	38.1	26.9	7.0	100.0

四　对策建议

社区工作者是和谐社区建设的直接承担者、社区服务直接提供者、社区矛盾协调者、社区文化组织者、文明行为引导者、居民心理疏导者、居民就业指导者和居民生活的关心者。他们工作与老百姓的生活紧密相关，他们对于社会建设有着自己独特的感受和中肯的评价。针对本次问卷调查反映出的问题以及社区工作者的特点，提出以下对策建议。

（一）重视加强社区社会工作者队伍的建设，建构有效的培训链

当前政府较为关注和重视的社区社会工作者队伍建设取得了一定成效，社区工作者队伍不断壮大，而且呈现出年轻化和专业化这些可喜的变化。

1. 增强社区社会工作者队伍的稳定性是今后一个时期内社区社会工作者队伍建设的重点

一是要突出工作激励。大力表彰先进典型，在全社会树立良好的社区社会工作者形象，真正形成社区工作大有作为的舆论导向和工作氛围，从而提升社区工作者的职业声望，从而将更多优秀的人才吸引到社区工作的队伍中。二是要突出待遇激励。本次问卷调查中，但凡涉及"个人收入"的选项被选中率都是很高的，这也表达出当前社区工作者工资收入偏低的一个事实。提高社区社会工作者的工资、保险、福利全部列入政府财政预算，确保社区社会工作者福利待遇不低于城镇居民人均可支配收入，从而激发社区社会工作者的工作热情。

2. 搭建有效培训链条

社区工作的性质要求社区工作者具有较强的实务能力，但公开招考录用的社区社会工作者往往存在实践经验相对缺乏、解决实际问题能力高低不一等不足，这些不足需要通过培训得到弥补。虽然政府相关部门都非常重视对社区工作者的培训，但是缺乏建立各类培训之间的有机联系。因此，建议建立不同社区工作岗位的专业知识进修学习横向培训链条，以及不同年龄段社区工作者专业技巧学习和经验交流的纵向培训链条，强调培训的实务应用性，从而促进社区社会工作的职业素养和专业水平的提升。

（二）以社区服务作为全面拓展社区建设的拉动点

社区服务作为社区工作的重中之重在社区建设中发挥了核心的作用，伴随社会现代化进程的发展，居民对于社区服务的需求日渐多样化，这就需要政府在人力，物力和财力三个方面增加对社区建设的投入和支持。通过本次调查结果可以看出，尤其是便民服务，老年人服务和社会保障这三项服务的需求居民人数多，要求迫切，更应该得到社会各方面的支持，以保证服务质量的提高。

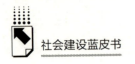
另外，社区服务的对象是生活在社区内的所有居民，有些社区在进行社区服务的过程中，把服务工作的重点放在了保障弱势群体的权益上，却忽视了其他居民的需求，无形中就限制了社区服务的领域，使一些居民无法体会到社区服务带来的好处和便利，从而影响对政府社区建设与管理的评价。因此，社区应该以社区服务作为全面拓展社区建设的拉动点，坚持把提升社区服务质量、丰富社区服务内容作为今后工作重点，让社区居民切身感受到日常生活的变化，积极投入社区建设的队伍中，从而提升社区自身的形象和魅力。

Survey on the Development of Social Workers and the Evaluations upon Social Construction in Chaoyang District in Beijing

Project Team   written by Wei Yapin

Abstract：Community social workers，working for the community and the upsetting of a harmonious society，have been brought into the management system in Beijing. The survey randomly sampled 288 social workers and made a questionnaire on "Your ideas of Beijing's social construction and management in 2012". The article shows the results from the following aspects：social workers team construction in Beijing，their views on the city management and development in 2012，and their views on the state development in 2012 as well. Besides what is worth mentioning is that the social worker's comments on our social forms and policies is positive and most of them are full of confidence of the development of the city，In addition，the social workers considers the education and the price of commodities the key issues and common concerns. And the service for the convinces of the customers should be concerned and financially input，especially for the elderly and the whole social security system

Key Words：Social Construction；Social Workers；Evaluation

社会建设篇

Reports on Social Building

B.4
北京城乡接合部的"城中村"改造分析*

李 升**

摘 要：

2012 年北京城乡接合部发生的重要事件就是基本完成了对 50 个重点城中村的旧村改造，这标志着北京城乡接合部的发展进入到一个新时期。本文主要从改造城中村的人口特征——"本地人—外地人"的二元结构分析出发，通过对城中村个案的研究，指出北京城乡接合部的城中村改造不仅包括本地人的新市民培育问题，还包括大量外地人的服务管理问题，在有效解决问题的基础上稳步推进"本地人—外地人"间的关系转变将是新时期城乡接合部发展的重要课题。

关键词：

"城中村"改造 "本地人—外地人" 新时期

---

* 本文为北京工业大学博士科研启动基金项目资助（项目代码 014000543112521）的阶段性成果。

** 李升，博士，北京工业大学人文社会科学学院社会学系讲师。

2012 年北京城乡接合部发生的最引人注目的事件是完成了 50 个重点村的旧村拆除，两年内基本上完成了 50 个村的城市化改造目标。伴随着回迁安置工作的不断推进，北京城乡接合部的环境正在发生巨大变化，这其中最为重要的就是居住人员结构的改变。由于大量的外来人口集中于北京的城乡接合部地区，因此在这些地区形成了多数的"人口倒挂村"，人员居住密度大、环境差以及管理上的混乱，是这样的城中村显著特征。近年来北京关于城乡接合部的城中村改造大致可分为两个阶段，第一个阶段是以奥运会为契机的已存城区内中脏、乱、差地区，主要集中于奥运场馆周边的城区改造；第二个阶段便是2009 年以改造北坞村和大望京村为试点开始，到 2010 年挂账的 50 个重点村的改造规划实施，主要针对北京城乡接合部地区的城中村改造开始推广开来。

然而，北京城乡接合部地区的"城中村"改造并非易事。这与老城区内的"城市角落"改造有很大不同，涉及的问题有很多，其中核心的问题就是针对不同居民主体的变化应采取如何的管理与服务措施。"城中村"村民的拆迁安置保障问题与大量外来人口的居住需求问题，都给城乡接合部地区的城中村改造提出了巨大挑战。集中于这样的核心问题，北京市采取了相应的城中村改造配套政策，在"北坞模式"和"大望京模式"的经验基础上，尝试发展旧村改造与新村建设相结合"城中村"改造模式。本文主要针对这样的"城中村"改造模式进行实际的分析，由此提出仍然面临的问题以及相关的对策建议。

一 城市化推进城乡接合部的外移

城市中居民主体的变化与城市空间结构的变化紧密相连，根据《北京城市总体规划（2004～2020 年）》，北京市的空间发展结构为"两轴—两带—多中心"，实施中心城市功能区与新城发展战略，由此合理引导城市功能布局，努力构建符合现代化城市发展规律的结构布局，其主要理念就是确定以中心城区发展为主干、集中发展核心功能区，防止无目标方向的"摊大饼"式的城市扩张。尤其是规划中确立的五环与六环之间的绿色隔离带建设，不仅能够起到城市生态建设方面的效用，更具有有效防止城市用地无限制蔓延的意义。

从图1可以看到，绿色隔离带将中心城区环抱于中，覆盖了北京城乡接合部的多数地区。作为城市边缘地区的城中村也由于城市规划开始进行改造。不过,城乡接合部地区的城中村改造不仅仅是单纯的空间改造过程,更是将空间中人口构成进行重组的过程。北京的城市地价决定了改造地区的多数人向城市外围流动,城市化也在推进城乡接合部的外移。

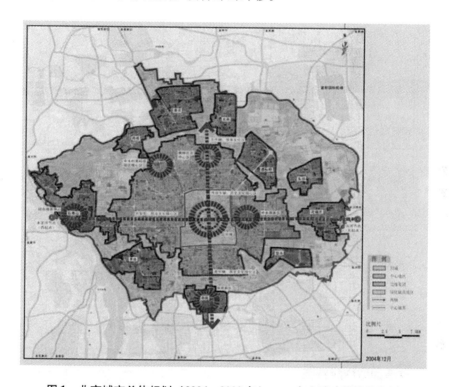

图 1 北京城市总体规划(2004～2020 年)——中心城功能结构规划

资料来源:《北京城市总体规划(2004～2020 年)》,北京市规划委员会,2004 年12 月。

从一些调查报道也可以看到这样的事实,随着北京五环内行政村城市化改造进程加快,流动人口开始向外扩散,城中村外移现象明显,已经由朝阳、海淀、丰台、石景山四个近郊区向与之接壤的大兴、通州、顺义、昌平和房山的环城地区推进。根据第六次全国人口普查的结果,北京常住人口持续增长、并继续向郊区扩散。2011 年末,常住人口 2018.6 万人,户籍人口 1277.9 万人(其中农业人口 264.2 万人、非农业人口 1013.7 万人),而城市功能拓展区和城市发展新区集聚了八成人口。从图 2 可以看出,大量的外来人口集中于北京的城市功能拓展区和城市发展新区，而近年来北京重点改造的城中村也主要分布在这些地区。需要注意的是，尽管北京在城市规划方面尽量在避免"摊大饼"式的城市扩张，但随着大量人口的外移，城中村的外移现象也在同步出现，这是受到城市的整体规划、地租差异以及人口流动等多种因素的影响。

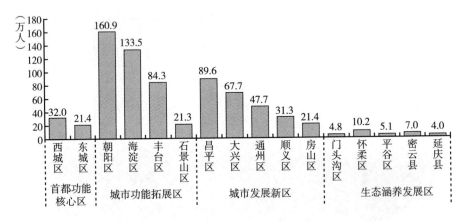

图 2　北京各区县外来人口总量

资料来源：《北京统计年鉴（2012）》。

二　城乡接合部的城中村改造分析

1. 改造的城中村特征

城市化的发展将城市的旧城改造与新区开发有机地联系起来，这也使得城市的整体规划区分出不同的改造与建设类型。概括起来，北京市的"城中村"可分为两类：第一类是指在建成区内环境脏乱的城市角落，分布在北京的旧城区。这部分"城中村"经过奥运会前 3 年的集中整治，公共环境已经有了明显改观。第二类"城中村"主要是指规划市区范围内的行政村。它们大多位于城乡接合部地区，具有人口高度密集，公共设施严重不足，生活环境脏乱差等基本特征，是当前北京市在城乡统筹过程中重点关注和着手改造的地区①。这第二类"城中村"也是本文所主要探讨分析的对象，立足于"城中村"内

---

① 冯晓英：《北京"城中村"改造的调查与思考》，《中国改革论坛》2010 年第 8 期。

的"本地人—外地人"这样的居住主体区分，可以看到改造的"城中村"具有以下明显的特征。

（1）人口构成"倒挂"。城乡接合部的廉价地租吸引了大量外来人口的入住，使得城中村从原先的农村社区转变为移民聚集。比如，朝阳区十八里店乡的十八里店村和吕家营村，本村人口约5000人，外来人口则达约2万人，崔各庄乡的北皋村本村人口1850人，而外来人口也达2万人，而据不完全统计，崔各庄地区的大部分近郊村的本地与外来人口的比率都在1∶10以上，作为重点改造对象的海淀区唐家岭村"倒挂"严重时达到外来人口数是当地户籍人口的约20倍。城中村的居民基本上都是由少数的本地人和大量的外地人构成，他们通过"房东—租客"的租赁关系联系起来，尽管居住在一起，却只是一种纯粹的契约经济关系。

（2）居住人口构成复杂。北京城乡接合部的城中村中的居民除了少数具有当地户籍的本地人外，还有来自外省市的大量外地人。尽管从整体来看大量的外地人来自多个省市地区，但从个别的城中村实际来看，还是形成了同乡同地来的聚集效应，他们更多的是由从事的职业关联在一起。例如，朝阳区的十八里店乡长期形成的家装建材和仓储物流两大经济产业就是由大量外地人的涌入所形成的聚集效应，他们中的多数来自华北和东北地区，也带动了当地的餐饮文化等的发展，如十八里店乡吕家营村的餐饮文化街便是依托当地的家具市场而形成了规模。由于北京的城乡接合部地区形成的家居建材、商品批发、物流仓储、科技园区等的规模效应，因此也吸引了大规模的外来人口入住，地区经济产业和居住人口间具有紧密的相互"推拉"关系。不过，城乡接合部地区的城中村外来人口仍然具有很强的异质性。从北京城乡接合部的整体情况来看，不仅有大量的外来农民工人口，还有依托于科技园区或文化产业区等的大量"北漂""校漂"一族，如海淀区的唐家岭村便是具有这样人口特征的城中村。此外，即便是居住于同一城中村内，外来人口也由于处于经济产业链条的不同位置而形成了阶层分化。

（3）"本地人—外地人"的两种经济行为。城乡接合部的城中村与旧城区内的"都市角落"显著的不同就是经济行为的双重性特征。一是以村本地人为主体的物业租赁活动，不仅包括成立村集体资产合作公司来从事土地租赁、企业招标、物业管理等经济行为，还包括村民个体通过盖房出租从商等的经济行为，也就是通常所说的"瓦片经济"，这些通过户籍与产权的确定而形成界限较为明晰的相对封闭的经济体系。二是作为承租者的外来人口依附于房屋建筑从事的经营行为，这主要是连接与当地的经济产业，并发展出相配套的服务于基本生活需要的其他经济行为，例如，朝阳区十八里店地区主要经济是当地的家居建材市场，也由此发展出了餐饮、物流等的其他经济产业，从表1十八里店乡横街子村的经济收支情况也能够看出一个村内具有的不同经济行为类型。从"城中村"整体来看，"本地人—外地人"的不同居住主体通过土地房屋的租赁期约关系将城中村内部的经济与面向于地区城市的经济连接起来，通过大量外来的聚居，城中村一定程度上形成了自我供给、自我服务的次生经济圈和低层次生活链。一些规模较大的外来人口聚居村已经初步形成了一个相对独立、功能齐全、自我供给、自我服务的小社会[①]。

表1　朝阳区十八里店乡横街子村 2012 年 1～10 月收支比例

单位：%

2012 年	村本身	华盛达金属厂	加油站	海横物流	集体经济	非公经济	私企
总收入	3	2	4	9	18	3	61
总支出	1	2	5	10	17	2	63

资料来源：横街子村村委会公示的 2012 年 1～10 月的收支情况表。

（4）"本地人—外地人"之间的社会关系薄弱。"城中村"中的"本地人—外地人"之间的纯粹经济关系并没有给他们带来密切的社会交往关系，而本地人通过村集体经济的封闭性将外地人排除在外，由于很多的生活福利主要通过村的集体经济资产来分配，因此外地人也被排除在村子的生活福利与社会保障体系之外。正因为如此，"城中村"中的外来人口几乎不参与社区的公共事务，很难拥有参与公共事务的权利。尽管村级社区基层组织对外来人口进行服务与管理，但更多的是表现在维护地区稳定秩序方面，如暂住人口登记、计划生育服务管理、日常安全知识普及以及其他相关的政策法律宣传等。在绝大

---

① 冯晓英：《北京"城中村"改造的调查与思考》，《中国改革论坛》2010 年第 8 期。

多数的日常生活中，本地人与外地人之间并不来往，尽管居住在同一社区，却各自有着属于自己的社会关系网络。此外，由于城中村中的外来人口一部分人是"无根落脚"，时常也会因为生活所迫而形成破坏地区秩序的社会行为，这也促使了本地人对外来人口的冷漠与提防，一些城中村时常因为卫生环境等问题本地人与外地人发生纠纷与矛盾，"本地人—外地人"之间的社会关系非常薄弱。

2. 重点城中村的搬迁

北京城乡接合部的城中村除了具有居住人口方面的核心特征之外，在外在环境方面还具有卫生脏乱、私搭乱建、治安与安全隐患等特征。2010年北京市政府决定对50个市级挂账整治督办重点村进行集中改造，重点在城市居住环境上对城乡接合部的城中村房屋进行"拆除—重建"。2010年启动的50个重点村改造工程是在借鉴"北坞模式"和"大望京模式"经验基础上，本着"政府主导，农民主体、政策创新"的原则，实行"一村一策"①的方式开展实施。50个重点改造村是按照"先难后易"的原则选择出来的，具有"人口资源环境矛盾最突出，社会秩序最紊乱，利益诉求最复杂，城乡反差最明显"的特点。

50个重点改造城中村具体包括朝阳区9个、海淀区8个、丰台区8个、大兴区8个、昌平区7个、通州区4个、石景山区3个、顺义区2个、房山区1个，也就是城市功能拓展区28个，城市发展新区22个。村域总面积85.3平方公里，涉及户籍人口21.4万人，流动人口超过100万人。需要拆迁整理出土地45平方公里，其中7.8平方公里建回迁安置房1500万平方米，3.3平方公里建设620万平方米产业用房发展集体经济，13平方公里回建绿地，16.9平方公里完善城市功能，平衡建设资金，4平方公里建设交通、医疗、卫生、

---

① 政府主导是指政府在"城中村"改造中承担制定规划，集成政策，建设基础设施等宏观指导和落实公共服务职责，从城乡规划、产业布局、基础设施建设、公共服务、劳动就业、社会管理等多个角度、全方位推进城乡一体化进程。农民主体是指保护好农民对集体土地、集体资产方面的权益；引导农民根据区域功能定位，发展有助于发挥当地优势的产业；加强培训，提高农民的就业能力。政策创新是指在落实好已有政策的基础上，在宅基地使用、城乡一体的社会保障和发展绿色产业等方面有所创新。"一村一策"则是在坚持上述原则基础上，根据各村的具体情况，制定好本村发展思路（冯晓英，2010）。

水务等城市基础设施①，拆迁整理的土地类型主要包括绿隔地、国有土地和集体土地。历时两年，北京市 50 个重点村旧村拆除工作已经基本完成，共拆除面积 2530 万平方米。其中拆除住宅产权院 37590 个，面积 1290 万平方米，拆除非住宅单位 4337 个，面积 1240 万平方米②。改造"城中村"的回迁安置楼正在按照"动迁后两年时间回迁"目标加紧施工，已建成 114.1 万平方米，在施 511.8 万平方米，7 个村实现回迁。此外，50 个村全部启动集体经济产权制度改革，已有 37 个完成，量化总资产 73.3 亿元，人均股权 11.4 万元。整建制农转居工作已启动，13 个村已经实现。50 个村还专门制定了集体产业发展意见，加快转变经济发展方式。转移就业、社区建设、绿地回建等工作都在稳步推进当中③。

在重点城中村的搬迁过程中，基层党组织发挥了重要的作用。例如，大兴区在城中村改造进程中，各级党委和基层党组织确立"以人为本、统筹发展、科学管理"的"搬迁精神"，并通过法规和机制的建立宏观引导大兴区城市化的方向和进程。一是建立保障机制以保障搬迁群众的利益，出台了《关于建立搬迁村农民长远利益保障机制的意见》，提出落实服务管理有组织、安置就业有岗位、增收经营有资产、稳定生活有保障的"四有"机制。同时成立"四有办"，保障四有机制的落实。二是提出搬迁村党建工作机制的指导意见，制定《关于在推进城乡一体化发展中加强搬迁村党建工作的意见》，围绕党组织目标、功能、党员作用和工作机制等方面，提出了搬迁村"四个四"党建工作新模式，实现搬迁村"组织不撤、阵地不丢、活动不断、作用不减"。在搬迁过程中，派镇机关干部包村、包户，实行"早餐会""夜谈法"等，推进搬迁进度。在搬迁过渡期，通过就近租借集中办公的等方式，建立"1106""2 + 1 + N"等联系服务群众机制，保证搬迁村党组织和党员联系服务群众不间断。

整体来看，改造后的城中村开始实行社区化管理，回迁社区环境相比之前大为改善，不仅解决了卫生处理难等的历史遗留问题，也促使地区的经济发展方式转变。由于这些重点村地理区位优越，大部分与产业园区比邻。通过改造

---

① 王广双：《北京市城乡接合部 50 个重点村的建设》，《中国发展观察》2012 年第 5 期。
② 《唐家岭复活将建 10 万平方米公租房》，《新京报》2012 年 3 月 11 日。
③ 《北京 50 个重点村建设完成，13 个城中村实现农转非》，《京华时报》2012 年 3 月 3 日。

而腾退出土地与城市功能规划相衔接，与周边高端产业功能区相配套，逐渐开始形成物流商贸、健康休闲、文化创意全新业态，发展金融服务、信息服务、科技服务等高端产业。

3. 城中村本地人的变化

（1）资产的转化

城乡接合部的城中村改造对于当地村民最大的影响就是资产的转化。村集体土地的流转和房屋的拆迁，使得本地人在获得新住房的同时，也获得了相当的搬迁补偿款。由于土地和住房在北京的高资产性，可以说，通过对城中村的拆迁，当地村民获得了相当的资产财富。表2列出了朝阳区两个重点村的搬迁安置情况。从中不难看出，北京的高地价成就了当地村民高资产的获得。一方面村民可以获得安置的新房，另一方面根据所持有的宅基地等土地面积也可获得一定的搬迁补偿金①。

表2　朝阳区两个重点村的搬迁安置情况

	搬迁启动	搬迁安置房面积	搬迁安置房均价	其他补偿
朝阳区崔各庄乡北皋村	2010 年 4 月，列为朝阳区土地储备项目	本乡村民 50 平方米/人，外来人人口 40 平方米/人	安置房均价为 4500 元/平方米，本村村民超出部分均价为 4500 元/平方米，外来迁入人口超出部分按均价 7000 元/平方米购买	按期腾退的村民享受各类补助和补贴，提前搬家奖 5000 元/户
朝阳区十八里店乡十八里店村	2011 年 10 月，列为绿化隔离地区项目	本乡村民 50 平方米/人	安置房的均价是 2800 元平方米，市场价 3900 元/平方米	按期腾退的村民享受各类补助和补贴，周转补贴标准为一居室 1800 元/月，二居室 2700 元/月，三居室 3600 元/月

① 北皋村的房屋腾退补偿及奖励的计算方式为，被腾退房屋补偿费＝宅基地面积×1600 元＋认定房屋面积×600 元＋区位价格补贴费（900 元）＋房屋重置成新价＋奖励补助费。十八里店村被腾退正式房屋补偿及奖励的计算方式为，被腾退房屋补偿费＝宅基地面积×1500 元＋认定房屋面积×800 元＋房屋重置成新价＋奖励补助费。奖励补助费是在奖励期内（第一奖励期30 天，第二奖励期 15 天，超出 45 天没有奖励）签订腾退协议并在规定期限内腾退交房的，享受一些奖励如定向安置奖、工程配合奖、提前搬家奖、搬家补助费、空调移机费、有线电视补助、电话移机费、停产停业补助、物业奖励、院内空地补偿等。

此外，城中村的改造积极推进了村集体经济产权制度改革，通过村集体土地流转等方式，集体资产处置的方式也发生了变化。例如，大兴区在城中村的搬迁改造方面通过成立镇级集体资产经营管理公司，采取委托理财经营、集体购置商业设施等经营模式，统筹管理各搬迁村的集体资产。在重点村搬迁建设中实行了"双轨制"：一方面使农民"转非"后能够享受与城市居民同等的养老、医疗等社会保障；另一方面通过产权制度改革，把集体资产量化成股份，农民变股民，这样农民转非后可以带着自己那部分资产进城，按股份享受资产增值分红。

（2）生活方式的改变

城中村改造使得本地村民的生活方式发生了巨大变化。

一方面是职业身份方面的变化，主要由以前的农民身份转变为现在的城市居民身份，从事的职业活动也由最早的直接依靠土地为生，转变为后期的小生意买卖以及依靠房屋出租等的"瓦片经济"，现今通过土地流转而获得集体资产分红的当地村民也在从事着新的职业。改造"城中村"通过集体土地的"自征自用"，征地安置、定向出让等方式，留出空间保障农民就业，同时组织化的就业管理、系统化的就业服务、定单式的就业培训、多渠道的就业安置，让村民找到适合的岗位。例如，朝阳区崔各庄乡的"城中村"改造就以大望京村改造为试点开展起来，一方面对于那些没有劳动能力或在家待业的人，可以获得每月1300多元的补贴，对于那些仍有劳动能力的人来说，实行转工转居，乡政府给予相应的职业技能培训，可以重新获得工作。

另一方面就是城中村村民居住方式的变化，也就是常说的"农民上楼"。城中村的回迁社区多为楼房住宅，这与村民之前"脚踏实地"的居住生活方式有很大不同，而且回迁社区中都配套有相应的生活服务类设施和便民商业设施。例如，来北家园小区作为重点改造村朝阳区来广营乡北苑村的回迁社区，2012年末村民开始入住，本地村民可根据补偿的房屋面积选择一居或两局等不同类型的住房。小区由8栋6层高的小楼房组成，内有幼儿园、社区服务中心、物业服务中心、邮局、停车位、绿地、休憩活动场所以及门面商铺等。由此，居民身份转变的同时，本地村民的生活也开始转变为城市社区的生活方式。

4. 城中村外地人的变化

由于城乡接合部地区的城中村存在居住人口管理混乱等问题，因此近年来北京都在尝试通过各种方式对大量涌入的外来人口进行调控和管理，重点城中村的改造也成为这样的重要方式。其实从规划城中村改造起始之日起，北京的城乡接合部地区便通过一些方式来调控不断涌入城中村的外来人口，例如，朝阳区推出 10 项措施来调控外来人口，包括限制低端产业发展、拆除违法建设、限制地下空间租住人、减少村集体的出租住人大院、建立人口规模承载预警机制、推行 4 个村的管理模式等①。

北京城乡接合部的城中村改造促使了大量外来人口的再流动和在组织化。城中村房屋的拆迁使得租房和工作于此的外地人不得不重新寻找新的落脚空间，那些与地区经济产业联系密切、经济条件较好的外来者依然可以通过负担较高租金或住房购买在留在当地，不过很多外来者是流向城市更外围的地租廉价的地区。例如，朝阳区十八里店乡的一些"城中村"，外地人长期在此形成的家装建材等的"小作坊"和很多的小餐饮店都面临何去何从的问题，由于改造的当地地租不再廉价，他们需要在附近寻求更为廉价的居住地（如地下室等）或迁往更为外围的地区。

需要看到北京在为外来人口服务管理方面的努力，最重要的体现就是城乡接合部地区的公租房建设。2011 年出台的《关于加强保障性安居工程用地管理有关问题的通知》尽管对农村集体用地兴建公租房作了明确的限制规定，但也提出对于商品住房价格较高、建设用地紧缺的个别直辖市，可按照控制规模、优化布局、集体自建、只租不售、土地所有权和使用权不得流转的原则制订试点方案。此后北京出台的《关于加强本市公共租赁住房建设和管理的通

① 包括：（1）4 平方米模式：采取村规民约的方式，要求平房人均租住面积不得少于 4 平方米，以此改善流动人口的居住环境，提高租房户的收入，从根本上优化租住人员的结构，提升安全感；（2）村集体置换村民原有住宅的白家楼村模式：村集体统一盖了 400 栋二层小楼，置换出村民原有住宅，流动人口数量减少 80%，村环境得到根本改善，违建和低级产业彻底被铲除，租赁收入提高一倍；（3）鼓励拆违建控制低级产业的黑庄户乡模式：以财政反哺的形式鼓励各村拆除违法建设、控制低级产业。由乡政府制定相应指标，凡完成指标的村，由乡政府反补 10% 的年收入。通过这种手段解决了低端产业蔓延的问题，控制了该地区流动人口的增长（《朝阳十项措施调控外来人口》，《京华时报》2010 年 3 月 24 日）。

知》为外来人口的公租房申请提供了指导原则①，这使得北京的唐家岭村成为首批启动集体产业用地建设公租房的试点。唐家岭村建成的公租房除产权归农村集体组织所有外，与其他公租房一样，纳入北京市公租房管理系统。尽管公租房项目经过重重讨论后直到 2013 年初才确定动工，确是重大的突破，一定程度上为大量的外来人口提供了可以落脚的居住环境。

三 新时期城乡接合部发展面临的课题

城乡接合部地区的"城中村"是由于快速城市化而使原农村社区演化而来的一类特殊社区。其原有的人员和社会关系乃至用地等基本保留，仍以土地及其附着物为主要生活来源，但不直接参与到城市经济分工和产业布局，而以初级关系（地缘和血缘）而不是次级关系（业缘和契约）为基础形成的社会空间②。随着北京市城市化进程的不断推展，在面向建设国际化大都市发展的进程中，作为城市空间的重要构成的"城中村"也逐渐面临挑战。北京城乡接合部地区的"城中村"不仅仅是由外在的客观环境条件形成一定的地理空间，而已经由本地人和外地人各自的常年生活与关系交往形成了一定的社会空间。因此，对于这些"城中村"的治理与改善，应当不仅仅是改造外在环境的问题，而是要从根本上有效改变其社会空间结构的问题。

从北京城乡接合部的"城中村"人口构成来看，由于具有"本地人—外地人"的二元结构特征，因此城中村改造也就需要兼顾两个方面的改变。一方面是城中村中的本地人的生活改变，主要涉及的是城乡接合部地区的农民向新市民的转化问题，另一方面是城中村中的外地人的生活改变，主要涉及的是大量外来人口的服务管理问题。在北京面向现代化都市发展，城市居住空间进

---

① 《关于加强本市公共租赁住房建设和管理的通知》，京政发〔2011〕61 号，说明了外来人员申请公租房的原则：外省市来京连续稳定工作一定年限，具有完全民事行为能力，有稳定收入，能够提供同期暂住证明、缴纳住房公积金证明或参加社会保险证明，本人及家庭成员在本市均无住房的人员。具体条件由各区县人民政府结合本区县产业发展、人口资源环境承载力及住房保障能力等实际确定。产业园区公共租赁住房主要用于解决引进人才和园区就业人员住房困难，具体申请条件由产业园区管理机构确定并报区县人民政府批准后实施。

② 李志刚、顾朝林：《中国城市社会空间结构转型》，东南大学出版社，2011，第 227 页。

入社区化管理的新时期,北京的城乡接合部地区需要在培育新市民的基础上,有效解决本地人的生活方式改变和大量外来人口的安居问题,通过促进外来人口融入城市社区来稳步推进本地人与外地人间关系转变,以此构建和谐有序的城市社区新秩序。

1. 本地人的新市民培育

在作为生存方式的职业方面,尽管"城中村"的本地人实现了资产转化并有些获得了新的职业,但从事的工作依然较为低端,更多的还是依靠集体资产分红来获得生活来源。本地村民在向城市"新市民"转变的同时,失去了长时间赖以生存的土地,由于城市文化知识与职业技能等的缺乏,本地人的就业存在困境,这就需要实现"再就业"的新方式。一方面可以通过建立新的"集体产业"来吸纳当地的劳动力,既包括招引外面企业机构入驻,也包括挖掘当地经济资源或进一步发展地区已经成熟的经济产业。另一方面提倡本地村民积极的进入城市的劳动力市场寻求职业,通过职业技能培训和职业中介服务等方法有效引导本地人进入到城市职业工作模式中。由此,既可以有效避免本地村民"坐等吃地"的消极被动行为,又能够长期可持续的推动地区经济的发展以及"新市民"的职业发展。

在作为生活方式的居住方面,"上楼"以及社区化的居住环境对长期居住在城中村的本地村民的日常生活产生了重大影响。一方面是从以前的"各扫门前雪"的分散居住形式转变为同一社区空间的集中居住形式,社区公共空间意识的缺乏对居住环境产生了不良影响。在一些改造后的集中居住社区中,楼道空间乱占、小区垃圾乱放、公共设施不爱惜、卫生意识缺乏甚至要求"绿地种田"等的事件时有发生。另一方面,本地人长期以来形成的农村生活方式极大的挑战新的社区秩序形成,主要体现在熟人关系网络在社区中的再次构建、婚丧嫁娶等的民俗民风对城市社区内的维持、日常生活中的文化娱乐活动开展以及对作为社区管理新方式"物业"的认知等方面。

2. 外来人口的安居保障

"城中村"改造中的外来人口安置问题始终是城市面临的重要难题,处置不善则可能引发"新城中村"的扩张、人口流动秩序混乱、对地区乃至城市经济产业产生不良影响等诸多问题。由于存在户籍等的社会体制制约,长期居住在城中村中的外地人不能像本地人一样在改造搬迁后获得经济利益和生活保障服务，必须寻求新的生活方式。城中村改造不能将大量的外来人口"排斥"在外，必须在保障本地人生活的同时，兼顾大量外来人口的生活需求：他们或需要新的居住空间、或需要再次的就业机会、或需要医疗教育等的社会保障服务等。

基于此，一方面可以根据城乡接合部地区的实际经济发展情况，鼓励对地区有利的经济产业发展，可以通过集中规模产业、区域功能分化、对个体经营的规范化指导以及相应的就业服务管理等方式，既促进地区经济发展的同时，又能够保证地区外来人口的就业。另一方面需要给城市外来人口提供一定的可供生存的居住空间，正如唐家岭村在集体产业用地上建设公租房，既可以保障本地人的长期收益，又为外来人口提供了可以安居的空间。此外，在"安居乐业"的基础上，还需稳步推进外来人口在地区的医疗、教育、养老等的社会保障服务体系建立，从而促进地区整体的社会保障制度完善。

3. 破解"本地人—外地人"的结构难题

进入到城中村社区化管理的新时期，如何构建和谐的"本地人—外地人"间的社会关系仍旧是需要持续考虑的问题。城中村改造前形成的本地人与外地人间的薄弱社会关系使得各自生活在各自的社会空间，时常还由于某一事件引发二者的冲突和对抗。尽管通过城中村改造消除了这样的社会关系，不过进入到新的城市社区之后，仍会有大量外来人口入住，他们或是长期居住于此外地人、或许是新迁移来的外地人，这就需要在同一社区居住空间内建构新的社会关系。

基于此，一方面需要在新时期进行新市民培育的前提下，稳步推进外来人口对城市社区的融入。正如民政部发布《关于促进农民工融入城市社区的意见》[①]，便包含了这样的重要内容。尽管《意见》主要关注的是城市农民工群体，但对于其他外来人口的社区融入也具有重要的现实意义。通过社区服务管

[①] 《关于促进农民工融入城市社区的意见》，民发〔2011〕210号，包含的主要内容有：（1）构建以社区为载体的农民工服务管理平台；（2）落实政策扎实做好农民工社区就业服务工作；（3）切实保障农民工参与社区自治的权利；（4）健全覆盖农民工的社区服务和管理体系；（5）大力发展丰富多彩的社区文化生活。

理的平台,使社区内的外来人口享受到与本地人同样的社区权利,形成有效的外来人口"属地管理"模式,从而促进外来人口的"新市民"转变。另一方面需要在社区内构建良好的"本地人—外地人"的沟通交往氛围,可以通过社区文化建设、社区公共参与等活动实现二者在社区内的社会关系"再组织",在社区公共领域构建可沟通交往的空间,保证社区居民间的沟通渠道顺畅,由此形成良性的可持续的社区居民关系并促进地区和谐社会秩序的发展。

Analysis on Urban Village Renovation of Beijing Rural-urban Continuum

Li Sheng

Abstract: In Beijing 2012, the important events happened is basically completed the renovation of 50 urban villages in rural-urban continuum. This indicates that the development of rural-urban continuum has entered a new period. This paper mainly from the analysis of the demographic characteristics of the urban village——the dualistic structure of "native - outlander", through the case study of urban villages, points out that the problem of urban village renovation. There is the problem of new citizen cultivation for native, also have the problem of Service and management for outlander. An important topic is to promote the transformation of "native-outlander" relationship in the new period.

Key Words: Urban Village Renovation; "Native-outlander"; New Period

B.5
现代社会组织体制的实践探索和创新发展

——以北京构建社会组织枢纽型工作体系为例

岳金柱*

摘　要：

　　党的十八提出加快形成政社分开、权责明确、依法自治的现代社会组织体制。近年来，北京在创新社会管理、深化社会改革、推进社会建设进程中，以人民团体为骨干，构建社会组织枢纽型工作体系和服务管理模式，深化社会组织管理体制改革，创新现代社会组织体制。目前，已经认定27家市级枢纽型社会组织、近200家区县级枢纽型社会组织和一大批街道层面的枢纽型社会组织，基本形成市、区、街三级社会组织枢纽型工作体系网络，有力地促进和推动了社会组织培育发展和作用发挥，为加快形成中国特色现代社会组织体制提供了范例。

关键词：

　　社会组织　体制　枢纽型体系

　　近年来，在加强和创新社会管理、全面推进社会建设实践中，北京市把深化社会组织管理体制改革、构建现代社会组织体制作为社会体制改革的重要突破口，按照"推进政社分开、管办分离，把各类社会组织纳入党和政府主导的社会组织工作体系"的总体思路，以构建社会组织枢纽型工作体系为抓手，着力创新现代社会组织体制，加快社会组织管理体制改革，不断加强社会组织党的建设工作，加快培育和发展社会组织，充分发挥各类社会组织作用，取得了阶段性的明显成效，

---

* 岳金柱，中共北京市委社会工作委员会研究室主任，博士，研究方向为社会建设、社会治理、社会创新。

初步形成了具有时代特征、中国特色、首都特点的现代社会组织体制。

构建社会组织枢纽型工作体系，是北京市在深化社会组织管理体制改革、创新现代社会组织体制方面所做的重大探索，主要是通过认定一批大型联合性组织并授权其对本领域社会组织进行联系、服务和管理，逐步做到对各级各类社会组织服务管理的全覆盖。2008 年，《北京市社会建设实施纲要》《关于加快推进社会组织改革与发展的意见》等社会建设"1+4"文件明确提出了这一改革思路，即：除少部分有特殊职能部门继续作为有关社会组织业务主管单位外，其他行政部门原则上不再作社会组织业务主管单位，逐步构建以人民团体为骨干的枢纽型社会组织工作体系，将社会组织按照其性质、业务类别纳入新的管理和服务体制，由枢纽型社会组织进行日常管理和服务，形成分类管理、分级负责的社会组织服务管理模式和现代组织体制。

一 基本考虑和做法

目前，北京依法登记的市区（县）两级社会组织 7900 余家，加上备案制等数量众多的社区社会组织、"草根"社会组织以及高校社团组织，总量 3 万家左右。这些数量众多、形态各异的社会组织，分布在首都经济社会生活的各个领域，已成为促进首都经济社会发展的一支重要力量。但是，原来的管理体制和运行机制暴露出一些亟待解决的问题。一是政社不分、管办不分的现象比较普遍，许多社会组织都是由政府相关部门设立，在人、财、物上严重依赖行政部门，成为行政机关的附属物，自主发展、自我管理、提供服务的能力不强。二是管理分散、管理松散、服务管理缺位的问题比较突出，仅市级社会组织的业务主管单位就多达 134 个，绝大多数是党政机关部委办局，实际工作中这些部门大多很难投入精力来提供专门的服务和管理。三是社会组织因找不到业务主管单位而无法登记的问题也比较突出，很多社会组织只能以其他形式存在，以至于大量"草根"组织游离于法律和政策边缘，实践中对这类组织工作办法不多、掌握信息不全、管理服务滞后。四是部门之间缺乏联动，业务主管单位、登记管理机关及相关职能部门之间，还没有建立起科学合理的联动机制，各方面信息分割、缺乏沟通联系，没有形成合力。五是由于渠道不畅，社

会组织党建工作滞后，党组织和党的工作覆盖不到，社会组织从业党员成为"口袋"党员，长期不能过正常组织生活。

着眼于解决上述问题，北京积极探索社会组织枢纽型工作体系和服务管理模式，着力创新和形成现代社会组织体制，以期在遵循当前社会组织受业务主管单位与登记机关"双重"管理的同时，按照政社分开、管办分离的原则，逐步实现政府退出社会组织日常事务管理，而转移到政策制定、依法监管的角色上来。本着稳妥推进、分步实施的原则，北京提出"先挂钩、后脱钩"的思路，即：先把枢纽型社会组织体系建立起来，让枢纽型社会组织与同性质、同类别、同领域的社会组织"挂钩"，然后再根据条件成熟程度，逐步使社会组织与原行政主管部门彻底"脱钩"。所谓枢纽型社会组织，是指对同类别、同性质、同领域社会组织进行联系、服务和管理的联合型组织，由北京市社会建设工作领导小组认定并承担以下三个方面的职能：①政治上发挥桥梁纽带作用，负责在本领域社会组织中贯彻执行党的路线方针政策，开展党的工作；②业务上发挥引领聚合作用，动员协调联合本领域社会组织共同参与首都经济社会建设；③日常服务管理上发挥平台作用，负责承担相关社会组织的业务主管单位（业务指导单位），提供日常服务管理，促进本领域社会组织健康有序发展。

这样的制度设计和创新，使社会组织枢纽型工作体系具有以下主要特点：一是由枢纽型社会组织代替行政部门履行社会组织业务主管单位职责，有利于促进社会组织与行政部门在人、财、物上的彻底脱钩，符合社会改革和社会组织自主发展、自我管理、政社分开、管办分离的方向，且又不违背目前仍实行的"双重"管理体制；二是枢纽型社会组织不是政府部门，实行以"社"管"社"，符合社会组织社会化、专业化、自治性、民间性的自身特点和发展趋势，既符合社会组织的发展规律又具有鲜明的时代特征和中国特色，且有利于加强党的领导、加强分类服务管理、促进健康发展。

确保社会组织的正确政治方向，是创新现代社会组织体制必须遵循的基本原则。我国国情决定了社会组织不能像西方国家那样放任自流，更不能站在党和政府的对立面。为此，北京市以人民团体为骨干，认定枢纽型社会组织，把各类社会组织纳入相应的枢纽型社会组织工作体系。这是因为，首先，人民团体是党领导下的群众组织，多年来一直是党和政府联系和服务各界群众的桥梁纽带，是党和政府最值得依靠、最值得信赖、最为得力的助手，具有比较健全的组织体系、工作队伍和工作机制。让人民团体来联系、服务和管理社会组织，有利于坚持正确的政治方向。2007 年底，时任市委书记的刘淇同志明确要求"探索建立中国特色的社团管理体制"。为此，提出了构建枢纽型社会组织工作体系的思路，并决定先从人民团体做起，不"另起炉灶"。其次，人民团体具有良好的工作基础和优良传统，社会组织管理与人民团体管理不仅不能搞"两张皮"，而且必须有机融合。长期以来，很多人民团体一直从事着相关社会组织的管理职责，有比较好的工作基础。比如北京市科协就一直管理着 170 多家科技类学会、研究会和有关组织，其他人民团体也都管理着一定数量的社会组织，而且积累了许多工作经验，取得了明显成效。因此，在考虑由"谁"来做枢纽型社会组织时，首先应该充分发挥人民团体的功能作用和资源优势，通过改革创新把人民团体做大做强，成为本领域、本系统的枢纽型社会组织。再次，社会组织服务管理创新应当推动人民团体工作创新。新形势下，人民团体也面临许多新挑战新考验。社会转型过程中，社会阶层结构、社会动员方式、社会利益格局都发生了深刻变化，客观上讲，人民团体也在很大程度上面临着如何转变工作方式、拓宽工作视野等问题。在被认定为枢纽型社会组织后，通过联系、服务和管理本领域众多的社会组织，有助于人民团体的工作平台"加宽加长"，从而更好地发挥党和政府赋予的桥梁纽带、发展龙头、服务管理平台作用。因此，从这一意义上讲，社会建设需要人民团体大力参与，人民团体也同样需要借助社会建设这一广阔舞台在新时期实现更大发展、发挥更大作用。最后，社会组织枢纽型工作体系是开放竞争的体制。一方面枢纽型社会组织扩大了覆盖面，另一方面也增加了工作交汇点，各类社会组织选择业务主管单位（业务指导单位）——枢纽型社会组织的自由度更大了。如：女性青年类社会组织，既可在市妇联也可挂靠到团市委；职工法律类社会组织，既可在市总工会也可选择市法学会，等等。在枢纽型社会组织大框架内，可自由选择业务指导单位，谁有吸引力谁就可以团结更多的社会组织，使枢纽型社会组织间的竞争力增强。此外，由于民间社会组织大量加入，也会推动枢纽型社会组织不断改进服

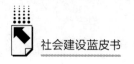

务管理理念、方式，同时兼顾党和政府要求及社会公共利益，切实发挥桥梁纽带、引领聚合等作用。

二 目前进展和成效

目前，北京市已先后三批认定27家市级枢纽型社会组织，在服务管理上可覆盖全市85%的社会组织。同时，16个区县认定了近200家枢纽型社会组织，并通过成立街道社会组织联合会等形式，培育发展街道层面的枢纽型社会组织，市、区、街三级枢纽型社会组织工作体系框架初步形成，并发挥了重要作用。

2011年2月，周永康同志在省部级主要领导干部加强和创新社会管理专题研讨班上讲话，对这项工作给予充分肯定，认为"近年来，北京市赋予市总工会、团市委等人民团体和市红十字会、市法学会对同类其他社会组织日常服务管理的职能，既实现了政社分开、管办分离，又保证了社会组织发展方向不偏离党和政府主导的轨道"。目前，上海、广东、南京、大庆等地，也都在紧密结合当地实际，积极探索和推广枢纽型社会组织模式。

表1 已经认定的市级枢纽型社会组织

批次	组织名称
第一批（10家）	北京市总工会、中国共产主义青年团北京市委员会、北京市妇女联合会、北京市科学技术协会、北京市残疾人联合会、北京市归国华侨联合会、北京市文学艺术界联合会、北京市社会科学界联合会、北京市红十字会、北京市法学会
第二批（12家）	北京市工商业联合会、中国国际贸易促进委员会北京市分会（北京市贸促会）、北京市志愿者联合会、北京市私营个体经济协会、北京市体育总会、首都慈善公益组织联合会、北京注册会计师协会、北京市律师协会、北京工业经济联合会、北京市商业联合会、北京市建筑业联合会、北京民办教育协会
第三批（5家）	北京市人民对外友好协会、北京市民间组织国际交流协会、首都民间组织发展促进会、北京市民族联谊会、北京企业联合会

三年多来，北京市按照边实践探索、边创新发展、边发挥作用的思路，充分运用和拓展特有优势，积极发挥枢纽型社会组织作用。各枢纽型社会组织坚

持打基础、建体系、抓服务、求实效，不断完善工作运行机制，切实推动服务管理创新。2010~2012 年间，市社会建设专项资金投入 1 亿多元，向枢纽型社会组织购买了五大类、1000 多个社会组织服务项目。这些项目以整合打包形式，由枢纽型社会组织联合本领域相关社会组织共同实施。东城、西城、朝阳、顺义等多个区县也设立了购买社会组织服务专项资金，额度数百万元到1000 多万元不等，累计落实了数百个购买服务项目。通过这一系列举措，使枢纽型社会组织发挥了重要作用。

一是工作覆盖不断扩大。各单位不断拓宽工作渠道，扩大工作覆盖面，成效明显。市总工会建立了 19 个职工服务中心、532 个工会服务站，覆盖近 400万工会会员；团市委通过举办"青少年社团文化节"、建立"社区青年汇"和"乡村青年社"等方式，实现了与全市 8000 多家青少年社会组织的互联互动；市妇联在全市建立了 6590 个"妇女之家"，实现了对 16 个区县的 2646 个社区和 3944 个村的全覆盖，并通过"姐妹驿站"、"巧娘工作室"等社会组织广泛联系服务各类妇女群体；市残联、市法学会、市红十字会、北京工经联等单位通过业务合作以及联谊活动等多种形式，与本领域社会组织建立起了广泛的工作联系。

二是工作品牌不断增多。各单位发挥自身优势，创新服务管理，形成了许多有代表性的工作品牌。市总工会牵头建立劳动争议调解联动机制，探索形成了新形势下化解社会矛盾的新模式；团市委实施了"100365 首善行动"、"3510 绿色行动"等公益活动品牌，社会效果显著；市妇联、市总工会、团市委联合打造"婚恋鹊桥"公益品牌，满足单身群体的交友联谊需求；市科协、市社科联持续举办"科普进社区""科技套餐配送工程""周末社区大讲堂"等品牌活动，市文联举办北京国际青年戏剧节，市侨联开展"爱国侨胞看北京""侨心向党"活动，市红十字会推出了"999"社区综合服务站"红立方"品牌，市对外友协、市民交协联合举办"北京国际民间友好论坛"、在京国际组织联谊活动，市贸促会成功举办"文博会""商帮节"，市志愿者联合会打造"蓝立方"城市志愿服务平台，市工商联、市私个协、北京民办教育协会开展诚信教育和行业自律活动，都产生了良好效果。可以说，27 家市级枢纽型社会组织都做到了"有创新、有亮

点、有品牌"。

三是工作制度不断规范。各单位针对本领域社会组织的实际特点，建立健全了有关规章制度。团市委制定了《关于加强新形势下全市青少年社会组织工作的意见》；市妇联制定了《北京市妇联培育管理和服务社会组织的工作办法》；市科协编制了《科技类社团服务管理手册》；市残联制定了《残障服务类社会组织登记审查与管理暂行办法》；市贸促会制定了《关于做好对外经贸领域枢纽型社会组织工作的意见》；首都慈善公益组织联合会制定了《慈善公益组织管理流程指引》；市私个协发布了《首都企业履行社会责任行动指南》。这些政策的制定，提高了枢纽型社会组织服务和管理的制度化与规范化水平。

四是工作质量不断提升。各枢纽型社会组织积极整合资源，注重培训交流，不断提高服务能力和服务质量。团市委设立了青少年社团发展促进中心，举办"北京青年社团领导力训练营"，注重对青少年社团领袖的培养；市妇联设立了妇女儿童社会服务中心，并在网上开辟妇女类社会组织专栏，建立了社会组织数据库；市侨联成立了华侨服务中心，为侨界社团及群众提供权益维护、法律咨询、学习培训等综合服务；市体育总会设立了"体育社团楼"，为体育类社会组织提供统一的办公场所和专业化、集约化服务。

三　主要体会和问题

坚持以人民团体为骨干，立足实际构建社会组织枢纽型工作体系，是北京在创新现代社会组织体制方面进行的一项重大改革举措。围绕探索创新现代社会组织体制，主要经验体会可概括如下。

——构建社会组织枢纽型工作体系，是中国特色社会组织管理体制的探索实践创新。目前，我国社会组织管理实行的是业务主管单位管理与登记管理"双重"负责的管理体制。而从国际惯例来说，通常是直接登记。从我国社会组织改革的方向来说，是政社分开、管办分离。如何既不违反目前的"双重"管理体制，又符合发展方向呢？我们探索了枢纽型社会组织管理新模式。这种模式有以下几个特点：第一，符合改革方向又不违背现行规定。由枢纽型社会组织代替行政部门履行社会组织业务主管单位职责，有利于促进社会组织与行政部门在人、财、物上的彻底脱钩，符合社会组织自主发展、自我管理的方向，且又不违背国家规定的"双重"管理体制。第二，符合社会组织发展规律又有中国特色。枢纽型社会组织不是政府部门，实行以"社"管"社"的工作模式，从长远看，符合社会组织社会化、专业化的发展趋势，同时又有中国特色，不是放任自流，均纳入枢纽型社会组织工作体系。第三，为社会组织党建工作开辟了有效渠道，有利于加强党的领导。

——构建社会组织枢纽型工作体系，是党领导下的社会协同参与的积极探索创新。做好当前的社会组织工作，离不开发挥人民团体的作用。以人民团体为骨干构建枢纽型社会组织工作体系，符合中央关于"支持人民团体参与社会管理和公共服务"的要求。从事社会建设和社会协同工作，对人民团体并不陌生。但在新形势下要更好地实现这些目标，必须在原有工作模式和方法渠道的基础上创新体制机制，开创一种新的工作局面，其中的一个重要抓手就是通过枢纽型组织这个平台，广泛联系相应领域的社会组织和社会力量，更加充分地发挥人民团体的桥梁纽带作用。因此，在新的形势下，人民团体通过承担枢纽型社会组织工作职责，可以"加宽加长"工作平台，进一步拓宽工作视野，发挥更大作用，这是一个双向互动的工作促进关系。

——构建社会组织枢纽型工作体系，是适应社会治理创新发展的实际需要和有效路径。现代公共治理理念认为，公共治理的主体是多元的，良性的治理结构是政府、企业和社会组织等多元主体共同参与和分工合作。在社会组织工作中，政府的主要任务是研究政策、制订规划并依法监管，而不是包办一切事务。当前，社会组织的组织类型、存在形式、活动领域以及活动方式都发生了深刻变化，面对社会组织特别是"草根组织"爆发式增长，传统的行政化管理模式已很难完全覆盖，改革势在必行。而枢纽型社会组织工作体系的核心思路便是通过改变治理主体来改进治理方式。在这一新的治理体系中，各级各类社会组织，无论是登记的或未登记的、地方的或国家的、国内的或国外的，只要有共同点，都可以整合起来一起开展工作，实现优势互补，促进共同发展。

——构建社会组织枢纽型工作体系，为社会组织搭建资源对接和互动交流

平台。个体组织为了积累资源、获取信息、实施影响或获得合法性和被认同性，都有加入联盟或走向联合的需要。作为联合性的枢纽型社会组织，为社会组织提供了一种崭新的资源整合机制。从内部看，社会组织在独立、平等的基础上，开展多种形式的交流、互动和合作，可以弥补自身的缺陷和不足，扩大自身的社会影响力；从外部看，枢纽型社会组织以"联合体"的身份同政府部门进行沟通、对话和互动，可以更好地代表同类社会组织发出声音，表达利益诉求、协调工作关系、整合社会资源，以争取政府在资金、项目、政策等方面的更大支持。通过枢纽型社会组织购买社会组织服务项目、购买管理服务、购买管理岗位，就是要逐步把枢纽型社会组织建设成为资源对接平台、互动交流平台和社会组织之家。

当然，当前还面临一些现实问题，主要是：枢纽型社会组织还没有明确的法律地位，缺乏相应法律法规的支撑和保障；推进各类社会组织与原主管部门脱钩、与枢纽型社会组织挂钩，离不开全国的统一政策和加快政府职能转变；枢纽型社会组织作为本系统、本领域社会组织的业务指导（主管）部门，需要修订现行社团管理条例和政府赋予其相应职能，等等。这些都是今后推进这一体系建设发展、创新这一体制机制必须认真加以研究和解决的重要现实问题。

四　今后对策和思考

社会组织是社会的主体或主要载体。积极培育和大力发展社会组织，是今后我国社会建设与服务管理创新面临的重大而紧迫任务。但从我国政治制度来看，大量社会组织生长、发育和壮大之后，不可能放任自流，必须置于党和政府主导的社会组织管理服务体系之中，才能确保各级各类社会组织沿着健康轨道发展，为健全社会服务、创新社会管理、动员社会参与、创建社会文明、构建社会和谐做出应有的贡献。党的十八大提出"加快形成政社分开、权责明确、依法自治的现代社会组织体制"，这进一步表明加快构建社会组织枢纽型工作体系的重要性和紧迫性。但是，构建社会组织枢纽型工作体系不是一朝一夕之功，也不可能一蹴而就，需要紧密结合实际，进行长期的探索实践和不断创新发展。

——进一步构建社会组织枢纽型工作体系，需要积极稳妥地推进管办分离。实现新旧体制的"切换"还有很多工作要做，并需要采取行之有效的办法。比如，面对政社分开、管办分离的目标任务，我们提出了"先挂钩、后脱钩"的思路，先把枢纽型社会组织体系建立起来，在此基础上，让枢纽型社会组织与同性质、同类别、同领域的社会组织"挂钩"，即先建立工作联系，再根据条件成熟的程度，逐步促进社会组织与原行政部门的彻底"脱钩"，确保新旧社会组织体制实现平稳有序变革。

——进一步完善社会组织枢纽型工作体系，必须以实现全覆盖为目标。进一步完善工作运行机制，以"六有"（有领导责任制、有职能部门、有工作制度、有管理和服务体系的广覆盖、有党组织和党的工作的广覆盖、有业务和服务品牌项目）为主要内容，研究制定进一步发挥枢纽型社会组织职能作用、加强枢纽型社会组织规范化建设等系列政策文件。按照这些政策文件要求，积极采取措施，规范枢纽型社会组织建设，支持枢纽型社会组织发挥更大作用。加快推进市级枢纽型社会组织服务管理全覆盖，在已认定 27 家市级枢纽型社会组织的基础上，今后再认定一批，最终明确 30 家左右市级枢纽型社会组织，基本实现对市级社会组织的全覆盖。积极推动区县、街道层面的枢纽型社会组织建设，探索区县、街道枢纽型社会组织的多种实现形式，逐步形成市、区、街三级枢纽型社会组织工作网络。

——进一步健全社会组织枢纽型工作体系，需要进一步加大对社会组织的支持和扶持力度。进一步加大政府购买社会组织服务工作力度，继续以枢纽型社会组织为载体，按照"政府购买社会组织服务项目指南"，围绕社会基本公共服务、社会公益服务、社区便民服务、社会管理服务、社会建设决策研究信息咨询服务五个方面、40 个类别购买更多的社会组织服务项目。探索通过购买管理服务等方式，为枢纽型社会组织提供日常工作支持。继续支持枢纽型社会组织联合同系统社会组织开展公益活动，发挥示范引领作用，共同打造有特色的社会公益服务品牌。在北京市社会组织孵化中心的基础上，探索全市建立"一中心、多基地"的社会组织服务网络，为社会组织开展工作搭建服务平台，提供"集约式"服务。

社会建设蓝皮书

表2 政府购买社会组织服务项目指南（试行）

服务类型（5类）	服务项目（40项）
社会基本公共服务	社区基本公共服务推进项目、扶老助残服务项目、支教助学服务项目、扶贫助困服务项目、公众卫生健康知识普及服务项目、就业创业帮扶服务项目、公共安全教育训练推广项目
社会公益服务	社会志愿公益服务项目、高校社团公益服务项目、"人文北京、科技北京、绿色北京"行动计划推广项目、绿色生活方式引导项目、"做文明有礼北京人"宣传教育推进项目、法律咨询与援助服务项目、人文关怀与社会心理服务项目、特殊人群服务项目、网络组织文明自律引导服务项目、应急救援综合服务项目
社区便民服务	"一刻钟社区服务圈"便民服务拓展项目、家政服务提升推广项目、社区居民出行便民服务项目、社区"一老一少"照护服务项目、社区智能化便利服务项目
社会管理服务	社会组织枢纽型管理服务项目、社会组织孵化项目、社会组织服务品牌提升推广项目、与在京国际组织和国家行业组织交流项目、社区管理及村庄社区化管理服务试点项目、国际化社区服务管理试点项目、社会矛盾调解服务项目、社区矫正帮教服务项目、新居民互助服务管理项目、专业社工管理岗位项目、专业社工人才培养评价使用激励试点项目
社会建设决策研究和信息咨询服务	网格化社会管理标准体系研究项目、社会建设指标体系研究项目、社会舆情监测与分析研究项目、虚拟社会信息交流及引导机制研究项目、社会心理服务研究项目、社会动员机制研究项目、社会稳定风险评估研究项目

——进一步加快社会组织枢纽型工作体系建设，必须扎实推进社会组织党建工作。按照业务工作与党的建设一起抓的要求，以市级枢纽型社会组织为重点，在枢纽型社会组织建立党建工作委员会、成立社会组织联合党组织、设立或明确相关工作部门，建立健全社会组织党建工作例会制度，形成枢纽型社会组织党建"3＋1"工作机制，由枢纽型社会组织联合党组织负责，把党的组织和党的工作覆盖到同类别、同性质、同领域的社会组织。2011 年以来，继首家枢纽型社会组织党建工作委员会暨党总支在市科协成立以来，市残联、市红十字会等枢纽型社会组织党建工作委员会相继成立，年底前将在全市 27 家枢纽型社会组织全部落实党建"3＋1"工作机制。通过推行枢纽型社会组织党建"3＋1"模式，建立健全社会组织枢纽型党建工作体系，不断扩大社会组织党组织和党的工作覆盖面，创新社会组织党建工作方式，加快实现全市各级各类社会组织党组织和党的工作全覆盖，以党的建设推动社会组织自身建设与健康发展，确保社会组织的正确发展方向。

Practice、Exploration and Innovation in the Development of Modern Social Organization System

—In the Construction of Beijing Hub Type of Social Organizations as an Example

Yue Jinzhu

Abstract: The eighteen National Congress of the CPC has put forward to speed up the formation of modern social organization system to separate the government, clear responsibilities, in accordance with the law of autonomy. In recent years, in the innovation of social management, deepening of social reform, promoting social development process, Beijing have constructed a hinge type of social organizations and service management, with groups of people as the backbone, deepen the reform of social organization management system, innovation of modern social organization system. At present, it has identified 27 city-level hub social organizations, nearly 200 county-level hub type social organization and a large number of street level hub type social organization. The basic formation of city, District, street network of three levels of social organization hub system has effectively promoted and facilitated the development of the social organization and role playing, it also speed up the formation of Chinese characteristics provides an example.

Key Words: Social Organization; System; Hub System

B.6
北京市残疾人社会组织
建设的实践与思考

王长红　杨明*

摘　要：

　　1986年，北京市成立第一家民办残疾人服务机构以来，社会组织发展经历了从无到有、从缓慢发展向规模化快速发展的道路。北京市残联作为第一批"枢纽型"社会组织，积极探索残疾人社会组织建设新路。本文对此进行分析，并提出进一步推进建设的思考。

关键词：

　　社会组织　组织模式　服务体系

　　北京市委、市政府高度重视党中央关于加强社会建设的意见要求，提出了构建社会主义和谐社会首善之区的奋斗目标，并在2009年认定北京市残联等10家人民团体为第一批"枢纽型"社会组织。3年多来，北京市残联积极探索残疾人社会组织建设新路子，并初步取得一些成效。

一　加强残疾人社会组织建设的重要性和必要性

　　一是落实党中央加强和创新社会管理决策部署的时代需要。中共十六届四中全会提出构建社会主义和谐社会的战略目标，并提出加强社会建设和管理的任务；在2007年党的十七大报告要求"加快推进以改善民生为重点的社会建设"，明确了经济建设、政治建设、文化建设和社会建设"四位一体"的社会

---

　　* 王长红、杨明，北京市残疾人联合会社会工作部。

主义事业发展总体布局；2008 年《中共中央、国务院关于促进残疾人事业发展的意见》中要求：积极培育专门面向残疾人服务的社会组织，通过民办公助、政府补贴、政府购买服务等多种方式，鼓励各类组织、企业和个人建设残疾人服务设施，发展残疾人服务业。

二是履行北京市委市政府赋予人民团体新职能的政治需要。2007 年，北京市委成立了市委社会工作委员会、市政府成立了市社会建设工作办公室，统筹协调北京市社会建设工作，2008 年出台了《北京市加强社会管理建设实施纲要》等"1 + 4"文件。2009 年北京市加快构建以人民团体为骨干的"枢纽型"社会组织工作体系，北京市残联被认定为第一批"枢纽型"社会组织，明确授权市残联对全市残疾人社会组织进行管理服务，主要职能为：在政治上发挥党和政府联系残疾人社会组织的桥梁纽带作用，在业务上充分发挥龙头引领作用，在日常管理和服务中发挥协调平台作用等三个方面 9 项具体任务。

三是构建残疾人服务体系建设，满足残疾人需求的现实需要。在构建残疾人服务体系进程中，公办残疾人服务机构无论是数量还是类型都难以满足残疾人日益增长的新需求。以 2008 年数据为例，北京市残疾人中有康复训练和服务需求的约 3 万人，有生活服务需求的约 1.5 万人，当时我市公办社会组织只有 183 个职业康复劳动项目，安置智力、精神残疾人 5000 多人，服务残疾人数量仅占需求总量的 33%；2008 年北京市残联支持的民办康复类残疾人社会组织总量也只有 15 家，服务残疾人只有 3000 人，仅占需求总量的 10%，而且康复类型单一、服务项目传统。所以，残疾人社会组织建设是在"小政府、大社会"时代背景下，创新"政府不办机构、购买社会服务"新模式的现实需要和解决路径。

二　残疾人社会组织是首都残疾人事业的重要组成部分

1986 年，北京市成立第一家民办残疾人服务机构以来，社会组织发展经历了从无到有、从缓慢发展向规模化快速发展的道路。特别是 2009 年以来的 3 年，经过不断培育扶持，北京市残疾人社会组织已经成为首都残疾人事业的重要组成部分，是推动残疾人工作科学发展的重要力量。

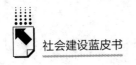
（一）发展快，类型多

从机构数量看，截至 2012 年 6 月底，北京市共有各类残疾人社会组织 223 家，其中在北京市民政系统登记注册的"民办非"企业 146 家，工商登记的企业 50 家，"草根"组织 25 家，另外还有民政部登记注册的在京国际残疾人组织 2 家。近 3 年来，机构平均年增长率约为 20%。从机构类型看，全市 223 家残疾人社会组织中既包括基金会，也包括各类社会团体和民办非企业单位，还有部分企业性质的残疾人社会组织，基本涵盖了所有社会组织类型；从服务类型看，既有传统的康复类，更新增了教育培训、托养、日间照料、文化咨询、体育活动和法律援助等 10 种服务类。目前，机构数量和类型正逐步与残疾人特殊性、多样化、多层次服务需求相匹配。

（二）能力强，作用大

主要表现为以下两点。一是服务残疾人总量大。北京市 223 家残疾人社会组织每年直接、日常服务残疾人达到 2 万多人，服务能力与北京市残疾人温馨家园、职业康复劳动站等公办社会组织基本持平。二是残疾人社会组织承担政府购买服务的品质好。2011 年、2012 年两年间，北京市残联在孤独症康复、基层残疾人文体活动、助残日等难点业务、重点工作、节点活动中，投入 305 万购买了 18 个残疾人社会组织的 10 多个服务项目，直接受益残疾人达到 1 万人次，整体满意率高到 98%。三是残疾人社会组织社会影响力、动员力强。北京市残疾人基金会每年募捐助残资金多达 1000 多万元，北京红丹丹教育文化交流中心邀请中央电视台 10 多名著名主持人参加残疾人体育活动，"北京 1 + 1"在中央人民广播电台开设残疾人专题栏目等 10 多个品牌活动，在更大范围、更深层次上引起社会更多对残疾人事业的关注、理解和支持。目前，为盲人讲电影已经成为北京市十大公益品牌之一，为重残儿童送教上门成为公益品牌推荐项目，等等。

（三）后劲足，前景好

一是残疾人社会组织法人的年轻化、知识化特征更加明显。目前社会组织法人的年龄平均为 51 岁，其中大学以上学历的 42 人，占总数的 49%，近两年新成立的残疾人社会组织的法人平均年龄不足 40 岁，本科以上学历达 81%。二是残疾人社会组织发展规范化、服务优质化的趋势更加突出。近 3 年来，民政主管部门对残疾人社会组织每年年检评定的合格率逐步提高，2012 年占迎检总数的 99%，高于全市 5 个百分点；在全市残疾人社会组织服务质量 A 级评估中，获得 3A 和 3A 以上等级的社会组织数量每年递增 8%，近两年来每年都有 1 家社会组织获得 5A 这一最高服务质量等级、最高额度资金奖励。三是残疾人社会组织社会责任担当的意识更加自觉。200 多家残疾人社会组织自发形成了四大行业协会，自发起草了《社会组织行业自律公约》，自觉维护行业形象和首都和谐稳定；在引进境外资金时，主动向残联、安全等部门请示汇报，坚决不涉及任何有政治目的的资金支持和项目赞助；在举办重大活动开展重要业务时，积极制定预案和申请备案，确保不出现影响社会秩序的问题出现；在北京特大暴雨等关键时刻，组织开展党员捐款等爱心活动；主动公开各项收费、支出项目，并组成家长委员会进行资金监督，杜绝乱收费、高收费，突出机构的公益性。

三 北京市残联在残疾人社会组织建设中的实践探索

北京市残联根据市委、市政府关于社会建设有关文件精神和各项工作创首善、建一流的工作要求，重点做了以下工作。

（一）以"稳"为前提，全面加强对残疾人社会组织党的政治引领作用

1. 建立健全残疾人社会组织党建工作体系

在市级层面，根据北京市残疾人社会组织领域党建工作空白点多的实际情况，市残联于 2011 年 2 月率先在 22 个市级"枢纽型"社会组织中成立了北京市残联社会组织党建工作委员会和北京市残疾人社会组织联合党总支，成为市残联党组领导下的专项服务于残疾人社会组织领域党建工作的机构；在区级层面，先行在残疾人社会组织相对集中的怀柔区、海淀区、朝阳区进行了试点，

成立了区残联社会组织党建工作委员会和残疾人社会组织联合党总支；社会组织层面，在启蕊康复中心建立党建工作试点单位。通过探索三级党组织的建立，基本实现了党组织和党的工作对全市残疾人社会组织基本全覆盖的目标，为加强对社会组织的政治引领提供了组织保障。

2. 充分发挥党员在基层的先锋模范作用

一是发挥党员在基层的业务骨干作用。市残联社会组织党建工作委员会结合创先争优活动，开展基层党员"我是党员我承诺，我是党员我带头"工作两年多以来，社会组织工作示范岗中党员占到93%，群众评议党员作用发挥"好"等次的占85%；二是发挥党员政治素质高、关键时期作风硬的作用。每年两会期间等重要敏感期，每位党员都成为基层单位不稳定因素及时发现提前报告的信息员、排查调处的志愿者等。几年来，都实现了社会组织内残疾人零伤亡、重大安全零事故、群体上访零事件的"三个零"的工作目标。市残联社会组织党建工作委员会被市委社工委评为2012年优秀党组织、2人被评为优秀党员等荣誉称号。

（二）以"强"为目标，构建残疾人社会组织管理的政策和工作体系

1. 开展调查研究，夯实工作基础

3年多来，先后与北京大学、中国人民大学等5所高校建立了研究基地，开展了《北京市残疾人社会组织基本状况调查》《全市残疾人社会组织的需求情况调查》等12个专题共50多个具体项目的调研活动，基本实现了对残疾人社会组织"底数情、情况明"，调研成果直接转化为政策依据的项目多达30多条，在此基础上，配合《北京市"十二五"时期残疾人事业发展规划》完成了《北京市残疾人社会建设工作"十二五"时期实施方案》，为《北京市委北京市人民政府关于促进残疾人事业发展的实施意见》《北京市实施〈中华人民共和国残疾人保障法〉办法》中实现专题、专章明确残疾人社会组织建设工作提供了依据。

2. 制定规范文件，建立政策体系

已制定出《北京市残疾人服务类民办非企业单位登记审查与管理暂行办法》《残疾人社会组织行业自律公约》《北京市残疾人社会组织服务质量评估

标准》《北京市残疾人社会组织奖励扶持资金方案》等 4 个规范性政策文件，即将制定《残疾人社会组织资金扶持办法》《市残联使用专项资金购买残疾人社会组织服务暂行办法》等 2 项政策，6 个主要政策的完成标志着今后一个时期保障社会组织建设正常工作运行的基本政策体系建成。

3. 建立两级机构，保障工作运行

北京市机构编制办公室批准市残联成立社会工作部和 5 名公务员编制，负责对全市残疾人社会组织的统筹管理；区县残联在社会组织工作上做到"三个明确"，即明确部门、明确负责人和明确工作人员，主要负责属地残疾人社会组织的登记审查与服务。在两级机构管理的基础上，市残联争取北京市社会建设专项资金 50 万元购买了 10 个社会组织管理岗位，直接负责对行业进行具体日常服务，初步建立起"两级机构，三级服务"的工作体系。

（三）以"实"为要义，结合实际不断创新服务残疾人社会组织模式

1. 着眼服务体系的完善，重点培育新残疾人社会组织

根据残疾人需求和公办机构的现状，确定全市重点培育的残疾人社会组织类型，先后两年来按照新开办的日常服务类、全日制服务类机构分别给予 3 万、10 万元一次性经费扶持的鼓励办法，共投入 300 多万元培育了 30 多家残疾人托养类、精神文化类社会组织，机构直接服务残疾人年平均为 2 万多人次。

2. 着重服务质量的提高，重点扶持好残疾人社会组织

北京市、区县两级残联每年对残疾人社会组织先行认定范围，制定评估标准，再委托社会中介专业机构对残疾人社会组织进行质量评估，最后按照 1A ~ 5A 级分别给予 3 万 ~ 20 万元不等的扶持奖励经费。近 3 年来对 200 多个残疾人社会组织给予了 1000 多万元的奖励扶持。经过奖励扶持措施，不仅引导残疾人社会组织向提供优质服务方向发展，而且切实改变了机构运行状况。以朝阳区为例，2009 年以前，机构年亏损面达到 60%，2011 年 15 家残疾人社会组织有 11 家实现了赢利，仅 4 家处于轻微亏损，亏损面仅为 26%，降低了 24 个百分点。

3. 着力服务内涵的提升，重点加强人才队伍能力建设

一是与北京大学联合举办全市残疾人社会组织法人能力建设高端研修班，提高法人经营社会组织的水平；二是投入 150 多万元采取政府购买社会组织服务的形式，由高端社会组织邀请国内外专家和自身经验对本行业所有社会组织工作骨干进行专项业务能力培训；三是举办社会组织中财务等五类专业岗位人员进行业务专题培训；四是 4 次选派 30 多名优秀残疾人社会组织法人代表赴中国台湾、中国香港、澳大利亚等境外先进机构学习。据统计，3 年来残疾人社会组织共获取残联系统外的社会资金总量达到 8000 多万元，赞助项目达到 400 多个。

四 对残疾人社会组织建设的几点思考

残疾人社会组织建设工作是个复杂的系统工程，各种固有体制等因素在不同程度上相互制约。目前，残疾人社会组织建设工作还面临着认识、制度、支持等很多现实的困难和问题，需要在几年来积极实践的基础上进一步深入思考。

（一）进一步提高对残疾人社会组织的认识

首先是各级党委和政府要真正认识到社会组织就是服务型政府的重要服务对象，培育扶持社会组织是政府应有的责任，也是切实转变政府职能推进社会管理创新的重要内容。其次，各级残联要真正打破社会组织"公""民"身份意识，应本着"不求为我所有，但求为我所用"的包容态度，积极调动社会资源投入到残疾人事业中来，让一切有利于残疾人工作、一切有利于服务残疾人的社会活力竞相迸发。最后，要在工作实践的基础上，把握好对残疾人社会组织发展的规律性认识，创新管理，寓管理于服务之中。

（二）进一步优化残疾人社会组织发展环境

首先要建立完善支持残疾人社会组织正常运转的政策体系以及配套实施办法，保障社会组织健康发展；其次，政府公共资源优先向残疾人社会组织配置，如优先为社会组织无偿或低偿提供场地，优先解决社会组织专业人员的职称评定等最实质性问题；最后，采取更加切实有效的措施，鼓励和支持各类社会组织、企业、个人幸福残疾人康复、教育、托养、无障碍信息交流等服务机构和项目，发展残疾人服务业。

（三）进一步提升社会组织自我发展的能力

首先残疾人社会组织应该自觉担当社会责任，改变"等靠要"的消极思想；其次要加强社会组织自我教育、自我服务、自我管理的能力，自觉维护好行业形象，有"抱团取暖"的集体意识、首都无小事的责任意识；最后要学会新形势下经营社会组织的本领，强于内部管理，善于技术创新，长于从社会中争取资金、人力和信息资源，不断提供服务品质，打造社会服务品牌，为残疾人服务体系建设、满足残疾人新需求做出应有贡献，让残疾人社会组织真正成为残疾人事业科学发展的重要力量。

Practice and Thinking of the Beijing Disabled Persons Social Organization Construction

Wang Changhong   Yang Ming

Abstract：In 1986, Beijing established the first private Disability Services organization, the development of social organization experienced from slow to rapid development road. Beijing Disabled Persons Federation as the first batch of "hub-type" society organizations, has explored social organizations of persons with disabilities construction new road actively. In this paper, the analysis and proposed to further thinking

Key Words：Social Organization；Organization Model；Service System

B.7

北京市草根社会组织
发展状况报告*

曹飞廉**

摘　要：

　　党的十八大提出要在改善民生和创新社会管理中加强社会建设，强化人民团体在社会管理中和服务中的职责，引导社会组织健康有序发展，充分发挥群众参与社会管理的基础作用。这一方面显示出执政党已充分意识到社会组织和群众参与在创新社会管理中的重要意义，另一方面也是对近十年来不断增长的社会自治力量的回应。本文将以香港中文大学公民社会研究中心"大陆公民社会组织数据库"中北京地区 92 份问卷调查的数据以及笔者近些年田野调查的资料对北京市草根社会组织的生存状况进行描述和分析。

关键词：

　　社会组织　草根组织　社会管理

　　党的十七届二中全会提出"更好地发挥公民和社会组织在社会公共事务管理中的作用，更加有效地提供公共产品"。鼓励社会力量兴办公益事业成为了社会组织建设的重要方向。刚刚召开的党的十八大又进一步提出，要在改善民生和创新社会管理中加强社会建设，强化人民团体在社会管理中和服务中的职责，引导社会组织健康有序发展，充分发挥群众参与社会管理的基础

* 该项研究得到香港中文大学公民社会研究中心陈健民教授、安子杰教授、陶林教授的大力支持，以及北京工业大学社会学系学生刘晓丹的协助，在此表示感谢。
** 曹飞廉，社会学博士，北京工业大学社会学系讲师。

作用。这一方面显示出执政党已充分意识到社会组织和群众参与在创新社会管理中的重要意义；另一方面也是对近 10 年来不断增长的社会自治力量的回应。

近 10 年间，北京市的社会组织在数量上显著增长。目前，在北京市民政局登记注册的社会组织的总量已从 2000 年的 1000 多家增长到 2011 年的 7000 多家。截至 2011 年 8 月 31 日，北京市社会组织总数已达 7413 个，其中社会团体 3289 个，民非 3949 个，基金会 175 个。[①] 此外，在民政系统登记注册的社会组织以外还存在着大量的民间组织，分别以工商注册挂靠在正式组织之下，或是尚未注册的形式开展活动。其中的一些组织在经过多年的努力后成功转为民办非企业注册，而更多的组织则依然在生存线的边缘挣扎。笔者将此类组织统称为草根社会组织（下文中简称"草根组织"）。

本文以香港中文大学公民社会研究中心"大陆公民社会组织数据库"中北京地区 92 份问卷调查的数据以及笔者近些年田野调查的资料，对北京市草根社会组织的生存状况进行描述和分析。

一　北京市草根社会组织的基本情况

（一）组织的成立

与全国社会组织的整体发展阶段相一致，北京的多数草根社会组织是在近 10 年间成立的，调查数据显示，在 2001 年以后成立的组织占样本总量的 75.9%。从对创始人的年龄和职业分布的数据分析来看，创始人的主体为的中青年的中产阶级，其中又以专业技术人员为主体（见表 1）。组织创办时主要的资金来源是创办人自身和国内外的基金会。由此显示，伴随着社会向市场经济转型的加速，以及私营企业的发展壮大，为草根社会组织的产生提供了物质与人才。

---

① 岳金柱、宋珊、曹昊：《建设世界城市背景下推进北京社会组织培育发展和服务管理的思考》，《社团管理研究》2012 年第 3 期。

表 1　北京市草根组织创始人的职业

十大阶层	数量(家)	有效百分比(%)
国家与社会管理者阶层	1	1.2
经理人员阶层	16	19.3
私营企业主阶层	4	4.8
专业技术人员阶层	40	48.2
办事人员阶层	11	13.3
个体工商户阶层	1	1.2
商业服务业员工阶层	0	0
产业工人阶层	3	3.6
农业劳动者阶层	0	0
城乡无业失业半失业者阶层	2	2.4
其他(退休人员)	5	6.0
总　计	83	100

注：①总量92个；缺失9个；有效数据83个。②此表中的数据来源为香港中文大学公民社会研究中心（CCSS）在2010~2012年从中国大陆范围内所收集的263个社会组织的数据库中整理所得。以下将不再重复说明。

资料来源：香港中文大学 CCSS 数据库，2012年。

调查数据显示，以社团和"民办非"身份注册的组织仅占样本总量的28.8%，其中55.4%的组织为工商注册，尚未注册的组织占到样本总量的11.1%（见表2）。尽管相当一部分以工商身份注册的草根社会组织按照非营利组织的治理架构进行运作，然而由于它们处于民政系统的登记管理范围之外，无法享有法律规范所赋予的权利与义务，因而其存在的合法性一直受到质疑。如今这已成为这些草根组织在完善自身的治理结构时面临的最大障碍。

表 2　北京市草根组织的注册身份

注册身份	数量(家)	有效百分比(%)
尚未注册	10	11.1
社会团体	4	4.4
民办非企业单位	22	24.4
商业机构	51	55.4
挂靠在别的机构下	3	3.3
总　计	90	100

注：总数92个，缺失2个，有效数据90个。

资料来源：香港中文大学 CCSS 数据库，2012年。

（二）组织的治理结构

数据显示，在北京市的草根组织中，91.3%的组织有成文的组织章程，且这些章程都对组织的实际运作起着较大的指导作用。81.5%的组织现在的负责人是组织的创始人，由此显示草根组织的管理层或决策层比较稳定。多数组织都有理事会，但值得注意的是仍有 26.4%的组织没有理事会。有半数以上的组织的理事会成员的出任是由理事会或成员大会决定的，同样值得注意的是仍有 14.9%的组织的理事会是由组织负责人决定的。多数组织一年召开 1～2 次理事会。仅有 28.1%的组织有监事会。65.9%的组织的最高决策机构为理事会。半数以上的组织有成员大会，且一年召开 1～2 次，有 37.7%的组织会在成员大会上进行选举。从组织权力的集中程度来看，有 40.2%的组织属于非常集中和比较集中，有 54.4%的组织属于有些集中和比较分散。

这一系列的数据表明，北京市草根组织的治理结构已日趋完整，但是存在较大差异。人治的要素依然存在，只有部分组织呈现出趋向于民主平行的治理架构。

（三）组织的人事状况

数据显示绝大多数草根组织都雇有全职领薪工作人员，但雇员人数都很少，多为 1～5 人。全职领薪人员在组织中的工作时间一般都在 2 年以上。半数以上的组织雇有兼职领薪的工作人员。绝大多数组织都有志愿者为组织工作或提供服务。有半数以上的组织，一年中志愿者提供的服务时间在 3000 小时以内。值得注意的是有 22.6%的组织志愿者为其提供服务的时间为 10000～50000 小时，这也就意味着有部分组织基本上完全是依靠志愿者在运作。

由此显示草根组织的整体规模都比较小，人员较为稳定，并在一定程度上需要依靠兼职员工和志愿者才能开展日常工作。

（四）组织的财务状况

半数以上的草根组织过去一年的总支出为 50 万～500 万元，总支出在 500 万元以上的仅占样本总量的 6%。由此可见，这些草根组织的整体资金规模都

很小。

从对组织的资金来源的分析来看，基金会已经成为了草根组织最重要的收入来源，有68.5%的组织得到过基金会的支持。基金会的支持占组织总收入的比重在50%以上的组织为43.5%。其中值得注意的是，尽管随着本土基金会的发展，有越来越多的草根组织获得国内基金会，尤其是非公募基金会的支持，但是仍有73%的组织获得过来自国际基金会的资金支持，这也就显示出了国际基金会依然是我国草根组织发展的重要的资金来源渠道。

与此同时，有63%的组织得到过企业的支持；有34.1%的组织得到过来自其他NGO的支持；有68.5%的组织得到过来自个人方面支持。这些支持占组织总收入的比重基本上为10%～20%。

仅有31.8%的组织得到过来自政府的支持，资助金额占组织总收入的比例基本上都在10%以内。由此说明政府对草根组织的支持与来自上述几个方面的支持相比是最弱的。

此外，有14.1%的组织有会员费的收入；有48.9%的组织有销售与服务收入；这些收入在组织总收入的占比中均在25%以内。由此显示，草根组织的自我"造血"功能还很弱，必须依靠外部的资金支持才能生存。

就组织的财务制度而言，81.3%的组织编制年度财务预算；79.3%的组织拥有自己独立的银行账户；90.2%的组织有年度财务报表，其中64.6%的组织公开其报表。有22.8%的组织并没有接受过来自任何第三方的财务审计；有31.9%的组织的财务审计是由专业会计师事务所做的，有20.3%的组织由财务或审计公司做；绝大多数组织接受一年一次的财务审计。由此显示，北京市的草根组织的财务与审计状况总体符合规范，但在信息公开方面依然存在较多的问题。

（五）组织日常的工作与生活

在工作时间以内，有95.6%的组织有开会讨论工作；91.1%的组织有学习型聚会；84.4%的组织有情感交流与分享。这些活动平均每个月发生的频率在10次以内的组织占75.4%。在工作时间以外，有75.1%的组织有讨论工作；73.9%的组织有社交文娱型聚会；68.2%的组织有野外活动或旅游；61.4%的组织有学习型聚会。这些活动平均每个月发生的频率在5次以内的组织占76.9%。由此显示，草根组织成员间的集体互动无论在工作中还是在工作以外的日常生活中都是比较频繁的。

有89.1%的组织认为大家在一起像一个大家庭，彼此关心；有84.8%的组织认为是共同的理想和事业把不同的人吸引到这里来的；有76.1%的组织认为组织的发展和成功也会给每个人的发展和前途带来帮助和机会；有84.8%的组织认为组织内现在的凝聚力非常强。由此显示，草根组织的规模虽然比较小，但内部的向心力还是很强的，而且成员在组织的使命和愿景上有较强的共识。

二　北京市草根社会组织的功能分析

从这些草根组织开展的活动内容来看，主要集中于针对专门人群的社会服务，占到样本总量的43.5%，其中又以针对农民工及其子女的服务，以及儿童和青少年的服务为主。其次是开展环保活动，此类组织占样本总量的15.7%。再次是从事教育与文化服务，此类组织占样本总量的14.6%。此外，还有12.4%的组织扎根于农村与城市社区，从事促进社区发展的服务活动（见表3）。从活动范围来看，有半数以上组织的服务范围扩展到了北京以外的地区。从功能上分析，这些草根组织的存在可以被视为对政府主办的社会事业和社会福利的有益补充。具体而言，有以下几项功能。

1. 社会服务与慈善的功能

如前文所述，社会组织的这一功能主要是对政府福利保障提供的拾遗补缺。目前国家正极力倡导和鼓励社会组织在该领域发挥其作用。表3显示在北京有近一半的草根组织都在发挥社会服务与慈善的功能。

2. 促进社会事业发展

表3显示，有占样本总量16.9%的组织在从事教育、文化与卫生的工作，由此显示促进社会事业的发展已经成为草根社会组织主要职能之一，它们在推动政府职能转变、提供公共服务等方面承担了重要的社会功能。

表3　组织目前的工作领域

工作领域	数量(家)	有效百分比(%)
针对专门人群的社会服务	39	43.5
开展环保活动	14	15.7
从事教育与文化服务	13	14.6
社区发展	11	12.4
支持 NGO 建设	4	4.5
法律维权	3	3.4
卫生	2	2.3
网络安防	1	1.2
社工	1	1.2
心理辅导	1	1.2
总　计	89	100

注：总量92个，缺失3个，有效数据89个。

资料来源：香港中文大学 CCSS 数据库，2012 年。

3. 监督政府的功能

伴随着经济的飞速发展，官员腐败，官民矛盾与劳资矛盾等问题也日益凸显，并引起社会公众的关注。然而由于政府并没有对此作出及时有效的回应，政府层面最重要的劳工维权组织——工会的职能转变也举步维艰。因此，越来越多的民间自发社会组织开始作出积极的回应，通过维权活动和价值倡导践行保护个体公民权益的使命。

那些将自身的工作领域锁定在法律维权、环境保护与动物保护的组织均在一定程度上呈现出这一功能，这些组织占样本总量的 19.1%。而这一比例在珠三角地区最高，据不完全统计，该地区有 30 家左右的农民工民间组织，且大部分集中在深圳。他们广泛活跃于劳工维权、工伤探访、女性关怀、文化建设等领域，依靠国际资助、志愿者支持以及媒体关注等因素而生存①。

4. 推动社会制度变革与价值倡导的功能

从文化方面而言，社会组织具有推动社会制度变革与价值倡导的功能，可

---

① 郑广怀、朱健刚主编《公共生活评论》，中国社会科学出版社，2011，第 143～157 页。

以说那些主要从事教育和文化事业、学术研究以及培训的社会组织，通过学术与文化交流，在促进专业发展的同时，直接或间接地推动着社会制度的改良和变革，并倡导着进步与发展的文化价值观念。

三　北京市草根社会组织面临的困境

北京市草根社会组织主要面临以下几方面的困境。

（一）合法性困境

这些草根组织面对的最大困境就是合法性的问题。非营利性是社会组织的关键特征，非营利法人是很多国家非营利组织的主要存在形式。但是我国的《民法通则》中没有非营利法人一类，这一基本架构的缺陷阻碍了非营利组织相关法律的出台。这就使得社会组织享有什么权利、享受什么优惠政策、应该承担什么义务等基本问题都比较模糊①。结果就使得社会组织的合法性长期以来受到政府和社会公众的质疑，其从业人员也无法在整个社会评价体系中获得相应的位置和社会认可。

表4　组织面临的困难

组织目前面临的各项困难	具体内容	数量（家）	有效百分比（%）
资金问题	—	76	82.6
人才问题	—	55	59.8
政策问题	—	39	42.4
社会认可度欠缺	—	6	6.5
办公场所不固定或场地问题	—	11	12.0
服务对象的问题	—	3	3.3
环境问题	总　计	7	7.6
	中国大环境问题	6	6.5
	地方环境问题	1	1.1

---

① 国务院发展研究中心社会发展研究部课题组：《社会组织建设》，中国发展出版社，2011，第12页。

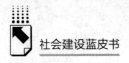

续表

组织目前面临的各项困难	具体内容	数量(家)	有效百分比(%)
各类资源欠缺	总　计	5	5.4
	专业资源欠缺	2	2.2
	硬件设施欠缺	2	2.2
	信息资源欠缺	1	1.1
组织内部问题	总　计	20	21.7
	内部管理问题	6	6.5
	组织发展模式问题	7	7.6
	经验不足	1	1.1
	领导者的问题	1	1.1
	时间问题	1	1.1
	工作专业性欠缺	4	4.3
理论欠缺	—	1	1.1
运输问题	—	1	1.1
研究成果无法投入实施	—	2	2.2
信息交流	—	1	1.1
安全问题	—	2	2.2

资料来源：香港中文大学 CCSS 社会组织数据库，2012 年。

（二）资金困境

表 4 显示，感到有资金困境的组织占样本总量的 82.6%，在组织所面临的各项困境中位列榜首。政府采购虽已逐步开始惠及公益慈善组织，但真正能获得政府购买服务的草根组织数量并不大，而且资金额度小，我们的调查显示只有占样本总量 31.8% 的草根组织接受过来自政府的资助，资助额占组织总收入的比重基本上都在 10% 以内。如今国内的非公募基金会逐渐和国际 NGO 一起成为草根组织最主要的资金来源，但由于这些基金会的设立和运作的时间较短尚不成熟且依然面临多方面的限制，因而在资金支持方面具有不稳定性。就国际 NGO 而言，一方面我国政府对其缺乏信任，另一方面随着中国综合国力的提升，这些国际的基金会也开始逐渐将项目撤出中国。依照发达国家和中国港台地区的经验来看，公益组织的资金主要来自政府购买服务和向公众募款，还有一部分来自企业和个人的捐赠，由此可见北京市的草根组织的资金匮乏与政策的制约息息相关。

（三）人才困境

有 59.8% 的组织感到人才的匮乏是它们所面临的又一大难题。许多草根组织都是依靠兼职员工和志愿者来开展工作。在笔者看来，其实资金问题是导致人才困境的最主要的原因，除了部分的政府和企业主办的社会组织以外，绝大多数草根组织员工的工资待遇与事业单位和政府部门比要低很多，各项福利保障待遇也不健全，办公条件比较差，有的甚至可以说十分艰苦。同时，合法性问题使职业发展前景不明，对优秀人才吸引力不强，从而影响组织的整体人员素质和能力。

（四）政策困境

除了资金和人才困境以外，有 42.4% 的组织认为政策困境是阻碍其发展的又一重要因素。制度环境的不健全当然是导致政策困境最主要的原因，而在各项政策困境中，笔者认为首当其冲的就是注册困境。我们的调查显示在民政部门登记注册的组织仅占样本总量的 28.8%。其主要原因有以下两点。

其一，双重管理制度的限制。找"婆家"（业务主管单位）的要求，提高了准入成本，导致大量新社会组织不愿或无法注册登记，另外，在"婆家"拒绝履行审查许可职责时，社会组织缺乏权利救济手段。因此，有些社会组织由于担心业务主管单位的随时变更，而宁愿选择工商注册或仅在社区备案。

其二，地域性的限制政策。在同一行政区域内已有业务范围相同或者相似的社会团体和民办非企业单位，没有必要成立的将不予批准筹备或登记，以及禁止设立分支机构或代表机构的政策性规定，人为地赋予某些社会团体或民办非企业单位以垄断地位和特权，这样使其他同类组织无法注册，从而社会组织就无法在一个开放的环境中公平竞争。而如今的社区发展正呼唤大量的社会团体和民非的产生，于是在制度设计与社会需求之间产生了一定的张力。

草根组织在发展上产生上述这些困境的关键因素是：政府对民间自发生长起来的社会自治力量应该采取先规范后发展还是规范与发展同步推进这两种不同战略选择尚未达成共识；另一方面也来自政治上的担忧，害怕他们会发展成为体制外的力量挑战党和政府的权威。这也是我国政府在建构社会组织发展的制度环境时采取监管控制与培育发展并重方针，及选择性支持与选择性限制并

举的重要原因。其结果就导致许多草根组织只能以工商身份注册，甚而在尚未注册的情况下开展项目活动。

随着市场经济的发展以及政治与社会的变革，草根组织的发展是大势所趋，因此政府应该如何对待此类组织？与之形成何种关系？制定出何种相应的法律法规？成为了社会建设领域越来越迫切的问题。

（五）组织内部能力建设问题

草根组织除了面对由外部环境而引起的各种困境以外，其自身在组织能力建设上也面对诸多挑战。如今已有越来越多的组织清晰地认识到了这一点，我们的调查显示有 21.7% 的社会组织认为组织内部存在问题，其中内部管理、组织发展模式和专业性欠缺问题又是其中最核心的问题（见表4）。

草根组织治理结构的不完整以及自身诚信透明和自律机制的缺乏，就使其难以整合和动员各种社会资源，从而限制组织长远的发展。如前文所述，有 26.4% 的组织没有理事会，71.9% 的组织没有监事会。此外有 22.8% 的社会组织从未接受过第三方的财务审计（见表5）。由此可见，草根组织治理架构和财务规范制度的不完整，在一定程度上损害了它的社会公信力。

表5　社会组织接受财务审计的比例

第三方财务审计	数量（家）	有效百分比（%）
有	71	77.2
没有	21	22.8
总计	92	100.0

资料来源：香港中文大学 CCSS 社会组织数据库，2012 年。

四　促进北京市草根社会组织发展的思考

建设中国特色世界城市，是北京市委、市政府提出的长远发展战略。在此背景下，加快推动北京社会组织培育发展和管理服务创新，使社会组织有序发展，更好地为建设世界城市服务，具有重要的现实意义和深远影响。

目前，世界发达国家（地区）、发展中国家（地区）每万人拥有社会组织数一般分别超过 50 个和 10 个以上，如德国 120 个、法国 110 个、日本 97 个、美国 52 个、阿根廷 25 个、新加坡 14.5 个，巴西 13 个，中国香港 25 个，而中国大陆地区只有 2.4 个；从城市来看，青岛 6.5 个、上海 6.1 个、深圳 3.5 个，而北京每万人拥有社会组织数量不到 3.5 个，低于香港、上海、青岛和深圳，更不必说发达国家了。由此显示，尽管在近 10 年中北京市社会组织获得了较大的发展，然而与世界发达国家尤其是世界城市社会组织发展还有相当大的差距。并且在保障改善民生、提供公共服务、增加带动就业等方面还远远没能发挥出应有的功能和作用，就更不必说在加强社会建设与创新社会管理、推动社会自治与社区发展、扩大公众参与、反映利益诉求、调解矛盾纠纷等方面作用的发挥了。[①]

基于本文对北京市的草根社会组织的现状、功能与困境的描述与分析，笔者提出以下几点政策建议。

（一）加速社会组织登记审批制度改革

在北京市的草根组织中，尽管有相当一部分是在民政系统登记注册以外生存着的，但是切切实实地发挥了上述的各项功能，推动着社会领域的建设和发展。因此如何将它们吸纳到民政系统内部来，赋予它们开展活动的正当性和合法性，加速社会组织登记审批制度的改革就成为了当务之急。

双重管理制度是导致草根组织无法注册登记的最主要的限制因素。笔者认为可以在北京市的部分区县试点取消双重管理，让符合条件的社会组织直接登记。同时，着力健全并落实社会组织监管评价机制。

应当相应地取消地域性的限制政策。随着社会向多元化和个体化的方向发展，必然需要大量的社会组织来回应社会发展的种种需求。因此，应当在同一行政区域内允许甚至鼓励业务范围相同或者相似的社会团体和民办非企业单位的出现，这样不但满足了社区居民的多重需求，也能促使社会组织在一个开放的环境中公平竞争。

---

① 岳金柱、宋珊、曹昊：《建设世界城市背景下推进北京社会组织培育发展和服务管理的思考》，《社团管理研究》2012 年第 3 期。

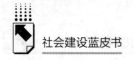

（二）加大政府购买社会组织服务的力度

资金的匮乏以及来源的不稳定可谓是草根组织生存发展最大的障碍。北京市草根组织的收入主要来自民间的资金支持；其次来自销售及服务的收入；最后才是来自政府的收入。民间的捐赠在很大程度上取决于资助方的意愿和实力，销售与服务的收入仅是对于那些有产品和服务可以出售的组织而言的，当来自政府的支持又很弱的时候，草根组织的收入来源就很难稳定。而相应的，德国非营利组织收入的64%来自政府，法国非营利组织收入的58%来自政府，英国和日本非营利组织收入的45%来自政府，即便从全球34国社会组织收入来源情况来看，来自政府的收入也占到34%。由此可见，北京市政府对草根组织的资金支持力度与欧美发达地区相比显然是弱太多了。

基于上述分析，笔者认为加大政府对社会组织资金支持力度应成为推进社会组织建设的当务之急。政府应当充分认识到正是这些由民间自发形成并扎根于社区的草根组织成为了社会整合不可或缺的力量，政府只有给予这些草根组织和政府主办的社会组织同样的甚至更大的资金扶持力度，北京市的社会组织才能在整体上朝着良性的方向发展运作。

未来3~5年，政府购买服务还处于一个基础建设阶段，该阶段的核心任务是培育"公益市场"，就是首先要培育出一大批能够承接政府购买服务的社会组织，建立起可持续的公平公正的购买与评价体系。对此，可以通过购买服务中给予能力建设子项目资金支持，以及将社会组织自身能力是否通过购买项目的实施得到提升作为重要指标。社会组织既是政府购买服务的资源受益者，又是推动者、建设者。政府与社会组织应该秉承互谅互信，互帮互助的合作伙伴原则，携起手来，通过扎扎实实的实践示范、专业成效，来争取社会各方的认同和支持，共同开辟党委领导、政府负责、社会协同、公众参与的社会管理创新路径。[①]

（三）加强草根组织的自身能力建设

政府在政策与资金上的支持当然是草根组织发展的前提条件和重要保障，

---

① 李涛：《社会组织在政府购买社会工作服务进程中的功能和角色——北京协作者参与政府购买社会工作服务经验总结与思考》，《社会与公益》2012年第8期。

而它们如何加强自身的能力建设，则是促使公益界健康发展的另一项必备的条件。而在能力建设领域，最为关键的是如何培育自我"造血"机制。有14.1%的组织有会员费的收入；有48.9%的组织有销售与服务收入；如前文所述，会员费收入和销售与服务收入在组织总收入的占比重均在25%以内，这与世界其他国家的平均水平53%相比就明显偏低了。

笔者认为，北京市政府和草根组织可以借鉴英国社会企业的模式，来推动社会组织的自我"造血"机制的建设。截至2006年初，英国有5.5万家社会企业活跃在社会领域的方方面面。它们不但创造了80亿英镑的国内生产总值，而且吸纳了数十万被市场经济淘汰的劳动者，实现社会公平并消除社会排斥。

此外，能力建设的另一大领域就是组织的公信力和透明度。如前文所述，草根组织财务规范制度的不完备，在一定程度损害了它的社会信用度。而公信力是此类组织的生存之本，若草根组织无法在这一原则性问题上坦诚面对公众的问责，那它必然无法在公益领域生存。

由此笔者认为，政府从政策和资金等方面加大力度扶持草根组织发展的同时，也要加强对草根组织的评估和监督，建立公益问责和公共部门的社会问责制度。笔者认为可以引入科研院校和媒体作为评估和监督的主体。这样既能相对客观地了解项目实施的具体成效，又能监督公益组织在财务上保持公开与透明。

（四）建立和完善社会组织法律体系

我国现行有效的有关社会组织的法律法规主要有《中华人民共和国公益事业捐赠法》《民办教育促进法》《红十字会法》等法律，《社会团体登记管理条例》《民办非企业单位登记管理暂行条例》《基金会管理条例》《彩票管理条例》等行政法规，此外还有一些财政部、民政部、国家税务总局等制定的政府规章。从整体上看，现阶段我国还没有一部统一的社会组织领域的法律。这意味着我国有关社会组织的法律法规现状已滞后于社会组织发展的迫切需要。这就导致如前文所述的"合法性"危机成为社会组织发展的首要困境。

许多学者建议根据《宪法》保障人权和结社自由的宗旨和当前社会间组织发展的现实情况，研究制定"社会组织促进法"或"社会组织法"之类的统一法律，为制定相关的管理法规和政策提供基本的法律依据。在实施步骤上，一方

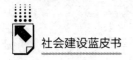
面可以在逐步修订完善具体政策法规的基础上，加大经济发达、社会组织相对成熟的地区地方性立法探索的力度；另一方面可以针对不同类别的非营利组织分别立法予以规范。以此为制定一部统一的民间组织管理基本法律创造条件。①

　　法律是社会组织健康发展的基础，这也是当前社会组织建设最难突破的一个环节。虽然完善立法不是一朝一夕能够完成的，但必须有规划，坚持不懈地做好理论准备。

The Report of Development of Grassroots Organizations in Beijing

Cao Feilian

Abstract：The 18th Congress of CCP proposed to strengthen society-building in the improvement of people's livelihood and innovative social management, and strengthen people's organizations' responsibilities in the social management and services, and guide the healthy and orderly development of social organization, and give full play to the basic role of the masses to participate in social management. This shows that the ruling party have been fully aware of the significance of social organizations and mass participation; on the other hand is also a response to the social forces of the autonomy of the last decade growing. This article will be based on 92 survey data in the Beijing from Civil Society Research Center of the Chinese University of Hong Kong "mainland civil society organizations database", as well as the field surveys I have done in recent years to describe and analyze the living conditions of the grass-roots social organizations in Beijing.

Key Words：Social Organization；Grassroots Organization；Social Management

---

① 黄晓勇主编《中国民间组织报告（2008）》，社会科学文献出版社，2008，第49～53页。

北京城市独生子女空巢失能父母家庭生活状况调查报告[*]

——依据西城区调查数据

尹志刚 李振锋 张子谏[**]

摘 要:

　　独生子女家庭逐渐成为中国的常态家庭模式。独生子女家庭的空巢失能父母是现代社会中极为特殊的弱势群体。本文以西城区独生子女空巢失能父母家庭抽样调查数据为基础,描述这类家庭父母的生活状况,分析家庭目前面临的困境、风险和和需求,进而探讨政府和社会提供服务和帮助的思路和对策。

关键词:

　　独生子女家庭　空巢失能父母　生活困境　家庭风险　帮扶对策

导 语

1. 本课题研究的目的和意义

根据致公党发布的调查报告,目前我国 15~30 岁的独生子女总人数约

---

[*] 本文是西城区人口计生委 2012 年度立项课题"西城区多元家庭政策保障可行性研究"的成果之一。课题主持人为北京市人口研究所尹志刚教授,课题组成员由市人口所和西城区人口计生委人员共同组成。西城人口计生委提供全程的大力支持,彭秀颖主任领导并关注本课题研究的全过程,参与重大问题的研究和设计;王美玉副主任负责实证调查的组织工作,参与课题研究和设计;窦淑龄副主任组织问卷入户调查员的培训;崔炜川、宋秀颖参与了课题研究的全过程,包括街道座谈、入户访谈、问卷试调查、调查员培训和入户问卷调查的组织工作,保障了调查的时间进度、质量和整个课题研究的顺利完成。

[**] 尹志刚,北京市人口研究所(北京市人口发展研究中心)教授,研究方向:人口问题与人口政策;李振锋,北京市委党校社会学硕士研究生,主要研究方向:人口与社会发展;张子谏,北京市委党校社会学硕士研究生,主要研究方向:人口与社会发展。

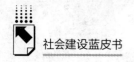

1.9亿[①]，独生子女家庭的家庭逐渐成为中国的常态家庭模式。独生子女家庭的空巢失能父母是我国的一个极为特殊的弱势群体。

本课题研究的目的是，全面描述独生子女空巢失能父母家庭的生活困境，家庭风险，需要政府和社会提供的服务和救助，以及为这一特殊老龄弱势群体提供服务和帮助的对策。

2. 研究方法

（1）独生子女父母空巢失能家庭的界定。一是独生子女家庭；二是空巢家庭，子女与父母不在一起居住和生活，且子女不能为父母提供日常生活照料；父母是失能老人，即父母年龄在60岁以上，至少有1人生活不能完全自理。

（2）调查方法和时间。入户访谈和问卷调查相结合的方法。入户访谈时间为2012年8月。入户问卷调查时间在2012年11月。

（3）调查样本的抽取。由于目前尚没有独生子女空巢失能父母家庭的完整样本框，故本次调查采用了配额抽样的方法。即在西城区15个街道办事处所辖的255个社区中，按照每个社区2个家庭户的配额进行抽样。为了保证样本的代表性，要求每个社区按照调查对象的经济状况进行有选择性的抽取[②]。共计抽取510户，实际回收问卷503份（户），有效问卷500份（户），有效率99.4%。本报告的数据是从500户中抽取家庭中至少有一个失能老人的家庭305户。其中，父亲218人，失能186人，占85.3%；母亲278人，失能196人，占70.5%；父母共计496人，失能382人，占77.0%。

一　空巢失能父母的人口特征

1. 年龄

调查数据显示，被访家庭父母的年龄主要集中在69岁下，父亲组为

---

① 数据引自2013年3月3日《京华时报》。

② 具体条件：（1）生活条件较差的一户，一般的一户；（2）二人空巢一户，一人空巢一户；（3）平房和楼房混居社区，平房一户，楼房一户。

60.8%，母亲组为 56.7%；70～79 岁，父亲组（23.1%）和母亲组（22.0%）大体持平；80 岁以上，母亲组（21.2%）高于父亲组（16.1%）。这与预期寿命女性高于男性相关。即是说，空巢失能父母年事越高，特别是高龄一人空巢家庭，母亲比例越高。因此，要重视对高龄空巢失能母亲的援助与服务。

2. 婚姻状况

父母婚姻状况以有配偶为主，父亲组（88.1%）比母亲组（68.0%）高 20.1 个百分点，父母合计占总选择人次的 76.8%；丧偶率较高，母亲（28.8%）比父亲（6.4%）高 22.4 个百分点，合计占 19.0%；离婚率很低，父亲（4.6%）比母亲（1.8%）高 2.8 个百分点，合计占 3.0%（见表 1）。

表 1　父母婚姻

	数量(人)				分性别组(%)				占填答总人次(%)		
	父亲	母亲	两者差	两者和	父亲	母亲	两者差	父亲	母亲	合计
有配偶	192	189	3	381	88.1	68.0	20.1	38.7	38.1	76.8
丧偶	14	80	-66	94	6.4	28.8	-22.4	2.8	16.1	19.0
离婚	10	5	5	15	4.6	1.8	2.8	2.0	1.0	3.0
未婚	1	3	-2	4	0.5	1.1	-0.6	0.2	0.6	0.8
不适用	1	1	0	2	0.5	0.4	0.1	0.2	0.2	0.4
合　计	218	278	-60	496	100.0	100.0	0	44.0	56.0	100.0

数据显示，空巢失能父母中一人家庭占 22.0%，其中，父亲一人家庭占 4.8%，母亲一人家庭占 17.1%。随着我国人口和家庭结构的转型，今后数十年中，独生子女父母空巢失能二人和一人家庭（特别是一人母亲家庭）的数量和比例将大幅攀升，这是一个亟待政府和社会关注的弱势群体。

3. 社会身份

父母的社会身份（已离退休者依据离退休前的社会身份填答），列前五位的依次是产业工人（38.7%）、办事人员（15.5%）、专业技术人员

（14.7%）、城乡失业/半失业人员（13.3%）和党政领导干部（8.3%）。

父母两性差异较大的是专业技术人员、党政领导干部和城乡失业/半失业人员，父亲比母亲分别高8.6%、3.0%和低9.5%。总体看，母亲的社会地位及经济收入低于父亲，这预示着空巢失能母亲的养老困难和风险相对更大。

4. 父母残疾类型及等级

父母中有残疾者占总选择人次的33.8%。占父亲组和总人次的比例分别为40.9%和18.0%；母亲分别为28.1%、15.7%。

残疾类型中最多的是肢体残疾（占性别组和填答总人次），父亲分别为72.9%、39.0%，母亲分别为66.2%、30.8%。其次是视力残，父亲分别占9.4%、5.0%，母亲分别占18.9%、8.8%；多重残，父亲分别占5.9%、3.1%，母亲分别占8.1%、3.8%；其他类型的残疾比例很低。

总体看，父亲的残疾等级高于母亲。二级以下残疾，父亲（36.4%）比母亲（50.0%）低13.6%，三级以上残疾，父亲（63.6%）比母亲（50.0%）高13.6%（见表2）。

表2　父母伤残类型

	数量（人）				分性别组（%）			占填答总人次（%）		
	父亲	母亲	两者差	两者和	父亲	母亲	两者差	父亲	母亲	合计
视残	8	14	2	38	9.4	18.9	-9.5	5.0	8.8	13.8
听残	5	1	-5	9	5.9	1.4	4.5	3.1	0.6	3.8
肢体残	62	49	11	67	72.9	66.2	6.7	39.0	30.8	69.8
精神残	2	1	-3	71	2.4	1.4	1.0	1.3	0.6	1.9
智力残	3	3	0	2	3.5	4.1	-0.6	1.9	1.9	3.8
多重残	5	6	1	1	5.9	8.1	-2.2	3.1	3.8	6.9
合　计	85	74	-9	159	100.0	100.0	—	53.5	46.5	100.0

5. 父母（失能）生活自理

父母生活不自理能力没有明显性别差异。有1个行为不自理者，选择率最高，占性别组和填答总人次，父亲分别为65.6%、31.9%，母亲分别为63.3%、32.5%。有6个行为不自理者列第二位，父亲分别为16.7%、8.1%，母亲分别为15.3%、7.9%。列第三位的是有2个行为不自理，父亲分别为

10.2%、5.0%，母亲分别为12.2%、6.3%。有3～5个行为不自理者所占比例较低(见表3)。

表3 父母的失能程度

	数量(人)				分性别组(%)			占填答总人次(%)		
	父亲	母亲	两者差	两者和	父亲	母亲	两者差	父亲	母亲	合计
轻度失能	141	148	-7	289	75.8	75.5	0.3	36.9	38.7	75.7
中度失能	10	17	-7	27	5.4	8.7	-3.3	2.6	4.5	7.1
重度失能	35	31	4	66	18.8	15.8	3.0	9.2	8.1	17.3
合 计	186	196	-10	382	100.0	100.0	—	48.7	51.3	100.0

父母的失能程度没有明显性别差异，轻度失能的父亲（占性别组和填答总人次）分别为75.8%、36.9%，母亲分别为75.5%、38.7%。中度失能的父亲分别为5.4%、2.6%，母亲分别为8.7%、4.5%。重度失能的父亲，分别为18.8%、9.2%，母亲分别为15.8%、8.1%。

父母失能行为分布没有明显性别差异。各年龄组父母失能行为最多的是吃饭，其他失能行为相对较少，且较平均。列第二位的，父亲69岁以下是室内走动，70岁以上的是洗澡；母亲64岁以下是室内走动。政府、社区和社会组织要针对父母不同年龄段的主要失能行为，在送餐、喂饭、协助出行和洗澡等项目上开展帮扶服务。

二 父母家庭的经济、住房和社会保障

（一）经济

1. 父母月收入

工资奖金（含退休金）收入在1999元及以下者（占性别组和填答总人次），父亲分别为14.5%、3.2%，母亲分别为28.3%、8.0%，父亲比母亲分别低13.8%、4.8%，父母合计占填答总人次的22.2%。2000元以上者，父亲分别为85.5%、19.2%，母亲分别为71.7%、20.1%，父亲比母亲分别高13.8%、低0.9%。父母合计占填答总人次的77.8%(见表4)。

表4　父母月工资奖金（含退休金）收入

| | 数量（人） | | | | 分性别组（%） | | | | 占填答总人次（%） | | |
	父亲	母亲	两者差	两者和	父亲	母亲	两者差	父亲	母亲	合计
999元以下	5	27	-22	32	2.3	10.2	-7.9	0.5	2.9	6.7
1000~1499元	6	13	-7	19	2.8	4.9	-2.1	0.6	1.4	4.0
1500~1999元	20	35	-15	55	9.4	13.2	-3.8	2.1	3.7	11.5
2000~2499元	77	119	-42	196	36.2	44.9	-8.7	8.1	12.6	41.0
2500~2999元	47	40	7	87	22.1	15.1	7	5.0	4.2	18.2
3000元以上	58	31	27	89	27.2	11.7	15.5	6.1	3.3	18.6
合　计	213	265	-52	478	100.0	100.0	—	22.5	28.0	100.0

　　总体看，空巢失能父母的经济收入不高，母亲收入比父亲低。从前面父母社会身份的数据也反映出，母亲比父亲低。因此，政府的救助政策应当向母亲、特别是一人空巢母亲家庭有所倾斜，社会援助更应当关注相对更为弱势的一人空巢失能母亲家庭的帮扶和救助。

2. 家庭月支出

　　月食品支出，有46.5%的父母家庭在1000元以内，而月食品支出在2000元以内的家庭占到88.6%，仅有11.4%的父母家庭的月食品支出费用在2000元以上。

　　月自费看病支出，有59.7%的父母家庭在1000元以内，而月自费看病在2000元以内的家庭占到88.9%，仅有11.1%的父母家庭的月自费看病费用在2000元以上（见表5）。

表5　家庭经济支出状况

| | 食品支出 | | 自费看病 | | 水电气、交通、通信、物业等 | |
	户数	占比（%）	户数	占比（%）	户数	占比（%）
999元以下	138	46.5	172	59.7	272	93.5
1000~1499元	74	24.9	61	21.2	14	4.8
1500~1999元	51	17.2	23	8.0	5	1.7
2000~2499元	22	7.4	15	5.2	0	0
2500~2999元	8	2.7	3	1.0	0	0
3000元以上	4	1.3	14	4.9	0	0
合　计	297	100.0	288	100.0	291	100.0

月水电气、交通、通信、物业等支出，有93.5%的父母家庭在1000元以内，1000元以上的家庭仅为6.5%。综合比较空巢父母家庭的各项支出，用于看病的支出较多，而其他方面的支出较少。对于经济困难父母的医疗支出，政府应给予费用的适当补助或减免，以减轻经济负担，保障基本的养老生活和生命质量（见表5）。

3. 家庭收支

家庭收支平衡的为62.5%，有结余的为30.9%。尚有6.6%的家庭为负债。

（二）住房

本次调查家庭两处住房。由于有第二处住房的家庭仅有14户，仅占4.6%，在此不做分析。本报告仅分析第一处住房的基本数据。

1. 住房类型和产权

父母的房屋类型以楼房为主（66.4%），其次是平房（31.3%）和筒子楼（2.3%）。居住楼房的父母急需配备无障碍通道，居住平房父母急需配备基本生活设施。

父母住房产权主要是已购公房和承租直管公房，分别为42.5%和30.9%。其次是私房（17.3%）。其中，有59.8%的父母拥有独立产权商品房，有40.2%的父母没有自有商品房。对于父母来说，自有商品房是重要的财产和养老资源，可以出租，也可以出售，用租金或售房款来保障养老或抵御家庭风险。政府相关部门（如人口计生委）急需研究制定独生子女家庭经营自有房产的制度安排，以父母的不同家庭生命周期、自理能力、经济收支等作为自变量，把父母住房的居住、出租、抵押贷款、出售、让子女继承等作为因变量，模拟出各种条件下的最优选择，将父母的老有所养、病有所医和住有所居最有效地结合起来。

2. 住房面积

总体看，父母家庭的住房面积不宽裕。其中，面积狭窄（49平方米以下）的135户，占全部家庭的44.4%；基本够用（50～99平方米）的154户，占52.1%；较宽裕（100平方米以上）的12户，占3.5%。

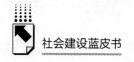

3. 住房设施

父母住房中独立厨房的拥有率为94.6%，洗澡设备为74.3%，独立卫生间为68.3%，电梯为25.2%，无障碍通道为20.2%。此外，父母住房冬季自采暖住房占33.4%。炊事燃料中罐装燃气（29.7%）和煤（1.3%）占31%。这些都会给失能父母生活带来极大的不便。总体看，对于空巢失能父母极为重要的上述基础设施配备较差，政府应尽快拿出解决方案。

（三）父母社会保障和商业保险

1. 社会保障

父母的社会保险主要是基本养老险和基本医疗险，其他保障类型比例很小。享有基本养老险，父亲196人，母亲225人，分别占性别组90.3%、81.2%。基本医疗险，父亲191人，母亲213人，分别占88.0%、76.9%。即是说，还有9.7%的父亲、18.8%的母亲没有养老保险，有12%的父亲、23.1%的母亲没有医疗保险。"一老一小"保险，父亲12人，母亲41人，分别占5.5%、14.8%。把"一老一小"保险加进去，父母没有养老保险的比例分别为4.2%、4.0%，没有医疗保险的比例分别为6.5%、8.3%。没有基本养老和医疗保险，空巢失能父母的养老风险是极大的（见表6）。

表6 父母社会保障

	数量（人次）				分性别组人数（%）			占被访305户（%）		
	父亲	母亲	两者差	两者和	父亲 （217人）	母亲 （277人）	两者差	父亲	母亲	合计
基本养老险	196	225	-29	421	90.3	81.2	9.1	64.3	73.8	138.0
补充养老保险(年金)	19	22	-3	41	8.8	7.9	0.9	6.2	7.2	13.4
基本医疗险	191	213	-22	404	88.0	76.9	11.1	62.6	69.8	132.5
"一老一小"保险	12	41	-29	53	5.5	14.8	-9.3	3.9	13.4	17.4
失业保险	2	4	-2	6	0.9	1.4	-0.5	0.7	1.3	2.0
工伤保险	2	2	0	4	0.9	0.7	0.2	0.7	0.7	1.3
生育保险	0	2	0	2		0.7	-0.7		0.7	0.7
住房公积金	9	6	3	15	4.1	2.2	1.9	3.0	2.0	4.9

2. 商业保险

有家庭成员购买商业保险的家庭所占比例很小，仅为13.1%，即是说，有86.9%的家庭没有购买任何类型的商业保险。

三 父母家庭空巢和养老方式选择

1. 父母和子女主要联系方式及时间间隔

空巢父母意味着与子女不在一起居住和生活。问卷调查父母与子女的主要联系方式及间隔时间。按照选择率排序：打电话（含手机）259户，占37.5%，平均间隔4.1天（下同）；日常探望216户（31.3%、14天）；节假日探望160户（23.2%、22.6天）；休假探亲38户（5.5%、52.4天）；语音视频8户（1.2%、4天）；发邮件5户（0.7%、15天）；写信1户（0.1%、60天）；其他方式4户，占0.6%。

联系间隔，最短的电话和语音视频联系也长达4天，其他方式（包括日常探望）都在14天以上。与独生子女的互动联系如此稀少，年迈空巢失能父母多么可怜！新加坡政府对子女和父母就近购房给予补贴①可否借鉴？如何把子女照料、探望父母设计为一种社会生活制度安排？这些是社会建设的重要议题。

2. 父母空巢原因

问卷询问，"如果不是父母自愿独居，导致空巢的原因有哪些？"选择率依次是：子女工作繁忙无力照顾老人，222户，占总选择户次的22.2%（下同）；子女住房离父母太远无法照顾父母，198户（19.8%）；子女家务繁重无力照顾老人，143户（14.3%）；社会养老机构收费高、住不起，126户（12.6%）；不愿入住社会养老机构，117户（11.7%）；子女婚后不愿和父母一起居住，73户（7.3%）；社会养老机构和床位少、住不进去，61户

---

① 新加坡申请一间靠近父母或已婚子女的组屋，可以获得高达4万新元（约折合人民币20万元）的购房津贴。当房屋供不应求时，可以获得额外抽签的机会，优先选房。江苏人大网，2011年2月28日。

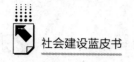

（6.1%）；子女这一代人缺乏照料父母的责任感，23 户（2.3%）；其他，37 户（3.7%）。

分类小计，涉及子女的原因占 65.9%，包括子女因客观困难不能照顾父母的 3 个选项，563 户次，占 56.3%；因子女主观原因不愿照顾父母的 2 个选项，96 户次，占 9.6%。父母因客观条件限制不能入住养老机构 187 户次（18.7%）；因主观不愿入住养老机构的 117 户次（11.7%）；其他原因 37 户次（3.7%）。

总体看，造成父母空巢的主要原因是子女不能给予父母日常陪伴和照顾。政府和社会如何创造条件减少父母空巢率，是和谐社会建设的一个选题。

3. 父母家庭空巢、自理类型与养老方式选择

（1）父母家庭空巢、自理类型

父母空巢类型以二人空巢家庭居多，占 64%，一人空巢家庭占 36%。

二人空巢家庭中，父母以一人自理、一人半自理居多（64.7%）；其次是一人自理、一人不自理（21.9%）。一人空巢家庭中，父母半自理的占 88.4%，不自理的占 11.6%。

数据揭示，空巢失能父母亟须陪伴、照顾和护理，而子女并不能有效地提供。需要政府和社会培养大量护理人员和社会工作者，满足空巢失能父母陪伴、照料和护理的需求。

（2）父母空巢家庭与养老方式选择

二人空巢家庭选择率列前三位的是："夫妇相互照顾，居家养老"（80.2%）、"雇保姆居家养老"（5.7%）和"自己照顾自己，居家养老"（5.2%）。一人空巢家庭是"自己照顾自己，居家养老"（50.0%）、"雇保姆居家养老"（15.7%）和"靠子女照顾，居家养老"（13.9%）（见表7）。

总体看，无论是二人空巢或者一人空巢失能家庭，父母都倾向于居家养老。这与中国的传统文化有密切关系，说明父母传统的养老观念没有转变，表明老人不愿意离开熟悉的家庭和社区入住社会养老机构。因此，政府和社会应该大力充实支撑居家养老和社区养老的各种资源。

表7　父母空巢类型及养老方式选择

	户数(户)			占各组户次(%)			合计	
	二人空巢	一人空巢	两者差	二人空巢	一人空巢	两者差	户次	占总户次(%)
夫妇相互照顾居家养老	154	0	154	80.2	0.0	80.2	154	51.3
自己照顾自己居家养老	10	54	−44	5.2	50.0	−44.8	64	21.3
靠子女照顾居家养老	6	15	−9	3.1	13.9	−10.8	21	7.0
雇小时工居家养老	6	12	−6	3.1	11.1	−8.0	18	6.0
雇保姆居家养老	11	17	−6	5.7	15.7	−10.0	28	9.3
白天去社区托老所、晚上回家居家养老	2	5	−3	1.0	4.6	−3.6	7	2.3
老年公寓	1	0	1	0.5	0.0	0.5	1	0.3
养老院	1	4	−3	0.5	3.7	−3.2	5	1.7
其他方式	1	1	0	0.5	0.9	−0.4	2	0.7
合　计	192	108	84	100.0	100.0	0.0	300	100.0

四　失能父母的照料、护理和康复

（一）父母的照料护理

1. 照料护理人

依据选择率排序，照料护理人最多的是配偶，占总选择人次的50.2%，第二位是子女（22.4%），第三位是保姆（12.0%）。数据显示，一是目前父母主要依赖家庭成员照顾，从发展趋势看，家人照料将日趋减弱；二是社区照顾和服务的功能较弱，作用远没有发挥出来。政府要强化基本公共服务落地，大力发展社区为老服务，推进市场为老服务入社区、进家庭，承接家庭日渐薄弱的养老功能，使空巢失能父母得到较好的护理和照顾。三是公共养老服务将有很大的发展空间。

2. 照料护理事项

照料失能父母最多的事项是日常家务劳动（34.4%），其次是出行搀扶、引导（19.1%），第三是洗澡（17.1%）。分类小计，日常生活照料266户次，占34.4%，失能老人喂饭、洗澡等的特殊照料，264户次，占34.1%，行走照料225户次，占29.0%，其他照料19户次，占2.5%（见表8）。

表 8 照料护理的主要事项

	数量(户)	占比(%)	分类小计
做饭洗衣等家务劳动	266	34.4	日常生活照料 266 户次,占 34.4%
喂饭喂药	53	6.8	失能老人特殊照料 264 户次,占 34.1%
穿衣穿鞋	48	6.2	
洗澡	132	17.1	
接大小便	31	4.0	
出行搀扶、引导	148	19.1	行走照料 225 户次,占 29.0%
出行推轮椅	77	9.9	
其他照料	19	2.5	其他照料 19 户次,占 2.5%

这些照料事项大多需要体能和时间的大量支出,并不需要太多的专业知识和技能。政府要培养更多的志愿者和义工,让更多的人加入到为空巢失能老人提供服务的队伍中来,既可以形成良好的社会风气,同时又能节省公共资源。

(二)失能父母的康复

1. 失能父母能否康复

本题共有 288 人次填答。经医院诊断,失能父母"可以康复"的,父亲为 12.3%,母亲为 15.3%。"不能康复"父亲占 63.8%,母亲占 60.0%。"说不清"的,父亲为 23.9%,母亲为 24.7%。总体看,在现有的医疗康复条件下,失能父母能够得到康复的人数比例较低。

2. 失能父母的治疗

共有 285 人次填答。正在治疗的 183 人次,父母均占 64.2%;没有条件治疗的 38 人次(13.3%);放弃治疗的 64 人次(22.5%)。总体看,正在治疗的占大多数。与父母能否康复的数据比较,其中,可以康复的仅占 13.9%,不能康复和说不清的占 86.1%。即便如此,大多数父母依然没有放弃治疗。

3. 父母康复效果

289 人次填答。总体看,失能父母放弃康复的占 40.5%,效果不明显的占 47.4%,效果明显的仅占 12.1%。

4. 父母康复场所

263 人次填答,康复场所在家里的占 77.2%,其次是在医院,占 17.5%,

在社区卫生站和专门康复机构康复的很少，分别占 4.2% 和 1.1%。

5. 父母康复年限及花费

父亲的平均治疗时间为 8.82 年，母亲的平均治疗时间比父亲要多 1.11 年，为 9.93 年，这跟不同性别老年人平均寿命相关；父亲平均的累计花费为 89007 元，比母亲的平均累计花费 93688 元低 4681 元。

6. 父母的康复困难

康复面临的困难，列第一位的是子女繁忙、无法协助（23.8%），第二位是没有足够的财力在专业机构康复（20.0%），第三是失能父母年迈，没有足够的体力和精力康复（18.1%）。分类小计，经济匮乏 199 人次（32.6%）；专业知识技能匮乏 146 人次（24.0%）；其他，9 人次（1.5%）（见表9）。

表 9　康复困难

	数量（户）	占比（%）	分类小计
家庭没钱购买康复器材	77	12.6	经济匮乏 199 人次，占 32.6%
没有足够财力在专业机构康复	122	20.0	
父母年迈，没有足够的体力和精力康复	110	18.1	体力和精力匮乏 255 人次，占 41.9%
子女工作家务繁忙，没有时间和精力协助康复	145	23.8	
家人缺乏协助康复的专业知识和技能	73	12.0	专业知识技能匮乏 146 人次，占 24.0%
没有专业人士协助康复	73	12.0	
其他困难	9	1.5	其他，9 人次，占 1.5%

分类小计，无论是父母还是子女，没有足够的体力和精力支撑康复为最多，255 人次（41.9%），专业知识技能匮乏 146 人次（24.0%），经济匮乏 199 人次（32.6%）。这些都要求政府和社会给予支持，比如，在社区卫生站（所）建立康复中心，添置设备，由专业医疗人员指导和协助康复，或是委托具有资质的专业康复社会组织上门指导和协助康复。对于经济困难的失能父母，可以酌情减免康复费用。最为重要的是，为应对我国扑面而至的白发浪潮，政府和社会要把降低失能老人的数量和比例作为一项重要的人口政策。为此，要做好两件事，一是通过激励参加身心锻炼和遵从健康生活方式，减少老人失能的发生率；二是对失能老人进行有组织的科学康复，使其尽可能的恢复

自理能力。政府相关部门要研究策划失能老人康复工程，委托专业社会组织，培育专业社工和社区志愿者，把康复服务输送到千家万户。

五　父母养老困难和帮扶需求

1. 日常急需且缺乏的服务

失能父母日常生活中急需且缺乏的单项服务中，列第一位的是建立家庭病房、上门送药、打针、护理，占选择总户次的19.9%，列第二位的是陪同到社区服务站或医院看病（15.1%），第三位是送餐送奶服务（12.3%），第四位是钟点工、保姆家政服务信息（11.5%），第五位是制定家庭康复方案，指导康复。

分类小计，医疗护理服务383户次（35.0%）；上门照料服务363户次（33.2%）；养老信息服务172户次（15.7%）；康复服务112户次（10.2%）；出行服务48户次（4.4%）；其他服务15户次（1.4%）（见表10）。

表10　父母日常急需且缺乏的服务（可多选）

	次数（次）	占比（%）	分类小计
建立家庭病房、上门送药、打针、护理	218	19.9	医疗护理服务383户次，占35.0%
陪同到社区服务站或医院看病	165	15.1	
送餐和送奶	134	12.3	上门照料服务363户次，占33.2%
上门帮助购物	92	8.4	
上门帮助洗澡	45	4.1	
上门探望沟通	92	8.4	
入住老年公寓、养老院信息	46	4.2	养老信息服务172户次，占15.7%
钟点工、保姆家政服务信息	126	11.5	
制定家庭康复方案，指导康复	112	10.2	康复服务112户次，占10.2%
陪同出行、休闲、旅游	48	4.4	出行服务48户次，占4.4%
其他服务	15	1.4	其他服务15户次，占1.4%
合　计	1093	100.0	—

政府需要根据失能父母所需服务的程度来提供相关的服务，以降低空巢失能父母的生活困难，提升生活质量。

2. 父母对各种帮扶服务需求的态度

被访父母对问卷所列的12个帮扶服务需求选项的选择率较高，选择很需要和需要合计均超过各选项选择人次的 50%，表明总体上需求率较高。

父母选择很需要的百分比和态度综合值列前五位的选项相同，由高到低依次是：在生病住院期间给予护理的优先照顾，分别是 69.3%、153.8（下同）；经济困难生病住院者，给予护理费的减免（68.9%、147.8）；经济条件差的家庭入住养老机构给予减免费用（60.3%、122.8）；家庭经济困难的给予康复治疗费用的减免（57.2%、122.6）；对无康复可能且丧失劳动能力者，给予救助，家庭经济困难者，救助费不低于最低工资（54.2%、103.4）。除去护理优先一项外，其他 4 项都属于提供经济援助类。

父母选择不需要的百分比和态度综合值列后五位的由低到高依次是：银行或保险公司给有房产者提供拆兑服务，为养老提供资金支持（35.7%、-11.9，这是唯一综合态度为负值的选项）；对伤残后尚有劳动能力者帮助他们就业（32.1%、3.7）；人口计生部门提供更多的关怀照顾，如组织参加各种文体活动（23.7%、24.1）；开展献爱心活动，为生活困难家庭提供各种捐赠（19.7%、24.5）；社会工作者和志愿者上门服务，给予帮助和精神关怀（14.2%、50.1）。除去房产拆兑一项外，其他 4 项均属于社会帮扶类（见表 11）。

表 11　父母对各种帮扶需求不同态度赋值及综合态度值比较

	态度赋值				态度综合值[①]	百分比(%)[②]	分类小计(%)
	很需要（+2）	需要（+1）	较需要（-1）	不需要（-2）			
在生病住院期间,给予护理的优先照顾	138.6	24.1	-4.3	-4.6	153.8	16.5	父母养老优先权占 26.9%
一般家庭,给予入住养老机构的优先权	98.0	30.3	-9.3	-22.6	96.4	10.4	
经济困难生病住院者,给予护理费的减免	137.8	22.2	-5.6	-6.6	147.8	15.9	经济救助占 53.4%
经济条件差的家庭,入住养老机构给予减免费用	120.6	24.8	-7.0	-15.8	122.6	13.2	
家庭经济困难的给予康复治疗费用的减免	114.4	29.1	-6.7	-14.0	122.8	13.2	
对无康复可能且丧失劳动能力者,给予救助,家庭经济困难者,救助费不低于最低工资	108.4	26.4	-7.4	-24.0	103.4	11.1	

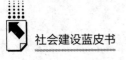

续表

	态度赋值				态度综合值①	百分比(%)②	分类小计(%)
	很需要(+2)	需要(+1)	较需要(-1)	不需要(-2)			
对有康复可能者,制定并实施康复方案	71.8	36.9	-14.4	-25.6	68.7	7.4	政府在康复、就业、文体活动等方面的扶持占10.4%
对伤残后尚有劳动能力者,积极帮助他们就业	55.4	26.4	-13.9	-64.2	3.7	0.4	
人口计生部门提供更多的关怀照顾,如组织参加各种文体活动	55.6	32.2	-16.3	-47.4	24.1	2.6	
社会工作者和志愿者上门服务,给予帮助和精神关怀	59.6	37.4	-18.5	-28.4	50.1	5.4	社会帮扶占8.0%
开展献爱心活动,为生活困难家庭提供各种捐赠	54.2	31.4	-21.7	-39.4	24.5	2.6	
有房产者,银行或保险公司应提供房产拆兑服务,为养老提供资金支持	44.0	28.9	-13.4	-71.4	-11.9	1.3	住房拆兑资金兑支持养老占1.3%

分类小计,经济困难救助 4 个选项合计占 53.4%;获得稀缺养老资源优先权 2 个选项占 26.9%;政府在康复、就业、文体活动等方面的扶持 3 个选项占 10.4%;社会帮扶 2 个选项占 8.0%,住房拆兑服务支持占 1.3%。

六　构建独生子女父母空巢失能
家庭的养老和照顾护理模式

(一)父母对提高保障水平、降低家庭风险的建议

问卷设计开放题——"您对提高独生子女空巢失能父母家庭保障水平、降低家庭风险的建议有哪些?"有 262 户填答,占被访家庭的 86%。具体需求

---

① 帮扶"失独家庭"克服生活困境措施的需要程度态度赋值方法:很需要(+2)+需要(+1)+较需要(-1)+不需要(-2)之和。
② 态度综合值所占百分比,是用各个具体态度综合值除以所有态度组合值之和的百分数。

（不少问卷涉及多种需求）有 348 户，其中有 129 户涉及日常生活帮扶，占选择总户次的 37.1%，占被访户数的 42.3%；51 户涉及医疗保健，分别占 14.7%、16.7%；涉及养老服务和经济帮助的各 84 户，分别占 24.1%、27.5%。具体建议内容归纳如表 12。

表 12　父母对提高保障水平、降低家庭风险的建议

	数量（户）	占选择总户次（%）	占被访家庭（%）
日常生活	129	37.1	42.3
养老服务	84	24.1	27.5
经济帮助	84	24.1	27.5
医疗保健	51	14.7	16.7
合　计	348	100.0	114.0

1. 日常生活帮扶

希望政府和社区将居住小区内的公共设施进行改造，以方便老年人的生活和出行；社区建造必要的为老服务设施；失能老人日常饮食休息难以自理，希望有照料者在身边；独居失能老人出现紧急情况非常需要帮助；不仅需要经济帮助及简单日常照料，更需要社会人文关怀，需要有意义的愉悦的生活，希望政府和社会能给予精神慰藉；帮助老年人组织他们自己的生活，丰富其生活内容，让他们老有所乐。

2. 医疗保健帮扶

保证重大疾病的技术就医；失能老人能就近优先得到诊治和较好治疗效果，避免新的并发症和后遗症；建立社区医疗体系，为有慢性疾病的老年人提供就近诊治和康复指导；为行动不便老年人提供上门医疗服务，减轻老年人的就医成本和就医痛苦；建立老年人突发事件的应急处理机制，尤其是突发性疾病的送诊和治疗，避免出现更严重的后果；政府和社区为老年人的日常保健和疾病预防多做工作；社区医院为老年人建立健康档案，定期为老年人做必要的检查；在社区内宣传老年人保健知识。

3. 养老服务帮扶

政府能新建养老机构和相关配套服务设施，并对机构建造位置进行合理布

局；保证养老机构内为老服务设施的建造和完善；做好服务人员的培养和培训，切实提高服务水平；政府为经济条件不好的家庭给予费用的减免，让愿意选择机构养老的老人能住得进、住得起；对选择居家养老的老人，政府要规范家庭照料和护理人员市场，为服务人员提供必要的培训，提供规范化、个性化的家政服务；政府和社区建立为老服务组织，对居家养老的老人进行定期走访，深入了解养老困难，切实解决养老服务问题。

4. 经济帮扶的建议

希望政府和社区给予直接经济补贴，以满足基本的生活需要（填答者主要是经济条件差，无法满足家庭基本的生活需要的家庭，如父母失能，子女残疾，无法正常就业；家庭住房无法满足基本居住需求等）。

希望政府和社区能提供一些间接的生活补贴和帮助，以满足生活照料（填答者主要是在经济方面能满足基本生活需求，但存在一些小的生活困难，需要小时工或者邻里帮助）。

政府帮助解决大额医疗费用，完善大病医疗报销制度，让老人能看得起病，住得起院。政府针对不同经济条件的老年人，在医疗保健和养老服务等费用上给予适当减免，以减轻经济负担。

（二）降低独生子女父母空巢失能家庭风险的对策建议

1. 降低老年人口失能度

在所有养老风险中，失能或生活不能自理是最大的风险。一个生活自理的老人，不会对家庭和社会造成风险和负担。然而一旦失能，随之而至的必然是个人的困苦、配偶和子女的困难及社会的困境。如何降低老年群体的失能度，即降低老人失能的发生率和失能程度，是应对未来社会养老风险的第一课题。

（1）降低失能老人的发生率

降低老人失能的发生率，即减少老人失能的发生数量和比例。

编写预防失能的科普读物，建立预防老年人失能的医疗和保健专家组，研究各种失能的发生案例，制定适合于不同性别、不同年龄段、不同疾病老人的预防失能的训练课程。

政府设立预防老年人失能的社会工作项目。包括编制预算和实施规划，培训服务于预防老年失能的专业社会工作者（含社区卫生站人员），深入社区宣传动员，指导志愿者进行小组和个案工作，以帮助和指导家庭。

（2）降低失能老人失能程度

降低失能老人的失能程度，即通过护理和康复训练，减轻失能老人的失能程度，把不自理者变为半自理者，把半自理者变为自理者，把没有劳动能力者变成有劳动能力者。

建立训练和康复指导专家组，针对每一种失能类型，编写具体康复训练手册。

政府设立为失能老年人康复的社会工作项目。包括编制预算和实施计划；购置和配备适用于医院康复机构、社区卫生站、社区场地的康复器材；编写适用于不同失能类型的康复教材和具体康复指导手册，培训服务于失能康复的专业社会工作者（含社区卫生站人员），培训社区志愿者，深入每一个有失能老人的家庭，制订康复计划，指导使用康复器材，示范康复技术和方法。

对有康复可能但经济拮据的老人，酌情减免康复费用。

2. 减少空巢家庭，降低空巢度

（1）减少空巢家庭

进行孝敬父母、探望照料父母的传统美德教育，提升子女的家庭和社会责任感，使有需求的父母能够得到子女更多的关爱和照料。借鉴新加坡的做法，鼓励子女与父母近距离居住，奖励子女探望、照料父母。

（2）降低家庭空巢度

空巢在时空上是有程度之分的。长时间没有任何人或组织与家庭发生任何交往和互动，可以称为绝对空巢（现实生活没有这种鲁滨逊式的空巢家庭）。空巢度是分析相对空巢，即时间越短，与家庭发生交往和互动的频次越多、内容越深，空巢度越低；反之，空巢度越高。

如果子女确实无法探望、照料父母，为降低父母家庭的空巢度，可以采取以下措施：其一，政府建立空巢家庭子女有偿资助的邻里或其他人探望、照料失能老人的制度。其二，运用市场加社会的机制，建立空巢家庭购买社会组织提供上门探望、照料、陪同等服务的机制。其三，政府设立专门帮扶空巢家庭的社会工作项目，发动社区草根组织、志愿者，定期通话、上门探望，为空巢

父母提供力所能及的帮助。

3. 完善各种社区助老服务，支撑空巢失能老人居家养老

居家养老是应对扑面而至的白发浪潮的根本战略选择。所有有利于实现居家养老的举措都适用于空巢失能老人。与自理老人相比，失能老人更需要的是各种家政服务信息的搜索和鉴别，雇用保姆、钟点工的全程中介代理服务（包括人员选择、合同签订、服务监管代理等）；各种上门服务，包括上门送餐、水、菜、奶，各种电话、快递订购的物品，各种上门维修服务，陪同出行、购物、看病等，不一而足。这里需要强调的是，上述服务的提供者更多的是市场上有资质的厂商，而这些服务的设计、购买、传送、监管等全程的代理服务，可能是更稀缺的。关键是需要有失能老人或子女的高度信任、授予全权的代理人或组织，社区居委会、草根组织、志愿者和邻里是不二的组织选择和个人选择。

此外，社区托老与居家养老的功能差异是，把老人需要的服务集中到特定时空点——托老所，实质上也是支撑居家养老的重要方式。

4. 完善社会机构养老服务，降低失能老人养老风险

一旦老人完全不自理，特别是空巢一人不自理，居家养老就难以为继了。老人的合适选择是社会机构养老。从这个角度看，未来的社会养老机构应更多地接收自理有障碍的老人，更多地增加失能康复和护理服务功能。由于专业社会养老机构可以实现对失能老人的专业化康复护理，实现规模化经营，降低成本，对于重度失能老人而言，可能也是不二选择。

总之，目前我国的独生子女父母基本上处于低龄老人阶段，家庭结构大多是二人空巢，父母家庭失能结构大多是二人自理、一人自理另一人半自理、一人自理。随着时间的推移、父母年龄的增高、家庭生命周期及结构的变化，空巢二人不自理和一人不自理家庭的总量将逐步增多，比例将不断提升。从家庭功能角度分析应对整个社会人口老龄化的危机，独生子女父母空巢失能家庭可能是一个重要的着眼点和着力点。课题组之所以长期关注、调查探索降低这类家庭和人口风险的对策，目的即在此。期望本研究成果对引起政府和社会关注独生子女父母空巢失能家庭这一特殊弱势群体，对制定应对我国人口老龄化风险、降低独生子女家庭风险的对策，有所益处。

The Disability Parents of One Child Empty Nest Family in Beijing Urban District Living Conditions Survey Report

—Survey Data in Accordance with the Xicheng District

Yin Zhigang   Li Zhenfeng   Zhang Zijian

Abstract: One-child families are becoming normal family mode in China. The disability parents of one child empty nest family is very special vulnerable groups in modern society. The article is based on the data from XiCheng district, to describe the living conditions of the parents of such families, analyze the risks and needs the families are currently facing, and to explore the ideas and countermeasures the government and society could provide.

Key Words: One-child Families; Empty Nest Disability Parents; Living Difficulties; Family Risk; Helping Countermeasures

B.9
北京城镇居民住房发展水平报告*

李君甫**

摘　要：

　　北京本地城镇户籍居民的住房质量逐步提高，住房的数量已经超过一户一套的水平，基本达到一人一间的水平。但是新正式移民住房负担沉重，住房质量较低；非正式移民即外来人口的住房条件低劣。总体来看，北京城镇户籍居民开始改善住房质量，而大量的非正式移民和正式新移民还未满足基本的需求。

关键词：

　　住房　住房质量　新正式移民　非正式移民

有学者指出，居者有其屋是"中国梦"的一部分。[①] 在中小城市，通过辛勤努力和劳动所得，实现自己的住房梦，也许不是非常困难的事情。但是在北京、上海、广州、深圳这样的超大城市里，普通劳动者包括白领阶层要实现住房梦绝非易事。

一　北京住房市场的面临的形势

根据北京市统计局、国家统计局北京调查总队发布 2012 年北京宏观经济数据：全年实现地区生产总值 17801 亿元，按常住人口计算，2012 年全市人

---

*　本文得到北京工业大学人文社会科学基金支助（编号 ×501401201101）。

**　李君甫，北京工业大学副教授、社会学系副主任。

① 郑永年：《居者有其屋可以换来 20～30 年的稳定》，http://finance.ifeng.com/news/special/fzgf2013/20130323/7814573.shtml。

均地区生产总值 87091 元，折合 13797 美元。2012 年，北京城镇居民人均可支配收入 36469 元，扣除价格因素后，实际增长 7.3%，增幅高于上年 0.1 个百分点。但是，北京的房价也随着时间的推移不断上涨。

最近，媒体上热烈讨论着五道口单价 10 万元/平方米的二手房，把北京住房单价推上一个新的纪录，实际上单价 6 万元/平方米以上房子在北京并不少见。根据中国指数研究院的统计，2013 年 2 月北京住房均价已达到 25290 元/平方米的新高。

2013 年 2 月位于东北五环和六环之间的朝阳区孙河乡西甸村 G 地块二类居住用地楼面地价已达 26357.99 元/平方米，门头沟的一块居住、托幼用地（配建公共租赁房）楼面地价也达到 10766.28 元/平方米。楼面地价这么高，建成之后的住宅价格也不会低，因而楼市调控不容乐观（见表1）。

表1　2013 年 2 月北京住宅用地楼面地价排行

	宗地名称	区县	成交楼面地价(元/平方米)
1	朝阳区孙河乡西甸村 G 地块二类居住用地	朝阳区	26357.99
2	朝阳区孙河乡西甸村 F 地块二类居住用地	朝阳区	25929.55
3	门头沟区门头沟新城 MC10 - 033、MC10 二类居住、商业金融、托幼及社会停车场库用地	门头沟区	13101.00
4	门头沟区门头沟新城 MC10 - 037、MC10 地块二类居住、托幼用地(配建公共租赁房)	门头沟区	10766.28
5	大兴区大村组团三期 B - 07 地块二类居住用地项目	大兴区	8917.23
6	房山区长阳镇 01 - 08 - 03、01 - 11 - 04 等地块二类居住、商业金融用地	房山区	7635.48
7	顺义区第 20 街区 20 - 28、20 - 37、20 - 40 地块 F3 其他类多功能用地、U2 其他市政公共设施用地	顺义区	7093.59
8	昌平区小汤山镇 B - 04、B - 05、B - 07 地块公建混合用地(配件限价商品住房)	昌平区	6676.37

资料来源：中国指数研究院，http: //fdc. soufun. com/data/topdata/landtop_ bj. htm。

二　北京城镇居民平均住房面积和住房保障

2010 年城调总队的调查显示，被调查家庭中居住 70 平方米以下住房的家庭占 50.9%，表明半数以上的家庭住房并不宽敞。拥有产权房的家庭中，

39.2%的家庭居住面积在 70 平方米以下；租借住房的家庭中，80.8% 的家庭居住面积在 70 平方米以下。全市城镇居民家庭只有 20.6% 住房面积在 100 平方米以上，这部分家庭住房宽敞，有 6.5% 的家庭住房面积在 150 平方米以上，属于住房富裕家庭（见表 2）。

表 2　北京城镇家庭住房建筑面积

户均建筑面积(平方米)	拥有房产家庭		租借住房家庭		全市平均	
	比重(%)	位次	比重(%)	位次	比重(%)	位次
40 以下	5.2	5	39.3	2	14.8	3
40~70	34.0	2	41.5	1	36.1	1
70~100	34.9	1	12.1	3	28.5	2
100~150	18.1	3	4.0	4	14.1	4
150 以上	7.8	4	3.1	5	6.5	5
合　计	100	—	100	—	100	—

资料来源：国家统计局北京调查总队 2010 年开展的北京城镇居民住房需求及满意情况调查。

2010 年，北京市实有住宅建筑面积达到 38454 万平方米。2006~2010 年，每年净增住宅建筑面积平均 1447 万平方米，以此增长率计算，2012 年北京实有住房面积应有 41349 万平方米。而根据北京市 2012 年国民经济和社会发展统计公报，2012 年全市城镇居民人均住房建筑面积 29.26 平方米。随着经济社会的全面发展，北京居民的住房条件得到了快速的发展，住房面积不断扩大，住房设施不断完善，住房的质量不断提高（见表 3）。

表 3　北京市城镇住宅实有建筑面积

单位：万平方米

	2006 年	2007 年	2008 年	2009 年	2010 年
年末实有房屋建筑面积	57069	60565	63937	66911	68413
年末实有住宅建筑面积	32665	34661	36270	37736	38454

资料来源：《北京统计年鉴（2012）》。

2012 年北京新开工建设、收购各类保障性住房 18 万套，基本建成 10 万套。2012 年，全市政策性住房完成投资 857.5 亿元，比上年增长 14.9%。12

月末，全市政策性住房施工面积为 4821 万平方米，增长 18%；新开工面积为 1112.3 万平方米，下降 35.6%；竣工面积为 752.6 万平方米，增长 46.5%。从表 4 可以看到北京的住房保障力度逐步加大，保障水平逐步提高。保障型住房的投资、施工面积、新开工面积大幅增加（见表 4）。

表 4　北京保障性安居工程建设情况

项目	2010 年	2011 年	2012 年	项目	2010 年	2011 年	2012 年
完成投资（亿元）	382.8	746.1	857.5	竣工面积（万平方米）	715.9	513.8	752.6
经济适用房（亿元）	67.9	71.9	—	经济适用房（万平方米）	203.9	113.7	—
限价房（亿元）	108.5	140.8	—	限价房（万平方米）	331.0	155.7	—
公租（廉租）房（亿元）	12.6	38.7		公租（廉租）房（万平方米）	14.5	83.4	
定向安置房（亿元）	193.9	494.8	—	定向安置房（万平方米）	166.6	161.0	
施工面积（万平方米）	2792.0	4084.4	4821	本年新开工面积（万平方米）	1081.2	1726.8	1112.3
经济适用房（万平方米）	756.2	596.1		经济适用房（万平方米）	190.5	96.0	—
限价房（万平方米）	800.4	705.2	—	限价房（万平方米）	219.6	278.8	
公租（廉租）房（万平方米）	51.5	269.0		公租（廉租）房（万平方米）	12.1	106.3	
定向安置房（万平方米）	1183.9	2514.0	—	定向安置房（万平方米）	659.1	1245.6	—

资料来源：2012 年《北京统计年鉴》和 2012 年《北京国民经济和社会发展统计公报》。

三　北京户籍城镇居民的住房质量

（一）北京城镇居民家庭卫生设备情况

92.9% 的城镇居民家庭有厕所和浴室，0.8% 的家庭有厕所无浴室，2.4% 的家庭使用公共厕所和浴室，3.9% 的家庭无卫浴设备。

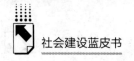

（二）北京城镇居民家庭卫生饮用水情况

90.4%的城镇居民家庭饮自来水，5.6%的家庭饮矿泉水，4.0%的家庭饮纯净水。99.2%的家庭独用自来水，0.8%的家庭公用自来水。

（三）取暖设备拥有情况

91.3%的城镇居民家庭使用暖气，0.4%的家庭使用空调，8.3%的家庭使用其他取暖设备。

（四）炊用燃料使用情况

81.8%的城镇居民家庭使用管道天然气，15.8%的家庭使用罐装液化石油气，1.6%的家庭使用管道石油气，0.4%的家庭使用煤炭，4%的家庭使用其他燃料。

总体来看，绝大多数北京户籍城镇居民家庭住房质量较高，空间可以满足基本需求，部分家庭居室宽敞。绝大多数家庭拥有厕所和浴室；饮用自来水、矿泉水或纯净水，没有家庭饮用井水、河水；日用水绝大多数独用自来水；绝大多数家庭使用暖气设备取暖，少量家庭使用空调和其他取暖设备；大多数家庭炊用燃料是管道天然气和液化石油气，少量家庭使用煤炭和其他燃料（见表5）。

表5 2011年5000户城镇居民家庭居住质量构成情况

单位：%

取暖设备拥有情况	无取暖设备	0.0	卫生设备拥有情况	无卫生设备	3.9
	空调设备	0.4		有厕所浴室	92.9
	暖 气	91.3		有厕所无浴室	0.8
	其 他	8.3		公 用	2.4
饮水情况	自来水	90.4	炊用燃料使用情况	液化石油气	0.0
	矿泉水	5.6		煤 炭	0.4
	纯净水	4.0		罐装液化石油气	15.8
	井水、河水	0.0		管道液化石油气	1.6
用水情况	独用自来水	99.2		管道煤气	0.0
	公用自来水	0.8		管道天然气	81.8
	井水、河水	0.0		柴 油	0.0
	其 他	0.0		其他燃料	0.4

资料来源：《北京统计年鉴（2012）》。

四　北京城镇居民家庭住房户型与产权

根据第六次人口普查，北京市户均人口 2.45 人。81.3% 的城镇居民家庭居住二居室、三居室、四居室或者独栋住宅，大多数家庭房间基本够用，达到 1 人 1 间，部分家庭住房很宽敞。89.6% 的居民居住在成套住宅里，只有 0.8% 的居民住在普通楼房里，9.6% 的城镇居民住在平房或者其他住宅里（见表 6）。

表 6　2011 年北京 5000 户城镇居民家庭住房构成情况

单位：%

住房户型	单栋住宅	0.1	房屋产权情况	租赁公房	11.5
	四居室	1.4		租赁私房	4.1
	三居室	24.0		原有私房	5.7
	二居室	55.8		房改私房	41.9
	一居室	8.3		商品房	33.8
	普通楼房	0.8		其　他	3.0
	平房及其他	9.6		—	—

资料来源：《北京统计年鉴（2012）》。

根据国家统计局北京调查总队 2010 年开展的北京城镇居民住房需求及满意情况调查报告，北京逾七成居民家庭拥有房产，调查显示，拥有房产的居民家庭占 72.8%，其中，政策性住房占 35.1%，商品房占 32.6%，旧有私房及自建房占 5.1%；此外，租房和借住亲朋好友住房的家庭分别占 24.4% 和 2.8%。而北京市统计局的数据显示，2011 年北京城镇居民拥有产权房包括原有私房、房改私房和商品房的比例达到 81.4%，租赁公房的占 11.5%，租赁私房的占 4.1%，其他占 3.0%。北京城镇居民拥有产权房的比例远远高于伦敦、纽约和东京等世界城市。没有产权房的家庭有 11.5% 租赁公房，只有 4.1% 的城镇居民租赁私房。可见，除了部分无房户，北京城镇居民住房问题的基本需求大体得到满足，大多数城镇居民正处于追求住房质量的阶段。

五　外来常住人口的住房状况

以上对北京城镇居民住房数量和质量的分析建立在北京城镇居民 5000 户

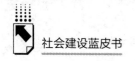

家庭调查的数据基础上的，并未包括常住人口中的外来人口。

像中国其他城市一样，北京也是个双二元结构的城市，既有城乡之间的二元结构，也包括城镇中户籍居民和外来移民的二元结构。2012年，年末北京常住人口2069.3万人，比上年末增加50.7万人。其中，常住外来人口773.8万人，占常住人口的比重为37.4%。常住人口中，城镇人口1783.7万人，占常住人口的86.2%。实际上外来人口工作生活在城镇，很少有在农村工作生活的，所以，城镇人口中，外来人口的比例更大，可以达到43.4%。

根据第六次人口普查数据计算，外来的就业人口中，国家机关、党群组织、企业、事业单位负责人占（主要是私营企业负责人）2.3%，专业技术人员占13.1%，商业服务业人员占48.1%，农林牧渔水利业生产人员占1.5%，生产运输设备操作人员及有关人员占24.6%。以此推算，外来人口中有企业负责人17.8万人，专业技术人员101.4万人，商业服务业人员372.2万人，农林牧渔水利生产人员11.6万人，生产运输设备操作人员及有关人员190.4万人。

外来人口中的私营企业负责人和部分专业技术人员在北京购买了商品房，其中有很多老板购买了多套住房。北京对外来人口限购住房以前，商品房的1/3被外来人口购买。限购令实行以后，外来人口买房的比例大大下降，2011年，外省市个人占期房购买者的比例只有10.1%。2011年，外省市个人在北京购房仅有21948套。绝大多数的外来常住人口由于没有能力在北京购房，只能选择租房居住。

由于北京住房租金逐年上涨，外来常住人口住房压力也越来越大，住房状况甚至恶化。2011年，北京租赁市场成交142.8万套，首都功能核心区和城市功能拓展区住房平均每套月租金达3100元，全市住房月平均租金49.1元/平方米，同比涨幅11%[①]。2011年北京的人均工资为56061元，如果在东城区租一套房子，需要付租金40896元，是平均工资的72.9%；在朝阳区租一套房子，要付租金37200元，是平均工资的66.4%，即使在昌平区租一套房子，租金也要达到平均工资的43%（见表7）。

---

① 《北京房地产年鉴（2012）》，中国质检出版社，2012。

表7　北京各区房屋月租金

单位：元/套

区县	首都功能核心区		城市功能拓展区				城市发展新区		
	东城	西城	朝阳	海淀	丰台	石景山	通州	大兴	昌平
2010 年	3272	3458	3084	3017	2662	2845	1790	2180	2425
2011 年	3408	3460	3100	3050	2670	2900	1737	2308	2411

资料来源：《北京房地产年鉴（2012）》。

能租赁成套住房的大体上是外来人口中的精英群体，即其中的企业负责人和专业技术人员。占外来常住人口比例84.4%的新移民工人大多数只能选择租住"城中村"的农民住宅、地下室、工棚以及群租房等非正规住房来存身。根据侯佳伟的研究，外来人口中租房居住的比例为81.4%，单位提供住宿占15.5%，居住在雇主家的比例为1.5%，自购商品房的占0.7%，借住的占0.5%，自建的占0.4%。租住农民的平房的占70.9%，租住楼房的占10.8%，住工棚的占7.1%，租住地下室的占5.6%。流动人口的住房人均使用面积为5.6平方米。流动人口住房的屋内设施也很缺乏，有自来水、厨房、厕所、洗澡间的仅占32.0%、14.5%、10.1%、8.2%[1]。

六　北京住房发展水平比较

北京城镇到底有多少套住房？官方没有公布这方面的数据，民间也未见有这方面的比较准确可信的数据。官方统计部门公布的只有实有住房面积、开工面积、竣工面积、销售面积、待售面积等。笔者在2010年曾经推算，截至2009年底，北京城镇住房套数可达542.1万套。到2010年末，北京城镇住房总套数可达557万套。2010年北京市城镇居民有1685.9万人（包含外来常住人口），641.7万户（包括集体户）。平均每户拥有住房0.87套，每户不到一

---

① 侯佳伟：《北京流动人口聚集地：趋势、模式与影响因素》，光明日报出版社，2010。

套房。平均每套住房住有居民 2.92 人。而日本在 1968 年家庭住房已达到 1.01 套，1978 年户均住房达到 1.08 套，1988 年达到 1.11 套，1998 年达到 1.13 套，2008 年达到 1.15 套[①]。波兰的城市住房 2002 年每套住有居民 2.82 人，2008 年，每套住房住有居民 2.63 人。日本大致在 1968 年就实现了家庭户数和住房套数持平，1975～1976 年大致达到 1 人 1 室的水平。但是，北京目前还达不到 1 户 1 套的水平，距离 1 人 1 室的水平还差很远。

北京城镇户籍人口的住房平均水平已经超过 1 人 1 套的水平，然而北京的新正式移民（2008 年以后户籍迁入北京的居民）大多数无法承受过高的房价，很多人在等候限价房和公租房。而北京的非正式移民还未被纳入住房保障体系。

经济发达国家在住房发展方面普遍经历了三个阶段：①"二战"以后，各国住房普遍不足，有些国家的城市里出现"房荒"，于是掀起了住房建设的高潮，这个时候着重解决住房有无的问题，即注重住房数量的阶段；②随着住房短缺的缓和，住房水平向一户一套的水平靠拢，在保障数量的前提下开始注重质量，进入数量和质量并重的阶段，从国外的统计数据看，人均 GDP 达到 3000 美元时，住房紧缺状况逐步缓解，可以达到全国存量住房套数与家庭户数相当；③人均 GDP 达到 5000 美元时，住房水平进一步改善，由一户一套向一人一间靠拢，对住房的质量、功能、环境提出了更高的要求，进入重视质量的阶段。经济发达国家在 20 世纪 70 年代普遍进入了提高质量和改善人居环境的阶段[②]。2012 年北京的人均 GDP 已经达到 13797 美元，然而，北京的住房总体上还相当于西方国家 20 世纪 60 年代的水平，住房数量的问题还未解决。由于社会的极化，部分人开始追求住房的质量，而另外一部分人住在地下室、城中村等非正规住房里，还有部分人选择群租住房，使得大量的正规住房非正规化。可见，北京常住居民的收入落后于经济增长，北京的住房发展水平也远远落后于经济发展。

---

① 建设部住房改革发展司：《国外住房数据报告 No.1》，中国建筑工业出版社，2010。
② 建设部住房改革发展司：《国外住房数据报告 No.1》，中国建筑工业出版社，2010。

The Analysis on the Housing Level in Beijing Urban Area

Li Junfu

Abstract: The housing level and quality of Beijing residents are gradually improved; the quantity is over 1 suite 1 household, near the level of 1 person 1 room. Yet, new formal immigrant's housing burden is very heavy, their housing quality is shabby. Namely, Beijing natives have start to improve their housing quality, but the basic need of informal immigrants and new formal immigrants have not meet.

Key Words: Housing; The Quality of Housing; New Formal Immigrants; Informal Immigrants

B.10

北京市远郊区县医疗卫生
事业发展现状及困境[*]
——以延庆县为例

刘金伟^{**}

摘 要：

2009 年，北京市实施"新医改"方案以来，北京市居民"看病难""看病贵"的问题得到很大程度的缓解。整个医疗水平在全国处于领先地位。但是北京又是城乡差距比较大的地区，特别是远郊 5 个区县，在北京区域发展规划中被定位为生态涵养区，经济发展水平较低，医疗卫生事业的发展也低于全市的平均水平。本文以延庆县为例，通过问卷调查与访谈，了解北京远郊区县医疗卫生事业发展的现状与存在的问题，为下一步医疗方案的规划与制定提供建议。

关键词：

医疗卫生 远郊区县 困境

2009 年，新医改方案实施以来，北京市医疗卫生事业取得极大进步，建立了水平相对较高、覆盖全体居民的医疗保障制度，在基层医疗机构实施了药品集中采购和"零差价"制度。2012 年，北京市又在友谊医院、朝阳医院等医疗机构试点实施"医药分开"改革，很大程度上解决了城乡居民"看病贵"的问题。为解决医疗资源配置不均的问题，在人口比较密集的郊区搬迁、改造

---

* 基金项目：北京市教委科研计划项目（JE14102201001）。

** 刘金伟，北京工业大学人文社会科学学院副教授，管理学博士，社会调查研究中心副主任，硕士研究生导师。E-mail：Liujinwei@ bjut. edu. cn。

或新建了一批"三甲"医疗机构，在全部"三级"医疗机构中实施了"预约挂号"制度，在一定程度上缓解了居民的"看病难"问题。但是，在北京市位置比较偏远、经济发展水平相对落后的远郊区县，医疗卫生事业的发展低于全市的平均水平，发展中还存在一定困难，需要引起相关部门的注意。

一 卫生资源相对贫乏的状况仍然存在

按照北京市区域发展规划，远郊区县主要指通州、昌平、房山、门头沟、大兴、顺义、怀柔、密云、延庆、平谷10个区县。在北京新一轮城市规划中，又把离北京比较近的通州、昌平、房山、顺义、大兴5个区作为未来重点发展的新城区。因此，我们这里所指的远郊区县主要包括门头沟、怀柔、密云、平谷、延庆5个区县。这5个区县都处于山区，在区域规划中被定位为生态环境涵养区，在产业发展和土地利用上受到限制，这5个区的经济发展水平也相对落后。近几年北京虽然加大了对这些区县的财政补偿力度，但居民的收入水平、政府的财政能力、整体环境面貌与中心城区和其他区县相比差距较大，医疗卫生的整体发展水平也相对落后。

从卫生资源的分布来看，5个远郊区县至今没有"三甲"医院。从医疗机构千人口床位数来看，延庆县、密云县和怀柔区低于全市平均水平，门头沟区和平谷区虽高于全市的平均水平，但从服务面积上来看，医疗资源的区域分布又远低于全市的平均水平。这5个远郊区县的土地面积是8746.65平方公里，区域面积占全市的一半以上，但医疗机构数只占全市的1/5，医疗机构床位数占全市的9.12%（见表1）。

从延庆县的情况来看，延庆县地处北京市西北部，三面环山一面临水，地域总面积1993.75平方公里。其中，山区面积占72.8%，平原面积占26.2%，水域面积占1.0%，服务半径最远达90余公里。从服务人口规模来看，截至2011年11月，延庆县共有常住人口31.9万人，其中，常住外来人口4万人。再加上周边河北张家口等地区的居民经常就近到延庆就医，延庆实际的医疗卫生服务人口已经超过60万人。目前，延庆县有卫生机构323个，医疗机构317个，住院床位1048张，在北京所有区县中是最少的。千人

口住院床位为3.29张，低于全市的平均水平，在5个远郊区县中排在第四位（见表1）。

表1 2011年北京市远郊区县卫生机构和床位比较

地区	常住人口（万人）	土地面积（平方公里）	卫生机构（个）	医疗机构（个）	实有床位（张）	千人口床位数（张）
门头沟区	29.4	1450.7	255	246	2653	9.02
怀柔区	37.1	2122.62	453	450	1534	4.13
平谷区	41.8	950.13	309	305	1972	4.72
密云县	47.1	2229.45	672	665	1440	3.06
延庆县	31.9	1993.75	323	317	1048	3.29
全市	2018.6	16410.54	9699	9537	94735	4.69

资料来源：北京市公共卫生信息中心网站，网址：http://www.phic.org.cn/tonjixinxi/weishengtongjijianbian/2011nianjianbian/qswszyqk/201204/t20120425_48762.htm。

延庆县在北京属于相对封闭的县，与北京市的交流相对较少，因此延庆县的卫生体系也相对独立。延庆县有规模较大的县级医院3家，县医院是综合性的二级甲等医院，也是延庆的区域医疗服务中心。县中医院是一所以中医为主的二级综合医院，还有一所二级甲等的妇幼保健院。这3所规模相对较大的医疗机构虽然在解决百姓一般性疾病的时候，能够发挥作用，但在面临突发性危机重症病人的时候，难以依靠自己的力量满足当地百姓的需求。特别是当延庆到北京城区的高速路发生堵车或者大雪封山时，无法把病人及时送到城区的大医院进行救治，加剧了延庆居民"看病难"的问题。

从农村的情况来看，延庆县目前有15个乡镇，370多个行政村，500多个自然村。每个乡镇有1家社区卫生服务中心，全区有61个社区卫生服务站，属于社区卫生服务中心的派出机构，还有184个村集体办的村医疗室。但在偏远山区，由于交通不便，目前仍有100多个村庄没有任何医疗机构，没有1名乡村医生。虽然延庆县政府采取派医生每个月定期巡回1次的办法来解决这些地方居民医疗需求，但遇急病、大病则得不到及时的救治。北京市推行农村合作医疗制度以来，延庆县2013年的统筹资金将达到人均680元，有效地减轻了农民的看病负担。但由于农村地区卫生资源相对缺乏，当地农民并没有完全享受到合作医疗带来的好处。

二 卫生人员数量不足、人才短缺的现象严重

2011 年，延庆县有卫生人员 2517 人，卫生技术人员 2024 人，执业医师 872 人，注册护士 689 人。医疗卫生人员在数量上是北京市所有区县中最少的。从平均数上来看，延庆县千人口医生数和注册护士数都低于全市的平均水平，千人口医生数在 5 个远郊区县中排在最后一位，千人口注册护士数排在第四位（见表2）。考虑到延庆县 2000 平方公里的面积，山区面积占 72.8%，延庆医疗卫生人员总量不足的问题更加凸显。而其他一些区县如通州、大兴等虽然人均卫生人员也不多，但这些区离北京市区较近，交通便利，可以利用北京市区的卫生资源为本辖区的居民服务。

表2　2011 年北京市远郊区县人均卫生人员数量的比较

地区	卫生人员（人）	卫技人员（人）	执业（助理）医师（人）	注册护士（人）	每千人常住人口执业（助理）医师数（人）	每千人常住人口注册护士数（人）
门头沟区	4332	3176	1128	1313	3.84	4.47
怀柔区	3774	2901	1229	934	3.31	2.52
平谷区	4455	3242	1304	1201	3.12	2.87
密云县	4389	3193	1375	961	2.92	2.04
延庆县	2517	2024	872	689	2.73	2.16
全市	235708	181938	69749	72812	3.46	3.61

资料来源：北京市公共卫生信息中心网站，网址：http://www.phic.org.cn/tonjixinxi/weishengtongjijianbian/2011nianjianbian/qswszyqk/201204/t20120425_ 48762.htm。

从调查的情况看，人才的匮乏问题无论在县级医院还是在社区卫生服务中心都比较严重。从延庆县每年医疗卫生人员的变化看，延庆每年正常退休 40 多人，每年正常调动减员 50 多人。受编制的限制，2008 年延庆县只引进了 34 人，2009 年引进了 80 人，2010 年引进了 80 人，减员多引进少，总数不断减少。从 2009 年开始，北京市要求本科以上学历的临床医生要进行规范化培训，

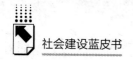

延庆每年差不多有 30 个人被抽调去参加培训。另外，每名医生少则 3 年多则 5 年要进行一次进修，每年还要有 50 人左右到北京三级医院进行进修。从总量上看，延庆县的医疗卫生事业要正常发展需要每年引进 150 人左右。但受自身财力的限制，每年只能招收 80 人，有 70 人左右的缺口。从发展的眼光来看，延庆目前的医疗卫生人员不能满足当地医疗卫生事业发展的需要。

另外，延庆县卫生从业人员业务素质偏低，医疗技术水平相对落后。专业技术人员知识更新缓慢，后备力量薄弱。以延庆县疾病预防控制中心为例，2010 年共有编制人员 62 人，其中专业技术人员 41 人。国家规定，疾控机构专业技术人员的比例不低于 85%，而延庆县疾控中心专业技术人员比例明显低于国家标准。在 41 名专业技术人员中，中专及以下学历 10 人，占 24.39%；大专学历 12 人，占 29.27%；本科学历 18 人，占 43.90%；研究生学历 1 人，占 2.44%。从职称结构来看，高级职称 4 人，占技术人员总数的 9.76%；中级职称 20 人，占 48.78%；初级以下职称 17 人，占 41.46%。高、中、初级人员比例为 1:5:4①。从引进人才的情况来看，生源地为延庆的大学生毕业后很少回到延庆工作，2004 年，延庆县所有的乡镇卫生院，没有一个学医的本科生。延庆县所有的卫生系统没有一个研究生。延庆县目前的医疗骨干人员大都是从山东、河北、内蒙古等外地聘请过来的。

人才匮乏已经对延庆卫生事业的发展起到了阻碍作用。延庆县医院和中医院都存在人才不足的问题。例如，1 名医生正常的门诊量 1 天不超过 30 人，而延庆县医院每个医生现在平均每天有 70 多人门诊量。农村的社区卫生服务中心和社区卫生服务站人才更是缺乏。按照规定社区卫生服务站要有人 24 小时值班，同时按照医师执业法规定，需要专门的内科医生和外科医生才能为病人开展相应的治疗。这样 1 个社区卫生服务站要正常运转至少需要 3~4 人，但现在很多社区卫生服务站只能保证 1 个人。其他人员要么是聘请的临时工，要么是找乡村医生来代替。由于没有编制、工资少，很多乡村医生也不愿意到社区卫生服务站工作。大多数社区卫生服务站只能白天开，晚上

---

① 申赞魁：《延庆县疾病预防控制中心人力资源状况分析》，《中国公共卫生管理》2012 年第 4 期。

关。很多医生也是不分专业有什么病人就看什么病，一旦出现医疗纠纷就会给医生带来很大的风险。

三 药品的零差价制度并没有降低药价

从 2007 年开始，为了降低老百姓的负担，延庆县在社区卫生服务中心和社区卫生服务站中推行药品零差价制度和收支两条线管理。一方面通过政府集中采购的方式降低药品的购买成本；另一方面取消了社区医疗机构卖药时 15% 的提成。按照预先设计的目标，通过这两个环节可以把药品的价格降低 30%。目前延庆县推出了 312 个品种、923 个规格的药品，主要为治疗头疼脑热、拉肚子等常见病和高血压、糖尿病、冠心病等慢性病药品，占社区全部用药的 80% 左右。然而在实际执行过程中，社区医疗机构拿到的零差率药品的价格中，有 91 种药品价格高于延庆县卫生院当时销售价格水平。在对延庆县永宁、井庄两个社区卫生服务中心 100 名患者的调查中，约 50% 的居民认为药品价格偏贵，其中大部分人认为比药店贵很多。[①]

为什么会出现这种情况？当地卫生部门认为有三种原因，第一种原因是政府对药品价格的监控。"新农合"实施以后，延庆县卫生部门认为药品的价格存在很多的问题，从 2004 年开始采取了一系列措施降低药品的价格。其中一个最有效的措施是控制常用的 300 种药品的价格。每个乡镇卫生院把这 300 种常用药品的采购价格报到卫生局，由卫生局纪委进行监管。同样厂家、同样规格的药品，每个卫生院的进价是多少，卫生局建立了一个信息平台进行公布，这样就避免了卫生院从药品的购买中获得差价。经过几年的努力，延庆当地某些药品的价格已经降下来了，即使实施了药品的"零差价制度"，对于一些药品来说，还有进一步降价的空间。

第二种原因是政府药品集中采购制度存在很大的问题。比如，同样的药出厂价是 2 元，在延庆没有实行药品零差价制度以前，2 元钱也能买到这种药。但是通过政府的集中采购以后，政府的采购价变成了 4 元。实行药品零差价制

---

① 鲁亚东等：《北京市延庆县社区卫生服务满意度评价》，《中国全科医疗》2012 年第 2A 期。

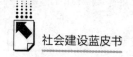

度以后药品的价格上涨了 1 倍。这说明部分医药企业药品的中标价高于市场的批发价，在政府部门信息不对称的情况下，医药企业与医疗机构达成了某种默契，共同分享了高于市场批发价部分的利益。

第三种原因是进入药品零差价范围的药品种类有限。目前，社区卫生服务中心和社区卫生服务站卖的药 70% 是药品零差价制度后推出的 312 种药品，但农民的常用药品有上千种。由于卫生部门要求医疗机构零差价药品必须达到一定的比例，导致很多特别便宜的药没有进入药品零差价的采购范围。比如，治疗咳嗽的甘草片很便宜，农民也很喜欢用，但没有进入药品零差价的采购范围。还有很多特别便宜的、老百姓习惯用的药品没有进入采购范围，从一定程度上讲，这反而提高了总体药品的价格。

中国社会科学院的一份调研报告同样显示，基本药物零差价制度不但很难实现降低药品价格的政策意图，还会扭曲基层医疗机构的药品购销行为，使盛行于二、三级医院的商业贿赂行为，蔓延到基层医疗机构（乡镇卫生院和城市社区卫生服务中心）。这说明任何医疗制度的改革都有一定的局限性，设计者在制度设计的过程中出发点都是好的，但在实际执行的过程中，某个环节的失误都会严重影响整个制度的有效性，有时会起到相反的作用。

四　城乡卫生体制不协调问题突出

北京市城市和农村有不同的医疗卫生管理与服务体制。比如急救系统，在城八区由北京市直接管，急救站点的设置和建设、设备的配备、人员经费的管理，都由市局统一管理。但 10 个郊区县由自己负责急救系统的全部工作，其中财政比较好的区县尚能应对，而财政不好的县（像延庆）只能勉强面对，遇到突发事件时就会存在很大的问题。延庆县的急救系统有一个急救中心，7 个急救站。正常情况下，运行 1 个急救中心和 7 个站点，至少需要 80 人，然而现在总共只有 16 个编制，远远无法满足需求。延庆县是京郊第一旅游大县，年均接待游客数量多，社会影响大。并且地处京西北交通要道，几条国道省道穿境而过，每天过境车辆有万辆以上，年发生交通事故几千起，现有的应对突发公共卫生事件的能力严重不足。

有些应该向落后地区倾斜的政策却"一刀切",增加了落后地区的困难。比如,2009年北京市财政体制改革,提升区县的财力,增加区县的责任。这件事本身对区县是个好事,但医疗设备专项购置经费的安排却明显不合理。这几年延庆逐步重视卫生事业的投入,每年约有2000万元的医疗设备投入。这次财政体制改革规定医疗设备专项购置经费按人头(户籍人口)分配,但延庆户籍人口只有20多万人,人均20元钱,全年只有500多万元,只有原来的1/4。这在某种程度上来说,有多少人给多少资源,这是一种公平的做法,但这种做法并没有考虑到延庆的实际情况——延庆本来就是医疗资源比较落后的地区,从城乡统筹的角度看,应该增加对延庆卫生的投入。采取"一刀切"的政策将导致延庆的医疗设备更加简陋。

卫生人才的培养模式与农村卫生事业的发展存在矛盾。目前我国的职业医师法规定,外科医生不能从事内科的工作,医生不能干护理的工作。但对于农村地区而言,一个社区卫生服务站往往只有1个人,当医生遇到不同情况的病人时就很难处理——不治疗会耽误病人的病情,治疗就违反了职业医师法。我国医生的培养制度基本上是根据城市大医院的需要培养的。大医院特别是专科医院现在越来越专业,比如,某个医生研究身体的某一部位或者一种疾病,他一生就专干这个。但基层不同,基层医疗人员比较少,大量需要能处理各种工作的全科医生。从发达国家来看,全科医生应该占医生总数的30%~60%,卫生业务量占一半以上,这给我们的工作提供了有益的借鉴。

五 政府卫生事业投入总量不足,结构不合理

目前我国政府对医疗机构的投入普遍不足。以延庆县为例,政府每年的医疗卫生投入只有700万元,700万元仅仅能负担退休人员1年的工资,或者在职人员2个月的工资,而其他支出需要靠医院自己解决。目前医院的收入主要有两大块,医疗服务收入和药品收入,在延庆县这两项的收入比例大约是4:6。延庆县医院的年营业收入大约是2亿元,药品收入是1.2亿元。

按照国家药品收入中医疗机构可以提成 15% 的规定，延庆县医院可以从药品中获得的收入是 1800 万元。如果今后国家进行医疗体制改革，实现"医药分家"，要维持目前的收支平衡，政府就需要对延庆至少投入 1800 万元。如果政府不增加投入，而是靠提高医疗服务收费来解决，仍然会把费用转嫁到病人身上。另外，目前医疗机构承担了很多公共服务的职能，比如，疾病的预防保健工作，需要设施、设备、人员，等等，但政府对此都没有投入资金。

政府的投入结构中，重视物轻视人的现象比较严重。政府现在花了很多钱用在硬件上，但不愿培养人。近几年，延庆县先后完成了北京急救中心延庆分中心、县医院病房楼、县中医院门诊楼和县医院门急诊楼建设，投资总计 8000 多万元。完成了大榆树、永宁、四海等 15 个乡镇社区卫生服务中心的新建和改扩建，共计投资 8938 万元。新建改建社区卫生服务站 61 个、村卫生室 154 个，总投资 1853 万元，改善了农村医疗机构的设施和条件。但由于政府不愿意扩大编制引进人员，医疗人员短缺抵消了硬件的改善，后者并没有带来服务水平的同步提高。另外，对医疗人员的培训投入也比较少。延庆县医院每年有 30 多人到上级医疗机构进行培训，需要支出 150 万元左右，对医院来说负担比较重，而政府也没有补贴。

对人才的投入不足限制了延庆基层卫生事业的建设。延庆县 2007 年社区卫生服务中心和社区卫生服务站建立后，城区社区医生大多是大学毕业以后进入的新手，由于没有工作的实践经验，很难获得当地居民的信任。国家要求社区卫生服务机构负责基本医疗、健康教育、慢性病的干预、双向转诊病人的后期治疗等工作。然而由于社区医生的水平有限，社区医疗机构没有发挥到应有的作用。比如，需要双向转诊的病人，在医院治疗后应该转到社区医疗机构进行康复治疗，但病人对社区医生不信任，不愿意转到社区医疗机构，这样就占用了大医院的床位，造成大医院住院难的问题。农村也是一样，北京市政府在农村投入很多资金建立了社区卫生服务机构，但这些机构严重缺少专业医疗人员，实际上主要工作仍由原来的乡村医生来承担。乡村医疗人员不会使用如心电图、B 超新技术，造成新设备闲置和浪费。

六 居民的医疗服务需求没有得到有效满足

从医保参保情况来看，2011年，延庆县有92112人参加了城镇基本医疗保险，有181611人参加了"新农合"，参合率达99.6%。延庆县居民的医疗保障主要以"新农合"为主，"新农合"的资金虽然主要来自政府财政补贴，但报销水平相对较低。有研究人员在2011年3月对延庆县不同经济发展水平的5个乡镇、20个行政村开展的问卷调查表明，60岁以上的农民中，72.73%的农户对新农合表示"一般"或"不满意"，而60岁以上的老人是"新农合"经费的主要使用者。60岁以上老人对"新农合"的满意度与报销水平成正比，与农民的收入水平成反比。① 这说明延庆县农民看病受经济条件制约比较大。

从卫生费用的支出来看，根据2010年北京市卫生总费用核算研究报告，北京人均个人现金卫生支出为1033.67元，比2009年下降10.35%，人均卫生总费用4147.20元，处于全国最高水平②。但是根据我们的问卷调查③，延庆县居民医疗支出平均为4714.47元，医疗支出占总支出的比例为15.19%。个人医疗支出在总支出中所在比例仍然很高。通过"医疗支出"的标准差测量（8201.69），可见看到在被调查的有医疗支出的居民中存在极大的差异，即医疗支出在居民内部存在极大差异（见表3）。

表3 医疗支出与其占总支出百分比情况

	平均数	标准差
医疗支出(元)	4714.47	8201.69
医疗支出占总支出的比例(%)	15.19	—

---

① 李婷、沈文华：《延庆县新型农村合作医疗满意度影响因素的实证分析》，《北京农学院学报》2012年第1期。

② 姬薇：《北京人均卫生总费用全国最高》，《工人日报》2012年5月24日第004版。

③ 注：此次抽样调查于2010年3月展开，覆盖县域内3个街道的6个社区、6个乡镇的18个村，共入户调查1000户。

通过相关分析，医疗支出水平与家庭收入呈现正相关的关系，说明医疗支出受收入水平的影响比较大。从不同户籍的人群来看，非农户籍的居民医疗支出高于农业户籍的居民。但是由于收入水平的差距，医疗支出占总支出的比重，农业户籍的居民要高于非农业户籍的居民。这说明，城乡居民在医疗服务利用及家庭负担上存在较大差别（见表4）。

表4 户籍类型与医疗支出及其占总支出百分比情况比较

	非农业		农业	
	平均数	标准差	平均数	标准差
医疗支出(元)	4965.88	7644.160	4523.46	8690.252
医疗支出占总支出的百分比(%)	13.60	—	16.67	—

城乡居民享受的医疗服务在质量上也存在很大的差别，由于延庆县以山区为主，离中心城区比较远的山区，医疗设施和条件比较差，医疗服务人员缺乏。而县城中心区和中心镇医疗条件和设施相对较好。从调查的情况看，74.4%的居民认为县城的看病条件好于乡村，从主观评价上看，医疗卫生条件依然存在较大的城乡差异（见表5）。

表5 居民对看病条件的评价

	人数(人)	百分比(%)
县城更好	827	74.4
乡村更好	105	9.4
没差别	155	13.9
不清楚	22	2.0
不回答	3	0.3
合计	1112	100.0

延庆县医疗卫生事业的发展中存在的这些问题在其他远郊区县也普遍存在。目前北京市的医疗体制改革整体上已经进入了"公立医疗机构"管理体制改革阶段。但是我们也要看到，一些基本的医疗问题如卫生资源的可及性问题、资金问题、人才问题、基本医疗需求的满足等还在困扰着远郊区县的发

展。因此，我们建议北京市在整体推进医疗体制改革的过程中要注意不同区域的需求，根据不同的问题采取不同的重点措施。卫生资源的配置在坚持公平的原则下，优先向发展水平较低的远郊区县倾斜，卫生政策的制定有利于远郊区县吸引社会资金和人才，促进整个北京市卫生事业的均衡、协调、可持续发展。

Medical and Health Undertakings Development Status and Plight in Beijing Suburban Districts and Counties

—Based on the Case Study in Yanqing County

Liu Jinwei

Abstract: In 2009, since the implementation of the new health care reform program in Beijing, "difficulty" and "expensive" treats of Beijing residents got a large degree of ease. The entire medical standards is in a leading position in the country. But Beijing is an area with a relatively large gap between urban and rural district. Especially the five suburban counties are positioned as ecological conservation area in the regional development planning. The level of economic development is lower, and the development of medical and health services is also lower than the city average level. In this paper, based on Yanqing Counties'case, through questionnaires and interviews to understand the current situation and problems of development of medical and health services in suburban districts and counties in Beijing and provide recommendations for the planning of the medical program develop in the next step.

Key Words: Medical Care; Suburban Districts; Difficulties

B.11

北京市远郊县居家养老的
困境与对策

杨桂宏　熊　煜*

摘　要:

　　在人口老龄化和家庭结构小型化的大趋势下,居家养老方式得到越来越多的认同。北京市在这方面做了大量的探索与实践。本文从远郊县的实际出发,分析居家养老方式当前面临的困境与问题,并提出相关对策建议。

关键词:

　　老龄化　居家养老　社会政策

引　言

　　随着家庭结构小型化和核心化,家庭养老功能正在逐步下降,养老问题——不论是经济支持、日常照顾,还是精神抚慰——都越来越需要社会化的方式来解决。北京的人口老龄化程度远高于全国平均水平,因此养老问题也更为紧迫。鉴于我国家庭养老的“孝道”传统和社会养老资源与现实养老需求之间的巨大差异,北京市根据“9064”养老服务模式规划(即90%的老人居家养老①,6%的老人社区养老,4%的老人机构养老),大力发展居家养老服务体系和方式,解决目前空巢家庭突出的养老问题。北京市针对老年人居家养老社会化服务需求,出台并实施了老年人优待办法、居家养老“九养政策”等20多项为老惠老政策和措施,为居家老年人提供了家庭照料、就餐就医、日常

---

* 杨桂宏,北京工业大学社会学系副教授;熊煜,北京工业大学社会学系硕士研究生。
① 居家养老是指老年人在家中居住,由家庭和社会共同为其提供养老服务的一种养老方式,它既区别于传统的家庭养老,又不同于机构养老,是家庭养老与社会养老的有机结合。

出行、文体娱乐等诸多方面的便捷服务和民生福利，积极推动养老福利由补缺型向适度普惠型转变。在老年优待卡、居家养老（助残）券、高龄津贴的基础上，各区正在探索新的居家养老模式。比如，东城区2013年计划通过区内民政和医疗卫生部门联手，让5万名80岁以上的老年人可以足不出户享受专人信息跟踪、定期医疗护理服务、送餐服务、读书聊天等多种养老服务。海淀区运用物联网技术，率先试行社区居家养老，年底将覆盖海淀150个社区。在北京市大力推动社区居家养老方式的过程中，城区老人的居家养老取得了一系列进展，但是在北京的远郊县，尤其是远郊区农村，居家养老作为一种现实需求，所面临的困境和问题也更为突出。如何从这些地区的实际出发，制定为老人所欢迎和接受的居家养老方式，是目前推进北京市居家养老方式工作的一个重要方面。

一 远郊县居家养老方式的现实需求考察

居家养老、社区养老和机构养老，都是在传统的家庭养老不能完全满足现实需求的情况下产生的社会化养老方式。家庭养老作为中国一种非正式的制度安排，在传统中国社会中发挥着重要作用。但是，随着城市化、工业化进程的加快，农村劳动力流动加剧，大批年轻人流入城镇，农村中空巢老人明显增多，农村留守老年人的养老问题日益凸显。在由计划生育政策形成的"四二一"或"四二二"家庭代际人口结构条件下，即使抛开分代而居的因素，依靠家庭养老不论在经济上，还是在时间和精力上都存在明显的能力不足。更何况在人口流动不断加速、分代而居成为普遍事实的情况下，家庭养老功能弱化的趋势也进一步明显。这种现实对北京远郊县而言尤其如此。以延庆为例，延庆作为北京市的远郊县，其社会发展水平与城区比较相对落后。因此，在城市化过程中，北京城区对延庆县域各类人力资源产生的吸引力很大，年轻人城区就业比例很高。延庆县年轻人城区就业，必然会带来大量的纯老年家庭。延庆县纯老年家庭人口占60岁及以上老年人口的比例在北京市各区县中最高。这本身就说明了北京市远郊县家庭养老功能弱化程度可能要甚于市区和近郊区。家庭规模的小型化、核心化、城郊分代而居以及重幼轻老观念的变迁，必然会影响他们对父母的家庭照顾，使传统的家庭养老功能逐步弱化。

在家庭养老不能满足现实需求的情况下，远郊县的老年人口由于传统观念和经济能力等方面的原因，在自主选择养老方式的过程中，大多倾向于选择居家养老方式。一方面，延庆县人口老龄化严重，纯老年家庭人口比例很高，占老年人口比例的37.2%（同一时期北京市这一比例还不到20%）。这说明延庆县老龄人口更多地需要老年服务与照顾。另一方面，延庆县养老机构的使用效率却并不高，全县的民办和公办养老机构共有17家，入住率在40%左右。

调查表明，延庆县养老机构使用效率不高的主要原因在于，老年人口在经济上不能完全承受机构养老的费用。在选择养老方式上，虽然城市居民对机构养老表现出比农村居民更高的认同，但仍有超过1/3的居民认同家庭养老，农村居民更是高过一半的比例认同家庭养老方式。在调查居民对机构养老方式比较担心的问题时，占比最高的是城乡居民一致表现的对费用较高的担心，其次才是城市居民对护理不周、农村居民对周围舆论等因素的担心（见表1）。

表1 居民对入住养老机构的担心

| | | 入住养老机构的担心 | | | | | | | | | 合计 |
		收费较高	生病就医	伙食不好	护理不周	住不习惯	受到虐待	周围舆论	其他原因	不回答	
非农户口	数量（个）	135	42	11	83	50	18	41	31	101	512
	百分比（%）	26.4	8.2	2.1	16.2	9.8	3.5	8.0	6.1	19.7	100.0
农业户口	数量（个）	194	16	14	56	70	17	62	35	131	595
	百分比（%）	32.6	2.7	2.4	9.4	11.8	2.9	10.4	5.9	22.0	100.0
户籍缺失	数量（个）	0	0	0	1	0	0	0	0	0	1
	百分比（%）	0.0	0.0	0.0	100.0	0.0	0.0	0.0	0.0	0.0	100.0
其他	数量（个）	1	0	0	1	0	0	0	0	1	3
	百分比（%）	33.3	0.0	0.0	33.3	0.0	0.0	0.0	0.0	33.3	100.0
不回答	数量（个）	0	0	0	1	0	0	0	0	0	1
	百分比（%）	0.0	0.0	0.0	100.0	0.0	0.0	0.0	0.0	0.0	100.0
合计	数量（个）	330	58	25	142	120	35	103	66	233	1112
	百分比（%）	29.7	5.2	2.2	12.8	10.8	3.1	9.3	5.9	21.0	100.0

资料来源：2010年北京工业大学对延庆县的社会建设调查。

通过对远郊县居民养老需求现状的调查分析可以看出，居家养老不仅仅是政府在新时期提倡的一种养老方式，这种养老方式也有着强烈的现实社会需求。

二 远郊县居家养老方式的实践探索与困境

北京于 2008 年启动了居家养老试点工作，制定了居家养老的"九养"政策，此后远郊县也先后实施这项政策。以延庆为例。2010 年延庆县在"九养"方面的工作包括："孝星"评选，从 3 月初开始陆续进行乡镇和街道一级的评选，共 169 人出席北京市评选；养老券发放，首批享受"九养"办法政府补贴的人数为 7972 人，按照每人每月 100 元养老（助残）券标准发放；发展养老餐桌，共 60 家机构为老年人（残疾人）提供配餐、就餐及送餐服务；建立老年人日托所，依托政府兴办的敬老院和"山区星光计划"建设完成的 240 个村的日间照料室，建成 260 家老年人残疾人日托所；建立居家服务养老员队伍，招聘居家服务养老（助残）员 44 名，充实到基层开展养老（助残）工作；依托 96156 社区服务热线，为老年人和残疾人提供精神关怀服务；实施家庭无障碍设施改造；为 65 周岁及以上低保对象和 80 周岁以上高龄老人配备"小帮手"电子服务器；等等。

调研发现，远郊县在推进居家养老过程中还存在一系列问题，主要体现在以下几个方面。

（一）居民对居家养老的认识还存在偏差

在对社区、基层政府相关部门的访谈中了解到，远郊县对开展和加强社区养老服务的重要性和迫切性认识不足，社区对老年群体的养老服务没有给予应有的重视。远郊县各社区普遍存在资金困难，提供老年人需求服务的资金更是微乎其微。从观念上来看，远郊县对居家养老的认识更多是对过去计划体制思维的一种延续，把它看成是政府的一种责任，把养老（助残）卷与福利养老金和高龄津贴等都看成是政府对老年人口提供的一种经济保障，甚至认为政府发养老（助残）卷不如直接发放现金。但是，居家养老作为我国老年福利，主要是对老年公共服务体系的一种构建，不是简单地对老年人口提供经济支撑。居家养老方式既区别于机构养老，也区别于传统的家庭养老，它是以家庭养老为核心，以社区为依托，以老年人生活照料、医疗康复、精神慰藉为主要

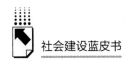

内容，以上门服务和社区日托为主要形式，把家庭养老与社会养老结合起来的一种新型的养老模式，被称为养老的"第三条"道路。作为一种养老方式，政府责任更多是在政策引导、资金扶持和监督管理等方面，并非完全承担养老服务的经济责任。在提供养老服务方面，除了政府在这些方面提供支持外，也需要家庭和社会（社会组织）等的参与。由于政府对居家养老方式的一力推动，强化了人们对居家养老方式的误读。远郊县经济发展水平较之市区要低，人们受传统观念影响也较深，导致居家养老社会参与缺乏，服务对象有限，内容单一，在发展居家养老方式上"等"的思想比较严重。基层政府在政策引导、资金扶持和监督管理等方面不能为其提供制度保障，养老服务的政策缺失以及"碎片化"问题严重。

（二）推动居家养老方式的主体过于单一

这一点从"居家养老"发展与政府推进关系上可以得到说明。北京市在2010年前后开始全面推动居家养老方式，此后各区县开始实施。但是在没有政府推动的情况下，市场和社会在这一领域的推动极其有限。由于各社区和基层政府对居家养老的重视程度不够，因此在政策创新、工作落实等方面缺乏足够的主动性和积极性。同时，鼓励和扶持社会化居家养老服务事业发展的相关政策法规不够完善，缺少扶持、管理和监督。因此，社会养老服务资源没有被充分调动起来，受多种因素制约，能够承担居家养老服务的民间机构、团体和个人发展不快。而且行政资源、医疗资源和社区资源（包括社会组织）互不衔接，无法满足老年人对社区养老服务日益增长的需求。居家养老方式是在家庭照顾基础上，融入了国家、市场、社会的力量，是一个系统性、多元化的养老服务供给体系。在这个养老服务体系中，由传统上仅靠家庭和政府提供养老资源，转变为由政府、市场、家庭、非营利组织、社区、志愿组织等共同提供，形成中央政府—地方政府—街道、社区—机构多级服务提供主体。因此，居家养老作为一个系统工程，单靠家庭或者政府承担是不现实的，要集合政府、市场、社会、家庭以及民间志愿力量等形成合力，才能有效完成。但是由于机制创新不足、政策或措施不到位，在居家养老服务体系建设中社会资源投入不足，社会组织的作用未得到充分发挥，结果政府就成为居家养老的唯一推动者和建设者。

（三）远郊县推进居家养老存在客观条件的不足

居家养老政策主要是通过政府购买社会化的养老服务解决人口老龄化带来的一系列养老问题，应对家庭养老功能弱化问题。实施居家养老方式，在更好利用各项社会资源的同时，也需要比较成熟的社会条件。即相对成熟的老年社会服务，包括人员、组织和服务内容，这样政府也才能够通过各种方式来购买。从老年主体来看，他们必须要有一定的经济能力，这样不论在政府提供养老助残券，还是自己从市场购买服务，才能够觉得这样的行为与生活基本需要不是本末倒置。以延庆调研为例。延庆新风大酒店分店作为本县养老助残券的指定签约服务商，为方便山区老年人和残疾人使用此券，该店抽调专车一辆，服务员 5 名，成立下乡服务小分队，在保证质量、安全、卫生和价格与酒店经营价格完全一致的情况下，专车送货上门，定期将各类食品配送到县城以外各个山区村。但是调研中很多老人表达真正需要的不是饭店可口的饭菜。有的老人认为，能用这些券去买米、油、面等物品可能更实用。这本身说明老人的物质需求还是第一位的，即他们的养老物质保障还没有达到一定的水平。退一步说，即使不考虑这一层原因，对于居住分散的广大农村老年人而言，他们的需求也是多元化的。但是在农村社区这种多元化的社会服务目前还不能够提供。因此，在远郊县广大偏远农村，由于可以选择的服务项目太少，老人手里的"养老服务券"花不出去，甚至出现将居家养老服务券变成"购物券"的现象也就不足为奇了。养老（助残）券的发放本身并不就是居家养老，居家养老作为一种社会化的养老方式需要相应社会条件的成熟，否则在政策实施过程中会扭曲设计初衷。

三 完善远郊县居家养老方式的建议

社会养老政策是一个工程系统，在一系列政策的制定和实施过程中要结合现实，尤其是老年人生活的现实需求，而不是为了实现政策系统自身的完整性而推行政策。在老年人的需求中，经济支持、生活照顾和精神慰藉这三个方面在解决的过程中也应分清先后主次。满足养老的经济支持是第一位的。从远郊

县的经济发展的现状来看，老年人的养老经济支持较城区有很大差距。因此，如何加强政策在这方面的支持，是社会养老政策推进过程中要着重解决的问题。在居家养老方式的选择上，来自家庭的经济支撑也是很重要的。远郊县一方面养老机构空置率很高，另一方面养老服务需求又很大，在一定程度上说明社会化养老方式还没有得到来自老年人家庭经济的支撑。这也从一个侧面说明一个地区养老政策的制定应该从实际出发，不能完全采取"一刀切"的方式。地方政府在解决养老问题时要结合地方实际，相应有所变通，或者根据实际探求统一政策的灵活实施空间。

（一）加大政策扶持力度，逐步完善居家养老方式

由于目前居家养老发展缓慢，政府应加强各部门之间的相互协调，共同致力于养老事业，尤其要大力调动和鼓励社会力量参与到养老事业中，大力发展居家养老公共服务和相关基础设施建设。对参与居家养老服务体系建设的公益性社会组织或企业出台优待和优惠政策。比如，适当减免税，制定水、电、气等优惠政策，确保其有一定的经济回报，激发他们参与的积极性。政府要引导更多志愿者参与到养老社会服务队伍，并在市场竞争机制作用下，不断增加服务功能，提升服务质量。通过市场机制的推动，使居家养老服务走社会化、产业化之路。

基层政府应紧密结合各地实际，科学研究制定区县社会化居家养老服务的发展规划，并把它纳入社区建设规划或是经济社会发展总体规划中。要统筹规划，将居家养老服务设施纳入社区公共建设配套项目中。要加大财政资金投入，专项用于居家养老，保证居家养老各项措施的顺利推行。同时，要加快和完善社会保障和社区服务的法律规范建设，加强对居家养老服务工作的管理和监督工作。

（二）制定家庭养老扶持政策

在家庭养老功能逐步弱化的同时，是不是放弃家庭养老方式在传统社会中发挥的养老功能，完全由社会养老代替家庭养老呢？这是目前中国人口老龄化过程中制定养老政策要首先考虑的一个问题。在人口快速老龄化的过程中，单

独通过政府、社会和家庭任何一方的力量都不可能解决好养老方面的问题。因此，要充分利用各方的优势，充分发挥各方的积极作用和有利资源，应对我国不断加剧的人口老龄化问题。我国有着优良的家庭养老传统，如何利用好这一优势，发挥家庭组织在养老保障中的作用，是制定养老政策应当重视的一个问题。

为促进家庭在养老方面的功能，政府应围绕完善家庭在养老方面的功能制定相应的社会政策。以家庭为单位，以家庭是否有老人需要赡养、需要什么样的赡养为标准，在一系列的政策制定上给予支持，如个人所得税方面、房产税方面、在职工休假方面等方面分别根据实际情况给予一定的支持，增强家庭在养老方面的功能。

（三）创新居家养老的地方模式

在农村老年人口占绝大多数的情况下，如何解决农村老人居家养老的现实问题，是远郊县探索社会化养老方式要解决的问题。但是居家养老如何去实践？是否照搬西方国家模式，或是与城八区实行完全一样的模式？

从目前实际情况来看，居家养老方式是远郊县老人普遍认同的养老方式。大方向没有问题，但是在具体操作上能否结合远郊县的实际，利用偏远地区农村的女性剩余劳动力，适当给予政策支持，调动农村女性剩余劳动力的积极性，来从事老年服务工作。也许有人认为这些人不如专业社工好，但是我们要看到实际情况。第一，我国专业社工人员严重缺乏，目前远郊县引入大量的专业社工人员也不具有现实性。第二，政府和居民本身都不具备使用大量专业社工的经济能力。同时，从现实来看，在居家养老方面，本社区的女性剩余劳动力在年龄、文化和人际关系上可能比专业社工更有优势。可以通过农村居委会组织起来，统一培训、制定服务标准，并根据服务工作量向她们发放享受养老服务权益券。这样的一种权益可以使她们将来年老需要养老服务时直接使用，享受各项服务。因为每个人都会变老，这样对他人的老年服务在某种程度上就变成了对自己的一项服务，会极大地调动她们的积极性。为了促进她们对这项工作的积极性，权益券本人有优先使用权，同时家人也可以使用，甚至可以在市场中买卖。这也是引入市场机制激励养老服务工作的一种尝试。这样一种养

老方式不仅仅解决了地方剩余劳动力就业问题，也解决了农村居家养老的现实难题。

The Plight and Countermeasures of Home-based Elder Care in Beijing Exurb Counties

Yang Guihong   Xiong Yu

Abstract：The trend of the aging of the population and family structure miniaturization, home-based elder care get more and more recognition. Beijing has done a lot of exploration and practice of home-based elder care. Based on the actual of Exurb counties in Beijing , this study analyze the plight and problems of home-based elder care, and make recommendations and countermeasures.

Key Words：Aging; Home-based Elder Care; Social Policy

B.12
浅析北京"停车难"

朱 涛[*]

摘 要:

　　近年来,北京"停车难"问题不断引起市民的广泛关注和热议,本文从"停车难"的现状出发,从停车位数量、先期规划等方面分析了北京"停车难"的若干原因,进而从挖掘北京现有的停车资源、组建专门部门协调停车管理、逐步推进停车立法、规范停车经营场所、提前规划居民小区停车、充分发挥智能停车诱导系统的作用、大力发展公共交通提出了化解北京"停车难"的政策建议,以引发对停车行业健康发展的思考。

关键词:

　　"停车难" 停车经营 停车费

　　2012 年,北京的交通依然是市民生活关注的热点。从汽车"限购"政策的继续执行到停车费的调整上涨,从依然拥堵的交通到地铁新线的开通(6 号线一期、10 号线二期、8 号线二期南段、9 号线北段),2012 年北京交通的热点频频。在这诸多的交通热点中,"停车难"则以一种特别的方式,困扰着北京交通的发展。甚至可以说,停车难,已经和道路拥堵一样成为北京交通发展的一个"瓶颈"问题。

一 "停车难"的现状

(一)停车位数量有限

　　北京究竟有多少停车位?这一直是一个不准确的数字。根据北京市交通委

---

[*] 朱涛,社会学博士,北京工业大学社会学系讲师。

员会公布的数据显示，截至"十一五"末，北京市共有机动车停车位 217.2 万多个，其中经营性停车场 5671 个，停车位 139.4 万多个，居住小区停车场 2516 个，停车位 77.8 万多个。在 2011 年 4 月，北京有超过 270 万辆车处于无位停车的尴尬境地。① 而截至 2012 年 3 月，全市共有登记机动车 504 万辆，而全市停车泊位数仅有 248.4 万个。② 按照交通发展规划，北京市计划在 2015 年前至少建设 20 万个基本停车位、5 万个公共停车位和 3 万个驻车换乘停车位。即便如此，北京市仍将有 250 多万停车位的缺口。③

如今，在城区密集分布的胡同内机动车停的比比皆是，但凡能通过车辆的胡同，全被大小车辆"见缝插针"塞得满满当当。这令人不由感慨原本发源于胡同的北京城，如今也坐上了车轮子，少了胡同味儿，多了汽油味儿。④ 而在一些新兴的大型住宅区，停车位也十分紧张，例如，北苑家园共有 1.5 万余户，有 5 万余名常住居民，机动车近万辆，但小区的停车位仅 5800 余个，约有 5000 辆机动车无处停放，停车矛盾十分突出。

此外，路侧停车位也是停车资源供给的重要方式，根据北京市公安局公安交通管理局公布的数据显示，目前北京市路侧停车位的情况如表 1 所示。

表 1 北京市路侧停车位情况

区 县	道路（条）	泊位数（个）
东 城 区	189	7793
西 城 区	225	11446
朝 阳 区	88	12011
海 淀 区	91	10306
丰 台 区	50	4957
石景山区	29	2581

---

① 《北京汽车保有量达 489 万 270 万车主无车位》，http：//auto. qq. com/a/20111213/000332. htm。
② 《北京将着手三项工程缓解市民停车难问题》，http：//auto. qq. com/a/20120720/000276. htm。
③ 《北京停车：收费标准车场说了算》，http：//money. 163. com/12/1027/01/8EPNJQI800253B0H. html。
④ 《北京停车难：如"毒瘤"扩散》，http：//blog. ce. cn/index. php？uid/115014/action/viewspace/itemid/1113430/php/1。

续表

区　　县	道路(条)	泊位数(个)
房 山 区	14	1803
通 州 区	7	1350
昌 平 区	13	2586
密 云 县	11	713
怀 柔 区	18	3007
顺 义 区	39	1985
平 谷 区	16	1443
大 兴 区	14	809
亦　　庄	9	516
机 场 队	5	154
门头沟区	6	649
延 庆 县	24	974
合　　计		65083

注：截止日期2013年2月20日。

综合来看，相对于北京的机动车数量，北京的停车位尚有很大的缺口。

（二）停车结构性难

按性质用途划分，我国城市停车场分为三类：配建停车场、路外公共停车场和路面停车场。当前，北京实际的停车情况和各种停车场的设计预想往往不符。例如，当前很多开放式的小区以及胡同成了停车最为"紧俏"的地方，常见的景象是不宽的胡同里两边都停着车，居民出来进去都成问题。开放式小区的停车位就更拥挤了，窗台底下、大树旁边，甚至是小区内部的道路上，停车已是"见缝插针"，占用了小区大量的公共地域。而与上述现象形成对比的是，很多路边规划的收费停车位都停不满车，更严重的是一些地下停车库很多停车位都出于闲置状态。造成这种现象的原因主要在于停车位和地下车库的花费，虽然停到胡同里或者小区里不很方便，也不尽安全，但省钱。① 根据调查，一些繁华地段的地下停车费比较高，一个月六七百元甚至上千元都不稀

---

① 李洪兴：《北京停车难现状分析及解决办法》，http://wenku.baidu.com/view/9d33af3c87c2402 8915fc3b8.html。

奇。这样的收费让很多有车族感到不小的负担，于是"被迫"变成胡同、小区停车族。

（三）停车费的调整上涨

根据《北京市人民政府关于进一步推进首都交通科学发展加大力度缓解交通拥堵工作的意见》（京政发〔2010〕42号）及《北京市发展和改革委员会关于调整本市非居住区停车场白天收费标准的函》的规定，为引导车辆合理使用，削减中心城交通流量，自2011年4月1日起调整北京市非居住区停车场白天（7：00~21：00）收费标准。

目前，北京市停车收费施行差别化管理，北京市非居住区停车场根据离市中心远近划分为三环以内、三环到五环之间、五环路以外三类区域；再根据路侧停车、路外露天停车和路外非露天停车场（公建配建停车楼和地下停车场）地点划分，路侧停车收费额最高，路外露天和非露天收费依次递减。具体收费标准如下：一类区域（三环以内）每小时收取10元、8元、6元，二类区域（三环到五环之间）是6元、5元、5元。三类区域（五环路以外）是3元、2元、2元，其中路侧停车第一个小时后每小时加收50%（见表2）。

表2　北京市非居住区停车场停车收费标准

非居住区停车场		停车费（每小时）		
区域类别	区域范围	占道	路外露天	地下停车场
一类区域	三环路(含)以内区域 CBD商业区燕莎地区 中关村核心区 翠微商业区	10元	8元	6元
二类区域	五环路(含)以内除一类地区	6元	5元	5元
三类区域	五环路外区域	3元	2元	2元

调整停车费，一方面意在缓解城区的交通流，鼓励市民更多的利用公共交通出行，但另一方面也反映了原有较低的停车费已经越来越难以应对蜂拥而来的机动车流，政府期望通过调整停车费用来引导停车，"停车难"已然是现实。

二 "停车难"的原因分析

北京市在道路、桥梁、管理等方面投入大量的人力、物力。但是当前，北京市区由于现实（如私家车急剧膨胀）、历史（缺乏先期规划）等多重原因导致停车困难。

（一）全市停车位供需矛盾尖锐

机动车数量急剧的增加、停车需求的过快增长是"停车难"问题最集中最直接的原因。截至2013年2月底，全市机动车保有量525.4万辆。按照目前的限购政策，北京每月增加的机动车数约为2万辆，而停车位增加发展则相对缓慢。在一定的时期内，停车位的供需矛盾依然尖锐。客观来说，在人口密集的都市地区，如果缺乏先期的停车规划（如先有车位才能买车等），停车位的增长始终将落后于机动车数量的膨胀，"停车难"的出现是早晚的事。北京市有250多万停车位的缺口。一个普通车位的面积在14平方米左右，如果按照1:1的比例给它们配置停车位，需要的面积达3500万平方米以上。如果按照发达国家每辆车平均配1.3个停车位的比例计算，全市停车位缺口更为庞大。显然，将这些车位平铺在北京城里并不现实。

（二）缺乏规划，老旧小区停车难

首先，许多小区停车位规划不够。许多老旧小区在建设的时候，机动车普及率还很低，当时很难预见到将来极大的停车需求，也就没有足够的余地来妥善规划停车位。在改革开放之前，汽车，特别是私家车属于"奢侈品"，普通老旧小区没有停车位也就不足为奇了。这种"先天不足"造成了很多小区当前停车困难的现实。根据相关资料显示，[①] 2000年以前北京居住小区的车位规划大概是1:0.21，最多达到1:0.25，也就是说5户业主才能有1个停车位。这个比例远不能满足现在的需要。而新建小区、高档住宅小区停车位的比例大

---

① 参见杜宇《三问小区停车》，http://house.focus.cn/news/2005-11-11/164806.html。

约是 1∶1~1∶1.5，目前尚勉强够用。但从长远看，考虑到居民对机动车购买的需求，这个比例也会不够用。

（三）实际与规划不符，新建小区停车难

部分开发商不按规划数量建设停车位。为了节约造价成本，部分开发商擅自减少停车位，有的把停车场改做绿地，甚至盖上了房子，这也是造成小区停车难的重要原因。有的小区已建车位数量仅达到规划的一半左右。此外，有些开发商在一期建设中，停车位的规划还落实到位，到了二期、三期，出于种种原因，停车位的落实就松动了。

（四）首都各项活动众多，停车问题更加突出

北京是全国的政治、文化中心，各种活动繁多，而一些重要的场所又多集中在城区，导致"停车难"在活动期间、节假日期间频繁出现。例如首都体育馆和工人体育馆（场馆）是北京城出名的"停车难"的演出场所，因为这两处地方常承载北京大型演出，又都位于城市中心。每次首都体育馆有演出，不但从西直门到首都体育馆的路段造成严重交通拥堵，院内的停车位也是一位难求。如果开车去首都体育馆观看演出，一定要提前至少1小时到，才能找到车位。还有一些城区的老影院，停车位也很稀缺。由于现实地段原因，这些老影院在改造中，已不可能将停车场的规模扩大。去这些地方观影，"停车难"也就不可避免了。

三　缓解"停车难"的对策建议

（一）挖掘北京现有的停车资源

在北京"停车难"、环绕几周都找不到停车位的同时，也还有不少停车资源长期被闲置。比如，一些大的机关、企事业单位，下午5点以后，停车空位就会大量出现，至少有1/3的车位晚上是闲置的，停车资源的利用率还能挖掘。如果附近小区的居民只在晚上停车，就有可能利用这个"时间差"来停车。在北京，如果按小时计算，一个晚上就有近100万个车位/小时是闲置的，

这其中相当一部分是"大院"的车位，据估算，北京市的单位大院停车设施占总车位的比例为34%。① 当然，挖掘"院里"的停车资源，并不是数字推算的那么简单，"院里""院外"不同的管理体制、不同的管理主体都给挖潜停车资源潜力带来了巨大的阻力。

要解决上述问题，有些举措可以尝试推进：其一是政府介入，从体制上进行改革。要想挖掘"大院"的停车资源，必须由政府来界定公共资源和部门资源的界限，明确部门的权利和义务，才有可能释放闲置的停车位。其二是重视利益的平衡。释放停车位的部门"大院"和附近小区的停车居民必须利益共享。比如，一方得到经济收益，一方得到停车便捷的获益。当然，在目前情况下，部门"大院"出于各方面考虑，未必有动力开发闲置的停车资源，这就需要有更高一层的交通停车设计，需要协调更多的部门。

（二）组建专门部门协调停车管理

停车管理涉及建筑、道路、绿化等多个方面，单单一个处尚难以协调、调动多方面资源。针对当前停车管理机制较为分散、停车管理部门力量薄弱的现状，应考虑成立一个全市性的停车管理权威协调机构，由这个机构来全权负责各类停车场所、停车设施的规划，并制定相关的价格、使用、管理、建设等法规，统一管理路内、路外各类停车场所、停车设施及运行。

（三）逐步推进停车立法

日本的停车管理很有秩序，已经制定了八个法律法规，即《车库法》《建筑基本法》《停车场法》《都市规划法》《汽车站法》《道路交通法》《标准停车场条例》《交通安全设施等整备事业紧急措施法》。完善的停车法律法规，为日本的交通系统的高效运行起到了有力的保障作用。当前北京的停车矛盾不断凸显，机动车给城市发展带来的压力也越来越大，这正是制定相应停车法规的合适时机。例如，在规划方面，规划部门应根据城区机动车保有量、人口的

---

① 钱林波、杨涛、於昊：《大城市停车体系发展战略——以北京为例》，《城市交通》2006 年第 5 期。

数量和结构、建设项目的定位（民用、商用）等因素，合理确定建设项目的配建停车位面积。新建、改建、扩建的城市建设项目，在立法上严格要求配建停车位必须做到同步设计、同步建设、同步交付使用。此外，大力宣传法律法规，让市民养成文明停车、规范停车的好习惯。加大车辆在中心城区乱停乱放等违法行为的处罚力度，规范停车秩序。

（四）规范停车经营场所

当前北京市停车场所的建设受制于很多因素，从建设资金上来讲，交通管理部门应给予停车场所建设优惠政策，突破传统的投资建设体制，实现投资主体多元化，吸引各方资金，形成政府、集体、个人共同参与停车场所的开发、建设和经营，进一步优化停车设施建设，并逐步推进停车产业化。

在北京，目前最大的停车经营单位是公联公司。公联公司之所以成为最大的停车经营者，是因为它具有先天优势，即掌握了大量的道路资源和停车场资源。公联公司下设两个经营停车的子公司——公联安达和公联顺达，两家以"马路牙子"为界。据估算，公联顺达公司一年的停车收益可达上亿元。[①] 从理论上讲，北京巨大的停车需求为停车业带来丰厚的利润，但在现实中，停车场所的竞争还不够充分，这在一定程度上也引发了不少车主与停车收费者之间的矛盾。在今后几年中，停车业还需要进一步的发展，引入充分的竞争机制，以合理调整停车价格，才能使停车业长期健康发展。

（五）提前规划居民小区停车

根据小区汽车保有量、人口比例和结构、小区的定位，规划部门应合理设计新建居民小区的停车面积，包括停车库和区内道路停车。特别是在监理、验收等关键环节，政府监管部门要严格监督开发商的建设，防止停车场地被挪作他用，以预防未来小区停车矛盾的发生。针对老旧小区停车位缺乏的现状，小区停车管理方可以协商利用附近的停车场为居民夜间停车所用，缓解小区内停

---

① 李洪兴：《北京停车难现状分析及解决办法》，http：//wenku.baidu.com/view/9d33af3c87c2402 8915fc3b8.html。

车压力。在一些老旧小区，还可以考虑开发能节省大量空间的立体式停车楼，逐步推广"平改立"。一般来讲，立体停车楼的占地面积较平面停车场少很多，空间利用率可以大幅度提高。

（六）充分发挥智能停车诱导系统的作用

在智能交通系统框架下，建立集收费管理、车位信息采集、停车诱导服务等功能于一体的智能化停车管理系统，可以有效地解决乱停乱放造成的交通混乱。[1]

组建全面的停车诱导系统，可以采用"政府培育，各方共建"的方式。第一，政府投入启动资金和初期建设资金，建立相应的机构，开展停车诱导服务。这一时期开展公益性的停车诱导服务，投资和运营开销均由政府承担。第二，政府为主导，吸引民间资金，建立企业性质的停车诱导中心，并实行准企业化经营，在停车诱导系统建立和运营过程中，协调各停车企业的数据采集管理和服务。政府以政策性补贴的形式减免税费。第三，由停车企业主导停车诱导中心。停车诱导中心的运营建立在停车企业的运营平台上，实现多元化经营。

（七）大力发展公共交通

"停车难"并不是一个独立的交通问题，停车问题理应放到整个交通体系当中来考虑。对于北京这样的特大城市，受制于人口和城市空间，未来仍然需要发展公共交通为主，以缓解"停车难"。

大力发展公共交通，尤其是发展大容量、快速便捷的轨道交通。在城市中心区以外大型公共交通换乘枢纽处设置 P + R 停车场地，方便私人小汽车停放以乘公共交通进入城市中心区。发展公共交通，结合到停车这一点，则需要做好换乘安排。为此，在城郊接合部的地铁、轻轨站，应建立大型的停车场，完善停车服务，使有车族有意愿换乘进城。总之，只有为市民提供方便、快捷、舒适、安全的服务，以降低自驾出行的比例，"停车难"问题才会得到缓解。

---

[1] 《两辆车一个车位　我们的车停在哪》，http：//news. xinhuanet. com/newscenter/2003 – 03/06/content_ 762822. htm。

小　结

北京的机动车数量仍处于持续的增长之中，而城市的空间毕竟有限，"停车难"在未来相当长的一段时间都将存在。北京要缓解"停车难"，需要多方着手，挖掘资源、更新制度、提前规划、完善管理、改革经营模式等等一个都不能或缺。特别是在对待"停车难"时，还需要把它放到"大交通"的体系中去研究。

Analysis of "Park Hard" in Beijing

Zhu Tao

Abstract：The phenomenon of "Park hard" in Beijing has been attached grand attentions. Based on the situation of "Park hard" in Beijing, this article analyzes some important reasons for "Park hard" in the view from parking spaces, advance planning etc. Then, this article also suggests some advices to help relieve "Park hard" and hope to get more public attention on develop park industry well.

Key Words：Park Hard; Parking Operation; Parking Fee

社会管理篇

Reports on Social Management

$\mathbb{B}.13$
2012年北京市社会矛盾
基本情况及分析报告

郑广淼　吴镝鸣*

摘　要：

　　北京社会矛盾是社会转型过程中原发性和输入性社会矛盾相互交织的结果。2012年，北京市社会矛盾总体水平得分较上年下降明显，总体上社会矛盾有所缓解。本年度社会矛盾的突出特点是：公共安全问题冲突明显、环境和交通问题矛盾突出、医疗问题引发矛盾高位徘徊、劳动就业问题余波效应较大、居民隐性不满继续累积。应正确认识北京市社会矛盾总体水平，强化刚性管理、重视柔性管理、完善行政性管理、提升自治性管理，引导促进民众通过主流途径解决矛盾，强化政策在解决民生问题中的作用。

关键词：

　　社会矛盾　公共安全　管理

---

* 郑广淼，北京信访矛盾分析研究中心主任；吴镝鸣，北京信访矛盾分析研究中心主任助理。

2012 年，北京地区人均 GDP 达到 87091 元，约 14000 美元，已经达到中等发达国家水平①。从整个社会发展阶段看，北京仍然处于社会转型期，并处于大的转型社会之中，社会结构、经济结构继续调整升级，各类原发性和输入性社会矛盾时有发生。正确认识此阶段的社会矛盾，并进行有效化解，对于维护社会稳定、促进经济社会结构调整，以及加强创新社会服务管理具有重要意义。本报告对 2012 年北京市社会矛盾的总体情况及突出问题和特点进行分析，并提出相应政策建议②。

一 2012 年北京市社会矛盾的总体情况

2012 年北京市社会矛盾总体水平得分为 51.9 分，比 2011 年社会矛盾总体水平得分 55.3 分下降 6.1%，但仍处于中度矛盾区间（40～60 分）③；社会矛盾缓解机制效果较上年提升 17.5%；社会矛盾指数为 0.80。数据表明，总体上北京市社会矛盾有所缓解④，各项机制运行基本平稳，社会发展虽有障碍但仍可实现常态运行。

从具体指标看，价值性矛盾总体水平得分由 2011 年的 56.0 分降至 53.4

---

① 《2012 年北京市 GDP 增速 7.7% 人均 GDP13797 美元》，中国经济网，http://www.ce.cn/macro/more/201301/20/t20130120_24044433.shtml。最后访问日期 2013 年 1 月 29 日。

② 本报告所使用的数据和图表主要来自《北京市"社会矛盾指数"研究报告（2012）》。《北京市"社会矛盾指数"研究报告》是由北京市信访矛盾分析研究中心于 2010 年首创性地运用民意调查的方法从普通公众层面出发在对社会矛盾现状进行实证调查研究基础上形成的报告，填补了国内外研究空白。社会矛盾指数中的社会矛盾由物质性矛盾和价值性矛盾两部构成。物质性矛盾具体指涉社会生活中的直接物质资源冲突，与民生问题息息相关。价值性矛盾指涉的是人们关于价值、信仰、观念的冲突。它可以分为普通大众之间的价值观念冲突和普通大众与政府之间的价值观念冲突。后者尤与社会矛盾相关，也更容易引发社会运动等不稳定因素。在社会矛盾指数研究中价值性矛盾只关注后者。具体而言，即关注普通大众对目前我国政府与体制的执政基础的认同程度。"社会矛盾指数"研究从 2010 年开始，已经开展三年，对于观察北京市社会矛盾的整体情况和预判其发展趋势有重要的参考价值。

③ 按目前关于社会预警的实证研究做法（将社会矛盾总体水平总得分 0～20 分视为无矛盾区间，将 20～40 分视为轻度矛盾区间，将 40～60 分视为中度矛盾区间，将 60～80 分视为重度矛盾区间，将 80～100 分视为巨重矛盾区间）。

④ 《北京市"社会矛盾指数"研究报告（2011）》中指出，该年社会矛盾的变化率为 110.8%，而矛盾缓解机制效果的变化率为 102.2%，2011 年"社会矛盾指数"为 1.08，见《北京市"社会矛盾指数"研究报告（2011）》（未刊稿）。

分，下降幅度为 4.6%（以 2011 年社会矛盾总体水平得分为 100%，下同），表明民众对政府执政的认同较上年有所增强。物质性矛盾水平得分从 2011 年的 54.6 分降至 50.3 分，下降 7.9%，表明民众对与自身相关的公共需求和客观环境的满意度有所上升。二者相比，物质性矛盾下降幅度更大，对社会矛盾总体水平得分下降起到主要拉动作用（见图 1）。

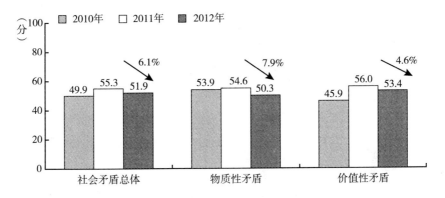

图 1　社会矛盾总体水平得分及年度对比

整体来看，2012 年北京市社会矛盾总体水平处于良性状态，物质性矛盾和价值性矛盾都趋于下降。表明，居民对于北京市在公共需求、客观环境、权利实现、政府施政认同等方面呈现积极趋势。

二　2012 年北京市社会矛盾中的突出特点

（一）公共安全领域矛盾冲突极为明显

2012 年社会矛盾冲突指数测算结果显示，公共安全矛盾冲突指数最高为 6589 分①，远高于其他矛盾冲突指数，是劳动就业矛盾冲突指数的 6 倍多。教

---

① 社会矛盾冲突指数是指社会矛盾激化的可能性，得分越高，表示该领域越容易爆发冲突性行为。其建构模型为 $Y = \alpha \cdot \beta \cdot \gamma \cdot \delta$，$Y$ 是社会矛盾冲突指数，α、β、γ、δ 分别是矛盾深度（有激烈不满情绪的人数/样本总体）、广度（有物质利益受损的人数/样本总体）、烈度（有激烈矛盾行动的人数/矛盾行为选择的样本总数）、重要性（各项物质矛盾的主观权重）。

育矛盾冲突指数仅次于公共安全矛盾冲突指数，为2904分。处于第3位、第4位的为住房矛盾冲突指数和医疗矛盾冲突指数，均超过2500点。不同社会发展阶段有着不同的公共安全需求，社会发展水平越高，对于公共安全的要求也就越高，意味着需要更高层次、更高水平、更高质量的公共安全保障（见图2）。

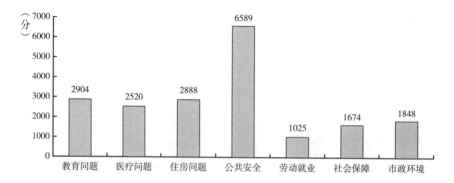

图2　社会矛盾冲突指数得分

（二）环境污染和交通问题所引发的矛盾突出

数据显示，2012年市政环境问题引发的矛盾比较突出。有57%的民众遇到过相关方面问题，平均每个人遇到过1.7个问题。市政环境问题主要集中在环境污染、交通问题和垃圾清理不及时三个方面。其中环境污染问题占73%，交通问题占72.3%，垃圾清理不及时占20.6%[①]（见图3、图4）。

从调查结果看，交通问题主要集中在交通拥堵方面，近三成的居民利益受损情况集中为堵车造成上班（上学）迟到。这从其他调查报告也可以得到印证。中国科学院近期发布的《2012中国新型城市化报告》显示，北京从业人员上班时间平均花费为52分钟，居全国首位[②]。在2012年上半年北京交通发展研究中心发布的监测和评价中，上半年五环内工作日早、晚高峰拥堵路段长

---

① 垃圾清理问题实际上属于广泛的环境问题，如果将环境污染和垃圾不清理合并成为环境问题，比例还会攀升。

② 《北京：每天人均上班时间52分钟，全国最长》，新华网：http://news.xinhuanet.com/2012-11/01/c_113565600.htm，最后访问日期：2013年2月20日。

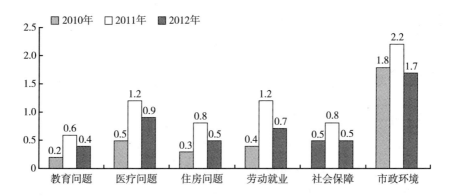

图 3　不同问题所引发矛盾情况对比

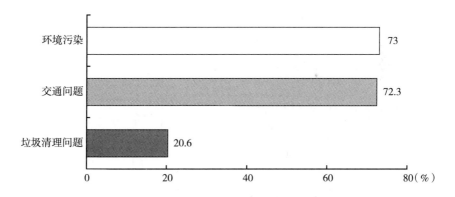

图 4　环境污染、交通问题、垃圾问题所占比例

度分别为 112 公里、128 公里（2011 年分别为 135 公里、192 公里），较上年分别减少 26.8% 和 23.2%，但平均交通拥堵指数为 4.7[①]，同比上升 4.4%，五环内中度拥堵以上持续时间为 70 分钟，同比增加 15 分钟[②]。

此外，北京市打车难问题日益凸显。2012 年 12 月，中国社会科学院发布的《公共服务蓝皮》书[③]称，"打车难"成为城市生活中较为普遍的问题。在被调查的 38 个大城市中，北京打车容易程度排名第 28 位，远落后

---

① 交通指数取值范围为 0~10，每 2 个数一个等级，分别对应"畅通""基本畅通""轻度拥堵""中度拥堵""严重拥堵"五个级别，数值越高，表明交通拥堵状况越严重。

② 牛文元：《2012 中国新型城市化报告》，科学出版社，2012。

③ 侯惠勤、辛向阳、易定宏：《中国城市基本公共服务力评价（2011~2012）》，社会科学文献出版社，2012。

于同是特大城市的天津和上海。在北京，打车时候车时间超过 30 分钟已经成为"家常便饭"①。

（三）医疗问题所引发矛盾仍然在高位徘徊

2012 年调查显示，有近一半的人表示遇到过医疗问题，平均每人会遇到 0.9 个问题。医疗问题主要集中在医生让做一些没必要的检查（24%）和医生开药开得多、家里剩余不少药品（21.2%），不敢去看病、去医院看病后病情无好转的情况都超过了 10%（见图 3、图 5）。其中对不敢看病所占比例的情况要给予充分关注。其涉及整个医疗事业以及医疗改革目标是否能够实现，以及人们生活质量是否得到改善，切身利益是否得到维护等重大问题。

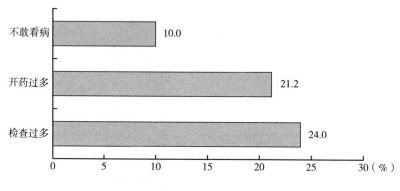

图 5 医疗问题主要矛盾分布

（四）劳动就业问题所引发的余波效应比较大

调查显示，劳动就业问题仍然比较突出，40% 左右的人遇到过劳动就业问题，平均每人遇到的问题为 0.7 个（见图 3）。劳动就业问题所引发的矛盾激烈程度较强，集体讨薪现象仍然存在。劳动就业引发的问题易被社会广泛关注，涉及面广，余波效应大。北京市信访矛盾分析研究中心发布的一份报告显示，2012 年被媒体关注和报道的群体性事件中涉及劳动关系的占 60% 以上②。

---

① 上海、天津、重庆分别位于第 3、2、7 位。
② 北京市信访矛盾分析研究中心：《国内群体性事件发生情况年度报告（2012 年）》（未刊稿）。

（五）居民负面情绪积压严重，隐性不满继续累积

调查显示，当问题或矛盾损害民众利益时，有超过三成的人选择了不采取任何措施的回避行为，比 2011 年高出 12.9%。向亲友诉说抱怨及网络抱怨的比例、个人上访的比例、法律诉讼的比例、向媒体曝光的比例以及参加集体性行动的比例均有不同程度的降低，其中网络抱怨和向媒体曝光的比例下降都超过 50%。与此相反，民众自行想办法解决问题的比例连续 3 年上升，2012 年自行想办法解决问题的比例已经接近一成，达到 9.8%（见图 6）。

民众自行解决矛盾的意愿不断增强，表明民众已经逐渐意识到抱怨行为并不能改变利益受损状况，民众对制度性框架下的合理合法性行动效力的信心下降。在情绪关联上，则表明民众负面情绪积压严重，由此所引发的隐性不满[1]在不断累积。[2]

三 对策建议

（一）正确认识北京市社会矛盾总体水平

1. 对社会矛盾总体水平所处发展阶段和所处环境的认识

对于 2012 年北京市社会矛盾总体水平的认识不能脱离其所处的社会阶段。党的十八大报告指出：我国仍处于并将长期处于社会主义初级阶段的基本国情没有变，人民日益增长的物质文化需要同落后的社会生产之间的矛盾这一社会主要矛盾没有变，我国是世界最大发展中国家的国际地位没有变。北京市虽然在人均 GDP 上已经步入中等发达国家水平，但是仍然处于转型阶段，各类问

---

[1] 所谓隐性不满是指民众没有直接表达出来的负面情绪。隐性不满在社会的大范围弥漫，不仅增加了社会平稳运行的风险，而且为社会管理增加了难度。尤其当特定事件出现时，隐性不满的叠加会起到推波助澜的作用。见张宗林、陈小君等《涉农信访与社会稳定研究》，中国政法大学出版社，2011，第 37~39 页。

[2] 这能够与《公共服务发展报告（2012）》中关于"GDP 与满意度之间不存在直接的关系，高 GDP 并不意味着高公共服务满意度"的观点相互印证。

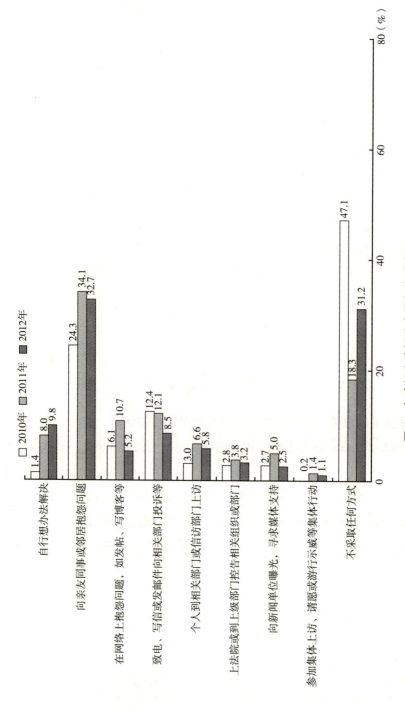

图6 主动行为选择分布及年度对比

题和矛盾凸显是这个历史阶段具有的一般特点。此外，从全国来看，人均GDP 水平仍然比较低。作为一个达到富裕国家水平的地区，北京处于一个大的转型社会之中。北京所处发展阶段产生的原发性矛盾，与在大的转型社会中从其他（欠发达）地区带来的输入性矛盾相互交织，使得北京市总体社会矛盾情况更加复杂。

2. 对各类社会矛盾性质的判断

根据外在表现形式，可以将社会不稳定分为颠覆性不稳定和裂痕性不稳定。颠覆性不稳定是指由于阶级利益根本对立导致的社会不稳定，裂痕性不稳定是在人民内部根本利益一致的基础上导致的社会不稳定。当前北京的各类社会矛盾主要是人民内部矛盾，属于裂痕性不稳定，主要集中在居民对个人利益的诉求，更多的表现在教育、医疗、交通、住房等民生领域，产生原因多与经济发展水平以及公共管理和服务水平有关。面对裂痕性不稳定，应当采取更加柔性、温和、长效的机制来应对，主要可通过发展经济、有效提高公共产品供给等方式来解决。

（二）解决建议

1. 在加强和创新社会管理中强化刚性管理、重视柔性管理、完善行政性管理、提升自治性管理

党的十八大报告强调要"加强和创新社会管理，推动社会主义和谐社会建设"，这是解决社会矛盾的总的原则和方法。具体来说，应从"强化刚性管理、重视柔性管理、完善行政性管理、提升自治性管理"理念出发，加强和推动社会管理，为经济社会发展营造良好的环境。强化刚性管理，就是切实落实"有法必依，执法必严"，提高政府和领导干部运用法治思维和法治方式化解矛盾的能力，严格落实依法行政，把法治保障当作社会管理的重要组成部分。重视柔性管理，就是推进人性化管理，坚持以人为本，走群众工作路线，在起点上强调个体需求，在过程上强调多元参与、自治和社会服务，在结果上强调个体需求的满足。完善行政性管理，就是促进服务型政府建设，树立符合中国特色社会主义、满足社会主义市场经济、适应广大人民群众需要的服务政府理念。提升自治性管理，就是进一步发挥自治性管理组织的作用，大力加强社区组织建设，推动社会组织有序发展，不断提升公民道德素养。

2. 重视居民隐性不满的增加，加强引导，促进民众通过主流途径解决矛盾

2012 年，民众在利益受损时，更加倾向于自行想办法解决。对于自行想办法这种行为选择，尚缺乏有效跟踪，更无从对其进行评估和预测。从社会管理角度看，这种行为选择方式的评价非良性，属于警惕性信号。一方面，民众利益受损时自己想办法解决，从短期看能够舒缓民众情绪积累情况。但从长期看，自己想办法解决必然会增加民众的负担和成本，必然会提高负面情绪积累的强度，使隐性不满情绪继续累积。另一方面，自行想办法解决，实际上增加了民众行为选择的隐蔽性，容易形成社会管理的盲点，不利于有针对性地优化和提高社会管理工作。从目前情况看，以隐性不满为主要特征的负面情绪累积情况并没有引起相关部门的重视，这将加大社会稳定的风险。尤其出现特定的导火索时，不满情绪积累势必为社会混乱推波助澜。因此，应当建立民众利益受损时行为选择和情绪管理的引导机制，帮助和引导民众行为选择时更加理性，手段更为高效，并尽力化解和释放负面情绪的积累。

3. 强化政策在解决环境污染、交通问题、医疗纠纷等民生问题的作用

环境污染、交通问题、医疗纠纷等问题发生的原因复杂多样。此类问题涉及居民的切身利益，是否能够有效解决，涉及社会稳定的根基。总的来看，解决此类问题不能毕其功于一役，而应随着形势的发展及其呈现的特点，形成长效应对机制。其中，应当重视和强化政策的运用，利用政策灵活性的特点，快速、有针对性地解决比较突出和激烈的矛盾，快速削减民生领域内累积的问题，防止产生新的问题和矛盾积聚。

Analysis Report on Beijing Social Contradictions in 2012

Zheng Guangmiao Wu Diming

Abstract：Beijing social conflicts are the result of primary and imported social contradictions in the process of social transformation. In 2012, the overall level of Beijing social contradictions score decreased significantly over the previous year, the overall social contradictions eased. The salient features of the social conflicts this year: the obvious conflict of public safety issues, environmental and traffic problem, the labor and employment issues, the residents dissatisfactions. A correct understanding of the overall level of social contradictions in Beijing, strengthen the rigid management, emphasis on flexible management, improve administrative management, enhance the autonomy of management, guide to promote the public through mainstream channels to resolve conflicts, strengthen the role of policy in addressing livelihood issues.

Key Words: Social Contradictions; Public Safety Issues; Management

B.14
北京社区矫正研究报告[*]

张　荆[**]

摘　要：

本研究报告是北京工业大学和中国社会科学院联合课题组在多年调研基础上撰写完成。本报告系统阐述了北京社区矫正的发展历程、现状、组织结构、工作流程，总结和归纳了"北京社区矫正模式"的基本理念和特色，分析了北京社区矫正模式的问题点，提出了变革观念、探索社区矫正自身规律、调动民间参与积极性、进一步完善北京社区矫正的管理机制等对策建议。

关键词：

社区矫正模式　基本理念　管理体制　民间参与

北京社区矫正已走过 10 个年头，认真调查和研究北京社区矫正的模式创立、发展、经验与问题，对推动北京乃至全国的社区矫正制度建设与完善具有重要意义。

由北京工业大学人文社会科学学院，中国社会科学院社会所、法学所 3 名教授、9 名研究人员和硕士研究生组成的"北京市社区矫正模式研究"课题组，多年来，运用定性为主的研究方法，对北京社区矫正模式进行了全方位的研究。①个案访谈。课题组先后访谈了北京区县司法局负责社区矫正工作的负责人、基层司法所所长、司法助理员、监狱干警、司法协管员、街道居委会成

---

* 本文为北京市哲学社会科学规划项目"北京市社区矫正模式研究"（项目编号：07BaSH033）研究成果，课题组主要成员：张荆、王頔、冯锐、马福伦、庞艳玲、李晓壮、彭晓月。

** 张荆，法学博士，北京工业大学人文社会科学学院法律系教授，主任，中国预防青少年犯罪研究会常务理事、中国犯罪学学会常务理事，研究方向为法学社会学、犯罪学。

员、矫正小组负责人、社区矫正对象等，共计 55 人。②召开座谈会。先后在崇文区光明楼龙潭街道办事处、昌平司法局、通州司法局、大兴司法局、延庆县司法局、东城区司法局、丰台区司法局、朝阳区阳光中途之家、丰台区阳光中途之家、大兴区庞各庄司法所等 10 个社区矫正相关机构召开 11 场座谈会，其中，召开社区矫正对象座谈会 2 场。③比较研究。课题组先后赴上海、天津等地调研，总结其他省市社区矫正的经验，与北京模式进行比较研究。④参与观察与跟踪研究。在调研过程中，经课题组牵线搭桥，北京工业大学人文学院与丰台区司法局"阳光中途之家"建立起教学科研实习基地，对基层社区矫正工作进行长期的参与性观察和跟踪研究。⑤文献研究。收集相关文献和资料，进行政策和前期研究成果分析。

一　北京社区矫正的发展与现状

关于社区矫正的界定，2003 年 7 月，最高人民法院、最高人民检察院、公安部、司法部下发的《关于开展社区矫正试点工作的通知》（简称"两高两部《通知》"）中确定"社区矫正是与监禁矫正相对的行刑方式，是指将符合社区矫正条件的罪犯置于社区内，由专门的国家机关在相关社会团体和民间组织以及志愿者的协助下，在判决、裁定和决定确定的期限内，矫正其犯罪心理和行为恶习，并促进其顺利回归社会的非监禁刑罚执行活动"。该"社区矫正"界定主要为六个基本点：①明确社区矫正的基本对象是刑事犯罪者；②社区矫正性质是非监禁刑罚执行活动；③刑罚地点在社区；④矫正期限为发生法律效力期间；⑤实施主体为专门的国家机关；⑥协助力量为社会团体、民间组织和志愿者。

作为非监禁刑罚执行活动的社区矫正，北京市的发展大体经历过五个阶段。①"早期尝试阶段"。2001 年底，北京市率先在市司法局成立"监狱教养工作联络处"，作为罪犯监狱矫治和社会矫治的联络机构，积极探索通过社区和社会力量矫治犯罪者。并于 2002 年 8 月，首次在密云县对假释和监外执行的罪犯进行社区矫正的实践探索。②"初期试点阶段"。2003 年 7 月"两高两部《通知》"确定北京、天津、上海、江苏、浙江、山东等六省市为全国首批社区矫正的试点地区，北京则选定东城区、房山区和密云县为社区矫正初期试点区县。③ "第二批试点阶段"。2004 年 5 月，北京市在前期试点工作的基础上，进一步将社区矫正试点工作扩大至朝阳、大兴、通州、丰台等 6 个区县。④ "全市推广阶段"。2005 年 5 月，北京的社区矫正工作在全市 18 个区县全面展开，较全国全面展开社区矫正工作早 4 年。在社区矫正的适应对象方面，北京市根据其区域特点明确规定为具有北京市正式户口，有长期固定居住地的五类人员，即管制、缓刑、假释、暂予监外执行和剥夺政治权利者。⑤ "矫正范围的缩小阶段"。2011 年 5 月实施的《刑法（修正案（八））》和 2013 年 1 月实施的《刑事诉讼法（修正案）》，将社区矫正执行范围限于管制、缓刑、假释和暂予监外执行。考虑到剥夺政治权利属于 "资格刑"，只对罪犯的政治权利予以限制，不包括人身自由权的限制，因此不符合社区矫正的刑罚执行活动的特点和内容，北京市于 2012 年 7 月将剥夺政治权利者的管理工作移交给公安机关。

从 2003 年北京市社区矫正初期试点至 2013 年 1 月底，全市累计接收社区矫正对象 40590 余人，解除矫正 35100 余人，占总数的 87%。目前，在册社区矫正对象共 5470 余人，占累计总数的 13%。根据 2011 年 9 月底统计，北京市社区矫正的再犯罪率为 0.37%，与全国平均再犯罪率 0.22% 相比，略高 0.15个百分点。

二 "北京社区矫正模式" 理念与制度建设

所谓模式（Patten），是指把解决某类问题的方法总结归纳为理论并能广泛应用的方式。"北京社区矫正模式" 主要表现为 "管理方式"，即在一种理念的基础上建立一套管理方法、管理内容、管理制度。

"北京社区矫正模式" 首次提出于 2004 年 6 月北京市社区矫正工作试点一周年的研讨会上，前司法部副部长胡泽君在发言中指出：北京市的社区矫正工作可以称为 "北京模式"。中国政法大学王顺安教授在 2005 年 6 月 6 日《法制早报》第 24 版中发表了题为《社区矫正的 "北京模式"》一文中，具体界定 "北京社区矫正模式" 为 "北京市社区矫正工作领导小组及办公室在社区矫正工作试点过程中创造发明的一种符合国情、符合首都实际情况的，在社区进行的非监禁刑及非监禁措施的刑罚执行制度及开放式教育改造罪犯的工作模式"。

从学理上说，建立一整套管理方法、管理内容和管理制度不可能在北京社区矫正"初期试点阶段"就形成，因为它需要规范、制度建构的时间，需要实践检验，并可重复性使用和较为广泛地应用，因此，上述北京模式的提出有些超前。但经过2005年北京市社区矫正制度规范化建设的提速，相关政策性文件的大量出台，以及此后若干年的反复实践和探索，现在可以称"北京社区矫正模式"基本形成。

（一）"北京社区矫正模式"的基本理念

北京社区矫正工作从试点之初就受到市委市政府的高度重视，北京市司法局根据司法部的相关文件和指示精神，积极组织在京高校和研究院所的专家学者调研论证，及时总结社区矫正的司法实践经验，制定和修改相关政策，推进"北京社区矫正模式"的建立和完善。从2003年4月以来先后出台了近20个相关文件（见表1）。

表1　北京市社区矫正文件一览

序号	文件名称	颁布日期
1	《关于开展社区矫正试点工作的意见》	2003 年
2	《社区服刑人员动态分析工作暂行规定》	2005 年
3	《社区矫正工作对象接收衔接规定（试行）》	2005 年
4	《社区服刑人员接收工作暂行规定》	2005 年
5	《社区服刑人员管理工作暂行规定》	2005 年
6	《社区服刑人员教育工作规定》	2005 年
7	《社区服刑人员公益劳动管理暂行规定》	2005 年
8	《社区服刑人员考核奖惩暂行规定》	2005 年
9	《社区矫正工作档案管理规定》	2005 年
10	《社区服刑人员解除矫正工作暂行规定》	2005 年
11	《社区矫正工作突发事件处置预案》	2005 年
12	《关于防范社区服刑人员脱管和重新犯罪的若干意见》	2005 年
13	《社区矫正工作文书格式》	2005 年
14	《关于进一步做好阳光社区矫正服务中心工作的试行意见》	2005 年

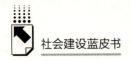

续表

序号	文件名称	颁布日期
15	《社区矫正衔接工作规定》	2005 年
16	《社区矫正工作监狱劳教干警岗位职责（试行）》	2005 年
17	《北京市社区矫正工作实施细则》	2007 年
18	《北京中路街道社区矫正组织内部管理工作制度》	2009 年
19	《关于切实加强社区矫正和安置帮教工作风险管理的通知》	2011 年

从上述文件的基本内容分析，北京社区矫正最初政策性文件《中共北京市委政法委员会首都社会治安综合治理委员会关于开展社区矫正试点工作的意见》（2003 年）（简称《北京意见》）的"指导思想"中明确规定："加大对非监禁刑罪犯的监督管理和教育改造力度，提高教育改造质量，为首都率先基本实现现代化创造和谐稳定的社会环境"，北京社区矫正的指导思想强调监督管理力度、改造力度，强调确保首都稳定等，其他相关政策文件除了规定社区矫正的组织结构、工作流程外，近半数的文件都有强调严管力度的内容，包括抽调监狱干警的全程监管、接收工作和强制措施的干警着装、突发性事件预警、风险防范、脱管和重新犯罪的责任追究等，因此，维护首都稳定、严格监督管理成为北京社区矫正模式的基本理念和特征，由此区别于"上海模式"的"政府主导推动、社团自主运作、社会多方参与"的基本理念。

北京社区矫正模式的维稳和严管理念与首都的地域特点相关联，北京是全国政治、文化中心，是国家最高权力机构和党中央，以及数百所高等院校和科研机构，以及众多国家级文艺体育团体所在地。同时，北京也是中国重要的国际交往中心，是外国大使馆、国际组织代表机构、海外企业代表机构所在地，北京的社会稳定关系全国的稳定。特殊的地域环境决定了社区矫正工作模式建立的先决条件是确保首都稳定，强化行政机构执行力，严格管理社区矫正对象，提升管理机构的快速反应能力，及时处置突发性事件，防止脱管漏管，防止重大事件发生等是维护首都稳定的基本保障。

（二）"北京社区矫正模式"的组织结构

北京市社区矫正的组织结构是由市委政法委、首都社会治安综合治理委员会牵头，市高级人民法院、市检察院、市公安局、市司法局、市民政局、市劳动和社会保障局、市监狱管理局等部门负责人组成"北京市社区矫正工作领导小组"负责领导和管理全市的社区矫正工作。该领导小组实际上是一个议事机构，通过联席会议的形式，了解情况、分析形势、制定全市的社区矫正政策和实施办法，协调相关部门共同参与管理社区矫正。北京市社区矫正工作领导小组的执行机构为领导小组办公室，设在北京市司法局。

参照顶层的组织结构设置，在区县一级组成由社会治安综合治理工作委员会主任任组长，法院、检察院、公安局、司法局、民政局、劳动和社会保障局、综治办等负责人为成员的区县社区矫正工作领导小组，领导小组的办事机构——办公室设在区县司法局。

街道乡镇一级组成由社会治安综合治理工作委员会主任任组长，派出所、司法所、民政科、社会保障所等负责人和抽调的监狱警察为成员的社区矫正领导小组，负责本区域的社区矫正工作，办公室设在司法所，具体负责各项日常工作。

上述组织结构被称为"三级网络管理体系"，经过十年的运行，总体运行效果良好，以司法行政系统为具体办事机构，相关部门积极配合，市法院、检察院、公安系统、民政部门、劳动和社会保障等机构还分别制定和下发了相关文件，确保社区矫正工作的顺利实施。

社区矫正领导小组的办事机构设在司法行政系统，标志着司法行政系统是北京社区矫正工作实施主体，与社区矫正对象直接接触的基层司法所是社区矫正的前沿阵地，十年来，配合社区矫正工作，北京市基层司法所建设得到了长足发展，2012 年底全市所有乡镇（街道）已全部建立司法所，建所率达到100%，并基本保证每个司法所有 3 名司法助理员。课题组在大兴庞各庄司法所、延庆八达岭镇司法所等地调研中观察到，司法所的基础建设也不断加强，各所拥有一间以上社区矫正办公用房，并配有电脑、电话、传真机、复印机等现代化的办公设备，部分司法所还配备了专用车辆。

（三）"北京社区矫正模式"的管理流程

北京市在社区矫正试点实践的基础上，于 2007 年 3 月制定颁布了《北京

市社区矫正工作实施细则》（简称《北京细则》），将社区矫正流程系统化，进一步完善了矫正对象的接收、教育、管理、考核奖惩、劳动就业、社会保障、解除矫正等10余项工作制度，在实施中收到良好效果。

1. 庭前调查评估

"庭前调查评估"在《北京意见》和《北京细则》两个重要文件中并未出现，它是北京社区矫正的基层尝试。在对丰台区司法局的调研中了解到，该局在2007年4月首次对拟判处缓刑的被告人王某进行庭前调查评估，该调查报告成为庭审的重要参考，最终王某被判处有期徒刑三年，缓期三年执行，被告人和被害人对判决均无异议，王某进入社区矫正后，主动配合矫正，收到良好矫正效果。丰台司法局的"庭前调查"尝试曾一度引起了《法制日报》《北京晨报》等多家媒体的关注和报道，丰台庭前调查主要做法是走访调查，走访被告人的家庭、学校、社区、居住地派出所等单位，了解调查对象的性格、品行、家庭关系、邻里关系、社会交往、日常表现、犯罪成因、重新犯罪的危险性等，在走访调研的基础上，撰写调查报告呈交法院，法院对基层司法的调查报告不作为证据，但作为判罪量刑的重要参考。实践中庭前调查评估的价值逐渐显露，庭前调查评估能提高法院判决裁定的质量，使裁决与刑罚执行的社区环境和条件相符合，降低矫正难度和再犯罪率。另外，审前调查评估还可以增强司法行政机关与派出所、法院、拘留所、监狱、街道居委会等部门的互动，为日后社区矫正中的部门协调和增强矫正的针对性奠定基础。

2010年，丰台区司法局共对十余名拟判缓刑的被告人开展社会调查，被调查者在接受社区矫正中，积极配合矫正机构工作，接受教育管理，自觉遵守相关规定，积极参加公益劳动，无一人脱管漏管，矫治效果良好。继丰台区之后，东城区、朝阳区也先后尝试庭前调查工作。

2012年1月，最高人民法院、最高人民检察院、公安部、司法部联合下发的《社区矫正实施办法》（简称《实施办法》）中，充分肯定了庭前调查的做法。《实施办法》第四条明确规定了"人民法院、人民检察院、公安机关、监狱对拟适用社区矫正的被告人、罪犯，需要调查其对所居住社区影响的，可以委托县级司法行政机关进行调查评估。受委托的司法行政机关应当根据委托机关的要求，对被告人或者罪犯的居所情况、家庭和社会关系、一贯表现、犯罪行为的后果和影响、居住地村（居）民委员会和被害人意见、拟禁止的事项等进行调查了解，形成评估意见，及时提交委托机关"。

2. 社区矫正对象的接收

根据社区矫正的基本理念，北京社区矫正对象的接收坚持"户籍原则"和"居住地原则"，即接收的矫正对象需具有北京市正式户口，并在北京居住（《北京市社区服刑人员接收工作暂行规定》第二条）；户口与居住地分离的，由居住地所在司法所负责矫正工作。

（1）法律文书接收和档案建立

社区矫正对象接收过程的缜密是避免脱管漏管的前提条件，北京社区矫正接收工作由区县司法局社区矫正科（基层科）根据权力机关做出有效裁定，确保在特定的期限内与人民法院、监狱管理部门、公安机关交接有关法律文书、相关资料，履行法律手续，建立社区矫正档案后通知司法所，及时通知社区矫正对象的亲属将其接回，并纳入社区矫正的工作程序。

（2）矫正宣告和建立帮教小组

矫正对象在规定期限内到区县司法局矫正科报到，矫正科为其办理登记接收手续，并通知他在指定期限内到指定司法所接受社区矫正。司法所在接收社区矫正人员后，择日组织由派出所干警、单位领导、学校老师、居委会成员、亲属等参加的宣告会议，由司法所矫正干警或专职司法助理向社区矫正对象宣告判决书、裁定书、决定书、执行通知书等有关法律文书，告知社区矫正期限；应当遵守的规定、被禁止的事项以及违反规定的法律后果；社区矫正人员依法享有的权利和被限制行使的权利；等等。同时由司法所负责人对矫正对象进行个别谈话，了解其基本状况和基本需求。

接收过程中成立帮教小组，由司法所工作人员任组长，单位或学校负责人、亲属、保证人、社会工作者、志愿者等为成员，与司法所签订《矫正责任书》，明确各自的责任和义务。组长和一名协管员直接负责矫正对象的走访调查，对矫正对象进行心理测试，组织研究矫正对象个案，制定矫正方案。司法所长负责领导、检查、督促矫正方案的落实和执行情况。

（3）走访调研及签订监护协议书

北京市司法行政机关明确规定，司法所在矫正对象报到20天之内需进行

走访调研，走访调研中确定矫正对象的监护人，与其签署《监护协议书》，明确监护人的责任、权利和义务，同时走访矫正对象所在学校、社区、当地派出所等，进一步了解矫正对象周边环境状况。

（4）心理测试与管理分类

北京市行政司法机关与在京高校合作，设计心理量表。在矫正对象接收阶段，对其进行心理测试和个别谈话，根据心理测试和谈话结果，将矫正对象回归社会的心理状态和社会危险性分为 A、B、C 三类，其中 A 类为人身危险性小、再社会化程度高的人员，B 类为人身危险性和再社会化程度一般的人员，C 类为人身危险性大、再社会化程度低的人员。心理测试和初期谈话结果是未来矫正工作的重要依据，参考心理测试和谈话进行分类后，对矫正对象实施管理，其强度不同，形式上包括向管理人员当面汇报和电话汇报的时间间隔、活动范围的大小、工作人员走访和个别教育的频率等。北京市东城区司法局是最早运用心理测试划分类型、实施心理矫正的，他们将心理测试和心理治疗贯穿于社区矫正全过程，根据心理评估结果，按心理常态、心理问题与适应不良、心理与人格障碍三种类型，有针对性地采取个案心理咨询和矫正、团体心理辅导和心理健康教育、家庭治疗、危机干预、咨询热线等，收到良好的心理矫正效果，从 2004 年至 2011 年 7 年间，东城区司法局共开展心理咨询 7246 人次[1]，有效缓解了"两类人员"（社区矫正人员和刑释解教人员）的心理压力，增强了社区矫正对象的社会适应能力。

（5）起草矫正方案

在基础档案分析、个别谈话、走访调研、心理测试的基础上，制定矫正方案，北京市要求矫正方案需听取矫正对象、家属和协助单位意见，在征求各方意见的基础上再修改定稿，交由矫正小组集体讨论通过。矫正方案的主要内容包括：基本情况。矫正对象的犯罪原因、刑罚情况、社区矫正的种类和期限、身体健康状况、居住地点、家庭情况、心理测试结果等。矫正措施：具体的矫正意见和矫正方向，确定汇报、管束、培训、公益劳动等的频率和强度。

---

[1] 《北京社区矫正模式》，http://wenku.baidu.com/view/fd9e6f4a767f5acfa1c7cd88.html。

3. 社区矫正的教育管理

教育管理是社区矫正的核心工作。北京社区矫正工作根据矫正对象在接受矫正过程中的心理特征、行为规律，将社区矫正过程分为初始教育、常规教育和解矫前教育三个阶段，初始教育阶段为接受矫正的前两个月，解矫前教育阶段是解矫前的一个月，中间阶段为常规教育。分阶段的教育管理增强了不同矫正阶段的工作重点，收到了良好的矫正效果。

（1）初始教育阶段

社区矫正"初始教育"的核心内容是身份认知教育，组织矫正对象学习法律常识、社区矫正相关规定、就业形势、社会救助政策及国情区情等，增强社区服刑人员的守法意识，强化社区服刑意识，增强接受社区矫正的主动性和新环境的适应力。在北京模式中，一些司法行政机关采取集中培训的方式实施初始教育，比如，朝阳区司法局将新确定的矫正对象集中到"阳光中途之家"，进行一到两周的培训，让矫正对象与矫正干警同吃、同住、同做公益劳动，促膝谈心，了解自己的行刑地位。在阳光中途之家培训中，实施出早操、升旗仪式，开展以案说法、宣讲法条、讲解社区矫正制度等法制教育，开展有针对性的心理咨询，举行拓展训练，增强团队协作和遵纪守法意识。同时进行短期的美容美发、设备维修等职业培训，在培训结束后评选先进，颁发培训证书。集中培训作为社区矫正的初始教育具有强化身份认同、矫正生涯设计的功效，特别是对缓刑的矫正对象，让他们通过初始教育意识到缓刑并不是无罪释放，了解自己社区服刑角色，为矫正的中后期工作奠定基础。

（2）中期教育管理阶段

在社区矫正的中期阶段，根据两高两院的《通知》和《实施办法》的相关规定，北京市建立了完备的社区矫正的教育管理制度。

①汇报制度。要求一般矫正对象每周向司法所电话汇报 1 次，每月到司法所当面汇报 1 次，视矫正对象的社会危害程度增减汇报次数，对社会危害风险高的矫正对象加大家庭走访的力度等。

②学习制度。基层司法所每月组织矫正对象进行不少于 8 小时的公共道德、法律常识、时事政策等学习或社会活动，从对基层调研看，学习制度的表现形式多种多样，除组织集中学习外，还有根据社会形势指定题目自学，写思

想汇报；根据不同的矫正群体组织有针对性地参观学习，例如，组织参观监狱以进行警示教育，参观博物馆以进行爱国教育等。

③迁居管理制度。迁居管理是保障矫正对象不脱管、不失控，实施有效矫正的前提。基层司法所根据"两高两部"《实施办法》，在社区矫正对象确需变更居住地时，要求其提前一个月由本人提出书面申请，告知监护人，并由居委会出具证明，司法所签署意见报区县司法局审批，区县司法局在征求新居住地区县司法机关意见后做出决定，并在规定期限之内将矫正对象的相关法律文书和矫正档案移交迁入地的区县司法行政机关，抄送两地的检察院和公安机关，并要求接受地司法机关在规定期限内将矫正对象按规定列管。

④请销假制度。社区矫正对象因就医、家庭重大变故等需离开所居住区县的，需本人申请，请假一周以内的，应当报经司法所批准。超过一周的，由当地司法所签署意见后报区县司法行政机关批准。返回居住地时，应当立即向司法所报告。社区矫正人员离开所居住区县的时间不得超过一个月。

⑤会客制度。矫正对象接受媒体采访、会见境外人士等会客活动需本人申请，告知监护人，由居委会出具证明，司法所审核出具表现资料，经社区矫正组织审批，司法所备案，会客制度明确要求矫正对象不得与有劣迹的人员交往。对于媒体要采访社区矫正对象、了解社区矫正工作的，区县司法局与矫正对象商量，得到本人同意后，准许采访。

⑥奖惩公示制度。根据矫正对象的表现各司法所实施计分奖罚，表现好的加分，表现不好的扣分，并进行排序公示。对于得分高、表现好的矫正对象予以表扬，可评选为社区矫正积极分子，给予适当的物质奖励，对于表现突出的为其申请减刑。对于表现不好的矫正对象实施扣分处罚，违反社区矫正有关规定、违反法院禁令的予以警告，并出具书面决定。对于违反人民法院禁止令，情节严重的，长期脱离监管，受到治安管理处罚、司法行政机关三次警告仍不悔改的，司法行政机关向法院提交撤销缓刑、假释的建议书。

⑦社区服务制度。根据"两高两部"《实施办法》规定，有劳动能力的矫正对象应当参加社区服务，每人每月不少于8小时。北京的社区服务也称为"公益劳动"，强调社区矫正对象应无偿参加社会公益性劳动。社区公益劳动的意义在于补偿和修复社区关系，培养矫正对象的社会责任感、集体意识和纪

律意识。从延庆县司法局和丰台区司法局的调查看，公益劳动的形式多种多样，主要形式为两种，一种是在居住社区从事社区保洁、公共设施维护、老幼病残人员服务等，比如，丰台区让有特长的社区矫正对象在居委会门前设点，为小区居民维修小电器、测血压、进行健康咨询，对无特长矫正对象组织其打扫社区公共场所，在居委会干部的带领下，巡逻维护小区治安，等等。另一种是到区县建立的社区服刑人员公益劳动基地从事公益劳动。

除了上述教育管理制度之外，北京市司法行政机构还积极取得市民政局的协助，建立和完善社区矫正对象社会保障系统，对矫正期 3 个月以上、家庭经济困难、符合相关规定条件的社区矫正对象，基层司法所积极为其申请最低生活保障。丰台区 16 个街道办事处 2006 年 10 月统计，司法行政机关积极为 126 名无业的社区矫正对象申请最低生活保障，其中 42 名已获批准，占无业社区矫正人员总数的 33.3%。东城区努力扩大社区矫正的救助范围，为社区矫正人员和刑释解教人员（简称"两类人员"）设立了"安置救助专项资金"，在临时安置期间，参照最低生活保障和廉租房补贴金额，按照每人每月 1000 元标准，发放到有困难的"两类人员"所在街道，由街道对其进行临时安置和救助，2004～2011 年，累计投放资金 400 余万元①。

让社区矫正对象通过正当的劳动获取相对稳定的经济收入，是避免其重新犯罪的基本保障，也是社会文明和人权尊重的重要标志。北京市行政司法机关积极与市劳动和社会保障系统联系合作，建立和完善了矫正对象的劳动就业制度。首先，联系和协调矫正对象原单位，争取他们回原单位工作。其次，积极鼓励并尽可能地提供条件让矫正对象自谋职业。最后，对其他无法就业的社区矫正对象，北京市为其介绍至少 1 次工作岗位，提供 1 次免费的职业培训。

（3）解除社区矫正阶段

在社区矫正对象矫正期满前一个月，北京市基层司法所会对矫正对象进行解矫前教育，主要教育内容包括，解矫后的生涯设计，以及守法、交友、合理生活等方面的教育，同时要求矫正对象作出个人总结，司法所根据其在矫正期间的表现、考核结果等情况作出书面鉴定，对今后安置帮教提出相关建议，同

① 《北京社区矫正综述》，百度文库，http：//wenku.baidu.com/view/fd9e6f4a767f5acfa1c7cd88.html。

时将上述材料送街道社区矫正领导小组审批。

社区矫正期满日，基层司法所组织召开有矫正对象、村（居）民委员会、所在单位及家庭成员、社区志愿者等参加的解除社区矫正宣告会。会议上宣告主要事项为：对社区矫正对象的鉴定意见；宣布社区矫正期限届满，依法解除社区矫正；对判处管制的，宣布执行期满，解除管制；对宣告缓刑的，宣布缓刑考验期满，原判刑罚不再执行；对裁定假释的，宣布考验期满，原判刑罚执行完毕；等等，向社区矫正对象发放解除社区矫正通知书，并书面通知相关机构。

（四）"阳光中途之家"建设

"阳光中途之家"是北京社区矫正模式的又一亮点。2007 年底，朝阳区司法行政系统率先筹建"阳光中途之家"，2008 年 7 月投入使用。2009 年底，市司法局在总结朝阳区"阳光中途之家"经验的基础上，决定向全市推广，到 2011 年底，全市 16 个区县"阳光中途之家"全面投入运行，全市"阳光中途之家"总建筑面积达 15000 多平方米。

"阳光中途之家"的主要功能为对社区矫正对象进行集中初始教育和培训，组织社区服刑人员参加公益劳动、聘用专业心理咨询师开展心理矫治工作。对于虽然有劳动能力，但文化水平较低、缺乏必要的工作技能，难以在短期内找到合适工作的"两类人员"进行临时性救助，提供免费的技术培训，并推荐其就业。根据 2011 年 6 月底统计，全市"阳光中途之家"建立以来，已对"两类人员"提供心理咨询和辅导 1600 余人次，组织公益劳动 2400 余人次，就业帮扶 1400 余人次，提供食宿救助 800 余人次①。"阳光中途之家"由市县司法局负责建设和管理运行，它的建立和运行有效地整合和拓展了原有的社区矫正服务中心的服务职能和领域，特别是对社区矫正对象的集中初始教育和对"三无人员"②的临时性安置救助方面做了有益尝试。

---

① 《北京阳光中途之家覆盖全市》，法制网，http：//www. legaldaily. com. cn/bm/content/2011 -
06/22/content_ 2755258. htm？node = 20729。
② "三无人员"指无固定住处、无亲友帮助、无就业条件的社区矫正人员和刑释解教人员。

三 "北京社区矫正模式"主要特色

课题组在对"北京社区矫正模式"的考察研究中，也对上海、天津等地的社区矫正工作进行了调研，综合对比分析，北京模式与上述地区管理流程、教育方式、公益劳动等方面有许多共通之处，原因是社区矫正工作全国一盘棋，都是在最高人民法院、最高人民检察院、公安部、司法部统一协调领导下，在统一的规范性文件约束下实施的。另外，北京是中国的首都，又是全国社区矫正的试点地区，先行先试的经验对全国具有较强的辐射功能和参照效能，许多省市的做法和北京很相似。但是，由于地域的特殊性，最初社区矫正理念的确定性，以及长期的社区矫正实践，北京逐渐形成了一些区别于其他省市的特色，主要表现在以下几个方面。

（一）维稳理念下严格管理

将符合条件的矫正对象置于社区，由相关社会团体、民间组织及志愿者协助帮教，促进其顺利回归社会，是社区矫正的基本功能和优势。但是，这一功能的发挥必须以矫正对象不脱管不漏管、保障北京社会稳定和重大国事活动不出事故为前提条件。在北京市司法局编写的《北京市社区矫正工作培训教材》（2003年4月）和《关于北京市抽调监狱劳教干警参加社区矫正和帮教安置工作情况的报告》（2008年2月）中，明确了北京社区矫正的性质为"非监禁刑罚执行活动"，强调"行刑"，注重社区矫正的惩罚性、强制性、专业性和严肃性。作为"上海模式"的政策性文件，中共上海市委下发的《关于推进本市社区矫正工作的实施意见（试行）的规定》中明确社区矫正的性质为"教育改造的手段和方法"，强调"矫正"，注重社区矫正的教育性和社会性①。由此形成"北京模式"和"上海模式"的差异。

在维稳理念下的强制性和专门性，使北京社区矫正工作从起步阶段就表现出行政主导和行政强势的特点。在具体操作层面，北京未采取上海等省市的政

---

① 姜祖桢：《社区矫正理论与实务》，法律出版社，2010，第15～16页。

府花钱购买民间服务的做法，而是通过政府统筹、集中调配资源、设定岗位等方式推进社区矫正。这种政府主导、政府强势管理方式便于统一领导，协调行动，严格执法，增强对矫正对象改造的专业化和威慑力，提高了社区矫正中应对突发性事件的快速反应能力。

（二）监狱干警全程参与社区矫正管理

北京社区矫正的"早期尝试阶段"起始于司法局内设的"监狱教养工作联络处"，探索者的工作经验和思维惯性使北京社区矫正更接近于监狱的强制性矫治。另外，在试点初期，考虑到基层司法所人员少，执法工作经验不足，亟须监狱劳教干警充实专业矫正力量，并在刑罚执行的理念、管理教育的方法和技巧方面给予司法所工作人员以指导，2003 年 7 月，市监狱局和市劳教局首批抽调 31 名监狱干警到试点区县参与社区矫正工作，并从两局抽调 1 名副局级领导担任市矫正办常务副主任，抽调 1 名正处级领导担任市司法局社区矫正工作处处长，抽调 9 名后备干部到市矫正办工作，由此确定了在北京社区矫正机制中监狱系统的领导地位。

2005 年 7 月，北京市司法局下发了《社区矫正工作监狱劳教干警岗位职责（试行）》（简称《岗位职责》），将监狱劳教干警参与管理社区矫正工作的尝试制度化。《岗位职责》强调，"监狱、劳教干警是社区矫正中的重要的专业力量"；"干警在接收工作中及对服刑人员采取强制措施以及其他需要着装的情况时，应着警服"，同时规定了干警从矫正对象的接收、管理、教育及解除矫正的全过程参加。从 2003 年北京社区矫正试点开始到 2008 年，全市共抽调干警 411 名，轮岗回原单位 54 名，常年从事社区矫正的干警 350 余名，其中干警领队（副处级）18 名分布于 18 个区县，形成较独立的、自成体系的、统一的领导模式。2008 年 2 月，司法部转发《关于北京市抽调监狱劳教干警参加社区矫正和帮教安置工作情况的报告》，对北京抽调监狱劳教干警参与社区矫正工作给予了充分肯定[①]。2012 年底统计，全市 313 个司法所都达到了每

---

① 北京市司法局：《关于北京市抽调监狱劳教干警参加社区矫正和帮教安置工作情况的报告》（2008 年 2 月 3 日），百度，http://law.baidu.com/pages/chinalawinfo/16/1/10c7938f710d6b2d5d2c57b35d589bc0_0.html。

所一警，在社区矫正人员数量较多的司法所可达到一所两警。

关于监狱干警全程参与社区矫正管理的价值问题，曾成为课题组在大兴区、延庆县和丰台区司法局与部分监狱干警座谈的主题，座谈会上，与会者普遍认为监狱干警全程参与管理社区矫正工作是必要的。主要理由有三：一是社区矫正与监狱矫正具有内在联系。社区矫正虽然是"与监禁矫正相对的非监禁刑罚执行活动"，但其实质都是"刑罚执行活动"。在我国尚无适合国情的社区矫正的成功经验可借鉴的状态下，抽调具有成熟监狱管理经验的干警参与社区矫正管理，对北京社区矫正模式的建立具有重要的意义。二是监狱干警具有较高的综合素质。因长期从事监管改造工作，监狱干警形成特有的优良传统，高度的责任心，认真履行职责，准确适用法律、法规和政策，自觉借鉴监狱管理的严谨流程，提高了社区矫正的质量。三是提高北京社会维稳水平。在监狱管理中，"监管安全重于一切""责任重于泰山"的安全意识、维护社会稳定意识根植于干警心中，因长期与罪犯打交道，干警们具有敏锐的观察力、判断力和处置突发事件的能力，可确保社区矫正安全与首都安全。

（三）"40、50"协管员的社区矫正参与

"两高两部"《通知》在界定社区矫正中强调，"将符合社区矫正条件的罪犯置于社区内，由专门的国家机关在相关社会团体和民间组织以及志愿者的协助下"实施矫正。将罪犯置于"社区"和"民间参与矫正"是社区矫正区别于监狱矫正的重要标志。

在中国，"社会团体"是指公民通过合法程序组建起来的群众性组织，如工会、工商联、妇联、共青团等，其主要职能是服务于特殊群体，服务于社会。关于社会团体参与社区矫正，北京市做了有益的尝试，2004年5月，丰台区司法局和区团委联合成立了全市首家"青少年社区矫正学校"，矫正学校通过组织法制讲座、教育展览、聘请辅导员进行心理辅导、组织到敬老院参加公益劳动等方式，对青少年社区服刑对象进行帮教。不过，相关调查显示，北京社会团体对社区矫正的参与度较低，不足15%[①]。

---

① 李华等：《社区矫正案例与实务》，中国人民公安大学出版社，2011，第13页。

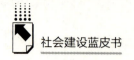

关于"民间组织"参与社区矫正工作，2005 年 2 月，东城区成立了首家阳光社区矫正服务中心，由司法局出资聘请北京惠泽人咨询服务中心对社区服刑人员进行专业性的心理矫正服务，帮助社区服刑人员建立社会支持系统，使其顺利回归社会。这是民间组织参与社区矫正的有益尝试，继东城之后这一做法被推广到 11 个区县。2006 年 9 月，北京市社区矫正工作领导小组办公室下发了《关于加强阳光社区矫正服务中心建设的通知》（简称《建设的通知》），强调理顺区县司法局和区县社区矫正服务中心、司法所与社区矫正服务中心工作站、工作站的社会工作者和司法助理员及抽调的监狱劳教干警等关系。强调加强司法行政机关对社区矫正服务中心和社会工作者的考核、建立动态管理机制等。《建设的通知》发布后，工作站作为"民间组织"参与社区矫正功能被弱化，逐渐成为司法行政机关管理的一部分。

关于志愿者参与社区矫正的，北京市进行了有益的尝试，社区矫正的志愿者主要包括公检法司离退休人员、专家学者、大专院校师生、公司和企业职工，以及解除社区矫正、表现良好的人员。在调查中，朝阳区利用高等院校大学生热情高、专业知识强的特点，与社区矫正对象进行"结对子"帮教活动。丰台区司法局与原社区矫正对象董某管理的石材加工厂建立合作关系，将工厂作为社区矫正对象的过渡性安置基地。但北京志愿者参与社区矫正因缺少统筹的相关组织，常表现出临时性和突击性，缺少可持续发展的驱动力。

居（村）民委员会是北京"民间组织"参与社区矫正的重要力量。居（村）民委员会被界定为"居民（村民）自我管理、自我教育、自我服务的基层群众性自治组织"，它与社区矫正对象和其家属有着较为直接和密切的联系，《城市居民委员会组织法》和《村民委员会组织法》都规定居（村）民委员会有"协助维护社会治安"的职能，在北京社区矫正工作中，居（村）民委员会成员一般是帮教小组成员。但他们不是参与日常矫正工作，更多的是在奥运安保、重大节日、"两会"期间，协助司法机关对社区矫正对象进行监控，确保特殊时期的社会和社区稳定。

应当说，"40、50"的协管员全程参与社区矫正是北京社会力量参与社区矫正的主要特色。北京的主要做法是依托社区公益性就业组织，从街道 40～50 岁失业一年以上的下岗职工中，通过笔试或面试，招聘具有一定文化程度和工作责任心、能胜任社区矫正工作岗位的人员，担任社区矫正协管员，协管员上岗之前由行政司法机关对其进行两周左右的业务培训，培训合格后颁发《协管员聘书》。在担任协管员期间由司法行政机关为其支付劳动报酬，每月约2100元（2012年10月丰台调研数据）。据统计，社区矫正协管员参与率最高，可达98.7%。社区矫正协管员主要工作职责是协助参与制订矫正方案，及时将有关材料整理归档；按时走访社区矫正对象家庭，掌握社区矫正对象思想、工作生活情况，及时向司法所汇报社区矫正对象的现实表现；组织和监督社区矫正对象参加公益劳动；帮助符合政策条件的社区服刑人员参加培训和就业招聘等。

在几年的实践中，协管员已经成为北京民间参与社区矫正的重要辅助力量。在大兴区庞各庄司法所的座谈会上，协管员们普遍认为，北京市招聘"40、50"人员参与社区矫正工作有两大好处，一是解决了"40、50"失业人员的再就业问题，这些人员因工龄买断，有一定的积蓄，加上社区矫正工作的补助，生活有保障，队伍相对稳定。二是"40、50"人员具有一定的工作经验和社会阅历，一些人在社区有较高威望，地域熟、人员熟、情况熟，帮教工作针对性强，矫正对象服其管理。

总之，北京因独特的首都地域，维护社会稳定成为其社区矫正实施的前提条件，从维护首都稳定理念出发，强调社区矫正是"刑罚执行活动"，严格规范化管理，监狱干警全程参与社区矫正工作，"40、50"的协管员作为民间长期参与社区矫正的辅助力量等，是其区别于上海等模式的重要特征，构成了北京矫正模式。

四　北京社区矫正模式的问题点及改进建议

北京市社区矫正模式在近10年的实践中，在市政法委、市综治办的领导下，依托司法行政系统，多部门协同合作，建立起系统的组织机构，较合理的工作流程，在使矫正对象接受教育改造、顺利回归社会方面做出了贡献。但在模式的运行中也显露出一些问题点及理念上值得商榷的地方。分析相关问题、商榷相关理念的目的是为了进一步明确北京社区矫正的发展方向，进一步完善北京社区矫正模式。

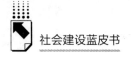

（一）理念的变革

社区矫正是世界刑罚制度改革的基本趋势，人类的刑罚制度起源于"同态复仇"基本理念，最初的表现形式是以肉刑为主的刑罚制度，强调"杀人者死，伤人者创"。随着人类文明的进步，"自由刑"逐渐代替"肉刑"，强调依法剥夺或限制犯罪者的人身权利，以剥夺犯罪者人身权利为目的的监狱行刑在发展过程中，也显露出行刑高成本、罪犯交叉感染、牢头狱霸、非人道，以及重新犯罪等问题，再度推动了世界刑罚制度的改革，对罪行较轻者或假释人员实施社区矫正是近代刑罚改革的重要内容。20世纪后期，被联合国预防犯罪和罪犯待遇大会称为"未来司法发展的主体"的"恢复性司法"迅速兴起，"恢复性司法"强调：犯罪不仅损害了人身权和财产权，更损害了"社会或社区人际和谐与信赖关系"。通过"社区小组""家庭小组""受害者与犯罪者调解会议"等方式，在加害方与被害方之间建立对话关系，包括犯罪者的忏悔、主动承担责任、被害者的宽恕、社会支持系统的恢复等，应当说，这些司法变革的核心理念是人道主义。在北京社区矫正模式的理念建设方面应借鉴和吸收国际刑罚制度改革的相关理念，使社区的矫正理念更具有普遍的价值。

北京社区矫正模式的维稳理念，以及强调社区行刑的严肃性和专业性，与许多国家在社区矫正中强调"保护社区市民安全是第一位"的原则有相通之处。但对矫正对象有多大的危险程度，对首都稳定构成多大威胁，需要有一个科学和基本的评估，由此确定强制性的程度。北京社区矫正对象为管制、缓刑、假释、暂予监外执行等四类人。从《刑法》的适用条件看，①"管制"一般适用于妨害社会管理秩序罪和妨害婚姻家庭罪等，特点为罪行性质不十分严重，社会危害性和人身危险性较小。②"缓刑"的适用条件为被判处拘役或者三年以下有期徒刑，罪犯确有悔改表现，法院认为不关押不至于再危害社会的犯罪者。③"假释"为原刑期执行到法定期限，认真遵守监规、接受教育改造，确有悔改，假释后不致再危害社会的犯罪者。④"暂予监外执行"为被判处有期徒刑或拘役，有严重疾病需要保外就医的，怀孕或者正在哺乳自己婴儿的妇女，以及生活不能自理，适用暂予监外执行不致危害社会的犯罪者。上述四类人有一个共同点，都是经法院裁决的回归社会后不至于再危害社会的犯罪者。如果从维稳理念出发，把他们设定为对北京社会稳定构成重大威胁的群体，就会与《刑法》的适用条件及法院的裁决相冲突，夸大四类人的危险程度可以强化管理的危机感、紧迫感、严肃性及强制力，但会与这一群体的现实状态相矛盾，影响刑事政策制定的准确性，以及整体的社区矫正效果。

（二）复制监狱矫治与自身规律探索

关于社区矫正与监狱矫治的区别，近年来众多的研究报告和论文强调社区矫正的"开放性"和监狱矫治的"封闭性"，实际上，两者的区别不仅是一个在地理空间上的差异，更重要的差异是监狱矫治的对象是社会危害较大或极大的犯罪者，社区矫正则是经法院裁决回归社会后不会再危害社会的犯罪者；监狱矫治是彻底剥夺犯罪者的自由权，隔离了他与家庭和社区接触的权利，而社区矫正则是部分剥夺其自由权，承认其限定范围内的自由权；监狱矫治由专业干警全程管理，社区矫正则是由专门的国家机关在相关社会团体和民间组织及志愿者的协助下管理。这些区别决定了社区矫正不同于监狱矫治，因此不能简单地将监狱管理体制和管理方法移植或复制到社区矫正。

我国社区矫正制度起步较晚，1979 年颁布的第一部《刑法》和《刑事诉讼法》规定，管制、缓刑、假释、暂予监外执行的执法监督权归公安机关。2003 年 7 月颁布的"两高两部"《通知》将其管理权交给行政司法机关。北京行政司法机关最初参与社区矫正制度顶层设计的是长期从事监狱管理和劳教场所管理的领导者。他们工作经验和思维惯性，认为在我国尚无社区矫正管理模式和经验可以借鉴的状态下，移植监狱的管理体制和管理方法是最便捷和有效的。经过近十年实践摸索，2012 年 3 月通过的《刑事诉讼法》（第二次修正）中明确规定，"对于判处管制、宣告缓刑、假释或暂予监外执行的罪犯，依法实行社区矫正，由社区矫正机构负责执行"。在国家法律层面确立了社区矫正，明确了社区矫正机构的执法主体法地位。借此东风，司法行政部门应当更加深入地探索社区矫正和监狱矫治在罪犯心理、环境特征、法律界定、参与主体等方面的区别和特点，探索符合区别于监狱矫治的、符合社区矫正规律的管理体制和管理方法。

（三）民间的低参与率与社会组织培育

从世界社区矫正的历史看，西方国家已 100 多年的历史，而且大多起始于民间，在美国 19 世纪上半叶，美国波士顿市法院撒彻（John P. Thachehr）法官推行"誓约"和"善行保证人"制度改革，一个叫奥古斯都（Augustus）的鞋匠在法庭上主动要求担任一名酗酒者的"善行保护人"，由此开启了美国"缓刑"和社区矫正的序幕。作为一名鞋匠，奥古斯都一生管理过 1946 名矫正对象。在日本，社区矫正起始于民间慈善家金原明善（1832～1923 年），他同情刑满释放人员因生活无助，又不愿意再度犯罪，最后跳河自杀身亡。为此他成立了日本第一家"静冈县出狱人保护公司"，帮助无家可归、生活无助的刑满释放者。从西方社区矫正制度的发展看，一般先是民间兴起，方兴未艾，政府制定相关法律法规，规范民间社区矫正行为，将一部分权力收归行政，适时出资，同时留给民间一定的参与空间，并给民间社区矫正予以法律和政策性指导。由此可见，西方国家的社区矫正制度是一个由下而上的过程，具有广泛的民间参与基础。而中国的社区矫正工作的发展路径与这些国家相反，是一个由上而下的过程，政府积极推动，行政管理权下至乡镇，行政强势，严格管理，因民间矫正缺乏基础，民间参与社区矫正成为制度发展的"瓶颈"。

应当承认由上而下的行政推动，初期动力强、效率高，能得到人力、物力和资金的保障，但也存在着行政偏于政绩，注重强制性、惩罚性和形式主义，强调管理的整齐划一，缺少灵活性，以及运行成本高的弊病，更重要的是行政严管难以设计出民间自律的社区环境，会与社区矫正原本的价值相背离。如果社区矫正离开了真正意义上的社区、缺少民间的参与，其发展将大为失色。

关于民间参与社区矫正，上海和北京各作为两种模式的"领头羊"，都做了许多有益尝试。上海在民间建立了社工总站，汇集民间社工力量，通过政府购买服务的方式，参与社区矫正，但问题是大量具有社工背景的年轻人，因不能忍受低工资而大量流失，使民间参与社区矫正在人力资源方面捉襟见肘。北京模式的做法是招募"40、50"协管员作为民间力量参与社区矫正，失业一年以上的"40、50"人员，因企业买断工龄等原因具有一定的积蓄，薪酬不多，但仍能较好地保持队伍的稳定性。问题是"40、50"协管员虽人熟、地熟、情况熟，但整体专业素质不高，难以应对需现代理念支撑的社区矫正工作。在对北京社区矫正协管员访谈中，他们也坦言，家访会被矫正对象家属拒绝："别进门了，给你们签字，回去领钱吧"等，他们不被认为是民间矫正力量，而被认为是政府的雇佣。

面对民间参与社区矫正不足的制度"瓶颈"，我们需要更加广泛地宣传社区矫正，让社区居民知道、理解并积极参与社区矫正工作。当然，如果社会没有能力来组织自己，也很难承担政府下放的权力，因此，需要积极培育相关的民间组织，如志愿组织、基金会、企业家联合会、大学生社团、妇女社团、社区的各种爱心社团等，逐渐形成民间团体积极参与的社区矫正的社会支持网络。

（四）强化"阳光中途之家"的救助功能

北京的"阳光中途之家"相当于国外的"更生保护设施""社区救助中心"等，在国外这些机构的主要功能是提供食宿等救助，并附带教育和培训功能。目前北京16个区县各建有一所"阳光中途之家"，有些"阳光中途之家"建筑壮观。但课题组在调研中也发现不少"阳光中途之家"的空置率高，运转功能单一，充当公益劳动场所，主要为社区矫正对象提供初始教育及单一的职业技能培训。参照国外相关机构的做法，我们应当努力发挥其救助功能，大胆尝试为社区矫正对象中"无家可归、无业可就、无亲可投"的人员提供半年或一年以内的临时食宿等救助，并在接收对象方面可以考虑超出"两高两部"《通知》的规定范围，接收刑满释放人员中的"三无人员"，考虑到他们是"完全自由人"，"阳光中途之家"的居住会牵涉人权等问题，应在本人提出救助申请的前提下，提供附带保护的短期居住。

接收社区矫正的"三无人员"集中食宿，从维稳理念出发会引发管理人员对责任追究和增加行政成本的担忧。因此，首先需要变革观念；其次，积极争取财政支持，并可探索"官办民营"，或董事会经营的运作模式，政府出设施和一定比例的拨款，其余部分通过民间募集资金等方式解决，"官办民营"虽然会减弱政府严管的功能，但不会失控。更有价值的是它可培育出民间自律的生活环

境，使社区矫正对象从他律过渡到自律，自然、顺利地融入社会。

在未来"阳光中途之家"的发展中，课题组建议机构规模应以小为主，可容纳20余名矫正对象，管理人员与矫正对象的比例为1:5左右，机构小则运营成本低，灵活好调头，降低空置率，也有利于对不同犯罪类型的矫正对象进行分类管理。在场所的选择上应考虑镶嵌于社区之中，矫正对象出门便可和居民交流，购物、寻找打工场所等，为其营造融入社区的环境。

（五）全面推进北京社区矫正模式的完善

推进北京社区矫正模式的完善应是系统化和全方位的，包括社区矫正对象的进入、政府行政与民间管理的关系，财政拨款的形式等。北京市从2003年社区矫正试点到2013年1月底累计接收社区矫正对象总人数按313个司法基层平均，每所10年中平均接收130人，按2013年1月在矫人员总数平均每所不足18人，数量较少。从矫正对象的类型分析，缓刑约占55%，居第一位；剥夺政治权利约占26%，居第二位；假释约占18%，居第三位，再次为暂予监外执行和管制（2005年）[1]。2011年《刑法（修正案（八））》颁布，同年7月剥夺政治权利人员的管理与司法行政剥离，社区矫正人数相对减少。矫正对象人数少无法形成规模化管理，会带来两方面的问题，一是设若干个专业岗，聘请协管员，会增加行政成本，造成机构臃肿，或专业人员补漏其他工作，专业化水平无法提升；二是因人数少而不设岗，由非专业人员捎带管理，则造成矫正工作被忽视或运动式管理，影响专业化矫正队伍的形成和矫正效果。

国外矫正工作规模化管理的主要原因是假释人员的比例高，在加拿大联邦监狱，罪犯在监狱服刑的时间仅是整个刑期的一部分，刑期的另一部分在社区矫正中度过[2]。在日本，假释人员全部进入社区矫正，从《犯罪白书》公布的数据看，2006年监狱服刑者出狱总人数为32788名，其中，刑满释放14506人，占总数的47.4%，假释16081人，占总数的52.6%[3]，假释人员超出刑满释放人员5.2个百分点。2006年，日本社区矫正人员中，假释人员占78.2%，

---

① 《北京社区矫正综述》，百度文库，http://wenku.baidu.com/view/fd9e6f4a767f5acfa1c7cd88.html。
② 王增铎等：《中加矫正制度概览》，法律出版社，2001，第163页。
③ 日本法务综合研究所：《犯罪白书》（平成十九年版），佐伯印刷株式会社，2007，第60页。

比例相当高。借鉴国外的司法实践经验,我们可以探索监狱管理制度改革,增大假释比例,控制减刑数量,以规避减刑裁定的不可逆性和违法减刑等弊端,同时避免监狱人满为患,实现社区矫正的规模化管理,降低整体的行刑成本。假释行刑的可逆性、制约性强,加大社区执行人数具有强化"中间监管"、过渡回归社会等多重价值。

在社区矫正管理体制中,财政体制改革至关重要。2006 年,财政部、司法部联合下发的《关于制定基层司法行政机关公用经费保障标准的意见》,确定了社区矫正费,但基层下拨办法仍是按公用经费保障标准,即办公人员按人头费下拨,这种下拨方式会导致矫正经费不足或机构臃肿,应根据矫正对象的"人头费"下拨矫正经费。

在社区矫正管理机构改革中,课题组建议将社区矫正的管理权上移至区县司法局,在区县设立管理机构和专业化的矫正官队伍,统一编制,统一培训,可根据基层社区矫正对象人数的增减,灵活派驻,主要工作是专业化地管理教育矫正对象,指导民间社区矫正工作。社区矫正的行政管理权上移有两大好处,一是可集中财力、物力和智力,形成高水平、专业化强的矫正官队伍,灵活调配,避免基层机构臃肿或无人管理,节省行政开支,真正实现社区矫正降低行刑成本的目的。二是行政管理权上移,给民间参与社区矫正预留空间。行政权力下移越彻底,民间矫正力量后撤也越彻底,区县司法行政机关通过民间推荐和自荐方式,直接聘用基层的矫正社工和热衷于社区矫正的仁人志士,颁发聘书,给予相应的资助和奖励,坚持长期的专业培训和直接的业务指导,基层司法所仅为民间矫正的协助力量,使社区矫正真正成为社区的矫正、社区居民参与的矫正。

Beijing Community Corrections Study

Zhang Jin

Abstract:This study has completed by a joint research group—Beijing University of Technology and the Chinese Academy of Social Sciences,based on years of research. The report systematically expounded the development course,the

status quo, organizational structure, workflow, of the Community Corrections, review and summarize the concept and characteristics of "Beijing community corrections", analyze the problems of the community correction mode, put forward the suggestions like changing conception, exploring community corrections law, mobilizing private participation enthusiasm, and improving the management mechanism of community corrections and etc.

Key Words: Community Correction Mode; Basic Concept; Management System; Private Participation

B.15

首都治安志愿者工作模式研究报告*

马晓燕**

摘　要：

中国志愿服务的发展进程与西方有着不同的历史背景，就是党和政府在推动这一事业的进程中发挥着核心保障作用。近年来，北京市把做好新时期治安志愿者工作作为加强和创新首都社会管理的重要载体和内容，在着重加强以首都治安志愿者队伍建设和培育为主要工作的同时，不断加大对工作理念、体制机制和方法手段等各方面的创新力度，形成了一整套集动员机制、运行机制、激励表彰机制和培训机制等于一体的治安志愿者工作模式，成为新时期有效维护首都社会安全稳定、加强和创新社会管理与社会建设的重要依托。

关键词：

首都　治安志愿者　工作模式

随着中国经济社会的深入发展和社会主义市场经济体制的初步建立，中国社会结构、社会组织形式、社会利益格局发生了深刻变化，人们实践活动的独立性、选择性、多变性和差异性明显增强，思想意识多元多样多变的特征日益突出，这对传统的社会管理及动员式的公众参与工作提出了挑战。立足世界城市建设的战略目标，着眼于首都经济社会发展变化对维护首都稳定和社会管理工作的新要求，北京市积极引入新理念，建立新体制，开拓新模式，逐步建立了新时期治安志愿者工作新模式，有力地推动了首都社会管理的创新发展。

---

* 本文是北京市社会科学院与首都综治办 2012 年合作调研课题《完善首都群防群治工作模式研究》的部分成果，本文使用的数据资料也来源于本次调研。

** 马晓燕，社会学博士，北京市社会科学院副教授，主要研究方向为城市社会学与社区研究。

一 加强志愿服务工作是新时期加强首都社会管理创新的必然要求

（一）强化志愿者工作是适应首都经济社会发展新变化的客观要求

随着"单位人"向"社会人"的转变，人们的思想意识、价值观念、居住形态、生活方式等都发生了改变，过去单纯依靠组织发动、靠政治荣誉感和责任感发动群众参与社会管理的方式，已经难以适应新形势的要求。首都传统的"治保会"维护安全稳定的作用大大减弱。新的形势下，引入"志愿服务"理念，用先进的理念增强公众参与社会管理的意识，建立群众自我管理、自我服务的志愿组织，顺应了经济社会发展的要求。

（二）加强志愿者工作是加强和创新社会管理的必由之路

在计划经济条件下，依托指令性计划，可以高度有效地集中人力、物力和财力，保证各项建设按照预期的目标进行，从而最大限度地实现经济社会的稳定。随着社会的日益复杂和人员流动性的增强，个人与社会组织的依存关系大大减弱，大量的"单位人"变成"社会人"，由此带来的是，社会管理面临的问题越来越多、越来越复杂，单纯依靠传统的社会管理方式和手段已经不适应经济社会发展的形势，必须推进社会管理创新。在一定意义上讲，公众的参与程度，直接决定着社会管理的成效。加强社会管理创新，必须最大限度把全社会的积极性充分调动起来，充分发挥社会组织和社会力量在社会管理中的重要作用，形成党委、政府与社会组织和社会成员的有效互动。

（三）北京具有推动志愿者服务工作的坚实基础

北京作为首都，长期以来形成了良好的公众参与社会事务的传统。首都公众讲大局，政治素质好，参与公共事务的热情高。另外，北京党政机关、国有企事业单位多，大量的退休干部和下岗职工受党教育多年，思想觉悟高，其中相当一部分具有奉献精神，为公众参与首都社会管理提供了强大的人力资源保障。

二　首都治安志愿者工作模式基本状况

近年来，北京市高度重视治安志愿者工作，坚持把做好新时期志愿者工作作为加强和创新首都社会管理的重要载体和内容，在着重加强以首都志愿者队伍建设和发展为主要工作的同时，不断加大工作理念、体制机制和方法手段等各方面的创新力度，形成了一整套集动员机制、运行机制、激励表彰机制、培训机制等为一体的治安志愿者工作模式，成为新时期有效维护首都社会安全稳定、加强和创新社会管理与社会建设的重要依托。

（一）以理念为先导，凝聚力量，激发社会活力

1. 弘扬志愿理念，奉献促进和谐

近年来，北京市以强化志愿理念推进志愿服务事业，引导包括志愿者在内的社会公众参与社会管理，服务社会建设，促进社会和谐，在社会的稳定运行中承担起独特的扶助功能、疏导功能、教化功能和凝聚功能。自奥运会和国庆安保工作以来，首都及时弘扬志愿服务理念，充分发挥报刊、广播、电视、互联网等大众传媒的作用，大力倡导以奉献、友爱、互助、进步为主要内容的志愿精神，使志愿服务的理念深入人心，为志愿者参加社会管理和社会建设事业提供了广阔的机遇和空间，在全社会形成了关心、支持和参与志愿服务的良好环境。目前，首都志愿者已成为构建和谐首善之都的重要力量。

2. 树立首都意识，创建首善城市

北京作为首都，代表着中国的形象，承担着"四个服务"的职能，做好首都安全稳定工作具有特殊重要的意义。由于首都特殊的功能定位和北京正处于加速发展的特殊时期，不可避免地会产生一些矛盾和问题。同时，北京开放程度高，网络信息业发达，敌对势力的策略和手法的变化对北京安全稳定的影响更为突出。为出色地承担首都职能，维护首都安全稳定，北京市牢固树立首都意识，充分发挥首都专群结合、群防群治的优良传统，努力创造一流的群防群治工作成绩和工作经验。具体来说，一是充分发挥北京作为中央及其各部委所在地的特点，在确保首都安全、提供优质服务的同时，积极争取和依靠中央

及各部委对北京工作的支持配合和参与；二是充分发挥北京市民政治热情高、群防群治基础好的优势和传统，最大限度地发掘和利用社会资源，形成党委政府与社会公众有效互动、共同创建首善城市的良好局面。

3. 倡导北京精神，共建和谐家园

北京精神是展示城市形象、塑造城市和谐的内在力量。首都治安志愿者工作，充分把弘扬北京精神与加强首都平安建设结合起来，激励北京市民"天下兴亡、匹夫有责"的爱国热情，不断增强广大群众的首善意识和平安意识，汇聚各方力量，形成社会管理合力；另外，北京市各基层以乡规民约细化、内化北京精神，充分动员群众、依靠群众积极参与维稳工作，把专群结合、群防群治的各项任务落实在基层，有效维护了城市运行的正常秩序，维护了首都社会的和谐稳定。

（二）以体系为保障，重心下移，夯实社会基础

1. 依托城市网格化，建立完善的城市社区志愿者工作体系

按照精细化管理的思路，北京市各区县将基层社区细分为若干网格，每一网格为一个服务管理单元，组成服务管理小组，全面负责社区网格内人、地、物、事、组织的巡控和管理。在网格服务管理力量配备上，整合调动各方资源，打造党政主导、多元参与的社会服务管理人力资源队伍，实现"网格党组织书记、网格管理员、网格助理员、网格督导员、网格警员、网格司法力量和网格消防员" 7 种力量标准化配备。在网格党组织书记和管理员的网格责任制下，对网格服务管理实行"精确定位、精确定人、精确定责"，达到群防群治资源的最有效配置，实现综合效能最大化。在网格党组织的带领下，网格管理员在网格内发现问题、了解民情、反馈信息，网格警员、网格司法力量、网格消防员在网格基层一线开展矛盾调解和消防安全日常巡逻检查，把社会服务管理的问题及时解决在基层，提升了城市最基层社区的社会管理工作能力。

2. 借助村庄社区化，建立村庄社区志愿者工作体系

在村庄社区化建设中，北京市坚持民主决策，尊重社区村民的主体地位，在社区规划、建设、服务管理等各个环节，按时召开党员会议、村民代表会议及村民大会，保障村民的知情权、参与权、表达权、监督权，充分听取村民意

见、吸纳村民参与、支持村民当家做主，健全了村庄社区党组织（村党支部）领导的基层群众"自我管理、自我服务"机制。北京市通过推进社区志愿者登记注册工作，建立健全覆盖市、区县、乡镇（街道）、村（社区）四级社区志愿服务组织体系，开展村庄内群众性的志愿服务和互助服务活动，使社区民间组织和志愿者在村庄服务管理中的作用得以充分发挥。同时，通过积极组织驻地社会单位和社会团体力量开展多种形式的村庄"共建共享"活动和各类志愿服务活动，搭建起村庄社会服务管理多元参与的平台。村庄社区化建设，推动了以村党组织为领导核心、村民会议或村民代表会议为决策机构、村民委员会为管理执行机构、村务监督委员会充分发挥监督作用的新型农村群众自治组织体系的建设，夯实了农村基层社会服务管理的基础。

3. 通过综治专项工作，建立行业系统治安志愿者工作体系

通过整合各系统、各部门和行业领域的服务管理资源，围绕影响群众生产生活安全的各类突出问题，北京市加强了住房建设、劳动保障、卫生、文化、交通、旅游、商务等系统的综治工作协调委（办）的自身建设和专职志愿者队伍建设，针对行业领域内拖欠农民工工资，非法行医、倒号、涉黄、涉非、黑车运营等侵害群众权益、影响城市秩序的各类违法犯罪行为，及时组织开展综合或专项打击整治行动，有效加强了行业系统的内部安全防范，实现了多种社会力量共同参与社会管理的效果。

4. 推广"平安联盟"活动，建立"两新组织"参与社会管理的工作体系

北京市积极鼓励和引导新经济组织和新社会组织参与社会管理工作。"两新组织"民间性和灵活性的特点，使社会管理公众参与工作发挥了更好的社会效果。近年来，北京市充分发挥"两新组织"自我管理和参与社会管理的功能，推广社会领域统战"双融入双服务"模式，通过加强新经济组织党团组织建设，建立社会组织的登机注册、资助奖励、监督管理等工作制度，把"两新组织"纳入党委和政府主导的社会管理体系，纳入社会管理综合治理的工作体系，充分发挥了"两新组织"社会管理的协同作用。在联合"两新组织"参与"平安联创"工作方面也取得了一些经验。一方面，以"平安"理念推动综治组织进商务楼宇、进企业、进市场、进协会（商会），密织综治工作网络，建立起群防群治工作新机制；另一方面，以平安联盟等形式为载体，加强"两新组织"的自治管理，形成政府支持保障、社会自发组织、群众自我管理的工作局面。例如，朝阳、西城等区县借鉴平安联盟的模式，重点在商务楼宇抓紧推广建立综治组织，加强商企组织的服务管理；朝阳、海淀等区县在辖区各类综合性批发集贸市场中抓紧推广建立综治工作站和商户联防组织，加强自我服务和自我管理；怀柔、顺义等区县在辖区大型企业推广建立综治工作站，加强企业内部治安管理、流动人口服务管理和周边环境管理，积极推动新经济组织参与社会管理。

（三）以机制为手段，精细设计，科学高效运转

近年来，首都北京围绕社会面防控、社会矛盾化解、社会服务管理等工作，按照规范使用、科学调度的思路，建立了一系列治安志愿者力量科学使用的工作机制。

1. "三调对接"，参与社会矛盾化解

北京市搭建了人民调解、行政调解和司法调解对接的工作平台，进一步深化了人民调解进立案庭、进派出所工作，建立健全"三调对接"制度和多元化调解机制。一是建立了顺畅的情报信息沟通机制，健全矛盾纠纷排查化解、落实督导、稳控报告等工作机制，形成权责明确、程序完备、监督有力、查究到位的矛盾纠纷排查化解工作责任体系。二是着力推进矛盾纠纷调处社会化，切实发挥安全稳定信息员作用，构建全面覆盖的矛盾纠纷排查网络，强化矛盾纠纷的源头预防。三是创新矛盾纠纷化解形式，探索律师、公证、行业协会等社会力量和行业组织参与矛盾纠纷化解，研究探索网上信访模式，充分调动社会力量参与社会矛盾调处化解工作。

2. 精细部署，参与社会面防控

对治安志愿者力量按照工作需要合理安排参与社会面防控工作。在重点时期，全市由内向外严格分区实施管理，有重点地组织群众力量配合专业部门开展社会安全稳定工作。

3. 拓宽职能，参与社会服务管理

近年来，首都治安志愿者工作领域已由单一的治安问题向综合性的社会管理转变，基层群众也创新出了很多基层社会的自治模式。石景山区的新居民互

助服务站、丰台区的"市民劝导队"、密云县的街道商户管理协会等工作模式，组织群众开展互助服务，引导群众通过自治、自律与互律，形成政府支持保障、社会自发组织、群众自我管理的工作局面，使治安志愿者队伍在社会管理和建设中发挥了更大的作用。

（四）以队伍为载体，规范管理，提高整体素质

1. 成立志愿者协会，实现工作协调组织化

北京市在市一级成立了首都治安巡逻志愿者协会，同时，区县、街道和乡镇、社区和村相继组建了治安志愿者分会、工作站和工作队。治安志愿者协会制定了完善的工作章程及相关的工作制度，坚持自我管理、自我服务。各级治安志愿者组织依托综治工作的体系框架，按照"统一组织、分级负责、条块结合、重在基层"的思路，对各层次、各领域、各方面的社会力量进行动员整合，根据志愿者的不同特长和对志愿服务的不同需求，逐层逐项逐人地明确志愿服务内容，不断提高志愿服务的针对性和科学性。协会创作了《首都治安志愿者之歌》，统一了志愿者服装和标识，统一佩戴"红袖章"上岗执勤，树立了首都群防群治队伍的良好形象，而且激发了广大市民加入治安志愿者组织、参与首都社会安全工作的积极性、主动性和自豪感。

2. 建立科学的管理机制，实现队伍管理规范化

一方面，对于治安巡防队、流动人口管理员等职业性群防群治队伍，在招募、聘用、管理、使用、待遇、保障、考核、奖惩、辞退等各个方面，研究制定了一整套规章制度，明确规定了对各类群防群治队伍实行统一管理、统一培训、统一考核、统一持证上岗的细则，规范化建设大大加强。另一方面，对队伍实行实名制信息化管理。按照真实姓名逐人登记造册，建立了全市群防群治队伍管理信息系统，并依托信息系统数据库，科学分配工作岗位，合理部署人员配备，严密落实服务责任，客观公正地加以考核评价。有效的管理提升了首都治安志愿者队伍的工作效能。

3. 建立项目管理机制，实现需求供给协调化

按照"服务对象所需、志愿者所能"的原则，在对本地区、本系统、本行业平安志愿服务需求进行调查和评估基础上，提出平安志愿服务需求计划，鼓励志愿

者根据自己的特长和意愿，组成项目小组，根据需求计划自主认领服务项目，在各级治安志愿者分会的统筹安排和合理调配下，为服务对象提供志愿服务，用政府购买服务的形式为治安志愿服务提供经费支持，实现志愿服务供给与需求的有效对接。

4. 建立奖励激励机制，实现志愿参与持续化

一是实施了星级管理制度。在综合考评治安志愿者工作实绩、示范作用和服务时数的基础上，按照一定的比例逐级选拔星级志愿者，对不同星级给予不同的奖励，形成对治安志愿者的有效激励。二是制定了公益反哺制度。在治安志愿者星级管理的基础上，充分运用社区（村）公共服务资源，建立"奉献反哺奉献"的长效循环激励机制，依据治安志愿者服务积分与星级认定，为他们提供公益反哺服务。三是尝试了多种形式的服务反馈模式。比如，鼓励在职党员、公务员参与平安志愿服务，根据服务的时间及评价，定期向所在单位沟通反馈，力争使其成为公务员道德评价和民主评议党员的重要依据。又如，激励青年学生参与平安志愿服务，探索建立在校大学生参与平安志愿服务实践制度，组织法学、社会学、心理学方面的在校大学生利用业余时间，参加属地平安志愿服务活动，并将服务情况反馈校方，纳入毕业评价和就业推荐。

5. 建立远程教育平台，实现专业培训常态化

借助北京政法大学职业学院的网络技术优势，启动了志愿者队伍远程在线教育培训系统，利用音频、视频等图文并茂的表现形式，为基层治安志愿者队伍提供丰富的网络学习资源，有利于实现教育培训的常态化，不断提高治安志愿者队伍的整体素质。同时，制定了治安志愿者总体培训计划，加大对志愿者队伍的培训力度；编发了《首都治安巡防队员手册》《首都治安巡逻志愿者手册》《北京市基层矛盾纠纷排查化解工作手册》《奥运会期间社会面安保人员培训手册》等一系列培训教材，逐级开展志愿者教育培训和服务演练。

三 首都治安志愿者工作存在的问题

（一）公众的参与意识尚有待提升

当前，虽然全社会对构建"党委领导、政府负责、社会协同、公众参与、法制保障"社会管理总体格局的趋势已经达成共识，但由于长期以来政府对社会的全面介入，大多数社会成员对政府的依赖心理根深蒂固，对政府之外的其他主体参与社会管理和社会服务也缺乏基本的认同和信心。因此，全社会公众积极参与社会管理的理念尚未真正形成。从以往的实践来看，尽管首都公众的社会参与意识居全国前列，但这并不意味着积极的公众参与社会管理的行动已经产生。虽然部分人有参加志愿者服务的意向，但实际参加到志愿服务行动中去的人数仍然很有限。从全市范围来看，市民对公益事业的参与无论是在参与意愿上还是在参与实践上都还不足，全市公益理念的普及度还有待提升。同时，要将公益理念和参与意识内化为全体社会成员的自觉行动，还需做大量的理念更新和培育工作。

（二）参与者的自组织化程度相对较低

志愿服务事业本身是一项社会事业，需要社会化参与、社会化组织、社会化服务和社会化运作。独立性和自组织性是志愿者的基本特征之一，也是志愿组织开展志愿服务活动、推动志愿服务事业发展的必备能力。然而，长期以来国家在制度上对志愿者组织实施较为严格的控制和约束管理，对志愿者组织的物质支持和政策鼓励较少，志愿者自组织程度较低，志愿者组织的自主性空间不足，致使部分志愿者无法体会到组织对其工作的认同，也使志愿者产生被动心理，荣誉感、自豪感和价值实现感得不到充分的满足，影响志愿者的服务热情和积极性。

（三）社区组织的作用发挥有待提升

治安志愿者的基础在基层社区。居民委员会是我国城市社区的居民自治组织，社区志愿者队伍是创建和谐社区的主力军，也是社区居民相互了解和交流的纽带。随着社会管理重心的不断下移，街道和社区在履行属地管理责任、做好群众工作方面承担了更加繁重的任务。从目前来看，由于街道职能尚不统一，同时街道社区与政府职能部门之间的条块关系还没有完全理顺，居民委员会名义上还是群众自治性组织，实际上从经费来源、机构设置等方面都受制于政府机构，成为政府的一条"腿"，使得社区行政负担过重，自治水平不高，

社会动员能力不足，在主动了解公众需求、推动志愿者工作创新、提高服务社会的能力方面还有待进一步加强。

（四）社会单位的作用尚未充分发挥

目前，志愿者的地位、志愿服务组织的运转及其资金来源，都没有得到社会的完全认可和有效保障。特别是企事业单位等经济、社会组织对志愿服务的意义和价值的认识还不够深入，对志愿服务事业的关注度不高，缺乏对志愿组织事业长期发展的支持。由此也导致志愿者来源过于单一，队伍构成主要以学生和离退休人员为主，专职的、行业性的志愿者相对较少，从一定程度上导致了志愿者的职业精神缺乏和专业能力不足，志愿者骨干新陈代谢过快，专业人才的可持续性不足。同时，专业、行业性志愿活动的制度化机制不足，对志愿者的约束力和吸引力还不够，从而使得志愿者及其组织较多地注重志愿服务的短期效果，缺乏长期的服务战略。

四 完善首都治安志愿者工作模式的建议

目前，首都已经形成了一支包括治安巡防队、个体志愿者、民兵、流动人口管理员、单位内部安保人员在内约80万人的志愿者队伍。这支队伍广泛参与到首都城市及社会管理各个领域的工作任务中，成为新时期有效维护首都社会稳定、加强社会管理和社会建设的重要依托，巩固了首都社会管理的群众基础。面对新形势、新任务，需要深入研究如何在现有基础上进一步推动治安志愿者工作的体制机制，更好地推动公众参与社会管理创新，最大限度地激发社会活力，形成更为完善的具有首都特色的治安志愿者工作模式。

（一）增强宣传教育，普及志愿理念

随着社会需求的多元化与全民参与志愿服务趋势的发展，志愿服务已成为推进社会发展、实现社会和谐的现实助推器。因此，引导和培养全市市民志愿服务的理念与精神的任务是十分紧迫的。

（二）党政统筹支持，提供体制保障

中国志愿服务的发展进程与西方有不同的历史背景，这就是党和政府在推动这一事业进程中发挥着核心保障作用。党政统筹支持不同于传统的党政领导与包办代替，而是统筹利用社会资源，负责社会管理与社会服务的政策引导、法律监管，这也对首都志愿者工作提出新的要求。

（三）加强组织建设，提升服务能力

加强志愿者服务的组织建设，一是加强各级平安志愿者服务组织的网络阵地建设。进一步完善首都平安志愿者网络信息管理系统的推广工作，使覆盖全市的平安志愿者协会切实运转起来，把广大注册志愿者招募进来，促进志愿者资源效用的最大化。二是加强志愿组织与政府、企业、社会之间的联系，有效整合社会资源。广泛吸纳全市各部门、各系统、各领域参加北京市志愿者联合会及首都平安志愿者协会，打造"北京市平安志愿者之家"，加强对团体会员及志愿者的服务，免费为团体会员提供办公场所和会议室，为团体会员开展活动提供交流平台。三是加强志愿者组织的自我管理、自我服务。通过首都志愿者档案信息库，利用网络信息系统保持并加强与志愿者的联系，举办"志愿者沙龙"，激发并保持志愿者的热情和工作积极性，确保首都志愿者的数量规模与质量要求，并形成自我造血机能。四是借助志愿服务项目，通过与专业机构合作，引进国际先进经验，面向公益实践项目负责人、团体会员负责人以及骨干志愿者，开展专项培训计划，探索形成具有国际经验、符合北京实际的平安志愿者培训体系。

（四）完善制度建设，推进整体发展

制度建设是治安志愿者队伍规范化管理的关键，也是志愿者队伍发挥作用的保障。针对目前存在的问题，需要加强制度建设特别是志愿者队伍的管理制度建设，明确各类志愿者队伍的职责任务、工作标准和纪律要求，健全志愿者队伍教育培训的各项措施，不断提升志愿者参与维护安全稳定工作的能力和水平。对于政府出资组建的职业性志愿者队伍，主要是健全各项规章制度，从队伍的职责任务到队员的招聘、日常管理、教育培训、值勤备勤、奖惩辞退等各方面都做出明确规定。对于民间治安志愿者，主要是加强引导，完善各级志愿者组织自愿报名、登记注册、信息管理、星级管理、考核评比、定期反馈等一系列机制的有序规范，保障志愿者队伍的稳定性与可持续性。同时，要健全志愿者组织财务保障制度，提高志愿者组织的社会公信力。一方面，加大资金的投入，建立志愿者工作以奖代补的常态化经费保障机制，确保志愿者队伍的人身意外伤害保险、表彰奖励、走访慰问及执勤保障等；另一方面，按照市场化运作的模式，引导和鼓励社会组织、企事业单位担当起维护稳定的社会责任，为志愿者队伍建设提供经费支持，拓宽治安志愿者工作经费的社会化筹集渠道。

The Study about the Operating Mode
of Security Volunteers in the Capital

Ma Xiaoyan

Abstract：There are different historical backgrounds of development process about volunteer service between China and the West. The party and the government play a central role in promoting the development of Chinese volunteer service. In recent years, Beijing focuses on strengthening the volunteer team. At the same time, the capital continue to form a complete set of work mode such as mobilization mechanism, operating mechanism, incentive mechanism, training mechanism, which play an important foundation for the innovation of social management and social construction in Beijing .

Key Words：Capital；Security Volunteers；Operation Mode

B.16
北京市朝阳区社区服务
管理的创新与发展[*]

杨 荣^{**}

摘 要：

社区服务管理创新是推动社区建设进一步发展的重要内容。北京市朝阳区在社区工作者队伍建设、社区管理机制、社区组织培育、社区服务项目开发等方面做出积极有益的探索，形成了以需求为导向、整合资源、善用发展机遇的工作模式。

关键词：

社区服务与管理　创新

北京市朝阳区经济发达，市场繁荣，对外交往活动频繁，是首都文明的窗口。朝阳区在推动社区服务管理工作中，努力实践，不断探索，逐步形成了一条专业服务与多元治理相结合的社区服务管理创新之路。

一　社区服务管理创新的特点

1. 社区工作者队伍年轻化、知识化、职业化

根据 2009 年《北京市社区工作者管理办法（试行）》规定，社区工作者

---

* 2012 年北京市朝阳区社会工作委员会（社会建设办公室）与北京工业大学人文社会科学学院共同开展了"朝阳区社区服务管理创新案例研究"的课题，课题组成员为杨荣、宋国恺、魏亚萍等，本文为课题研究成果之一。

** 杨荣，博士，北京工业大学人文社会科学学院社会工作系副教授，研究方向为社区发展与社区组织。

是"在社区党组织、社区居委会和社区服务站专职从事社区管理和服务,并与街道(乡镇)签订服务协议的工作人员"。为了提高社区管理和服务水平,社区工作需要"政治素质好、业务能力强、服务水平高的专业化、职业化社区工作队伍"。近几年,朝阳区社区工作者队伍结构发生了明显变化。

首先是年轻化。朝阳区社区工作者队伍中涌现了越来越多的"80后"、"90后"社工,例如,来广营绣菊园社区工作者团队的平均年龄为34岁,常营保利社区工作站工作人员的平均年龄为32岁。从年龄结构看,当前朝阳区社区工作者队伍年龄结构合理,实现了老、中、青三代工作者的有机结合。年轻社工团队给社区工作带来很多新的工作思路和方法。

其次是知识化。2009~2010年,北京市集中选聘应届高校毕业生,充实社区人才队伍。两年间,共有5400名高校本科毕业生充实到社区工作者队伍中。2012年,北京市民政局、人保局、教委联合印发《北京市社区工作者招聘办法》,将社区工作者招考的学历条件,降至大专(高职)以上。大专、大学本科生、研究生加入社区工作者队伍,提高了知识化的程度。在课题组所调查的朝阳区288名社区工作者中,46.9%的人具有大专学历,41.7%的人具有大学本科学历,还有2.4%的人具有硕士研究生学历。高学历的人才加入社区工作者队伍中来,是近1~2年内出现的新变化。

最后是初级专业化和职业化。调查显示,越来越多的社区工作者参加了社会工作职业资格考试,并获得初级社会工作师和中级社会工作师的职业证书。社工获得职业资格是社会工作和社区工作走向职业化的标志。拥有社工师职业资格证的社区工作者越来越多,这对于提高社区工作者的职业意识、塑造社区工作者的职业形象有重要的意义。

2. 社区管理机制运行平稳

随着政府管理重心的逐渐下移,以及广大居民对社区服务提出新要求新期待,社区承担的政府委办、居民自治、社区服务的内容越来越多。为了更好地完成各项管理和服务内容,从2009年起,北京市着手在社区推行"两委一站"的机构设置。社区党委领导和统筹社区发展,社区居委会按照法律规定实行居民自治,社区服务站成为政府延伸在社区的公共服务平台。通过机构分设,逐渐调整社区党委、居委会承担的各项职能,将权利和责任相对厘清,同时能根据工作职责，选聘优秀人才加入，确保社区管理与生活服务、党委指导与居民自治相得益彰，和谐发展。在课题组调研的朝阳区 20 个街道的 29 个社区中，"党居站"分工不分家，在相对分工的同时，集中有限的人力物力，完成交付给社区的各项任务。朝阳区的 CBD 核心区域，商业楼宇多，外资企业多。为了提供更完备的管理和服务，朝阳区创新性地提出了"两委两站"的思路，在社区的"两委一站"基础上增加"商业楼宇服务站"，为商务楼宇内的企业及其员工提供服务。朝阳区建外街道永安里东社区形成党务、社务、工会、共青团、妇女、统战"多站集成式"服务，形成了创新性的社会管理服务模式。

3. 社区服务与管理更加精细化、人性化

2011 年，《北京市社区基本公共服务指导目录（试行）》，共梳理出十大类 60 项社区基本公共服务项目，在全市大力推进并逐步实现社区基本公共服务的全覆盖。朝阳区在推行社区服务和管理过程中突出精细化和人性化的特点，表现在以下几个方面。

（1）服务重点人群，敢抓难点问题。社区工作者开展服务和管理工作时，根据本社区的人口结构特点，在满足一般居民服务需求的基础上，侧重满足重点人群的重点需求。劲松中街小区重点开展社区为老服务；广达路小区中青年群体居多，0~6 岁的儿童所占比例高，社区工作者帮助居民协调幼儿园以及举办亲子活动等。"停车难"是社区居民遇到的难题，因为没有停车位，私家车乱停乱放影响了交通和居民生活。广达路社区提出解决社区交通的"微循环模式"有效缓解了交通拥堵的问题，造福社区居民。

（2）服务模式灵活多样，细致周到。要做到社区服务的精细化，就需要满足不同人群的需求。在来广营的绣菊园社区，社区工作者将"老年餐桌"和老年人日间照料室结合起来，老人就餐之后，就能在日间照料室休息，不需要往来奔波。在休息室中，社区工作者又为老人在沙发的扶手上安放听书的设备，让老人可以非常便捷地听音乐、听广播。在双井社区，社区工作者针对残障人士开展了自助和互助的服务。社区为残障居民提供空间和活动设施，残障人士自己组成自助小组，形成互相支持的互助网络。建外 SOHO 商务楼宇服务管理建立了"534"工作模式，为企业及其员工提供全方位的服务。绿色家园

社区提出"邻家邻"和谐社区工作法，注重社区内外和谐关系的营造。

（3）服务手段信息化，服务理念创新开放。朝阳社区工作者非常注重服务的手段创新，运用网络技术，工作思路开放而且先进。社区工作者善于利用社区局域网络和北京市的公共服务平台，搜集信息，交流互动，善用资源等。广达路的绣菊园社区是北京市闻名的"科普社区"，社区工作者建立了数字图书馆，目前的电子图书拥有量过万册。在数字图书馆中，社区青少年采用"体验式的学习方法"，学习环保、生态等各类知识。绣菊园将"终生学习"理念引入社区教育，开创性地建立了"来福隆大学"（Lifelong learning），采用积分卡的方式鼓励居民参与学习。社区工作者将科技、环保、终生学习的理念贯彻到实际工作中，确保工作具有前瞻性。

4. 社区服务逐渐走向专业化，管理更加科学化

（1）整合使用社工专业方法，强调适用性和实用性。在麦子店街道枣营北里社区，社区工作者创造性使用小组工作方法，组织了平房区居民的"庭院议事会"。居民代表通过议事会"遇事则议，一事一议"，充分发挥居民自组织的特点，由居民自我管理、自我教育、自我监督，在较短时间解决了平房社区环境差的老大难问题。劲松中街社区老年人居多，社区工作者鼓励和组织成立"老年聊天会"，以一种开放小组的形式吸引老人参加，丰富老人的生活，让老人们摆脱孤单和寂寞。针对重点的社区居民和家庭，社区工作者采取个案工作的方法，重点解决，一对一地做工作，从接案到最后的结案，有的个案历时一年有余。朝来绿色家园社区是个村改居的新小区，社区居委会采用地区发展的模式，针对社区开展了历时3年多的建设，终于建成居民安居乐业的优秀社区。翠城社区的社区工作者领会到"助人自助"的含义，鼓励居民参与社区活动，开展自助和助人活动，得到居民的好评。越来越多的社区工作者接受了社会工作专业的学习和培训，逐渐将社会工作专业所学的理论和方法创造性地应用于实际社区工作，本土经验与专业方法相结合，极大地提高了工作效能。

（2）社区服务管理项目化，注重社区工作的实效性。社会服务项目策划与管理是社区工作的工作方法之一。通过项目策划和管理可以集中社区资源，明确服务目标，有计划地完成社区工作，也易于进行评估和进一步的调整。

2011 年，北京市朝阳区政府购买社会组织服务项目投入资金 782 万元，购买了 43 个社会组织的 59 个服务项目，开展了 1555 次社会服务活动，受益者达 145008 人次，覆盖了以弱势群体为主的不同层次群众的需求，社会效益初步显现。朝阳社区工作者与社会工作者立足于本社区，积极开发各类服务项目，如保利社区服务站的特色项目"就地法庭""贴心一键通""百味学社"等项目，南磨房地区办事处双龙社区的"温馨家园"项目等。社区工作者将日常工作和重点服务项目结合起来，有利于社区资金和人力资源的合理配置，逐渐形成本社区的服务品牌和服务优势。

（3）形成"社区 + 社工 + 社会组织"三社联动模式，加强社会参与。培育和发展社会组织是社区工作的重点内容，社区工作者善于利用社会组织，促进社会组织参与社区建设和社会管理，满足居民的需求。朝阳区孙河街道康营社区与近邻社工事务所合作，开展针对流动人口的项目，详细调查了康营社区外来务工人员的现状和需求，并在此基础上提供专业服务；朝阳区南磨房地区办事处的百子湾社区与民和社工事务所合作，开展了针对老年人、青少年、单亲妈妈的服务，北京工业大学社会工作系与社工事务所合作，组织学生承担了"四点半学校"的志愿服务项目，为社区青少年提供放学后的看护服务和学习辅导，这些活动得到居民的欢迎和认同。据统计，朝阳区 2011 年购买项目的社会组织大多具有很强的专业特色，获得政府购买，使得这些组织的服务更顺利地落地，同时由于有政府资金支持，他们大胆配备专业人员，从而提高了专业水平，日益开始展现出参与社会建设的独特优势和重要性。截止到 2012 年，朝阳区成立了 9 家社工事务所，这些事务所立足于社区，服务社区，与社区形成合作伙伴关系，为社区提供"社工 + 义工"的服务，既保证服务的社工专业性，又突出服务社会的公益性。

（4）社区工作者观念从"问题视角"向"优势视角"转换。社区工作事务繁杂，社区工作者压力大，这是所调查社区普遍反映的问题。但是，如何将压力转化为动力，如何从危机与问题中发现机遇和资源？朝阳社工从实际出发，善于发现资源和优势，解决了一个个困扰居民生活的难题。枣营北里社区有个院落环境脏乱差，居民怨声载道。社区居委会培养居民领袖，组成居民自组织，自管自建，不仅解决了环境问题，还形成了良好的居民参与社区发展的

议事制度。广达路社区建立时间短,居民都是新住户,对社区认同度低,社区工作者采用"走动式办公"方法,主动到社区居民中间,介绍社区情况,了解居民需求,在最短的时间内赢得了居民的认可。社区工作者视角的转变促使社区服务专业化程度的提高。

二 社区服务管理创新经验

1. 坚持需求导向——社区工作的立足点

朝阳区街道、社区在开展社区建设和创新社区服务过程中,始终坚持需求导向,从居民的实际出发,满足居民的需求,强化服务居民。

居委会的干部们以各种方式了解居民需求,如通过与居民座谈、与居民聊天、通过问卷的形式了解居民的需求。在课题组所调查的一些社区,社区干部了解到老年人希望学习关于房产处置的法律知识、居民小区买菜难、居民希望学会通过网上缴费等。当居委会干部了解到这些基本的需求,而且这些需求涉及居民的基本民生、家庭和谐稳定的具体问题时,坚持需求导向,从居民的实际需求出发,有针对性地结合本社区的实际,解决这些具体的问题,从而获得了居民对居委会工作的认可。

2. 善于抓住机遇——社区发展的新路径

这些年来,朝阳区社区工作者在社区本身资源有限的情况下,社区建设和服务居民工作却做得有声有色,这主要得益于社区工作者善于把握机遇,充分利用街道、区、市,乃至全国性的各种评比活动、项目,如"农民市民化""全国文明城市(区)"评比、北京市"一刻钟服务圈"建设等各种契机,结合本社区的实际情况,发展社区,提升服务。

本次调研的社区普遍都充分利用"全国文明城市(区)"创建活动,整合各种资源和力量,加强社区建设,提升社区服务能力,甚至解决了一些长期影响社区发展和建设的老大难问题。朝阳区各社区充分利用"一刻钟社区服务圈"建设契机,将重点放在利用这一契机切实解决涉及百姓民生的具体问题,如老年人"买菜难"的问题,社区居民修鞋、修雨伞、修自行车难的"小大难问题"。解决这些涉及基本民生问题的同时,带动和促进了就业,可谓一举多得。

3. 积极整合资源——社区建设的新思路

朝阳区社区工作者整合资源成为一种工作方式。在城市化进程中，城乡接合部的一些乡镇先后实行城市化的转变，这种转变不仅是居民生活方式、生产方式的转变，更是一种管理体制的转变。一些"新建社区"充分利用传统社会网络和关系，与转变为社区之前的地区办事处继续保持深厚的联系，充分发掘和整合资源，使新建社区在转变过程获得更多的支持，确保了在转变过程中的顺畅平稳。比如，朝阳区来广营绿色家园社区的物业管理模式，就是资源整合的结果。"工体服务中心"是幸福一村社区的驻地单位，也是其良好的合作伙伴。社区充分发掘整合"工体服务中心"资源，为社区募捐活动以及其他活动做出了重要贡献。

4. 强化专业方法——社区建设的新亮点

朝阳区社区工作者在社区建设和服务居民过程中的一些工作方式和方法，逐渐体现了社会工作的专业化、知识化和职业化的特点，如个案工作、小组工作、社区工作、社会工作行政、社会工作研究等主要的社会工作方法普遍运用。随着社会工作知识的不断普及，尤其自2008年以来社会工作职业资格考试的逐步推进、"大学生进社区"工作的有序展开，社会工作专业知识越来越渗透到社区建设和服务居民的实际工作中，极大地推动了社区工作和服务居民工作。在社区服务管理中不断强化社会工作方法，已经成为社区建设的新亮点。

5. 培育社会组织——社区治理的新趋势

社会组织参与社区治理已成为社区服务管理创新的新趋势。朝阳区社区工作者通过各种方式，培育发展发挥社会组织的力量，让社会组织参与社会服务管理，参与社区治理。我们所调研的一些社区，将"五方联动"的构思设想付诸实践。所谓"五方"即社区党委、居委会、社区服务站、业主委员会、物业管理公司。其中业主委员会属于业主成立的维护自己权益的社会组织。"五方联动"就是将业主委员会这样的社会组织的力量吸纳进来，共同解决面临的问题。

在社区服务管理中，居委会鼓励成立各类社会组织，如社区秧歌队、舞蹈队、合唱团、乐队等，这些社会组织不仅活跃了居民文化生活，更重要的是带动居民参与社区服务管理，有力地推动了社区建设。

三 社区服务管理创新发展的趋势

朝阳区社区服务管理探索"以社区服务为中心，打造职业社区工作者团队，加强科学化管理，促进多元化治理"的创新之路。

1. 社区服务走向专业化，逐渐形成服务品牌

社区服务专业化指的是对社区服务进行分类管理，按照不同人群、不同门类实行相对应的专业化服务。例如，社区照顾服务引入专业的社工和护士，提供满足老人需求的服务；心理健康服务引入专业的心理咨询师提供心理健康服务，确保科学、专业、安全和私密性。例如 2012 年，为了促进社区居民的心理健康，北京市政府购买了"北京市心理卫生志愿者管理与能力建设"[1] 服务项目，为居民提供日常心理健康服务和应急事件发生后的心理救援。青少年服务引入青少年社会工作者，针对青少年群体的特征开展社区教育服务；社区中出现家庭暴力时转介给专门从事婚姻家庭治疗的社会工作者，会更有益于问题的解决；社区中有吸毒或者酗酒的居民就转介给专门的禁毒社工或者戒瘾治疗师。社区服务走向专门化、专业化、个性化是未来社区服务的发展趋势。

朝阳区的社会建设和社区建设过程中出现了许多优秀的社区工作者个人和团队，探索了不同类型社区管理模式，培育了包括社会工作事务所在内的各类社会组织，推出了可持续发展的社会服务项目，提高了社区服务的专业化程度。课题组建议，进一步分类研究已有的社区工作经验和方法，进行总结、提升、包装，打造朝阳区的社区服务管理品牌。

2. 加强内部治理，社区管理走向科学化

"两委一站"需要明确内部的分工、人员配置、岗位设定，有分工有合作。社区服务站成为服务平台，夯实服务这个基础；社区居委会联系居民，组织居民参与社区，自我管理；社区党委发挥核心和领导作用，把握工作方向和步调。"党居站"形成良性内部治理机制才能充分发挥这种制度设计的优势，

---

① 《政府购买社会组织服务　促进民众心理健康》，http：//news. hexun. com/2012 – 12 – 10/148852961. html。

真正成为社区服务管理创新的组织者和执行者。

朝阳区推行网格化管理模式，通过每个网格员，对网格内的大事小情、人口异动、舆情民意、环境变化等做到无缝隙管理，确保信息畅通无误，既保证日常工作和服务的顺利进行，也能开展应急管理，确保社会秩序稳定。

3. 加强社会协同，社区治理逐渐多元化

社会管理的多样化与社区治理多元化相结合。社区治理多元化表现之一为参与社区治理的主体多元化，除了社区"两委一站"，还吸纳其他社区组织和利益群体代表共同参与社区治理。社区组织是社区居民参与社区、表达诉求的保障。培育社区组织是提高社区居民参与的有效途径。社区工作者要积极吸纳社区内的各类组织参加社区服务管理，共驻共建，资源共享，明确责权利关系，动员社会资源进入社区。加强不同组织、单位之间的协作，维护居民的利益，为社区居民提供便捷的服务和舒适的居住环境。

The Innovation and Development of Community Services Management in Chaoyang District, Beijing

Yang Rong

Abstract：Community service management innovation is important to promote the further development of community building. Chaoyang District, Beijing, made a positive and useful exploration to the construction of community workers, community management mechanism, the nurturing of community-based organizations, community service project development, and formed the work mode of a demand-driven, resources integration, making good use of the opportunities for development.

Key Words：Community Service and Management；Innovation

B.17

北京市近郊社会管理探索

——朝阳区的实践与启示

"北京市近郊社会管理探索"课题组[*]

摘 要：

近年来，北京市朝阳区在推进城市一体化、加快城市化进城的实践中，近郊社会建设与社会管理取得了重要的成绩，当然也面临一些需要进一步解决的问题。本文对此进行了分析与探索，在此基础上提出未来工作取向的相关建议。

关键词：

城市化　流动人口　社会管理　社会建设

朝阳区作为北京市城区面积最大、人口最多、城乡接合部特征明显的行政区，如何率先形成城乡经济社会发展一体化的新格局，是新形势下经济社会发展的必然要求。

对此，积极总结近些年来朝阳区城乡一体化过程中社会管理的实践经验，分析存在的问题，研究统筹推进朝阳区城乡经济社会一体化发展的对策，具有重要的意义。2012年10～11月，北京工业大学人文社会科学学院"朝阳区近郊社会管理"课题组对北京市朝阳区南磨房地区、来广营地区和崔各庄地区的近郊社会管理进行了调研，在总结相关工作经验的基础上，分析当前面临的主要问题，提出未来工作取向的相关建议。

---

* 课题组成员为刘红（朝阳区社会办副主任）、王海玲（朝阳区社会办社区建设科科长）、胡建国（北京工业大学社会学系见习教授）、李君甫（北京工业大学社会学系副教授）、杨桂宏（北京工业大学社会学系副教授）、李升（北京工业大学社会学系讲师）、谢振忠（北京工业大学社会学系博士后）。本文执笔人为胡建国、杨桂宏、谢振忠。

一 朝阳区近郊社会管理探索

自 20 世纪 90 年代中后期以来,在朝阳区城市化进程中,近郊地区发生着翻天覆地的变化:原来的村落熟人社会,变成了来自四面八方、人口构成相对复杂的陌生人社会;随着社会的分化,新兴社区中的成员出现明显的不同利益诉求;原有村民随着生活工作方式的转变,面临新的身份适应;外来流动人口的大量涌入,则对社会管理提出更高的要求。城市化进程中出现的新形势,为近郊基层社会管理提出了新的问题与任务。对此,朝阳区积极探索社会管理新的途径与机制。

(一)推进朝阳区城市化对社会管理的需求

作为北京市最大的近郊区,在 1993 年实施的《北京市总体规划》中朝阳区全部被列为城区。2000 年,朝阳区全面启动"绿化隔离"工程,从这一年起郊区的城市化开始以加速度推进,朝阳区抓住绿化隔离地区建设、城市功能区建设、奥运建设、土地储备等重要机遇,按照城乡一体化的发展战略统筹各项工作,郊区城市化取得长足进展。据北京市统计局、国家统计局北京调查总队按照《北京市郊区城市化监测指标评价体系》进行的测算,2000 年朝阳区农村城市化实现程度为 88.6%[①],到 2011 年,朝阳区农村城市化综合实现程度达到 96.7%[②],列北京市各郊区县首位。作为城区面积最大、人口最多、城乡接合部明显的地区,朝阳区的郊区城市化发展为北京城市化水平的提高做出了重要贡献。

朝阳区郊区城市化快速发展不论是在发展动力、发展模式还是在发展速度上都有其自身鲜明的特点,这就对社会管理提出了较高的要求。

从发展动力上来看,朝阳区郊区城市化不同于城市化的一般理论和国际经验[③]。其主要动力不是来自北京中心城区中上层人口的直接迁移,也不是郊区

---

① 《朝阳区距离农村城市化有多远——农村城市化进程调查报告》,http://www.chystats.gov.cn/item/—/94.html。

② 《朝阳区加快推进农村城市化进程》,http://www.221.gov.cn/wcm/xncjs/jjdt/201203/t20120329_295137.htm。

③ 城市化一般经历四个阶段:城市化、郊区城市化、逆城市化和再城市化。郊区城市化是伴随着城市中上阶层人口移居市郊,城市中心城区以外的郊区乡村区域的城市化过程。

自身的工业化推动，而是来自中心城区发展中的压力释放或者需求波及。比如，中心城区发展的空间压力产生了对郊区城市建设用地的需求，为缓解中心城区的生态环境压力等而实施的"绿隔"工程产生了对郊区农用地转绿化用地的需求，在中心城区工作的社会中下层的生活成本压力产生了在郊区地区的居住需求，等等。

从发展速度上看，正是因为上述需求的迫切性，朝阳区城市化速度非常快。从2000年北京市"绿隔"工程全面启动以来，大量村民搬迁上楼，集中居住、撤乡改街（地区）、并村改居，改变了他们的生产生活方式。同时，作为城乡接合部地区，近郊地区流动人口快速聚集。这些使得郊区城市化成为一个社会结构更为复杂的急速社会变迁过程。这一急速的社会变迁，以及变迁过程中凸显的各种社会问题，是加强和创新社会管理的直接背景。

（二）朝阳区近郊社会管理实践探索

在社会管理方面，朝阳区在郊区城市化过程中进行了积极有益的探索，从领导机构到基层行政机构的建制改革为做好社会管理提供了主要保障，在社区建设和公共服务等方面积累了丰富的经验，取得了很大的成效。从对南磨房地区、来广营地区、崔各庄地区的调研来看，这些地区社会管理的探索，回应了郊区城市化过程产生的社会需求，较好地解决了郊区城市化过程中出现的诸多问题。

在行政管理体制和基层治理结构方面，朝阳区进行了撤乡改地区。在此过程中逐步弱化对原乡镇的经济考核，强化地区的城市管理、社会管理职能。地区办事处作为郊区城市化过程中行政管理体制的过渡形式，行使农村管理和城市管理的双重功能。2005年7月，大屯街道办事处成立，成为北京市第一个撤乡建立街道办事处的地区。目前，朝阳区全部乡镇已改为地区办事处。2012年，为适应新的形势需要，朝阳区19个地区全部设立了社区办，加强社会管理。

地区办事处在朝阳区委、区政府的领导下，参照《关于加强和创新社会管理 全面提升社会建设水平的实施意见》等指导性文件，对失地农民和流动人口的社会管理进行了探索。失地农民搬迁上楼，就业或进城务工，生产生活方式发生双重转变，面临身份转换、城市生活适应等不少问题；同时大量从事低端工作的流动人口涌入，他们面临城市融入、本地融合、社会治安等突出问题。课题组针对与这两类人群相联系的公共服务，如基本民生、社会保障提供，社区建设开展，进行不同人群的社会整合，构建新社区的凝聚力等方面都进行了有益的探索。

二 朝阳区近郊社会管理的成绩与经验

（一）流动人口管理进步

据北京市统计局公布的数据显示，2011 年全市流动人口是 825.8 万人，其中流动人口最多的是朝阳区，达 204.1 万人。为适应流动人口发展的新形势，2007 年北京市创新流动人口服务管理工作体制，将流动人口和出租房屋管理体制合二为一，成立了北京市流动人口和出租房屋管理委员会，并逐步建立起市、区（县）、街道（乡镇）、社区（村）流动人口和出租房屋管理四级工作网络，实行"以证管人、以房管人、以业控人"模式。其中，在社区（村）一级的"来京人员和出租房屋服务站"是北京市流动人口服务管理组织体系的根基和"触角"，是直接为流动人口提供服务的窗口，使流动人口服务管理工作触及全市每个角落。

在流动人口管理的实践中，朝阳区的工作颇具自身特色。

首先，重视服务。例如，崔各庄地区除了对流动人口进行日常管理之外，还非常重视为流动人口提供相关的服务，包括就业、就学、医疗等多个方面。其中流动人口的子女教育问题已基本解决，在社区管理上也号召流动人口积极参与，从他们当中选出代表，使流动人口相关利益有表达的途径。此外，他们还建立了相应的流动人口党员支部，发挥流动人口中党员的作用，更好地实现对流动人口的管理与服务。

其次，提出"1258"工作模式。在流动人口管理中，朝阳区提出"1258"工作模式，包括一个网络（出租房屋信息平台）、两本台账、五项工作职责、八项管理规定。探索流动人口调控新模式，全面提升流动人口管理服务水平。

控制人口规模过快增长，推行以产引人、以业控人、以房管人，发展高端、高效、高辐射的产业，积极引进适合产业需要的高端人才；通过促进户籍劳动力充分就业和规范餐饮、洗浴、美容美发等传统服务业及各类百货、食品、建材市场，从源头上控制人口需求；发挥房地产市场对人口的调控作用，合理调控房地产业规模，严格控制普通商品房，大力发展保障性住房，遏制违法建设。在朝阳区的"十二五"规划中，提出积极探索建立"城市新居民"服务站管理模式，推进"一卡通"服务管理体系建设，通过刷卡使流动人口享受朝阳区为流动人口提供的多项服务，促进流动人口与本地人口和谐相处，相互融合。

（二）搬迁村民安置妥当

城市化进程中，妥善安置搬迁村民是一项重大的工作。对此，朝阳区高度重视，积极探索搬迁村民的安置。其中，比较典型的是大望京村村民的搬迁安置。早在2009年，北京确定了"2+50"模式，即大望京村和北坞村两个改革试点后跟进50个重点村改革。"大望京村拆迁模式"主要是村集体建设用地转为国有建设用地，放到朝阳区土地储备中心筹措资金，负担拆迁腾退等征地全部资金；再利用一级开发到二级开发的差价，解决村民社保、就业安置等问题。大望京村28天拆迁完毕，为大望京村筹到了43亿元资金。"大望京村拆迁模式"已基本成熟并被推广借鉴。大望京村拆迁时宅基地（红本）面积按8500元/平方米给予补偿，其他的按1200元/平方米补偿，回迁面积为每人50平方米，每平方米4500元。除此之外，当时还采用了"高来高走"的形式。40%多的人收购房的价格为每平方米12000~13000元，每户能得到300万元左右的补偿。上楼村民的冬季采暖和子女教育等民生需求，均能享受到集体经济的补贴。

（三）社区建设积极创新

在社区建设过程中，社区党组织和社区工作者起着非常重要的作用。因此，发挥社区党组织的作用和建设一支优秀社区工作者队伍是建设社区的基础。在这些方面，来广营地区表现得较为突出。从2003年至今，来广营地区社工委高度重视社区党组织建设。在社区党组织建设方面，15个已建成的社区建立了6个社区党委、8个社区党组织，达到了社区党组织全覆盖。目前，全地区党组织自管党员940人，有12名年轻社区干部光荣地加入了中国共产党。

在社区工作人才培养方面，2009年以前，来广营地区社区干部面临着年龄老化、梯队结构不合理、平均学历低、专业人员少的严重问题。2009年换届选举至今，地区采用自主招聘、市区统一招聘等形式，通过笔试、面试等程序，先后录用了6批社区工作者。社区工作者队伍不断壮大。社区工作者的平均年龄结构、学历结构发生了质的变化。社区党组织成员平均年龄减少了8岁，居委会成员平均年龄减少了6岁，213名社区干部中大专及以上学历占80%，其中硕士研究生13名，持有社会工作助理社会工作师证书的有28名。年轻社工的加入为社区服务注入了新鲜"血液"，后备干部的产生为社区领导队伍增加了活力。

在社区人才队伍建设的基础上，来广营的社区文化建设和社区治安方面取得明显成效。在社区文化建设方面，目前，来广营的17个社区拥有各种文体队伍105支，文体协会20个。每年一次的"五月的鲜花"和"金秋艺术节"大型文体活动，与百姓日常文化娱乐相结合，极大地丰富了居民的业余生活。在社区治安方面，目前来广营地区17个社区全部成立了民事调解委员会，较好地解决了邻里矛盾纠纷。社区治安巡逻队伍在节假日和重大敏感日上岗执勤，有效地维护了地区的安全稳定。

依托和发展社会组织，在全区范围成立社区社会组织联合会，推行"3531"社会协同工作机制。即建立区联合会、街道（地区）协会、分会三级社会组织平台，重点培育规范社区文体协会、社区互助协会、社会经济协会、社会工作者协会和社区服务小行业协会五个方面协会组织，扶持发展社会工作者、社区志愿者队伍和专业队伍三支队伍，采取项目管理作为联合会一种主要运作方式。探索在社区设立社会工作室，引入专业社会工作机构，提高服务群众的水平。

社区建设就是社区居民生活共同体的培育发展，朝阳区在社区建设中不乏民间智慧和群众创造。如南磨房地区建立了区域特色博物馆，收藏农业、农村用品，重现农村的生活场景，旨在留住城市的农村记忆，帮助失地农民在城市化中完成心理适应。来广营地区积极推动社区科普，形成社区建设品牌项目，多个社区获北京市科普益民计划优秀科普社区称号，科普元素广泛融入居家养老、残疾人康复等事业，引导居民树立绿色健康的生活理念，倡导节能环保的生活习惯，以此提升社区居民的凝聚力和归属感。

（四）公共服务有效到位

在城市化进程中，公务服务有效到位，朝阳区来广营地区的探索值得思考。来广营地区自 2008 年开展科普益民计划以来，《全民科学素质行动计划纲要》的落实，以创建全国科普示范区为抓手，努力打造"农村地区科普窗口"，结合来广营各个社区不同特点，以社区科普为主线，带动地区各项民生事业的发展，提升了社区居民的凝聚力和归属感。在朝阳区 43 个街乡中，从 2008 年到 2012 年，有 49 个社区被命名为"北京市社区科普益民计划优秀科普社区"，来广营就有 5 个，占全部的 10%。北京市科普系统"创新型科普社区"，朝阳区共有 11 个，来广营就有 2 个，占全部的 18%。自 2008 年至今，来广营争取市区科委、科协支持，获科技专项财政资金 170 余万元，同时，清友园社区还成功入选中国科协 2010 百县百项科普示范特色建设专项项目，科普工作成为了社区建设的助推器。

从服务人群来看，来广营地区建立了针对不同年龄群体的公共服务设施。例如建立了专门针对学龄前儿童及亲子活动的数字化亲子活动室；在针对青少年建设的青春港湾中，引入了"私密电话亭"，帮助学生们解决无法和老师长辈沟通的问题；在为老年人居家养老而设立的老年乐园中，设有专门为老年人准备的电子读报机和电子听书器，读报机中收录了 140 余种报纸，并做到每日更新。社区中的多媒体数字科技馆则满足了他们对知识的渴求，通过大规模的多媒体软件配合可触摸的屏幕设备，科技变得触手可及。数字科技馆整合中国数字科技馆网站资源和北京数字博物馆网站资源，同时安装万册数量的电子书，供浏览者浏览学习，足不出户就能看到包罗万象的数字科普资源。在针对残疾人康复辅助训练而建立的温馨家园科技活动室中，残疾人康复训练被赋予了新鲜多样的形式。利用传感原料制作的自动翻页读书装置，带有竞争性质的轮椅比赛，以及趣味性与知识相结合的"火星探秘"，都深受残疾人朋友的喜爱。

来广营地区还深化了"一刻钟便民服务圈"理念，推广居家养老便民服务点建设，从餐饮、理发、家政等多方面为居民提供便利。地区已建立了5所社区卫生服务站，使居民不出小区就能享受到家庭医生式的医疗服务。崔各庄的公共服务除了"一刻钟便民服务圈"外，还包括自行车棚、党员接待室等。

另外，在就业帮促方面，朝阳区的实践也诠释了公共服务到位的价值。就业是民生之本，是人民群众改善生活的基本前提和基本途径，决定着每个家庭的生计。在南磨房地区，村民搬迁从2000年搞绿格工程时开始启动。这些上楼村民的就业问题主要是通过乡集体经济解决，从目前的状况来看，实施情况良好，同时乡政府定期开展一些技术培训以帮助村民更好地就业。在崔各庄乡，对于60岁以上的"村转居"农民，按退休处理；对有劳动能力的实行转工转居，其中大部分是依托电子城北扩，转工转居安置，就业集中在物业、市政等领域。

（五）经验启示

总起来看，朝阳区在近郊社会管理中取得了不少的成绩，其经验主要有两个方面。

1. 注重资源与机会的合理配置，实现公平和效率最大化

城市化进行中的经济社会深刻转型，实质上是资源与机会的重新配置。近年来，因征地搬迁过程中资源与机会分配引发的社会矛盾与群体性事件并不少见。在我们的调研中，我们感觉朝阳区在资源与机会的配置上，把握得比较得当，搬迁村民的拆迁补偿、就业安置、社会保障、集体资产保值增值，都做得比较到位，最大限度地消除了矛盾，从而为城市化的推进创造了良好的基础，也为社会管理确立了基本导向。

2. 注意生产生活方式相互促进，推动搬迁村民市民化

生产方式决定生活方式，生活方式反作用于生产方式。在城市化进程中，需要有效促进村民向城市工作生活融入，实现职业与社会身份的双重转变，朝阳区的实践，即抓住了生产力与生产关系二者关系基本的规律。例如，朝阳区

积极解决搬迁村民的就业问题，通过生产方式的转变促进其向市民生活方式的转变；通过教育培训和丰富多彩的文化活动，加强对搬迁村民就业观念、文明礼仪、个人修养等方面的教育引导，积极促进搬迁农民市民化，促进了社会和谐。

三 朝阳区近郊社会管理面临的问题与挑战

城市化过程中的近郊社会管理，表现出的过渡性是非常明显的。原有的农民市民化，外来的流动人口城市融合，是社会管理面临的重点对象，解决这些问题几乎是一个"摸着石头过河"的探索和试错的过程。而在急速的城市化过程中，原有的社会管理体制调整又不可避免地会滞后于经济社会的发展。这些因素叠加在一起，使得社会管理不可避免地面临着问题与挑战。概括来看，朝阳区近郊社会管理面临的问题与挑战主要有以下几个方面。

（一）流动人口管理有待进一步提升

近年来，朝阳区经济增长和郊区城市化发展迅速，劳动力需求大。从地缘上看，郊区距离功能核心区和城市功能拓展新区近；从生活成本看，房价相对较低，交通便捷，公共服务设施相对完善，从而使近郊区成为流动人口的聚集地。目前北京和其他特大城市、大城市对流动人口管理的总体指向，基本是一种缩减型的管理方式，即控制和减少流动人口总量。在这样的指导思想下进行流动人口管理，在工作中难免会出现一些问题，主要表现在以下几个方面。

1. 全面掌握流动人口信息尚待加强

2007 年以前，北京市对流动人口的管理主要采用"以证管人"模式，出现人户分离的情况时，很难对流动人口进行有效的管理，也不容易掌握具体的情况，矛盾隐患排查很难到位。2007 年以后，针对人户分离、临租户多的现象，实行了抓户主、以房管人的办法。也就是说，每一个房屋都只有一个地址，而它所对应的居住人口在一定时间内也是唯一的，这种唯一性便于社区开展管理和服务工作。

南磨房地区本着"一个中心、两个原则"开展工作。"一个中心"是以经济建设为中心，两个原则是做好"动态掌握"和"以房控人"。但以房控人在执行的过程也遇到了一些困难。要准确掌握每户流动人口信息并不容易，在上门摸底排查时遇到过一些阻力，如部分居民为保护隐私，不愿意让社区和相关部门派出人员核实和登记信息；部分出租户出于自身经济利益的考虑，也不愿意提供真实信息。虽然北京市规定了地下室不能出租，并且规定了房东要做好登记工作，但如果地下室不登记，流管办也是很难执法的，而且缺乏相应的执法部门进行监督。

流动人口在登记方面也缺乏主动性，这既有体制的原因，也有个人的原因。体制原因主要是社会保障全国不联网，很难进行登记管理。另外就是流动人口有需要时就会登记，如办理相关证件，没有需要时就不登记，现在北京市也取消了必须登记的相关规定，这不利于全面地掌握流动人口的信息。

2. 外来流动人口服务供给需要制度支撑

在公共服务方面，外来流动人口与户籍人口还未充分实现同城待遇。如随流动劳动人口居住的外地老人不能享受同等条件下的同城老龄人待遇，流动人口子女在当地就学仍被收取数量不等的借读费，流动人口的就业还受到非个人智力因素的某些职业限制，在社区参与、住房政策、社会保障、医疗卫生等方面还有不少问题没有解决。例如医疗，市民的医疗很大程度与所在企业或单位挂钩，只针对市民的医疗保险政策与流动人口无关；再如住房，市民购房大多可以享受公积金等优惠待遇，政府出资兴建的廉价经济适用房也是为贫困市民所设计，流动人口一般是不能享受到这些优惠的。

公共服务同城待遇实施难，主要是遭遇到制度性瓶颈。最大的制度障碍就是造成城乡、城市内部双二元结构的户籍制度。户籍制度以及一系列嵌套在其上的公共服务，包括就业制度、教育制度、社会保障制度等，使流动人口难以获得郊区城市化带来的经济和社会效益，在公共服务和社会福利安排上面临制度性排斥。郊区城市化是一个社会福利的增长过程，随着户籍人口享受公共服务水平的提高，城市内部本外地差距也会日益扩大。实施本外地同城待遇，还受到现行财政体制的限制，朝阳区作为人口流入地，将不得不承受公共政策支出的大幅增长，加大了政府的财政压力。

3. 以房控人、群租房管理尚待落实

目前实行的"以房管人"的流动人口管理模式，从管理理念上看是从流

动人口的基本居住需求入手，试图全面、实时掌握流动人口信息。但是，"以房管人"作为一种末端式和直接化的人口管控方式，其管理效果的实现依赖于流动人口管理力量的加强。地区、街道需要建立一支专门的调查队伍，社区需要配备相当数量的实有人口调查员，实时对辖区内实有人口的变化信息进行收集汇总，并与公安机关户籍管理机构进行对接和上报，实现对实有人口的实时统计。从朝阳区的调查来看，相对于城市化过程中的人口高流动性，流动人口管理力量是不相匹配的。此外，现有的流动人口管理机构从性质上讲是一个协调机构，没有相应的执法权，开展工作难度大、效率不高。

2007年，北京市成立了流动人口和出租房屋管理委员会。同时，北京市在社区和流动人口较多的村成立了来京人员和出租房屋服务站并配备专职管理员，体现了对流动人口的统一管理，是管理模式上的一个创新。但现有的《北京市房屋租赁管理若干规定》仅仅要求出租房的"结构和设备设施应当符合建筑、消防、治安、卫生等方面的安全条件"，相关房屋租赁管理规定都未对人均租赁面积和房屋租赁人的居住密度做出明确的规定，这方面依然是管理空白，这也使执法部门在工作中难以发挥作用。北京市建委新闻中心的人士称："群租不归建委管，建委没权力管，应该归公安部门人口管理办公室管。"而公安部门人口管理办公室也没有相关的监管措施。

2011年2月，住建部明文规定，"出租住房应当以原设计的房间为最小出租单位，人均租住建筑面积不得低于当地政府规定的最低标准"。5月，《北京市人民政府关于修改〈北京市房屋租赁管理若干规定〉的决定》对群租房做出明确规定。尽管政府部门加大治理群租房力度，但情况好转有限。流动人口是群租房的主要需求者，由于难以承受高昂的居住成本，只能选择较廉价的群租房。不从根本上解决流动人口的生活需求，仅从末端治理，难以从根本上解决群租房问题。

（二）公共服务与群众需求还有一定差距

1. 某些领域问题突出

城市近郊既是城市公共服务向农村延伸的重要区域，也是公共服务有效供给的难点区域。城郊人口异质性较大，这加大了公共服务供给的难度。一方面，作为城市功能的拓展区，外来就业和居住的城市人口要求社区提供与城市核心区水平相当的公共服务；另一方面，社区农民已经逐步融入城市生活，受城市现代文明的影响，也对社区公共服务提出更高期望。

目前，我国城市外来流动人口主要以青壮年为主，其子女入托就学问题突出。就北京而言，幼儿园不实行划片的方式，无论外地还是本地孩子都可入园，所以"质高价低"的公办园就成了稀缺资源，导致幼儿入园难问题。2011年，朝阳区有将近4000个幼儿园学位的缺口，对此，朝阳区采取了五项措施解决2011年适龄儿童入园问题。其中包括新增10所幼儿园，利用公办委托办园方式加快办园速度，对委托办园提出限制收费措施，一级一类园收费每月不超过1700元，一级二类园每月不超过1400元。同时，出台鼓励政策、补贴政策，对扩招园所进行表彰，按国家标准满班额招生、同时适当扩班的给予3万~5万元的补助。但是，总体来看，入托难的问题依然没有从根本上得到治理，学前教育配套设施建设一直滞后于经济社会发展需要。对此，如何发挥社会力量办学，从政策上引导社会力量参与，是值得探索的方向。

2. 人员配置需待跟进

在社会管理方面，近郊地广，人员复杂，工作复杂，这与城区有着明显的差异，但是在管理人员的配置上，二者并没有差别。因此，在近郊社会管理方面，人员配置不足问题突出。

目前，人员配置主要依据是原有编制，而原有编制又主要是依据户籍人口制定的。近郊地区聚集了大量的外来流动人口，在不少地区，外来流动人口超过了本地居民，这就使得近郊地区社会管理工作人员不足问题更加突出。投入必要的人力，是开展社会管理的前提。因此，在人员配置上，应当对于近郊地区有所考虑，以符合其实际工作情况。

3. 社会协同有待强化

过去，社会管理实践对社会组织认识不足，没有充分发挥社会组织的作用。在我们的调研中，发现情况发生了变化。在南磨房地区已经开始有计划地引入社会组织来协同开展社会建设，向社区居民提供服务。虽然，目前社会组织还只是一个新生事物，其活动涉及的领域主要是单亲母亲、社区居民子女放

学后代管等方面的工作，但是意义十分积极。

不过在实践中，社会组织也存在不少问题。例如，社会组织力量不够强，活动过于理论化，社会组织人员与居民的沟通技能还有待加强。比如在社区里开展活动时，社会组织的人员不能很好地取得居民的信任，需要社区工作人员进行协调，这不仅使社会组织未能发挥其对居委会的"减负"效果，还加重了居委会工作人员的工作量。

社会组织虽然面临自身建设的问题，但是在分担政府职能与压力方面，依然有着不可替代的作用。现在社会组织处于起步阶段，如何加强对社会组织的培育，依然需要加强思考。

四　思考与建议

（一）近郊社会管理有其特殊性，需要区别看待

城市近郊地区是城乡经济、社会、文化诸多要素相互作用、相互渗透的中间地带，既区别于城市又不同于一般农村，是各种社会矛盾较为集中和突出的地域。随着城市化进程的不断推进，该地域的范围呈不断扩张之势，相对于中心城区，其人口结构特点是外来流动人口较多，各利益群体和社会阶层的多样性使社会管理存在自身的特殊性，这也使得适用于城市中心地区的管理模式在城郊实施起来难度较大。

比如网格化管理。近郊地区的社会管理与中心城区的街道有着较大的环境差异，中心城区面积小，人口相对集中，稳定性强，外来流动人口要少，所以网格化实施起来相对容易；但是在近郊地区，情况则相反，如果网络化管理中被赋予了太多的内容，操作起来就复杂了，成本也高。所以，在社会管理的手段上，需要注重近郊地区的特殊性。

（二）基层党组织引领作用如何更好地发挥

党的十七届四中全会通过的《中共中央关于加强和改进新形势下党的建设若干重大问题的决定》，概括了新形势下党的基层组织的地位和作用："党

的基层组织是党全部工作和战斗力的基础，是落实党的路线方针政策和各项工作任务的战斗堡垒。"基层党组织是联系党和群众的桥梁、纽带，它天然是基层社会管理最活跃的力量，在整合资源、凝聚力量、化解矛盾、实现社会长治久安方面有着不可替代的作用。对此，朝阳区在近郊社会管理中，就如何发挥基层党组织的引领作用进行了探索，迈出了积极的步伐。但是，在近郊社会转型深刻、人口结构复杂并且流动性大的情况下，基层党组织的建设依然面临复杂的环境。

例如，在流动人口中如何有效地整合党员，发挥他们的作用。事实上，流动人口中的党员大多是他们中的精英分子，他们作用发挥的好坏，往往对于特定社区、楼宇的社会秩序有着重要的影响。再如，近郊地区新兴社区的居民也呈现出多元化的构成，但是能不能抓住党员的共性、发挥党员的价值，来整合社区、营造良好的社会秩序与环境，是可以探索的。

（三）如何克服社会管理体制的不足，需要进一步思考

随着北京市城市化水平的提升和经济的快速发展，越来越多的流动人口选择北京作为他们流入的主要目的地。目前，北京市流动人口社会管理和公共服务的各项政策较为注重流动人口个人权利的保障，在流动人口住房保障、就业政策、医疗卫生、子女教育等方面依然存在着较大的问题。当然这些问题主要受政策的限制，作为社会管理而言，朝阳区也不可能在政策之外运行。比如，老龄人的同城公交免费待遇，没有上位政策的松动，朝阳区也不可能有所突破。

但是，在某些社会管理和服务领域，在体制没有制约的范围内，是否可以积极推进社会管理与社会服务，是可以思考的。例如，在流行疾病的控制上，北京市的某些免费接种疫苗只针对本地户籍居民，那么朝阳区能不能自筹经费，对于本辖区外地居民也提供这样的服务。再比如北京公园年票，外地老人不能和同城老人一样享受优惠购票价格，那么朝阳区对于自己辖区管理权限范围内的公园，是否可以适当地推出同城待遇。一些社会管理措施的成本并不大，但是可以起到积极的社会效应，而又不与上位政策产生冲突，对此，可以给予重点的关注。

（四）在社会协同方面，需要进一步加强本土化的社会力量

关于社会协同，越来越多的政府实践表明各方已经达成了共识。在我们的调研中，朝阳区的一些地区也意识到社会组织的作用而积极引入社会力量，共同开展社会建设，满足群众的需求。但是，一个突出的问题是这些社会组织往往都是从外面引进来的，存在着如何融入社区，被群众接受与认同的问题。比如，一些社会组织被引进社区后，并没有得到社区居民的接受与认同，连入户都很困难，更不能有效地开展工作。

因此，需要孵化由本地社区居民为主导的社会组织，从而实现社会组织的本土化，实现社区自治力量的培育与壮大。对此，可以考虑以业主委员会为依托，发挥有特长的业主的作用，将他们组织起来，开展社会服务，相互帮助。在这个过程中，给予他们必要的支持，如场地、设备等。这对于营造社区的认同、加强业主对社区的归属感，有着重要的意义。

Report on Suburban Social Management
of Chaoyang District

Research Group

Abstract：On the basis of the suburban social management research in Chaoyang District in Beijing, this report conclude practical experience of social management in the process of the integration of urban and rural areas in Chaoyang District in recent years, analysis the main problem currently facing and Put forward the relevant recommendations for future work.

Key Words：Urbanization; The Floating Population; Social Management; Social Building

B.18
北京市保障房社区的治理状况报告

—— 以垡头翠城经济适用房小区为例

韩秀记*

摘 要：

保障性住房是政府对社会上的中低收入人群提供住房保障的一种政策性房屋。本研究关注的垡头街道翠城经适房小区是北京市首批保障房项目。实践表明，翠城在社区治理方面表现出一些问题，诸如社区自治乏力、物业公司脱离社区日常管理、"三驾马车"的社区管理机制运行不畅、配套设施不达标等。因此，要加强社区治理，就要对社区日常管理框架做出调整，强化社区自治功能，突出社区公共服务和文化建设，推动专业社工进社区。

关键词：

保障性住房 社区治理 公共服务

保障性住房是政府对社会上的中低收入人群和特殊人群提供住房保障的一种政策性房屋。近年来快速攀升的房价和居民收入增长缓慢之间的矛盾日益尖锐，住房困难成为困扰社会和谐发展的最大问题之一。保障性住房政策逐渐成为国家稳定房地产市场、改善中低收入群体福利、保障广大民众安居及社会和谐稳定的关键调控手段。北京的保障房建设始于1998年国家住房改革后，加速于2008年房地产市场价格飙升时期。经过保障房建设的跨越式发展，北京市已经初步建立起了以廉租房、公租房、经适房、"两限房"、定向安置房等房屋类型为主的多层次保障房制度体系。由于保障房的主要面向对象为社会中低收入人群，因此保障房住户群体本身也具有比较明显的特殊性，而这都给保

---

* 韩秀记，北京工业大学人文社会科学学院助理研究员，在站博士后。

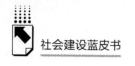
障房社区的管理和服务提出了新的问题。本文关注的是北京市一个保障房社区的治理情况。

一 翠城经适房小区简介

翠城经适房项目是房改新政策后，北京市新建的第一批保障房项目之一①。翠城经适房项目楼盘位于北京东南部四环外，地处朝阳区王四营、垡头和十八里店的三乡（街道）交界处。项目一期自 2001 年开始动工，先后分为六期进行，总建筑面积 230 万平方米，其中住宅面积 191.9 万平方米，公建、商业面积 20 万平方米。楼层数为 6 ~ 28 层，高度控制在 60 米内，建设总套数13938 户。到目前，已经完成五期建设，第六期建设即将完工入住。翠城经适房项目的承建方是北京住总集团——一个典型的国有企业。实际上，各地保障房建设的主要力量都是当地国有房地产企业。

翠城经济适用房小区位于朝阳区垡头街道辖区内，分 5 个社区进行管理。按照"建设一片，入住一片"的原则，自 2006 年 9 月开始，陆续有居民分批入住，一直持续到 2009 年 3 月。社区总体秩序良好，管理有序。但在居民入住的最初四年里，情况并非如此。在 2008 年前，翠城经适房保障小区处于垡头街道、南磨房地区和十八里店三地的交界处，是典型的"三不管"地带。当时，居民与开发商设置的物业公司矛盾重重，社区环境脏乱差，小区存在临电问题，经常断电。从 2006 年到 2008 年，翠城保障房小区并没有实施有效的社区管理和服务。随着北京奥运会的临近，为加强治理，北京市政府将翠城经适房小区划入垡头街道办事处的管辖范围中，建立社区治理秩序拉开序幕。

二 社区筹备组时期的社区治理

2008 年，垡头街道办事处接手翠城保障房小区的管理后，首先将翠城小区划

---

① 经济适用房有两大特征：经济性和适用性。所谓经济性，是指住房的价格相对同期商品房，适合中低收入家庭的负担能力；所谓适用性，是指在房屋的建筑标准上不能削减和降低，要达到一定的使用效果。实际上，经适房既非完全市场化，又非完全政府保障。

分为几个部分，成立了4个社区筹备组（后来又增加了1个）。社区筹备组的入驻时间正好处于翠城保障房小区居民入住期间，一直到2011年社区居委会成立筹备组才解散。因此可将社区管理划分为两个阶段，即2008～2011年社区筹备组管理时期和2011年以后的社区居委会管理时期。对新入驻的社区筹备组而言，只有详细系统地摸底调查后，才能开展下一步的工作。2008年4月翠城社区居委会筹备组成立后，首先便对社区居民进行摸底调查。筹备组入驻后遭遇了一系列社区管理和公共服务方面的问题和困难。具体来说有以下五个方面。

1. 社区居民不认可，入户摸底调查难

无论是社区管理还是为民服务，都需要详细了解和掌握社区的基本情况。翠城小区先有居民入住，然后是物业公司入驻，最后才是社区筹备组入驻。社区筹备组入驻时间要比居民晚2年多。小区公共服务水平比较低，没有管理方和主体责任方，缺乏管理和对外协调。这使得翠城小区环境脏乱差，绿地的荒草一人多高，住户垃圾到处堆放，供电属临时用电，经常停电。长期缺乏管理和服务导致翠城小区积累了一系列问题，居民不满意情绪很强烈。社区筹备组在社区开展工作时遭到了居民的抵制和不合作，最直接、最典型的表现便是对入户调查的不配合。社区居委会筹备组由于入住时间晚、入住突然，缺乏小区居民情况的基本资料。于是入户调查成了首要的必需工作。在入门入户时，筹备组工作人员即遭遇了门难进、脸难看、话难听等问题，甚至有工作人员被居民当成骗子而扣在家中。原本计划一个月完成的入户摸底调查工作，断断续续地持续了三个月。

2. 社区硬件未配套是筹备组面临的直接困难之一

硬件方面包括社区办公场所和居民休闲娱乐场所没有配套，社区用电接入的是工地电网，未接入城市主电网，属于临时用电性质，社区居民经常遭遇停电困扰。居民日常生活锻炼的硬件设施缺乏或不足，如缺乏小区公园和活动广场等居民休闲娱乐场所，以及小区垃圾站、用电问题等，引发了居民强烈的不满。居民的不满给筹备组的工作提出了很大的挑战。

同时，社区居委会缺乏固定的办公服务场所，在入驻小区初期像打游击一样在不同的地方办公，在租借的小房子里，在地下室里，甚至是在空地上。居民找社区办事情，甚至找不到社区的位置。在筹备组干部看来，没有规范的办公服务场所和休闲娱乐场所使社区居民对社区居委会找不到"家"的感觉。反过来，能否解决这些问题，也关系居民对筹备组工作的认可与否。在当时，筹备组反复同街道办事处和供电公司等政府和公共服务部门联系，请求解决社区存在的硬件不配套问题。但社区硬件配套工作涉及不同主体和部门，他们之间的协调和合作缺乏有效的制度保障。

3. 社区卫生和绿化环境差

在早期工作中，筹备组试着协调社区物业公司，改善社区卫生。但物业公司属于市场主体，提供的是商业服务，而社区居民不交物业费使得这一市场主体不得不收缩所能提供的服务内容。另外，受外部系统的影响，社区临电问题也不是居委会和物业公司所能解决的。关键问题是当时社区筹备组和社区物业公司之间缺乏有效的沟通途径和协调途径，这在某种程度上延缓了社区环境改善的进度。

4. 居民与物业公司之间存在严重矛盾

在社区居委会筹备组入驻社区之前，由于社区的环境卫生问题，翠城小区居民已经与社区物业管理公司形成了犄角之势。居民将社区环境脏乱差归结为物业方不作为；而物业方则将原因置于居民之上，认为居民不缴物业费（物业费收缴率非常低，仅为20%～30%）导致作为市场主体的物业公司丧失了重要的收入来源，无法提供优质的物业服务。双方最终陷入一种恶性报复中。社区筹备组的到来给双方提供了解决矛盾的一个重要途径。居民开始将社区的卫生环境和硬件配套不足等问题反馈给筹备组。受命而行的社区筹备组试着同社区物业公司进行协商，但由于双方缺乏有效的沟通和协调机制，效果有限。

5. 筹备组工作人员来源多样化

对北京市而言，建立新社区后，政府要配套社区工作者，需要提前招聘社区工作者。翠城保障房小区社区筹备组成立后，一方面，从社区抽调具有丰富社区工作经验的老社区工作者作为筹备组组长和负责人，年龄均在四五十岁以上，长期从事社区居委会工作，属于社区管理和服务工作的骨干力量；另一方面，利用朝阳区招聘社区工作者的机会，垡头街道招录了大量刚迈出大学校园的年轻社区工作者。每个筹备组有两三名老同志，另外配上七八名年轻的新社区工作者，而这些人也构成了现在翠城五个社区的主体工作者。但新招社区工作者由于工作累、待遇差、休息时间没保障等原因而流失严重，那些坚守下来的社区工作者也迫切希望改善待遇和工资水平。

总体来看，由于前期准备工作不足，社区筹备组仓促入驻翠城后，遭遇了一系列的问题。而这些问题很大程度上原本可以在居民入住前得到解决，但由于政府并未对此及早做出规划而使得问题积重难返。后来，随着这些问题的逐步解决，居民也认可了社区筹备组的工作。于是，选举和成立社区居委会的条件具备了，翠城社区管理和服务进入了新的发展阶段，当然也出现了新问题。

三　社区居委会成立后的治理工作

北京市从 2008 年陆续开始在社区设立社区服务站，作为街道办事处的派出机构，专门承担政府的公共服务职能，提供政策咨询、行政服务等业务。居站分离旨在解决社区居委会的过度行政化问题，推进社区自治与政府行政工作的分离，促进社区不同管理和服务方的协调与合作，最终实现社区的自治①。社区居委会和服务站在社区党委的领导下开展工作。翠城小区经过筹备阶段后，于 2011 年 1 月通过居民选举产生社区居委会，党员选举社区党委，街道在各个社区设立社区服务站，形成了"三驾马车"式社区治理和服务的新格局。不足的是，这种管理和服务方式在目前的实践中仍存在一定的问题。

1. "三驾马车"的管理格局及问题

随着社区服务站在社区的设立，社区管理和公共服务基本上形成了党委领导下的社区居委会和社区服务站三方并存的"三驾马车"格局。同时，政府出台了相关制度规范，划分了"三驾马车"各自的职责和分工。其中，社区党组织作为党在社区的基层组织，是党在社区全部工作和战斗力的基础，是社区各类组织和各项工作的领导核心，有六大项工作，主要涉及党的政策宣传、社区领导地位、社区党建等；社区居委会是社区居民的自治代表，由社区居民

---

① 王星：《"居站分离"实践与城市基层社会管理创新》，《学海》2012 年第 3 期。

选举产生，其工作职责有六大项，涉及社区选举、文化建设、社区共建、居民利益保障等工作内容；而社区服务站共有十二大项内容，涉及劳动就业、社区治安、法律服务、健康服务、计生、文娱、反映民意等内容（见表1）。

表1　社区"三驾马车"职责划分

社区 党组织	一、宣传和执行党的路线方针政策，宣传和执行党中央、上级党组织和本组织的决议，团结、组织干部群众努力完成社区各项任务
	二、讨论决定本社区建设、管理和服务中的重大问题和重大事项
	三、领导社区居民自治组织，支持和保证其依法充分行使职权，完善公开办事制度，推进社区居民自治；领导社区服务站和各类社区服务组织开展社区服务工作，创新社区服务机制，提高社区服务水平；领导社区群众组织，支持和保证其依照各自的章程开展工作
	四、联系群众、服务群众、宣传群众、教育群众，反映群众的意见和要求，化解社会矛盾，维护社会稳定，把工作重点放在凝聚群众力量参与和谐社区建设、共同创造幸福生活上来
	五、加强社区党建协调工作，指导社区社会组织党组织、新经济组织党组织开展党建工作；组织、协调驻区单位党组织开展区域性党建工作，促进资源共享
	六、加强社区党组织自身建设，做好社区党员的教育管理和发展党员工作；与有关部门搞好社区流动党员的教育、管理和服务工作
社区 居委会	一、做好宣传动员教育引导工作，开展精神文明建设活动
	二、依法进行民主选举、民主决策、民主管理和民主监督
	三、维护社区居民的合法权益，创造和谐稳定的良好环境
	四、扶持和发展社区各力量、积极推动社区的共驻共建
	五、协助政府做好有关工作，提高社区服务水平
	六、其他工作
社区 服务站	一、开展社区劳动就业、社会保障和社会事务管理工作
	二、参与社区治安维护工作
	三、提供社区法律服务
	四、协助开展社区健康管理与服务工作
	五、做好社区计划生育服务
	六、配合开展社区教育和文化体育活动
	七、组织开展社区公益服务
	八、组织开展社区便民服务
	九、培育和壮大社区社会组织
	十、畅通民意诉求渠道
	十一、协助开展社区基础管理工作
	十二、其他工作

然而，这种工作职责的划分并不能适应复杂多样的社区实际生活。在具体工作中，社区居委会与服务站在有些时候仍存在责权划分不清的情形。比如计生工作，居委会有专门的计生干部，而服务站工作也含有计生内容。这给日常

的计生工作服务造成了不知具体该由谁负责的困境。再就是在某些时候，对政府所开展的某项临时性工作，社区服务站根本没有足够的人手来承担，这时候社区党委会将服务站和居委会的人员统和起来，一起承担政府工作。社区事务的复杂性使得任何有效的具体职责划分也难以穷尽。

另一个问题是当前大量的行政性工作仍在侵占社区的自治管理。在"三驾马车"的工作格局下，社区服务站应主要承担政府的行政性公共服务工作，而社区居委会应负责开展社区自治和管理。但实际工作中，政府下派的行政性工作不仅没有减少的迹象，反而不断增多，以至于社区服务站根本无法独自承担，结果是社区居委会再次被卷入政府下派的行政工作中。

2. 社区物业服务及问题

社区物业服务属于商业服务的范畴，采取市场供给与买卖的方式展开工作，不同于社区"三驾马车"所承担的公共服务范畴。当前，采取社区物业服务的方式解决小区的卫生和环境、小区公共设施维护与居民家庭实施维修、社区治安等问题。社区物业服务是当下比较流行的社区服务方式。目前，物业工作中所面临的主要问题就是物业费收缴不足，以及由此导致的无力改善社区卫生和绿化环境提供物业服务的问题。之所以出现这个问题，是由于社区物业管理和供给主体无法与社区居民（即社区业主）之间进行充分而有效的互动。由于社区居委会与社区物业公司缺乏直接和有效的组织和制度联系，在物业事件发生后，社区党委和居委会不仅无法干预事件，而且由于制度途径缺乏而难以协调社区物业服务公司和社区居民之间的矛盾与冲突。

3. 社区硬件配套不断改善，但仍存在严重不足

在社区筹备组成立入驻社区的时候，社区办公场所根本不具备，筹备组像打游击一样在不同的地方开展工作，甚至有一段时间筹备组只能租用地下室作为办公场所。后来，在堡头街道办事处的支持下，五个社区居委会和服务站陆续租用了居民用房作为办公室。但情况并没有根本改善，如有的社区居委会和服务站办公场所并不在本社区范围内，还有两个社区共用一套租房的。到2012年9月，在房地产开发商的支持下，"街道办"将原本规划建设垃圾站的地块建成了一栋二层小楼，用作翠城雅园社区的办公用房，至此，翠城小区的五个社区中唯一一个社区达到了规范化建设标准，不过仍难以满足社区居民的需

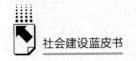

求——社区居委会准备开设一个"老年餐桌",解决社区内老人的吃饭问题,但苦于没有场所。

四　社区居民的自治情况

目前,翠城各个社区实施的"三驾马车"管理格局尽管存在一定的问题,但仍在社区自治方面进行了一些探索,具体包括以下几个方面。

1. 社区志愿者队伍

通过筹备组的艰苦工作,社区通过摸底调查和服务工作,获得了社区居民的认可,居委会开始动员社区居民参与到志愿活动中来。而参与者主要有这样几类人群,分别是社区的党员群体,原来是单位领导的退休干部,社区热心人士,获得过社区居委会帮助的居民等。社区志愿者多是中老年人,这与他们退休后有充足时间不无关系。参与的志愿活动主要是重大节假日的社区治安和巡逻,社区卫生和绿化打扫,社区互助、民意收集与征询等。不过在实践中,居委会也有自己的困惑——当前实行市场经济,继续提倡计划经济时期的纯义务性的雷锋式的志愿精神,已经很难满足世俗化了社区居民志愿者的需求,而后者希望给志愿者以物质奖励和精神慰问,比如逢年过节时给社区志愿者送礼物等。但社区没有独立的财力来完成对志愿者的奖励。社区工作人员认为,对志愿者缺乏奖励和慰问,在一定程度上是对参与活动志愿者精神上的伤害。

2. 社区各种居民活动小组

在翠城,社区成立了以不同特征为基础的居民活动小组,比如基于党员身份形成的社区党员小组,基于拆迁上楼形成的回迁户小组,基于随家属来京人员身份的活动小组,基于居民不同文娱爱好所产生的多种活动小组,如柔力球队、舞蹈队、社区板报小组等。有的社区成立的社区金点子小组,专门向社区提出好的建议和想法。各种小组在社区居委会的组织和支持下,开展符合社区居民需求的丰富多彩的社区活动。

3. 社区听证会

听取大家的意见,让居民集体来决定社区事务,这是居民自治的又一方式。翠城五个社区通常就事关居民利益的社区重大问题,无论好坏,举行居民听证会，选取不同的居民代表，听取大家的意见，给居民充分的权力，让他们觉得"我的事情我做主"。社区听证会开展得好坏，关系居民的共同利益。只有获得听证支持后，才便于实施工作。社区工作人员认为，切身利益是凝聚居民行动的根本原因。

4. 居民调解

让居民自己化解彼此之间的矛盾。可让有能力的居民（民间能人）来化解居民之间的矛盾，真正实现社区居民的自治。雅园社区是翠城目前五个社区中唯一实现规范化建设标准的社区，独占一栋二层小楼，有了固定的独立的社区管理和服务场所，活动空间比较大。利用这一良好条件，社区居委会成立了社区爱心屋，让社区能人来调解居民之间的矛盾和问题，从而达到自治的目的。

5. 社区选举活动

社区选举是社区政治活动的主要部分。社区选举要有一定的民意基础和共识。这就需要社区筹备组做好前期的准备工作，为民服务，自治管理，亲民系民，让社区居民了解候选人，才能实现选举的最终意义——居民选举出能代表自己利益、为自己服务的社区管理人员。如前所述，翠城的做法是先由街道办事处成立社区筹备组，派驻工作人员来社区开展服务和管理活动，通过一段时间的认识和了解，社区居民开始认识和了解筹备组成员，同时社区能人也逐渐在社区居民中建立起威信。在充分认识和了解的基础上，组织和实施社区选举，由居民选举产生社区居委会，由社区党员选举产生社区党委。翠城的实践表明，只要能够切实为民服务，为居民着想，沟通和联系政府资源，协调社区物业和社会单位，哪怕是政府后期派驻的社区筹备组人员，最终也能获得居民的认可。

五 对策与建议

当前，堡头街道翠城经适房社区管理活动，存在着一些可取的经验和需改进的问题。根据存在的问题，研究者提出相关政策建议。

1. 确立保障房社区治理和服务的原则、理念和目标

针对目前社区工作存在的问题，我们提出"以人为本、和谐相处"的社区管理理念。在此理念下，社区建设和发展的目标是"人文社区""和谐社区""便捷社区"。人文社区是指社区氛围良好，居民精神面貌积极向上，宣扬先进文化，形成"自立、互助、参与"的社区精神，从而使社区居民找到社区的精神归宿；而和谐社区是指社区人际关系和谐、各个社会群体和谐相处，使社区社会资本达到很大的高度；便捷社区是指社区服务要完善、居民生活便利，不同居民的公共文化需求和生活设施要完备。

这一理念下的行动路径可概括为"服务、自治、文化"。服务、自治与文化的行动路径与社区理念相对应。服务工作路径既肯定了国家和政府对社区公共服务的供给责任，又强调了良好的社区生活和秩序所需的各种商业服务；自治路径则指出了社区的本质在于社区自治；而文化路径明确了公共服务供给和社区自治的导向是文化取向，倡导社区居民树立自立自助的良好精神风貌，鼓励社区居民参与社区公共事务。通过服务、自治和文化三条路径，最终把保障房社区建设成为管理有序、服务完善、环境优美、治安良好、生活便利、人际关系和谐、各个社会群体和谐相处的社会生活共同体。

2. 基于目前社区管理和服务的"三驾马车"框架，构建"五位一体"的社区日常管理委员会，负责社区日常管理、公共服务、不同主体协商等工作

新的社区管理委员会囊括了社区党委、居委会和服务站等过去的三方主体，同时添加了社区物业公司和社区重要的社会组织等基本管理和服务活动主体。因此，我们提出"五位一体"的社区日常管理框架，即党委—居委会—服务站—物业公司—社会单位共同参与下的社区管理委员会。也就是说，由社区党组织负责组织社区"五位一体"联席工作委员会，组织、协调、研究、解决社区各类问题，指导、督促、帮助物业服务公司和社会单位，通过横向协作，整合资源，同筑温馨家园，共建和谐社区。

其中，①社区党委处于领导地位，统筹协调社区管理和服务工作。②社区居委会是社区自治的负责主体，对应着社区的自治工作和文化建设。为了加强社区自治，同时兼顾社区其他工作，有必要实行社区党委书记和居委会主任一肩挑的工作体制，即社区书记和主任由同一人担任，该人要有领导和组织能力，具有一定的人格魅力，亲近社区居民，能够统领和主持社区的全面工作，依据相关制度和规定，协调社区不同部门之间的工作分工与合作，发起和召开社区工作协调联席会议。③社区服务站是对接政府行政性工作的社区主体，要根据社区居民数量和工作重点由政府配备社区服务站工作人员，实行社区工作者一人对应一（大）口的工作管理模式。④社区物业服务公司是开发商的社区物业服务公司，负责社区的物业服务和环境维护。在此，特别将社区物业服务这一块纳入社区管理和服务的整体框架中，旨在加强社区物业同社区其他工作的协调性和整体性，同时通过部门合作，改进物业服务，提高社区物业费收缴率。⑤社区社会组织等第三部门组织，包括社区范围内的社会公益组织和专业社会工作组织，如学校、幼儿园、社区卫生站、邮局、派出所、社会工作室等，以及商业组织、就业培训组织、专业社会工作组织、志愿者服务组织、社会公益组织。社区辖区范围内的社会单位是向社区居民提供日常生活所需的社会服务机构，正是这种组织属性的复杂性可以较好地满足社区居民的不同需求。需要特别指出的是，随着社会的发展进步，社区居民越来越需要专业的社会工作服务，如贫困干预、家庭暴力保护、问题青少年行为矫正、老年人心理辅导等。在"五位一体"的社区管理委员中，专业社会工作组织是必不可少的。

3. 细化社区服务类型，明确各自的供给主体，改进和完善社区服务

对社区居民提供优质充足的服务是各主体的主要工作内容之一。社区居民所需要的服务内容概括起来有三大类，分别是基本公共服务、专业社会服务、日常商业服务。而不同类型的服务内容则由不同社区主体来提供。其中，①基本公共服务主要由政府来供给，在服务的方式上，可以由政府直接提供服务，也可以通过政府购买公共服务的方式来解决。②组建邻里服务中心，由社会组织承接运作，在社区管理委员会的领导下开展以无偿为主、低偿为辅的专业服务。邻里服务中心有专门的工作场所。社区居民的专业服务需求，如心理辅导、家庭暴力保护、问题青少年行为矫正等，可以通过具有专业社会工作特征的社会组织来提供。向就业培训、家庭生活知识、青少年课外活动等，可由专业社会组织来提供。从公共服务的专业与否划分，可将公共服务划分为基本公共服务（如医疗卫生、社会保障、就业扶持、安全保障等）和专业公共服务（社区教育、行为矫正、居民心理干预与辅导等）。基本公共服务可以直接由政府提供，而专业公共服务则需要专门组织和人员来提供，可通过政府购买公共服务的方式，由社区的专业社会工作者来提供。比如社区的就业培训，需要政府进行财政投入，由专业的培训机构向社区居民提供职业技能培训，然后由受培训者对培训效果进行评价，作为培训工作的考核标准。③社区居民工作生活所需各种日常服务，则可以通过各种市场商业组织来满足。它们采取市场交换的方式来实现。比如居民通过缴纳物业费来购买物业公司提供的良好的社区环境和安全，花钱向相关服务组织购买水电费。在这个过程中，居民的消费行为使他们获得了相应的服务享受。另外，要通过社区管理委员会的协调制度，呼吁辖区社会单位向社区居民开放设施和服务，如辖区学校向社区居民开放非教学时间的运动场和健身设施等，推动社区共建。在这个过程中，社区管理委员会处于整体协调和领导地位，协调提供基本公共服务的社区服务站、提供物业服务的社区物业公司以及提供专业服务的邻里服务中心（由社会组织承接）三种服务供给者之间的关系。

4. 要做好保障房小区居民入住前后的社区管理和公共服务的准备工作

具体来说，①"五个先于入住"，即社区党委、居委会、服务站、物业公司以及一些商业服务单位、社会组织要先于居民入住。其中，社区党委和居委会可采取筹委会的形式开展工作，由街道办事处从原有的社区工作者中选派进入。②坚持未配套、不入住的要求做好入住前准备工作。人员、设施未配套所引发的问题要比晚入住更复杂、严重。配套的相关项目和内容涉及"五位一体"的社区管理和服务机构的组建、社区硬件设施的正常使用和完善。③居民入住时首先要收集居民详细信息，进行摸底调查，掌握社区居民的人口构成、家庭成员、职业、联系方式等信息。④先成立社区筹备组，组织居民开展活动，尽快熟悉和认识，选举和成立社区业主委员会，然后选举产生社区党委和居民委员会。

5. 专业社工进社区

专业社会工作倡导助人自助，通过对居民的专业辅导和帮助，恢复其自立自尊的内在潜能，实现自我发展。专业社会工作组织不仅能对社区弱势群体进行援助和保护，还能提升社区社会资本、促进社区文化体育活动、开展对社区管理和服务。主要表现在三个方面，个案工作涉及问题青少年教育、社区矫正、家庭暴力干预、老年人和残疾人权益保护、心理辅导等；团体工作涉及失业和无业居民培训、受挫心理干预、低保户群体心理辅导等；社区工作涉及社区文化设施规划、文化制度制定、文化活动指导等；社区社会工作涉及社区发展规划、社区文化建设、社区文体活动等。专业社会工作在社区管理和服务中，不仅作为社区管理委员会的主体之一，直接参与社区日常管理活动和提供专业服务，还对社区发展规划和日常活动开展提供专业建议。

The Report on the Governance in Indemnificatory Housing Community

—Take the Case of an Economically Affordable House in Beijing

Han Xiuji

Abstract：The economically affordable houses of Cuicheng communities in Fatou sub-district are the first Indemnificatory housing, which is provided by government for the lower-and middle-income groups in accordance with social policy. In fact, there are some problems in its community governance, such as the absence of community autonomy, the deficient coordination with Community Property Management Company, inefficient operation among the three management parts, the lack of hardware facilities in communities. So some measures need to be taken to improve community management and autonomy, promote basic and professional service for residents.

Key Words：Indemnificatory Housing; Community Governance; Public Service

B.19

2012 年北京互联网舆情分析报告

鞠春彦 *

摘　要：

在政府加强了对互联网舆情管理和引导的总体态势下，2012 年度北京互联网生态呈现出民间声音与主流媒体互动频度增强的趋向。围绕暴雨等突发事件形成的舆情热点和信息互动，是 2012 年度北京互联网舆情的最大特色。

关键词：

互联网舆情　突发事件　管理与引导

2012 年，北京互联网网民规模和互联网普及率继续呈持续增长态势。

表1　2007～2012 年北京互联网网民规模与互联网普及率数据

单位：万人，%

年份	北京网民数量	北京普及率	全国普及率	年份	北京网民数量	北京普及率	全国普及率
2007	737	46.6	15.9	2010	1218	69.4	34.3
2008	980	60	22.6	2011	1379	70.3	38.3
2009	1103	65.1	28.9	2012	1458	72.2	42.1

北京市政府网站建设也不断进步。由中国软件评测中心发布的《2012 年中国政府网站绩效评估总报告》称，北京以总分82.2 分蝉联省级政府门户网站绩效排名第一名。在各分项得分中，北京政府网站社保服务指数得分最高，

---

* 鞠春彦，北京工业大学社会学系教师，主要研究方向为社会思想与社会发展。

其次是医疗服务指数。另外，北京有三个区县进入区县政府网站绩效排名前十：西城区排名第二，东城区排名第四，朝阳区排名第七。

表 2 2010～2012 北京市政府网站评估指标对比表

项目\年度	总分	教育服务指数	社保服务指数	就业服务指数	医疗服务指数	住房服务指数	交通服务指数	企业开办指数	资质认定指数	信息公开指数	互动交流指数
2010	74.47	0.68	0.97	0.78	0.83	0.56	0.63	0.85	0.98	0.80	0.84
2011	75.25	0.62	0.92	0.56	0.49	0.58	0.72	0.54	0.68	0.80	0.76
2012	82.20	0.93	0.95	0.89	0.94	0.85	0.90	0.93	0.85	0.85	0.86

在由中国信息化研究与促进网联合工业和信息化部电子科学技术情报研究所等支持单位推出的 2012 年中国优秀政府网站、政务微博推荐及综合影响力评估结果中：首都文明网（第 1 名）、北京市公安局（第 7 名）、北京市工商局（第 10 名）、北京经信委（第 16 名）、北京地税局（第 24 名）进入"2012 年度中国政府网站领先奖"省市县党委、人大、政协，省市级委办厅局、科研院所、精神文明建设、政府服务类网站前 24 名榜单；北京市朝阳区列"2012 年度中国政府网站领先奖"直辖市、计划单列与副省级城市区县类网站第 1 名。北京市公安交通管理局入选"2012 年度服务创新型政府网站"，"交通北京""文明北京""首都健康微博平台"入选"2012 年度中国最具影响力政务微博"。"首都之窗"还获得了 2012 年度中国外文版政府网站领先奖第 1 名。

一 2012 北京互联网舆情盘点

（一）交通问题

"北京上班花费时间 52 分钟，居全国之首"、"首堵"、"停车难"、"打车难"、地铁出行、公交优先、限行摇号、公共自行车租赁等词汇是 2012 年北京交通领域舆情的热词。

（1）"停车难"的问题存在于小区停车场，也存在于繁华路段。为解决"停车难"，各区县各部门积极想办法。

表3 解决"停车难"方案举例

地域	方案
西城区	试点停车实名制,胡同居民停车实行"一车一名一牌制"
西四北三条、四条等地	拟取消垃圾桶,社区为每户居民家庭分发环保垃圾袋
王府井地区	7月5日起,智慧停车系统启动。动态停车信息通过互联网、手机、车载导航、交通台、路侧三色诱导屏发布,车主可以主动向系统"提问",寻找自己位置周边的空余车位情况
东、西、朝三城区部分路段	从7月10日起,试运行路侧电子计时收费,通过埋设地磁感应装备反映停车泊位使用情况。到年底,实现三个城区2.4万余个路侧停车泊位地磁传感器系统的全覆盖,以实现全市所有占道停车位的电子计时收费

机动车停车收费的规范有序进行。从10月1日起,北京市机动车停车收费价格手册发放。要求北京路侧占道停车场收费人员,应主动、提前向车主出示统一的价格手册,以避免价格纠纷。其中,小型车夜间路侧停车10小时为5元开始使用。

因停车费上涨引发的居民与物业矛盾增加的情况也值得关注。如:1月6日晚,因不满开发商提高停车费,丰台正邦嘉园小区数十名业主围住停车场,导致紧邻的横七条街被封死,经过此处的7辆公交车被堵6个多小时。

(2)为解决"打车难",政府新政不断。3月24日,北京市政府有关部门提出"鼓励市民合乘出租车,规定各付60%车费"。4月16日,北京又出台细则鼓励市民合乘出租车,以缓解打车难。但问题并未就此缓解,打车难问题持续发酵。5月7日,的哥因赚不到钱,罢工要求提价。相关的媒体持续跟进,有报道评论称:北京TAXI陷死局,"三输一赢",是出租车行业里的畸形现实。5月27日一份北京"打车难"调查指出:受油价负担重,司机超时劳动等因素影响,"高峰期成的哥最佳休息时段"。6月11日《中国青年报》文章称,"要消灭出租车份子钱就必须取消特许经营"。北京大学法律经济学研究中心联席主任薛兆丰明确指出,"份子钱源自特许经营,要消灭份子钱,就必须取消特许经营"。8月19日,有网友在人民网地方领导留言板上给北京市委书记郭金龙留言,反映"京城'黑车老大'阻碍正规出租车载客，并且放言如果谁的车扣了，他会帮谁提车；谁不听话，他会通知管局扣谁车"等系列情况。12 月 27 日，北京市交通委运输局和市交通执法总队联合召开针对出租车管理部署会，对出租车管理推出"史上最严"处罚措施——"出租车拒载砍价将停岗三年"，列入行业"黑名单"驾驶员不得再次录用。

（3）限行摇号仍是北京"治堵"的重要措施之一。3 月 28 日起，全市开展了针对机动车"涉牌"违法行为的专项整治行动。同时，摇号购车热度不减。

表 4　摇号购车热点事件

时间	热点事件	事件关注及后续发展
3 月 25 日	北京本月 97 万人参加摇号购车,中签比约为 47.9∶1	9 月,购车摇号人数首超百万,中签率 1∶52.83,创新低。12 月 7 号,摇号申请再增 7 万,中签难度又加大
3 月 29 日	北京交通委"惩罚摇号中签不买车者"提案未获批	截至 9 月的统计数字,月均 2357 人中签不买车
4 月 1 日	北京交通部门:北京将延续机动车限行政策,公务用车包括在内	7 月,北京交通委发布"十二五"交通发展建设规划,未来三年继续实施机动车尾号限行
5 月 3 日	北京市交通委:正研究以家庭为单位来摇号购车	—
11 月	有人统计:刘雪梅名字连续 7 个月中签,被称"摇号中签帝"	北京交通委在网站首页和微博对此事进行解释,称原因是申请人重名现象
12 月 12 日	网传"不需摇号 20 万元买车牌"	北京交管局局长接受调查

（4）地铁建设对于缓解北京交通压力功不可没。通过新建四通八达的地铁网络；通过缩短发车间隔缓解高峰时段压力；通过车体更新让乘客更舒适；通过出台新标准关注未来新建地铁节点的换乘方式，"步行时间不宜超过 3 分钟"规定；通过北京交通运输职业学院针对应届初中毕业生，开展五年一贯制"地铁订单班"等系列举措，成为舆情热点之一。地铁的安全问题也成为关注重点。

表5　地铁安全热点事件举例

时间	热点事件
4月26日	北京地铁8号线奥林匹克公园站，一名乘客在乘坐正常运行的电梯出站时不慎摔倒，造成后面多名乘客摔倒并发生踩踏
5月9日	北京通州九棵树地铁站一个地下通道内三个男子被扎并受伤
7月19日	北京地铁呼家楼地铁站B口，一男子持刀劫持一名女安检员，经过70多分钟劝说无效，嫌疑人在持刀伤害人质的情况下被特警狙击手击毙
12月	地铁5号线、10号线上多名青年遭陌生男青年划伤脸部

此外，地铁有关运营管理问题不断受到市民关注：北京市民刘巍一段时间以来，一直向有关部门申请公开公交IC卡成本明细及巨额押金利息去向等信息，刘先生的执著引发了一个公众关注的社会话题。3月22日，北京一卡通公司回应8亿押金质疑，称公司目前仍是亏损企业。3月24日，北京中安特科技有限公司客服人员表示北京公交一卡通制作成本远低于20元。市民对于一卡通公司的回应难以信服。

（5）为保障公交出行和绿色出行的一系列新闻热度也比较高。4月12日北京继续实施"公交优先"战略，开始在四环路施划专用道。北京市发展和改革委员会4月19日表示，作为优化市民公交出行服务环境的措施之一，北京将建设"首都便民交通五系统"信息服务平台，及时动态发布道路交通拥堵指数，为市民提供动态、静态相结合的交互式信息服务。持续优化公交网络，建立"无缝隙"的交通换乘系统，五环外地铁周边同步规划建设一批驻车换乘停车场，将率先实施机动车国V排放标准。北京市交通委8月17日回应"绿色出行"，称目标是"十二五"期间北京中心城公共交通出行比例达50%，小客车出行比例控制在25%以下，自行车出行比例保持在18%左右。其间，北京将设置1000个左右自行车租赁点，形成5万辆以上租赁自行车规模。9月13日，北京市新闻办发布消息称，非京籍人员下月可办理公租自行车租车卡。公共自行车租赁10月13日起向非京籍人士开放，不过由于系统问题，外籍人士护照租车还需等系统升级后才可读。

此外，"292名京籍驾驶人被终生禁驾"；北京市驾照考试科目三实际路考于 10 月 1 日起增加难度；"北京十二五期间将建拥堵费管理系统"，拟征收"拥堵费"等新闻受网友关注度都比较高。

（二）社会服务与社会管理

人口、交通、互联网是北京 2012 社会服务与管理舆情的三大关注点。人口方面主要是常住人口的居住证、"三非"外国人的清理等问题；交通方面主要涉及公共自行车服务管理、地铁服务管理和"中国式过马路"等问题；互联网方面则主要涉及实名制管理与舆情引导。

表 6　人口、交通、互联网热点事件及其发展追踪

时间	热点事件	事件关注及后续发展
1 月 24 日	"传说中的女网警"现身新浪微博	北京市公安局网络安全保卫处高媛发布网络信息安全内容
1 月 29 日	大型超市买菜刀需要实名制	警方回应:管制刀具之外并无新规
1 月 30 日	北京将启动户籍改革,拟用居住证取代暂住证	3 月 30 日,北京大学人口研究所教授陆杰华透露,北京居住证制度或将成为全国蓝本
2 月 4 日	北京和谐家庭评选物质化标准引发热议	北京市妇联回应称评价指标体系还将修订
2 月 14 日	清理整治网络黑市的"春风行动"展开	3 月 7 日,新浪微博发起为期一周的"春风行动"调查问卷,72% 的网友认为效果明显
3 月 14 日	绿卡制度正式实行	6 月 30 日,21 世纪经济报道,《北京户口的福利捆绑,居住证改革能否突破户籍藩篱》
3 月 16 日	新浪、腾讯、搜狐和网易四大网站微博全部要求实行实名制注册——前台自愿,后台实名	3 月 31 日,新浪微博、腾讯微博被禁言,时长 72 小时。5 月 28 日,新浪微博规定:发 5 条敏感信息将被禁言或封号。新浪招募的 5484 名社区委员也开始履职
4 月 3 日	北京市人力社保局提示:谨防社保卡诈骗	——
5 月 7 日	媒体称北京地铁安检形同虚设,持管制刀具可通过	——
5 月 14 日	外国人动车上调戏中国女乘客视频引网友关注	北京交响乐团开除"无德洋人"获赞
5 月 15 日至8 月底	北京市公安局集中清理"三非"外国人百日专项整治行动	"三非"外国人构成犯罪将被追刑责。5 月 27 日,外籍人士来京将获 72 小时免签。5 月 28 日,涉外社区推行七项便民措施

续表

时间	热点事件	事件关注及后续发展
6月8日	双独家庭生二胎盖30余章,需邻居作证公示	—
6月16日	北京市公共自行车服务系统正式启动运用,首批试点2000辆,63个租赁点	仅北京市二代身份证市民可申请办理租车服务,此举备受争议
8月28日	非京籍在京办护照9月1日起实行各区县都可受理	—
9月12日	关于北京暂住人口减少的消息让观察家们争相议论	—
10月18日	北京地铁5号线站点内信息显示屏出现异常,均显示"王鹏你妹"四个字	回应称学员误操作,将聊天记录点击发布所致。"你妹"成网络最新流行骂人话
11月5日	中共首都互联网协会委员会成立,是中国互联网协会成立的第一个党委	
12月11日	整治中国式过马路	至2013年3月,集中整治影响城市秩序、车道通行和群众集中反映的九类问题

城市中的拆迁仍是舆情重点,只是2012年的重点多与名人有关。

表7　2012年三大拆迁事件

时间	拆迁事件	事件关注后续发展
1月27日	媒体披露东城区北总布胡同24号院梁思成、林徽因故居被华润集团富恒房地产开发公司部分拆除	2月7日,北京市文物局、公安机关介入调查故居被拆除一事,相关责任人被依法问责,责令建筑单位按故居原状进行恢复
7月7日	网友曝章士钊故居被拆	北京市文物局介入并叫停。施工方被处罚金,并按照要求办理相关手续
8月10日	北影厂拆迁引发关注	北京规划委明确将保留北影厂内优秀近现代建筑

城市管理与市容建设等方面舆情热点也比较多。5月22日,北京市市政市容委发布《北京市主要行业公厕管理服务工作标准》,"两只苍蝇"规定引发热议。5月23日,北京市市政市容委回应称制定标准是希望北京公厕向好的方向发展,并非强制规定,更不会派专人数苍蝇。9月20日,为迎接国庆,为期一周的"大扫除"开始,首次量化考核打分的"干净指数"也引发了网络兴趣。5月29日,北京市人大常委会第33次会议审议

《北京市实施〈中华人民共和国防震减灾法〉规定（草案)》，城建环保委建议删除"统一发布"条款；12 月 15 日，《空气重污染日应对方案（暂行)》发布指出，空气质量指数达到 500 的极重污染日，"在京党政机关和企事业单位带头停驶公务用车 30%"；十八大期间北京游船停航等消息都受到网络高度关注。

（三）教育问题

1. 入园难、幼升小、小升初问题

表 8　教育类热点问题

时间	热点事件
2 月 16 日	北京实验二小拟取消"三好学生"，用"10 + N + 1"多元评价体系，教委回应是否试点推广尚未敲定
3 月 26 日	昌平天通苑东二区现"空中幼儿园"，数十名幼儿在楼顶玩耍，区教委回应：楼顶开辟活动场所不符合规定
5 月 7 日	北京市教委发布《2012 年义务教育阶段入学工作意见》，网友质疑"外地孩子在北京上个学需要那么多证件吗？"
5 月 10 日	严禁义务教育阶段以任何名义收取择校费、借读费等
5 月 31 日	北京 22 中学初二学生言覃在学校遭老师王靖辱骂
6 月 9 日	非北京籍适龄儿童入小学办"五证"截止日
8 月 28 日	北京四中、人大附中等北京近 30 所示范中学负责人与北京市教委签订责任书，承诺不直接或变相采取考试的方式选拔学生
9 月 1 日	"北京拟公布幼儿园收费标准，有望取消赞助费"的热议尘埃落定。9 月 1 日起，北京幼儿园执行新政策，取消赞助费。市发改委将就此开展专项检查，严防幼儿园收取赞助费。市民可拨打"12358"举报
10 月 18 日	非京籍考生家长与京籍青年就"异地高考"问题在北京市教育委员会信访办公室外对峙
12 月 14 日	朝阳区教委德育大会宣布，有效控制肥胖率、近视率将纳入优秀班主任考核标准
12 月 30 日	北京市公布异地高考过渡方案

最近热议的异地高考因牵涉各方利益，网友对该政策态度非常鲜明。根据国家发改委城市和小城镇中心城市舆情室统计的数据，有 46% 的网民表示支持异地高考政策，京沪地区本地市民反对呼声超过 95%，甚至有上海网友成

立了反对异地高考签名的专用微博。热议随着"异地高考"方案的出台而告一段落。

此外,《青少年性健康教育研究》报告"北京中学生性知识多不及格,17岁性行为比例最高",北京体检中心发布的报告"北京 2011 年高中毕业生体检,仅 1 成完全合格"等消息也受到广泛关注。

2. 围绕名校、名教授的热议和质疑

表9 名校名人舆情热点

事件	热点事件
3月8日	北大社会学系教授李建新称"剩女是个伪问题,剩男是个大问题"。"群众暴力事件背后往往有剩男的影子"惹争议——BBS 热帖标题:"剩男怎成群体性事件的替罪羊"
3月16日	中国人民大学化学系主任曹廷炳教授从科研楼坠楼身亡,年仅 39 岁
3月22日	《中国社会科学》发表的研究显示:北大学生中干部子女比例不断攀升远超农民阶层。BBS 帖文排行"干部子女占领北大","一个寒门子弟要想出台,要跨越多少障碍";微博客热门话题排行榜,"寒门难再出贵子"
3月23日	几名北大学生专门创办的一家视频家教网站,免费运营
4月1日	北大苹果体验区在北大图书馆内低调开张
4月14日	北大高考咨询会:2012 年招生政策,除大体保持稳定外有微调。北京考生考取名校的机会更大,大幅增加对贫困地区和农村学生的政策倾斜
5月7日	清华硕士生跳河自杀,毕业前压力大引发精神疾病
5月12日	清华调查曝高考政策"城乡差距":直辖市学生获得自主招生名额可能性是农村学生的 5.5 倍,省会城市学生获保送可能性是农村学生的 11.1 倍
5月16日	高考权利争夺战困境;北大学生称教授做课题强行要求上报名单
5月16日	"天价实习生"受关注;北大排查"网瘾"同学惹争议
5月17日	清华、北大"最肥沃"的美国博士培养基地
5月24日	北大校长助理呼吁禁止学生实习,称影响大学学业
5月25日	北京社会心理研究所和北京高校学生心理素质研究中心举办大学生心理健康日公益活动,调查称"14% 大学生存中度以上心理问题"
5月26日	中国人民大学一名教授身兼 6 家上市公司独董而被冠以"最牛独董"称号,某些上市公司独董也由此被戏称为"读不懂的'独董'"

续表

事件	热点事件
6 月 9 日	北京千余名考生放弃高考;北大钱理群称"大学教育已被实用主义裹挟"
7 月 4 日	网友"摆古论今"微博透露,北大官网公布校领导机构设置中存在 11 位校长助理,引发一阵声讨,称"北大沦陷"
7 月 4 日	北京大学在"北京大学新闻网"上回应,北大的 11 位校长助理是根据工作需要设立的兼职服务岗位,本职工作还是教学和科研,他们并非"校级领导"。北大着手调整校长助理,专家称头衔含潜在利益
7 月 9 日	北京大学未名 BBS 匿名板块《爸爸,对不起,我北大毕业,但我没能挣大钱,当大官》帖子引网友围观
7 月 9 日	一本类院校在京招生录取工作启动,清华文理提档线均高于北大
7 月 9 日	北师大新任校长董奇承诺"四不",要用"整个的心"去做"整个的校长"
7 月 13 日	北大校长周其凤老家长跪母亲膝前祝寿,引热议
7 月 21 日	山东考生上北大清华比北京考生难 18 倍
8 月 21 日	新浪实名认证邹恒甫微博称:北大院长梦桃园酒店奸淫服务员。8 月 31 日,北大新闻中心发布第三次声明:北大已起诉邹恒甫
9 月 10 日	程帅帅给北大送新校牌"北京人大学"。网站时评排行 7:"北京人大学",一块无法遣返的现实牌匾——改变教育不公,除了要破除异地高考的藩篱,更亟待解决的其实是地域间招生资源的分配不均
9 月 26 日	北航教授韩德强在"保钓"游行中因观点不和,两次殴打一位八旬老人。该打人事件引起普遍关注,课堂遇冷,连续四堂课无学生
10 月 10 日	清华大学台籍教授绝食抗议校方擅改简历,收到清华大学工程物理系系务会的道歉邮件后,该系来自台湾的教授程曜停止了自己持续了 5 天的绝食抗议
10 月 18 日	"清华学霸"双胞胎走红,学习计划表精确到小时
10 月 19 日	北大清华选拔学子参加麻将世锦赛,网友称不赌博有何不可
11 月 19 日	北京师范大学教授于丹北大谈昆曲,遭呛声下台
12 月 12 日	北大教授李可基发布"三聚氰胺基本无毒"言论,就信息传播中误导向公众道歉,但仍坚持自己观点
12 月 13 日	中国社科院教授唐钧做客央视"新闻 1 + 1",解读两起民工冻死事件,笑面教授遭质疑
12 月 14 日	北大 2011 ~ 2012 学年奖学金颁奖礼单项奖最高每人每年 4 万

　　截至 3 月 28 日人民网发起的"北大学生干部子女比例远超其他阶层,您怎看":结果为:A 反思,社会不平等致资源分配不均衡,50.8%;B 反常,有高招腐败"权力通吃"嫌疑,41.6%;C 正常,高考仍是最公平的上升通道,7.1%;D 其他,0.5%。

（四）房子问题

表10　房事热点舆情盘点

时间	热点事件
3月17日	北京城建旗下商住楼现怪事预售证领取超两月后分层开盘
3月22日	北京"天价房"：单套5000万，竟是小产权
3月25日	北京市住房和城乡建设委员会主任杨斌做客北京城市服务管理广播"市民对话一把手"节目时表示：北京试点房产税政策进入准备期
3月27日	北京市住房和城乡建设委员会明确回应，尚无试点房产税安排
3月28日	北京清理无效房源，可售住房数减少3.3万套
3月31日	北京房产新浪官微上传一则名为《北京天价墓地35万/平方米！伤不起啊》的微博，一经发布就引起网友围观
4月1日	网曝众多北京市民到河北买墓地
4月1日	门头沟现"史上最牛豪宅"，每栋售价过一亿
4月3日	北京限购房资格假材料：要价千元至十万不等
4月4日	"北京天价墓"名列新浪微博十大热门话题的第二位，高价墓地逼出"异地安葬热"，网友吐槽《天价墓之歌》。北京殡葬协会：回应"死不起，葬河北"
4月5日	北京春季房交会开幕，海外地产占较大比例
4月10日	京城首套房贷利率再现8.5折
4月11日	北京彻查购房资格舞弊，4000万灰色利益链起底
4月12日	首套房贷利率再下调，多家银行在北京地区还可实行首套房贷8.5折优惠
4月15日	调查称北京高房价推高房租，六成房客不考虑购房
4月17日	租金暴涨，京城商业格局生变
5月2日	北京公租房最高可获95%补贴，月租金仅需114元；北京风景楼盘推出"对赌协议"的促销方式
5月4日	北京再现"地王"退地
5月7日	五一期间，购房优惠——降价送车位促销
5月10日	北京租房新规征民意：人均面积不得低于5平方米，不得分割出租
5月14日	北京首批家庭入住公租房，低保户95元可租一居室
5月15日	严禁违规出租出售闲置保障性住房
5月16日	伪造工作居住证买房者两年内不得在京购房，并永久取消其办理工作居住证资格
5月17日	北京单向街书店遭遇房租大涨，创办者微博求助
5月26日	润丰集团旗下公司推出不限购房车项目——移动房车，自称政府鼓励
5月29日	北京不合标准群租房普遍存在，禁令如空文
5月31日	北京市发布《关于进一步规范房屋租赁市场稳定房屋租金工作的意见》，提出"北京将成立国有房屋租赁经营机构"，"官办中介"引关注

续表

时间	热点事件
6 月 8 日	金牛区模拟搬迁,居民通宵排队选房
6 月 11 日	京城 7 家银行推首套房贷 8.5 折,调控放松迹象明显
7 月 2 日	清华园车站沦为出租房
7 月 4 日	朝阳首个公租房今起配租,月租 38 元/平方米
7 月 6 日	公积金贷款利率下调,月供减 87 元
7 月 10 日	万柳地块诞生新"地王"。北京万柳地王产生后万柳地王周边二手房火爆
7 月 12 日	"北京合作建房"项目举行新闻发布会,拥有多年房地产销售经验的孙智群再次扛旗,声称要组织买房人,盖出比开发商建房房价低 40% 的房子
7 月 15 日	单向书店搬离蓝色港湾
7 月 16 日	官方统计:上半年北京房价跌了近一成,"量涨价跌";房源被中介垄断,租金占到毕业生工资三四成
7 月 20 日	天通苑一套房骗租 22 人,二房东一房多租被批捕
7 月 21 日	北京首开限价房承重墙用空心砖,同馨家园暴雨中现原形
7 月 22 日	温州个人合作建房第一人赵智强首次公布北京个人合作建房最新进展
8 月 1 日	北京住房保障部门确认首开限价房存质量问题,层层分包或是诱因
8 月 3 日	北京旗胜家园限价房被"淋"成海景房,近 350 间地下室隔间违规出租
8 月 4 日	李建新承认,"北大报告称去年全国家庭的平均住房面积为 116.4 平方米,人均住房面积为 36 平方米",数据存在缺陷
8 月 9 日	整治房产中介 10 宗罪,拒不退押金被投诉最多
8 月 11 日	北京放开公租房户籍限制,非京籍申请成功不足 1%
8 月 18 日	北京公租房或取消排烟管道,每户可增加 0.3 平方米
9 月 6 日	北京房租迭创新高,热点区域涨幅超 20%
9 月 9 日	北京楼市"金九"惨淡开局,成交量近 10 周最低
9 月 10 日	北京推多宗明星地块
10 月	北京拟分类处理小产权房
10 月 13 日	网友调侃莫言获奖金北京买房
10 月 30 日	北京个人合作建房 600 人参与,办理房产证面临困难
12 月 15 日	住建委详解非京籍购房资格,纳税按年社保按月
12 月 18 日	补缴社保购房资格审核不予认可
12 年 27 日	北京年末再现"地王",起始楼面价超 3 万元
12 月	年底商品房市场的翘尾效应、"千人排队""日光盘再现"等标题屡见不鲜

北京老百姓的住房问题正随着城市的发展悄然发生着翻天覆地的变化。有调查称,北京首次购房者平均 27 岁,比日本德国早 15 年。专家称年轻人

急于买房会导致生活负担沉重、生活水平下降和心理压力大、事业动力不足等问题。但"北漂族购房调查"表明：买房不只为踏实更事关尊严。对于北漂而言，在北京买套房子，已经不仅仅承载着居住功能，还是身份和财富的象征，甚至是尊严的体现。没有北京户口、工作和房子的人，在北京甚至没有资格谈恋爱。

（五）婚恋热点事件

表 11 婚恋热点事件盘点

时间	热点事件
2 月 14 日	北京一对男同性恋到婚姻登记处请求领取结婚证,未果
5 月 19 日	北京市妇联举办 400 多人规模的军人相亲会
5 月 27 日	天通苑、回龙观、望京、CBD 四大社区联手举办了首场相亲会,"千人捧场,6 成是父母"
8 月 22 日	北京中关村"剩男"竖广告牌征婚,3 人每人花 5 万
12 月 23 日	46 年来最冷的一天,北京三里屯上演史上最"冻"人求婚

网上流传着一份《中国十大城市娶老婆成本排行榜》，北京、上海、深圳等一线城市娶老婆成本超过 200 万元。高额的结婚成本让部分新人成为婚庆啃老族。礼金随改革开放猛涨，结婚份子钱 60 年涨 600 倍。接二连三的"红色炸弹"也让不少人大呼钱包"hold"不住。

（六）医疗与社会保障问题

表 12 医疗社保热点事件及后续进展

时间	热点事件	后续进展
1 月 5 日	上下班途中遇交通事故可申请工伤	—
3 月 20 日	北京市第一社会福利院称:"老人要住进来,至少得等 10 年"	北京养老院生存现状调查:住不起的养老院;8 月 21 日消息称:北京将出养老市场准入标准
3 月 28 日	北京多家养老院调查:护工不识字,喂药靠打听	
4 月 1 日	北京民政局局长承认养老难:排号入住等 10 年属实	

续表

时间	热点事件	后续进展
4 月 11 日	大兴孕妇 4 次申请住院,3 次被拒,产子后死亡	12 月 14 日,北京市卫生局正式公布,加强医疗机构急诊工作新政,推诿急诊患者将追责
11 月	微博博主"急诊科女超人"爆料昏迷老人辗转 5 家急诊科未得救治	
4 月 12 日	北京医保被指歧视外地人,非京籍白领患癌报销遭拒	
4 月 13 日	北京大学人民医院、北京航天总医院发生两起刺医案	
4 月 21 日	京医通卡率先在友谊医院启用	
5 月 11 日	北京规定医疗纠纷发生率挂钩院长工资,两年不合格免职	
5 月 25 日	人大发北京控烟条例征求意见的分析报告。其中戒烟是否该"走"医保报销,成为此次民意征集中的热点	
7 月 1 日	大幅提高 16 种恶性肿瘤治疗用药报销比例;北京友谊医院率先开展"医药分开"试点	
7 月 5 日	京籍"失独"父母将获综合性保险	
7 月 13 日	41 岁下岗工人廖丹伪造单据"诈骗救妻"案引发广泛关注,获广泛同情和捐助	北京朝阳区六里屯街道办事处为廖丹一家申请了低保;7 月 25 日一审后被取保候审
8 月 21 日	北京协和医院东院区实行 24 小时挂号,一次挂三天号	
10 月 12 日	协和医院、友谊医院等 24 家大医院将试点护士岗位管理改革,门急诊护士"包干"年内试点	

(七)就业、物价与食品安全等问题

就业、物价与食品安全同公众生活质量息息相关。就业方面的问题主要围绕就业难、就业公平等事项展开,热点事件主要包括"月嫂最高月薪 1.5 万超医科博士""京市海淀区公务员招考结果公布,笔试头名落榜,倒第二被录取""'中国大学生学习与发展'系列报告——大学生就业:家庭背景非常重要",等等。

物价方面:3 月 20 日"两会"期间,全国人大代表林道藩到北京菜市场做"10 元购买力调研"引发微博热议"10 元购买力";在生活成本日益增加的大环境下,北京对大白菜、萝卜等"大路菜"的限价供应受到消费者青睐,主要通过直营直供和车载车售销售的"两元菜"持续供应至 5 月蔬菜生产淡季结束。虽然有数据表明北京 2012 年上半年居民收入跑赢 GDP,但新浪微博

就"上班族一线城市月收入多少才有安全感"发起的调查，让我们看到城市上班族面对现实的无奈与心酸。十八大后围绕"收入倍增"的讨论热度不减。

食品安全与健康等问题持续受到关注，北京稻香村、全聚德等知名企业因鸭血豆腐、废弃鸭油等事件卷入；桶装水质量是否合格；童装是否存在质量问题等受到媒体和公众关注。北京市政府于7月份开始对所有餐馆进行新型动态评级，实行"笑脸公示制"、餐饮卫生监督"约见制"；10月18日，《北京市食品安全条例》修订草案出台，首次将"地沟油"治理、惩罚内容纳入地方法规。北京市还出台新政，通过提供资金补贴方式，鼓励餐饮企业的餐厨垃圾就地资源化处理，从源头治理"地沟油"。

（八）突发事件

2012年度北京的突发事件比往年多，主要包括：八级大风突袭北京、路面塌陷、反日示威抗议、"7·21"大暴雨、寒流等。其中4月1日，西城区北礼士路物华大厦东侧便道路面塌陷，"女子烫伤死亡事故"引发广泛关注，网络舆论中兴起"走路死"一说。罕见的大暴雨让北京成为全国乃至全球的关注热点，围绕暴雨形成的舆情包括美丑并现的众生相、现代城市病的暴露与拷问、政府管理与舆情应对等。

此外，微博约架成潮流、北京朝阳公园成"约架"胜地、"四惠大爷"等等，也是2012年度北京互联网场域中的热词。

二　2012北京互联网舆情特点分析

（一）2012年北京互联网舆情受议程设置的影响明显，互联网管理加强的成效显著

2012年北京互联网舆情热点依然围绕主要民生议题展开，交通、房子、教育公平、社会安全、医疗养老等话题历久弥新。议题虽没有发生根本变化，互联网生态却在发生悄然的变化。在互联网管理加强的总体态势下，议程设置发挥了越来越重要的作用。网络议程重要设置者和推动者正

在由草根领袖变为舆论领袖、公共文明引导员、网络管理员和传统媒体等多元主体。

同时，北京网络安全部门通过探索网络执法"警示前置"的模式，通过加强与网民的互动交流，引导网民抵制各类谣言和不良信息的系列举措也取得了一定效果。如在 2012 年 12 月，针对有人借"世界末日"言论在网上宣扬虚假恐怖信息，散布谣言，煽动抢购商品、罢工、信奉邪教等行为，警方及时发布引导信息，均取得良好效果。北京警方形成由网安牵动、多警种密切配合、整体联动的互联网犯罪打击模式，2012 年共破获各类涉网案件 3800 余起，抓获违法犯罪嫌疑人 4200 余名。

（二）政务公开和官民互动交流的发展趋势，在微博问政的推动下走强

2012 年北京利用互联网推进政务建设是积极和富有成效的。本文篇首提及的"北京市政府网站评估指标"和政务影响力排行等数据，是这一趋势的客观说明。同时，还有一些很好的例证。

8 月 19 日，北京西城区公布政府权力清单，推进政府权力的公开透明运行。西城区 68 个部门共有行政职权 5000 余项，经初步梳理，"权力清单"初露端倪。以之为基础，详细的职权目录与权力运行流程图晒到阳光下。西城区的试点很令人期待。另外，政府在辟谣和舆情引导等方面不断取得成效。如：3 月 29 日 10 时，网友"的子"发微博称，同事老公的同事的孩子眼角膜被摘了，并称此事发生在北京。该微博随即受到关注，网友以疑惑、紧张和恐慌的心态参与转发。12 时，这条微博被删除。随即发微博道歉，称消息为道听途说。北京警方通过"平安北京"、新浪"微博辟谣"对此事及时跟进，与网友有效沟通，并快速平息了该谣言。

（三）突发事件多发是 2012 年北京互联网舆情遇到的新挑战，官博在应对中得到历练和肯定

相比于往年，2012 年北京突发事件引发的舆情关注非常突出，其中以

"7·21"暴雨灾害事件最为引人注目。暴雨发生后,网民质疑声浪一波波袭来。民众要求的知情权和信息公开在不确定性条件下似乎变得更加困难。北京各级相关部门对质疑做出了及时应对,尽管即时性效果存在差异,但"北京发布""北京消防""水润京华""平安北京""交通北京"与16区县政务微博持续不断发送雨情信息、救援详情等,合力形成的官方舆论场在舆论引导中占得先机,对民间舆论场的影响非常大,放大了微博时代的正能量①。而7月25日晚,北京市政府新闻办公室官方微博@北京发布一改以往只原创发布或转发系统内相关政务微博的做法,认真倾听网民微博心声并开启真诚互动,是舆论趋向理性的重要转折点。突发事件带来的不确定性是舆情发酵的生长点,而北京暴雨舆情的事态发展雄辩地说明:政府舆情危机处理时与网民的真诚互动非常重要。

三 对2012年北京互联网舆情的思考与建议

(一) 强化互联网应对与引导的整体性与长效考量, 不能仅满足于危机的应急处理

"7·21"暴雨考验了政府,提升了政府的危机处理能力,但仅仅把握互联网应对法则还远远不够。暴雨暴露出北京的城市病灶:"7·21"暴雨至8月13日,短短20多天,北京主城区共计发生99处路面塌陷,并导致部分人员受轻伤。北京道路养护主管部门认为近百起路面塌陷与暴雨相关。中国地质科学院研究人员认为,塌陷说明地下已经结构性破坏,其广泛出现,值得高度关注。8月21日,"7·21"公路灾后重建全面启动。北京全市需重建的公路共1012条,力争2013年底前完成188条县级以上公路重建,全部工程力争在2014年7月底前完成。我们尚不知有关部门是否已经做出针对此事的长效规划,但大跃进式的城市建设必须立足长治久安的考量。《中国经济周刊》曾报道:一张十几年前由专家绘制的北京排水设施规划图竟然与网友此次绘制的

---

① 人民网内部参阅《网络舆情·研究版》,2012年总第57期,第4页。

"北京积水图"一模一样；网友戏称北京城市排水系统是"群龙治水"。法国大文豪雨果曾经写道："下水道是一个城市的智慧与良心。"希望"7·21"暴雨带给有关部门的是更为深刻和全局性的反省。

（二）虚拟社会管理的创新须警惕互联网技术与社会政策赛跑之迹象

面对政府加强互联网管理的举措，有拥护也有反对。反对者有的把问题带到了线下，于是"微博约架"成新时尚；名人退博所谓"暂避一时的喧嚣"引来无数的关注；网络社交又添生力军，微信成为 2012 年互联网新宠。"微博退烧"对于政府正在致力加强的微博问政是一个新考验，受众缺失将会虚设政府的信息化和网络化建设。"微信新热"则暗示了技术管控的规避存在一定空间。纵观中国互联网的发展，技术创新与政策赛跑之迹象客观存在。虚拟社会管理要关注这种迹象，并且要有前瞻性地进行创新，否则我们的社会建设和虚拟社会管理只能是应急处理和"打补丁"的建设。

（三）虚拟社会管理的根源在现实社会，中国现实社会问题的解决亟待制度化的有序推进

北京市发展改革委员会公布的数据显示，"十一五"期间，全市地区生产总值年均增长 11.4%，总量达到 13777.9 亿元，人均超过 1 万美元。北京市居民的人均可支配收入已经处于全国的第一方阵，接近富裕国家水平。但是，居民的幸福感并未与经济发展水平相匹配。在《中国最具幸福感城市》榜单上：青岛第一，北京排在第 90 名之后。北京社会发展与社会建设的整体性考量尚有缺失。受惯性思维方式和管理模式的影响，北京当前社会建设和管理中依然存在革命时代和计划经济的特色。比如，5～11 月，北京开展为期逾半年的抗菌药物整治；9 月 14 日，消防部门在全北京市组织消防平安决战攻坚行动。此类"整治"和"攻坚"固然有突出效果，但因其面对的问题是社会管理中的常态化内容，所以更应将其纳入日常化、制度化社会管理运行轨道中。

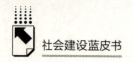

北京作为中华人民共和国的首都有不可比拟的独特性质，其社会建设和社会管理必然具有极大的特殊性。2012 年"116 家跨国公司总部落京城，北京将成为世界的办公室"的帖子非常令人关注。"蛮子早报"也很引人注意，它说：中国有 69 家世界 500 强企业，北京占了 40 多家；北京亿万富翁 10500 人，全国第一。在中国，500 强多以权力垄断型企业为主导。民企式微，官企坐大，实业式微，垄断坐大，成为中国经济结构失衡的主要表象①。此类舆情言论表明：北京的社会建设不是北京人和北京政府自己的事情，制度化考量是北京社会建设中不可回避的内容。

Analysis on Internet-based Public
in Beijing in 2012

Ju Chunyan

Abstract：In 2012, the government has strengthened the internet public opinion guidance and management of the Internet Ecosystem, the Internet Ecosystem has shown a trend of enhancement interaction frequency between the folk sound and the mainstream media. The biggest characteristic of Internet public opinion is that the public opinion hotspot and the information interaction rainstorm events formed.

Key Words：Public Opinion；Emergency；Management and Guidance

---

① http：//weibo. com/charlesxue 2012 – 9 – 16.

调查研究篇

Reports on Social Surveys

北京市社会心态调查报告

张胸宽*

摘　要：

作为首善之区，培养市民具有积极健康的社会心态，对北京的经济社会发展具有重要的意义。本文通过社会调查与数据分析，了解当前北京市居民社会心态的现状、特点和存在的主要问题。分析在此心态状况下的居民行为倾向。在此基础上，结合北京实际，对北京居民健康社会心态的培育提出具体的对策与建议。

关键词：

社会心态　行为倾向　社会调查

社会心态指"当前一段时间内整个社会或某些群体内的社会心境，是社会或群体成员对社会整体的认知、感受和价值观的总和"。它来自社会个体心态的同质性，却不等同于个体心态的简单加总，而是新生成的、具有本身特质

* 张胸宽，北京市社会工作委员会北京社会心理研究所。

和功能的心理现象，反映了个人与社会之间相互建构而形成的最为宏观的心理关系[①]。社会心态的具体内涵包括社会价值观、社会认知、社会情绪和社会行为几个方面。作为首善之区的北京，培养居民具有积极健康的居民心态，直接影响着北京的政治、经济、文化与社会的发展。

一　当前北京市社会心态现状及特点

调查数据分析显示：北京市居民社会心态总体平均得分57.4分，其中"个人生活状态"50.5分、"社会生活心态"54.9分、"政治心态"57.1分、"经济心态"53.5分、"文化心态"67.6分，属于稳定趋好之心态。

表1　北京市居民社会心态状况

项目	得分	项目	得分
个人生活心态	50.5	**政治心态**	57.1
生活满意度	55.3	行政效率	49.2
收入满意度	42.9	公共服务满意度	50.1
安全感	51.9	政治满意度	65.8
幸福感	52.5	政治信心	68.7
压力感	37.4(正向)	政治好转	70.9
自我认同	51.3	廉洁	39.7
经济心态	53.5	群众基础	55.0
竞争力	62.1	司法公正	54.3
经济发展满意度	63.6	处理突发事件能力	56.7
经济信心	67.7	**社会生活心态**	54.9
收入分配公平	31.4	社会管理满意度	50.0
经济共享	54.4	社会和谐	62.2
贫富差距	19.4	社会创新	48.6
经济好转	69.2	社会诚信	45.1
文化心态	67.6	人际信任	55.2
文化竞争力	71.7	社会发展信心	67.5
文化生活状态	57.3	社会稳定	56.3
文化建设满意度	50.2	社会包容度	28.4
文化建设好转度	56.1	社会发展满意度	61.6
文化信心	52.0	社会发展好转度	69.6
教育满意程度	55.4	社会保障充分度	50.6

---

① 杨宜音：《个体与宏观社会的心理关系：社会心态概念的界定》，《社会学研究》2006年第4期。

从数据可以看出，北京市居民社会心态呈现出以下几个特点。

1. 收入满意度低、普遍表示压力大

本次调查中，北京市居民对自己的收入满意度仅为42.9分、压力感63.6分（表1中37.4分已经是正向化），呈现收入低、压力较大的趋势。调查显示，北京居民的压力源前三项分别来自收入（52%）、住房（42%）与子女教育（30%）。

2. 肯定政治发展成果、对未来道路充满信心，但认为行政效率低下、官员廉洁度有待提高

调查中，北京居民对政治的满意度与信心分别为65.8分与68.7分，对未来两三年政治好转的认识甚至达70.9分，显示出对政治改革的充分肯定、对未来道路充满信心。但居民同时对当下行政效率的评价仅为49.2分，对政府官员的廉洁评价仅为39.7分。

3. 肯定经济发展成果、对未来经济保持信心，但认为收入分配不公、贫富差距大

调查中，北京居民对经济发展满意度与信心分别为63.6分与67.7分，但认为存在严重的收入分配不公平，得分仅为31.4分，进而认为导致了严重的贫富差距，得分为19.4分，处于较严重向非常严重的过渡区间。

4. 文化心态普遍较好，特别是对文化竞争力保持较高自信

调查中，北京居民无论是对其当下的文化生活状态，还是对国家的文化发展及信心评价都比较高，对中华文化竞争力的评价甚至达到了71.7分，显示出中华文化强大的活力与坚实的群众基础。

5. 普遍认为当下社会稳定和谐，对其发展充满信心，但同时认为社会诚信与社会包容度低

数据显示，北京居民对社会发展满意度与信心分别为61.6分与67.5分，属于较好的状态。而对当下社会诚信与社会包容度的评价却只有45.1分与28.4分，属于较差的状态。

进一步分析，北京市居民社会心态在不同户籍、不同收入水平和不同职业方面的表现差异性不大，而在以下几个方面有着显著性的差异。

1. 相对而言，中共党员社会心态最好、群众次之，团员最差

本次调查中，中共党员、共青团员、群众三者社会心态平均得分各为59.6分、55分与56.6分。经分析，年龄是导致不同政治面貌居民社会心态差异的主要原因，本次调查中共青团员共147人，18～19岁与20～29岁两段各占3%与97%，未到而立之年，对事情的看法还不够成熟且未定型；其次20～29岁段居民的压力相对较大，也在一定程度上影响了共青团员社会心态的总体平均得分。

2. 正常婚姻状态居民的社会心态相对变异状态居民要好

本次调查中，未婚、已婚、离异、丧偶四种不同状态的北京居民社会心态平均得分依次为55分、58.1分、54.4分和46.6分。正常婚姻状态的未婚与已婚两类居民心态要明显好于离异与丧偶两类居民，其中以已婚居民社会心态表现最好。经分析，已婚居民平均年龄相对未婚居民大，对问题的认识更加成熟；相对于离异与丧偶两类居民，已婚者有着与配偶的良好感情交流和日常帮扶照顾，其表现更加平和、理性而不偏激，所以已婚居民社会心态相对其他三类居民要好。

3. 大专文化程度以下居民的社会心态明显要好于大专文化程度以上居民（含大专），且小学文化程度居民社会心态表现最好，大专文化程度以上居民随着文化程度的上升其社会心态表现反而越差

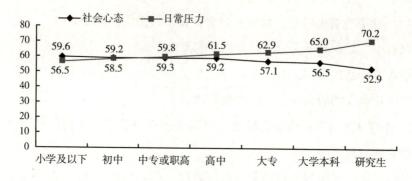

图1　不同文化程度居民社会心态与日常压力趋势

经分析，不同文化程度居民社会心态的差异原因主要来自：一是心态的好坏与他人（参照体）的比较有关，心理学实验证实横向比较相对纵向比较对其心态影响更大，所谓的横向比较就是群体内的比较，纵向比较就是不同群体之间的比较。大专文化程度以下的居民群体内个人发展差距相对要小，而大专文化程度以上的居民群体内个人发展差距趋势越来越大，所以大专文化程度以上居民群体的心态表现相对差些。二是不同文化程度居民群体的压力大小也对其心态的好坏有着直接的影响，两者之间呈现出负相关的态势，不同文化程度居民压力呈现上升趋势，而心态呈现一定的下降趋势。

4. 个人健康水平（含生理、心理和社会健康）与其社会心态健康程度呈现一定的正相关

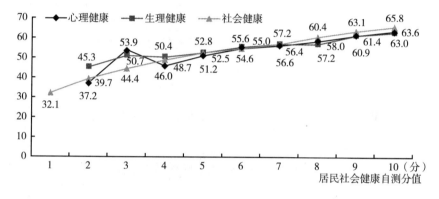

图2　个人健康水平与其心态健康程度的关系

经分析：生理健康水平越高者，其抗压力的素质越好，其心态也就越好；社会健康水平越高者，代表着其有更好的社会支持与情感疏导，其社会适应性更好，所以其社会心态相对要好；心理健康水平越高者，代表其对问题的看法更理性成熟，所以其心态相对更好。

总体而言，该结论只是代表积极健康社会心态培育工作的重点人群应该为男性、年轻者、文化程度高者、个人健康水平低者，而不是代表我们应该以追求年长、低文化水平为问题的解决之道。

二　北京居民行为倾向分析

本次调查中，北京居民行为倾向总体表现出理性与平和，显示出良好的社会秩序与法律秩序观。

表2 北京市居民在遇到不公正时的行为倾向情况

单位：%

项目	选择比例	项目	选择比例
无行动,继续忍耐	15.1	求助法律	58.0
牢骚	37.4	联合亲友对抗	3.1
向行政机关求助	39.7	静坐、绝食	0.6
罢工、游行示威	0.9	移居到国内其他地方	1.1
报复社会	0.7	移民国外	2.8
其他	7.5		

为了便利进一步分析，课题组将北京居民行为倾向分为：忍耐型、牢骚型、正常途径维权型、集体行动与暴力型和"用脚投票型"。

1. 忍耐型

也就是"无行动，继续忍耐"。本次调查中，15.1%北京居民认为其在受到不公正时会继续忍耐。对这一群体进入深层次定位时发现居民心理健康、社会健康、生理健康自我评定越高者，越不会选择忍耐，而越不健康者选择忍耐的概率越大。

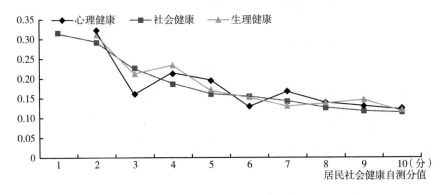

图3 个人健康水平与忍耐型行为倾向关系

2. 牢骚型

本次调查中，有37.4%居民表示在受到不公正待遇时，将会在与朋友交往中或网络虚拟环境中发发牢骚而已。对数据的进一步分析表明：居民社会健康自测为中下等级（3分、4分、5分）时，其发牢骚的行为倾向比例最高。

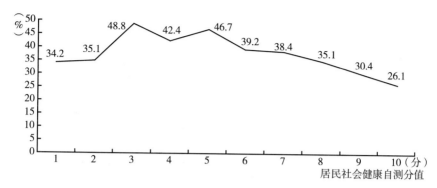

图4 个人社会健康水平与牢骚型行为倾向关系

3. 正常途径维权型

本次调查中，分别有58%和39.7%的北京居民表示在遇到不公正待遇时会求助法律或向行政机关求助。对这一群体定位分析发现，文化程度越高的居民采取正常途径合法维权的比例越高；心理健康、生理健康与社会健康程度越高的居民越倾向于采取正常途径合法维权。

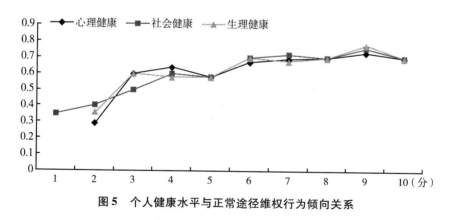

图5 个人健康水平与正常途径维权行为倾向关系

4. 集体行动与暴力型

本次调查中，北京市居民表示在遇到不公正时，3.1%的人选择联合亲友对抗；0.6%的人选择静坐、绝食；0.9%的人选择罢工、游行示威；0.7%的人选择报复社会。对此类集体行动与暴力型行为倾向群体分析发现，男性居民选此行为倾向的比例（5.6%）明显高于女性（3.4%），心理健康水平和社会健康水平越低者更容易采取此行为，北京农业户籍的居民存有此行为倾向比例相对较大。

271

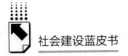
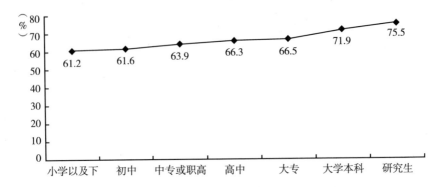

图 6   文化程度与正常途径维权行为倾向关系

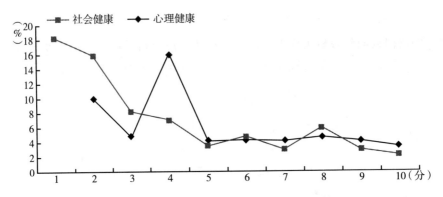

图 7   个人心理、社会健康水平和集体行动与暴力维权行为倾向关系

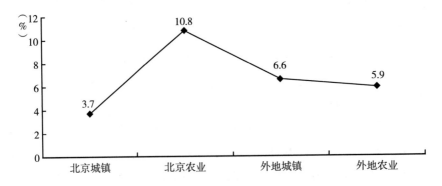

图 8   不同户籍和集体行动与暴力维权行为倾向关系

5. "用脚投票型"行为倾向

本次调查，分别有1.1%与2.8%的北京居民表示在受到不公正待遇时将移居国内其他地方或移民国外。对此类群体分析发现：其中年轻者、高收入者、高文化程度者越倾向于采取此种行为方式；同时，在职业特点上表现为9.3%的专业技术人员与6.2%的单位管理人员的居民存有此种行为倾向，为人数相对较多的职业。

表3 不同文化水平、年龄和收入居民"用脚投票"趋势

文化 （%）	小学以下 2.0	初中 1.3	中专或职高 1.4	高中 1.6	大专 2.8	大学本科 5.7	研究生 12.7
年龄（岁） （%）	18～19 3.2	20～29 6.3	30～39 4.9	40～49 2.6	50～59 1.1	60 岁以上 0.5	
收入 （元/月） （%）	1260 3.3	1261～3500 2	3501～5000 4.1	5001～8000 7.5	8001 以上 23		

总体而言，个人的健康水平对其社会心态与个人行为倾向的影响都比较大；高文化程度者心态稍差，但其正常维权行为倾向比例高，甚至移民。

三 北京市居民健康社会心态的培育

在对杭州湖滨晴雨工作室与北京德外街道全响应服务模式的考察及几次专家会议讨论基础上，课题组认为北京市居民健康社会心态的培育工作应按照以下的流程进行组织。

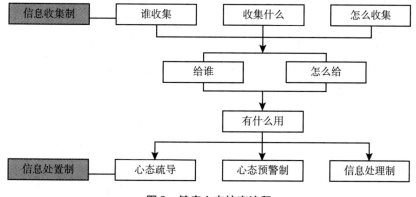

图9 健康心态培育流程

273

（一）信息监测体系（含收集与上报制度）

应该建立起一个"由市委社会工委牵头，区社工委负责、街道办事处配合、社区居委会（社区服务工作站）执行"的权威统一社会心态信息搜集监测体系。

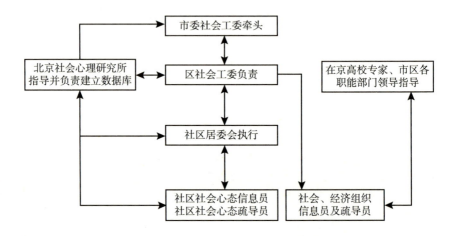

图10　北京社会心态信息监测体系

该平台整合各民生信息收集与社会心态反映的渠道，形成一个统一权威的平台。

1. 心态信息员队伍建设

每一社区居委会按照分片原则，每一片配备一到两名心态信息收集员，完善信息员队伍管理制度与加强信息员队伍的培训工作，主要是信息收集的方式方法及内容、工作制度的培训。

2. 信息收集范围

应采取不限范围与重点关注相结合的方式来确定信息收集范围。不限范围就是指信息员认为该信息的出现对北京市社会心态及和谐北京的建设有一定影响（包括正面和负面），都可以收集。重点关注就是关注本次社会心态调查中所反映的"对社会心态健康有较大影响的因素"，如腐败及贫富差距等。

北京社会心理研究所、各高校专家与各级政府机构根据当下时政提出一些需要调查的社会心态命题交由各信息员收集，由区社会工委统一汇总，由北京社会心理研究所专家及各高校专家统一会诊，提出解决方案。

表4　影响北京市社会心态各因素情况

单位：%

因素	比例	因素	比例
腐败	65.2	主观幸福感	13.6
贫富差距	64.3	普遍情绪	11.2
社会诚信	39.1	社会舆论	11.2
社会公平公正	38.4	经济发展水平	9.7
家庭经济状况	30.7	社会阶层认定	7.9
生活满意度	26.1	外国意识形态渗入	6.0
社会稳定性	20.0	改革前景预期	4.8
矛盾冲突	16.9	社会共识	3.7
社会管理水平	15.5	其他	2.4

（二）信息处理体系

1. 自行处理与上报处理相结合

对于信息员收集上来需要及时处理的信息，社区居委会及街道职权范围内能解决的则自行解决。对于需要上级政府协助处理的，上报区社会工委，由区社会工委决定由其自行处理还是上报交由区政府或市政府处理。

2. 反馈与备案制度

信息处理结果需要反馈到信息员，甚至是社区相关成员，让其能及时知晓信息处理的进度与结果。对于不能及时处理的信息，需要说明原因。每一信息处理机构都需要将处理过程及结果备案到北京市委社会工委。

3. 考核机制

信息员及社区成员针对相关机构信息的处理情况给出一个评价，北京市委社会工委根据公众的评价和备案系统的备案情况向市委市政府提交相关机构的年度考核建议，作为该机构年度考核的主要依据。

（三）心态疏导体系

课题组认为应该在全市范围内建立起一支熟知心理知识且贴近群众生活的

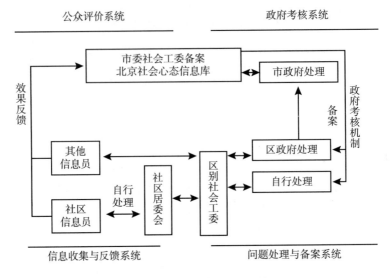

图 11　北京市社会心态信息处理

心态疏导员队伍。通过发挥他们在单位、家庭、亲戚、朋友与本社区生活中的"正能量"，以点带面，最终培育出一个积极健康的北京市社会心态。

心态疏导员与心态信息员来源差不多，甚至可以重合。前期可以主要发挥党员、团员和民主党派，人大代表和政协代表，离退休干部、社区活动积极分子的先进带头作用；后期再发展其他社会成员。

另外，需加强心态疏导队伍的能力建设。对其主要培训心态疏导工作的方式方法和基本技巧，包括情绪宣泄、心理修通、认知促进、价值导向、行为调适等内容及咨询性心理疏导、说理分析式、生活对话式、精神渗透式、情感感化式心理疏导的内容及方法。

（四）心态引导措施

1. 以"关注民生、改善民生"为本

党中央历来重视民生，1934 年毛泽东就明确指出：一切群众的实际生活问题，都是我们应当注意的问题。假如我们对这些问题注意了，解决了，满足了群众的需要，我们就真正成了群众生活的组织者，群众就会真正围绕在我们的周围，热烈地拥护我们。以邓小平为核心的党的第二代领导集体对民生问题的定位

与认识也越来越清晰、全面，邓小平提出的"小康社会"包括保障人民的吃穿用、住房、就业、教育文化体育和其他公共福利事业、精神面貌、社会治安等。他提出了社会主义本质的重要论断和"三个有利于"的思想，强调要以人民群众是否满意作为衡量改革能否成功的标准。以胡锦涛为总书记的中央领导集体在新的历史起点上，继续大力推进改善民生工作，并创造性地与社会主义和谐社会的构建有机地统一起来，提出"和谐社会构建"的民生发展蓝图。党的十七大指出要加快推进以改善民生为重点的社会建设，为民生建设明确了途径，并对此作了具体部署，在经济发展的基础上，注重社会建设，推进社会体制改革，扩大公共服务，完善社会管理，促进社会公平正义，努力使全体人民学有所教、劳有所得、病有所医、老有所养、住有所居，推动和谐社会建设；从改革制度入手，自觉回应社会变革提出的新要求，顺应各族人民过上更好生活的新期待，为民生建设构建起科学的制度框架。《中华人民共和国国民经济和社会发展第十二个五年规划纲要》更是从民生行动计划十个方面指明了民生工程建设的方向。

2012 年，北京社会心理研究所组建以社会心态疏导为主题的社区建设专家团队，该团队成员包括市委社工委相关领导、所研究员、各高校相关专家、各区县相关部门领导、街道相关领导。以试点社区为平台、以公众关心的热点民生问题为切入点，发动与组织群众解决自己力所能及的问题，政府增大公共服务的公平公正性，调动公众的社区建设与政治参与热情。

2. 以社会主义核心价值观为指导

所谓社会主义核心价值观，主要指人们对社会主义价值诉求的基本看法和总体要求①。我党十分注重党内价值观的建设。中国共产党建党前后，陈独秀、李大钊等人在《新青年》《每周评论》等刊物上传播马克思主义，在青年学生中培育马克思主义价值观。新民主主义革命时期，中国共产党坚持不懈地培育青年学生的马克思主义价值观，并随着时局的发展，在方法与途径上不断创新，为新民主主义革命注入了强劲的动力。新中国成立后，中国共产党对青年学生的价值观培育进入了新的阶段。对青年学生进行爱祖国、爱人民、爱科学、爱劳动、爱社会主义的教育，引导他们确立正确的世界观、人生观、价值

---

① 田海舰：《社会主义核心价值观研究》，中央党校博士论文，2008。

观，逐步成为高校思想政治教育的重要内容。改革开放的历史大幕开启后，在搞活经济与对外交流的时代氛围中，青年学生的价值观培育显得尤为重要。为此，邓小平反复强调要坚持四项基本原则，旗帜鲜明地反对资产阶级自由化，培养有理想、有道德、有文化、有纪律的"四有"新人，艰苦奋斗，振兴中华。20世纪90年代以来，中国共产党继承和发展了毛泽东、邓小平等老一辈领导人的思想，突出爱国主义、集体主义和社会主义在青年学生价值观培育中的核心地位，强调"要坚持进行爱国主义、集体主义、社会主义思想和共产主义理想的教育，进行近代史、现代史教育和国情教育，增强民族自尊、自信、自强的精神，巩固和发展人民内部平等、团结、友爱、互助的社会主义新型关系，移风易俗，使社会主义思想道德蔚然成风"①。进入21世纪，面对新机遇、新挑战，中国共产党明确提出要大力建设社会主义核心价值体系，开展社会主义核心价值体系学习教育。十六届六中全会通过的《中共中央关于构建社会主义和谐社会若干重大问题的决定》指出："马克思主义指导思想，中国特色社会主义共同理想，以爱国主义为核心的民族精神和以改革创新为核心的时代精神，社会主义荣辱观，构成社会主义核心价值体系的基本内容。"党的十八大报告将核心价值观再次表述为"倡导富强、民主、文明、和谐，倡导自由、平等、公正、法治，倡导爱国、敬业、诚信、友善的社会主义核心价值观"。党的十八大报告将社会主义核心价值观给出了一个全新的诠释，一改以往长幅政治形态语言的表述，而就国家、社会与个人三个层面加以表述，从国家层面看，是富强、民主、文明、和谐；从社会层面看，是自由、平等、公正、法治；从公民个人层面看，是爱国、敬业、诚信、友善。这样的表述让大家容易听懂，更容易执行。

2011年北京社会心理研究所开展了一次北京市居民价值观的调查研究，本次调查发现，本市居民在现代、传统、群体、个体和社会价值观上的表现分别达到了8.11分、7.69分、6.49分、8.79分和7.41分②，按照量表的十一点量尺"5分为一般、5~7分表示一般向比较看重转变，7~8分表示比较看重，8~10分之间表示比较看重向极度看重转变"的规定，本次北京市居民价值观的调查结果比较乐观：

---

① 《江泽民论有中国特色社会主义》，中央文献出版社，2002，第402页。
② 本次调查所使用的量表为黄光国价值观量表，调查样本数为635个，调查的置信度达到95%以上，容许抽样误差为4.0%。

现代价值观和社会价值观处于比较看重与极度看重之间的区间，传统价值观与社会价值观处于比较看重区间，群体价值观处于一般向比较看重转变区间。

而在本次调查中也体现出一个比较严重的问题，就是听说过社会主义核心价值观的比例达到了98%，而能完全知晓社会主义核心价值观体系内容的仅为7.06%，大部分公众还是看重公正、公平等基本价值观，可见当下社会主义核心价值观的宣传和公众的内化与自觉的追求还有待加强。

3. 发挥媒体"把关人"作用，强化舆论引导为条件

"把关人"理论由美国社会心理学家、传播学四大先驱之一的卢因提出。他在《群体生活的渠道》（1947年）一文中，首先提出"把关"（gate keeping）一词。他指出："信息总是沿着含有门区的某些渠道流动，在那里，或是根据公正无私的规定，或是根据'守门人'的个人意见，对信息或商品是否被允许进入渠道或继续在渠道里流动做出决定。""信息传播网络中布满了把关人。"1950年，传播学者怀特将社会学中的这个概念引入新闻传播，发现在大众传播的新闻报道中，传媒组织成为实际中的"把关人"，由他们对新闻信息进行取舍，决定哪些内容最后与受众见面。从此，新闻选择的"把关人"理论从人们的不自觉行为成为大众传媒组织的有意操作，在更大范围和程度上或明或暗地影响着新闻实践。

根据中国互联网信息中心的统计，截至2011年12月底，中国网民数量突破5亿，达到5.13亿。互联网普及率38.3%。大专及以上学历人群中互联网使用率在2011年已达96.1%。网络时代的兴起，改变了过去传统媒体时代信息的传播方式，互联网扩大了传播资格，在网络中，每一个人既是被动的信息接受者，同时每一个人都可不受政治、意识形态、技术、文字和逻辑能力、经济能力限制实现个人的言论自由和表达自由，从而成为信息的传播者。网络信息传播的传授合一特点，使得网络充斥着大量良莠不齐的信息，使得虚假信息和不良信息腐蚀公众的思想，混乱了社会思想，破坏了社会稳定大局。

目前针对网络信息管理，我国出台了《全国人民代表大会常务委员会关于维护互联网安全的决定》《互联网信息服务管理办法》《互联网新闻信息服务管理规定》等一系列法律法规。2012年3月30日，国家互联网信息办公室就依照上述法律法规对梅州视窗网、兴宁528论坛、E京网等16家造谣、传谣、疏于管理造成恶劣社会影响的网站予以关停，责令新浪、腾讯进行整改，

并对在网上编造谣言的李某等六人予以司法拘留。

可见，发挥媒体在信息传送过程中的过滤功能具有积极重要的意义。从政治、经济、文化等各个层面对新闻信息和素材进行层层把关、筛选、加工与取舍，决定哪些内容能与受众见面，并通过发出的信息影响受众。同时应该发挥"议程设置"作用，通过提供给信息和安排相关的议题来有效地引导人们关注哪些事实和意见及他们谈论的先后顺序，可以影响人们去想什么从而实现更好地引导公众的舆论发展方向。

北京社会心理研究所通过对公众社会热点问题的调查，设置公众的关注点，并及时公布调查结果和调研报告，从而更好地引导公众的社会心态向良性方向发展。

（五）心态预警机制

由北京市社会心态信息库根据每年所监测收集的信息，建立起北京市心态预警机制与突发心态事件应急体系。预警机制坚持定期心态预警与突发心态预警相结合的原则，在对数据全面分析的基础上，做出对未来心态疏导工作方向性的指导。对突发重大社会心态事件应及时介入、分析原因、给出指导性意见，同时保持心态疏导与应急队伍的机动性，建立能分析、能指导、能处理的完整体系。

（六）北京市居民个人心理调适

北京社会心理研究所在个人心理调适方面，发挥该所的专业科研优势，在市委社工委支持下，联合相关科研单位制定了"一个规划与一个协会、以社区心理服务站为平台、开展公益心理服务与规范有偿心理服务两条路线"的行动计划。

1. 制定《北京市居民心理健康促进规划》

北京社会心理研究所在市委社会工委（市社会办）的指导下，于 2011 年 4~8 月在全市 16 个区县、136 个街道（乡镇）、167 个社区对北京市居民的心理健康情况进行了专项摸底调查并取得有效样本 5010 份。调查结果显示北京居民自测总体健康的占 88%，自测生理健康的占 93%，自测心理健康方的占 79.7%，自测社会健康的占 77.5%。也就是说本次调查反映出 12% 的北京居民有总体健康不良倾向，17% 的居民有生理健康不良倾向，20.3% 的居民有心理健康不良倾向，22.5%的居民有社会健康不良倾向。如此之高的心理健康不良倾向的比例足以引起相关部门的重视。

调查结果汇报市委相关部门以后，市委领导和相关学者一致认为当下北京居民心理健康促进工程应该行动起来，通过系统化的行动消除公众对心理不健康仅限精神疾病的狭隘认识，同时应从和谐社会建设整体格局的高度来把握社会心理建设，以切实满足社区居民需要为突破点来提升居民的心理健康。因此，由市社会建设领导小组办公室牵头，在各相关党政机关配合、北京市各心理专业的大专院校与专家参与下，由北京社会心理研究所组织并拟订《制定〈北京市社会心理健康发展规划〉方案》。通过《规划》明确发展目标，健全服务网络，制定工作措施，逐步提高各级党委机关指导社会心理工作能力，在强化心理服务中为社会和谐做贡献。

2. 成立北京市社会心理联合会

鉴于"当前北京市注册的心理服务机构 180 多家，非注册的数量更多，大多单打独斗，生存艰难，更缺少应有监管，很难发展壮大和提高服务质量"[1] 的现状，为更好地动员、协调、组织全市各级各类社会心理机构和工作者，开展政府关注、百姓需要、社会缺失的社会心理服务，北京市委社会工委、社会办以北京社会心理研究所为主体，联合数十家社会心理服务机构拟成立北京社会心理工作机构联合会，目前该协会成立的前期工作已经完成，正待完成相关的手续。

北京市社会心理联合会成立以后，将通过组织常态化、专业化、公益化的活动，为居民提供便利化的心理健康服务。同时，通过培训和监督，提高从业人员能力和服务质量，并建立一支应对重大灾害和社会事件心理服务工作队伍。

3. 建立社区心理服务站，搭建社区心理服务平台

社区是社会的基本单元，是社会心态形成、聚集和扩散的主要场所。目前北京有的社区服务站规定了心理服务的职能，但社区心理工作组织较为薄弱，专业人员缺乏，工作成效偏低，社区心理服务活动并没有规模化和实效化开展起来。建议搭建三级心理服务平台：市（以北京社会心理研究所、北京市社会心理联合会）—区（区社会心理服务指导中心）—街道（含社区服务站），形成

---

[1] 北京社会心理研究所：《北京居民心理健康调查报告》，2011。

一个完整的工作体系。北京市社会心理研究所负责相关专家的组织、理论研究和实践指导，北京市社会心理联合会负责统筹规范全市社会心理服务机构及个人，通过街道（含社区）服务站这一个平台开展心理服务活动。形成市督导统筹、区（县）管理、街道（社区）提供服务的完整网络。在发生重大自然灾害、公共卫生、网络舆情等突发社会事件时，能及时参与心理救助和情绪疏导。

4. 开展公益心理服务活动

在北京市社会心理联合会成立之前，北京社会心理研究所就北京市居民心理健康促进工程开展了大量的研究与宣传工作。2011年开展对全市居民心理健康的调查，是全国范围内首次大规模的心理健康调查，取得了5010份有效样本，建立起首个北京市居民心理健康基础数据库。

同时针对"48.9%的居民在本次调查中表示认识到了社会心理存在一定问题，八成以上的居民认为心理健康工作重要，7.8%的居民明确表示有心理辅导需求"的现实迫切性，北京社会心理研究所在现有资源条件情况下，开展了"'心桥'——北京居民心理疏导爱心公益行动"，该项目由心理健康讲堂（由心理讲堂区县行和名家专场讲座两部分组成）、流动人口子女心理引导及助学帮教、心理健康主题日宣传、社区盲人心理健康音乐治疗和建立社区心理健康支持网络等五个板块组成。

项目从个体、家庭和社区等社会最基本的构成为切入点，以"关爱、疏导"为主要手段，从根源上疏解居民不良情绪、化解生活现实矛盾，促进社会和谐稳定。自2011年11月启动以来，共在16个区县举办了50场普及性讲座和宣传活动，覆盖了全市80%以上的街道。直接听众达8000人次以上，发放各种宣传品（册）20000余册，培训社工500人次，有50多家专业社会组织和40多名知名心理专家参与了公益活动，收到了良好的社会效果。

在北京社会心理联合会与社区心理服务站成立，北京市社会心理完整工作体系形成后，将根据居民在本次调查中所强调心理健康服务工作的内容与形式[①]，组

---

① 北京居民需要的心理健康知识依次是：自我调节、子女教育、心理疾病的治疗与预防、人际交往、职场工作、婚恋家庭。形式上：依次为建立社区心理服务站、通过电视报纸等媒体宣传普及心理卫生常识、发放宣传册（品）、政府提供电话咨询、专题讲座、网络互动、医院精神科或心理门诊和上门辅导。

织北京市各大专院校心理学专家、心理学本硕博生以及联合会各心理服务成员单位进驻社区心理服务站，为社区居民提供公益性的心理咨询服务与个性化的心理健康知识宣传。

5. 规范有偿心理服务

当前，行业多头管理，责任不明。民政部门、卫生部门、工商部门都可批准设立，但管理的责任主体不够明确，行业监管薄弱，发展不够规范。北京社会心理联合会成立以后，将会同各职能部门、深入联合会各成员单位调查，制定行业服务标准，规范心理咨询师准入标准、就业培训制度，进一步完善心理服务机构开办的条件与程序，规范心理咨询服务各环境的管理，规范价格收费标准，实行行业督导制度和年检制度，设立举报电话，采用投诉作为年检的重要依据等措施，使得全市的心理有偿服务机构工作开展有章可循、有章必循，提高这些机构的服务能力，增强公众对其的信任度，形成一个良性循环的大环境，从而更好地满足公众心理健康服务的需求。

Beijing Social Attitudes Report

Zhang Xiongkuan

Abstract：As the pre-eminent, nurturing the citizens to have a healthy and active social attitudes is significant for Beijing's economic and social development. By the social surveys and data analysis, this paper tries to understand the current status quo, characteristics and the main problem of Beijing residents' social attitudes, and analyze residents behavioral tendencies under this condition. On this basis, the paper proposed the specific countermeasures and suggestions to the nurturing of the residents' healthy social attitudes with reference with Beijing practices.

Key Words：Social Attitude；Behavioral Tendencies；Social Survey

B.21
北京"7·21"特大自然灾害状况的调研报告

——以房山区为例

李晓壮*

摘　要：

针对 2012 年的"7·21"特大暴雨自然灾害，我们在北京市房山区展开实地调查。调查涉及受灾基本情况、抗灾经验与启示以及城市安全与治理中存在的问题。我们认为北京在不同时空同时存在前工业社会、工业社会、后工业社会三重社会形态相叠加的发展阶段性特征，传统自然威胁与现代社会风险并存，且愈发复杂、集中、突发。因此，城市的包容性发展应是破解城市发展难题、建设中国特色世界城市的必由之路。

关键词：

"7·21"特大暴雨　城市安全　社会形态　发展阶段性特征　城市包容性发展

为全面、翔实地掌握北京"7·21"特大自然灾害第一手资料，反映灾情基本情况，2012 年 8～9 月，依托北京市社会科学院院重点课题"北京包容性发展研究——建设中国特色世界城市的视角"，作为课题组主要成员，笔者随队参与北京市"7·21"特大自然灾害调研工作[①]。通过实地调研，形成调研报告内容如下。

---

* 李晓壮，北京市社会科学院市情调查研究中心助理研究员，管理学博士。

① 本次调研得到了海淀区、门头沟区、密云区，特别是房山区委研究室的全力支持，在此对他们的积极配合表示感谢。

一 雨量之大、破坏力之大，历史罕见：
房山灾情基本情况

2012 年 7 月 21 日午后至 22 日凌晨，北京市普降特大暴雨，北京市房山区成为本次特大暴雨的重灾区。房山区人民群众生命和财产遭受重大损失。此次特大暴雨总量之多历史罕见，破坏力之大历史罕见。房山区此次平均降雨量为281.1 毫米，达到百年一遇，全区 2019 平方公里的面积上在 10 小时内共降水 6 亿立方米（据调查，"7·21"后密云水库①总蓄水量达到 11.56 亿立方米，房山区降雨量相当于半个密云水库蓄水量），相当于每 3 分钟就有一个昆明湖的水从天而降。房山区平原最大降雨点为城关镇，降雨量达到 357 毫米，山区最大降雨点为河北镇，降雨量达到 541 毫米，为五百年一遇。暴雨造成平原和丘陵地区严重积水，山区引发泥石流，多种灾害同时发生，破坏力极强。在特大暴雨侵袭下，全区 25 个乡镇街道均不同程度受灾，房山区境内 17 条河流，除永定河外，有 16 条河流水位暴涨，其中拒马河洪峰流量达到 2550 立方米/秒，大石河洪峰流量达到 1110 多立方米/秒，全区灾情严重地区面积近千平方公里。

据初步统计，房山区特大洪水共冲毁 60 座桥梁，76 条区级以上道路 14 条断路，损毁道路 300 处共 750 公里，房山区连接市区的道路除六环外全部中断。良乡、长阳、城关城区 161 条道路损毁，49 条市政道路塌陷，部分地区水深达 2米，京港澳高速南岗洼桥水深达 6 米，致 127 辆车被淹。全区受损房屋 9.6 万间，倒塌 340 间，农作物受灾达 1.2 万公顷，禽畜死亡 17 万只，防洪坝受损 200公里，农田水利设施损毁 300 处。暴雨共造成 12 个乡镇停电，5 个乡镇断水，11 个村道路被毁，村庄与外界联系被隔断，1.3 万户居民通信中断，全区受灾社区 115 个，受灾村庄 433 个，受灾区属企业 1125 家，停产企业 670 余家，新增地质灾害 99 处。据统计，此次特大自然灾害共造成直接经济损失 88 亿元，受灾人口达到 80 万人，42 人在洪灾中遇难（其中因公殉职 4 人）。

---

① 北京市密云水库正常库容 43.75 亿立方米。

二 齐心协力抗洪灾：房山抗洪抢险救灾经验与启示

（一）组织优势和党员优势

此次特大暴雨能够取得抗灾阶段性胜利，主要得益于软件方面，即规范的组织体系和广大的党员干部带头作用。在北京市委、市政府的领导下，房山区委、区政府周密部署，沉着应战，四套班子主要领导第一时间赶赴一线坐镇指挥，房山区委、区政府及各委办局—街道办（乡镇）—社区居委会（村委会）各级政府组织机构层层下达上级抗洪指示，有力保障了抗洪抢险救灾的有序进行。广大党员干部在抗洪抢险救灾中冲锋在第一线，与广大人民群众同呼吸共患难。同时，对此次特大暴雨的沉着应对，说明我们党和政府的政治动员体系是起作用的，组织体系是完善的，党员干部队伍素质是过硬的。

（二）气象预警信息及时传递

从 7 月 21 日下午 3 时开始，房山区气象局开始将气象预警信息通过现代化手段及时准确传递全区。气象预警信息传递范围包括区委领导、区直委办局正职、全区的人大代表政协委员、各乡镇的党政正职、副职到各村支部书记、种养殖大户等。气象预警信息的及时准确传递为转移安置群众赢得了宝贵时间，为应急避险赢得了宝贵时机，把灾害的损失降到了最低。其间共安全转移、安置群众 6.5 万人。

（三）迅速启动应急预案

房山区防汛抗旱指挥部于 21 日 9 时 40 分发布暴雨蓝色预警，要求各分指挥部根据预警级别做好应对措施准备。10 时 35 分，发布戒备预警，14 时 22 分，发布暴雨黄色预警，15 时区防汛抗旱指挥部召开紧急会议，再次部署强降雨应对工作，区长、区防汛抗旱指挥部总指挥发布命令，要求各级部门做好群众转移、撤离、断路、抢险等一切应对准备。18 时，全区平均降雨量已达

124.2毫米，山区平均降雨量已达185.8毫米。根据房山区防汛应急预案，在未启动橙色预警的情况下，指挥部果断决定启动最高级别的红色汛情预警一级响应。同时下达命令，要求各单位、驻区部队，组织各方面力量参与抢险救援，确保重点防汛地域安全。根据预案，做好防汛措施，各乡镇立即组织群众转移到安全地带，对不愿撤离的群众采取强制措施。21日24时前，区防汛抗旱指挥部共发布2条汛情通报、8条命令、3条通知、2条转移通知，并在房山电视台、电台发布防汛防灾公告，不间断地发布交通管制信息和注意事项。

（四）扎实推进人口搬迁

按照北京市《关于实施新一轮山区泥石流易发区及生存条件恶劣地区农民搬迁工程的意见》等有关政策，近几年，房山区对采空区、泥石流易发区居民实施搬迁，其中小搬迁（非整村，内迁）涉及11个乡镇95个村，共计搬迁8537户2.8万人，大搬迁（整村，外迁）2.1万人。如果没有这么多群众的迁移，他们都处在泥石流采空区、易发区，那么，塌方、滑坡灾害很可能造成更大的人民群众伤亡和财产损失。以往经验是，灾情严重不严重看山区，但此次灾情山区无人民群众伤亡情况。

（五）生态恢复建设打基础

按照北京市委、市政府关于新区功能定位的指示精神，房山区加大对资源型企业的关停力度，加大生态修复力度。近10年来，共完成663平方公里植被种植，2万亩矿山植被恢复，绿化造林14万亩。此外，还进行了河道畅通、环境整治等工作。这些生态恢复建设为防止泥石流、采空区塌陷等次生灾害，避免更多的人民群众伤亡打下了坚实的基础。

（六）社会力量广泛参与

灾情发生后，除广大党员干部外，驻区部队、武警、消防官兵近10万人第一时间赶赴抢险救灾一线紧急救援，救助困难群众、抢救物资、修筑堤坝、抢修交通等。洪水退后，官兵们深入街巷、居民家中清理淤泥和渣土，出动大型机械设备整修道路，组织献爱心活动，为灾区群众送去生活必需品。普通群

众在危难面前自救、互助，灾难过后，积极恢复生产，重建家园。在此次特大自然灾害抢险救援中形成了广泛的社会动员，党员干部、部队、武警、消防官兵以及广大人民群众积极参与到抢险救灾工作中，为降低更大的人员伤亡和财产损失、为开展灾后重建提供了有力支持。

（七）农业保险显功能

此次特大暴雨给房山区农业造成了巨大损失。灾害发生后，房山区农委迅速组织 4 家承保公司，按照"快查、快定、快赔、快付"的要求，放宽理赔标准、缩短理赔时限、加快理赔速度，仅在灾后的 10 天内就赔付 2513.279 万元，受益农户中最多的得到 300 多万元赔付，最少的得到几千元赔付。农业保险在灾后发挥了强大的风险分担功能，对快速赔付农民损失、稳定农民救灾信心、恢复农业再生产起到了非常积极的作用。

（八）防疫防病措施有效

根据历史上大灾之后易诱发疫情的经验，为防患于未然，房山区在救灾过程中迅速开展积极有效的防疫防病的预防工作。一是以农委为主要领导部门成立防疫防病领导小组，相关部门积极配合；二是建立了区—街道（乡镇）—社区（村）三级防范体系和疫情直报系统，确保受灾地区疫病防范、处理全覆盖；三是根据灾情发展情况，紧急调配防疫防病设备及药品；四是按照属地管理原则，对死亡畜禽及时进行无害化处理；五是建立重大疫情问责机制；六是建立突发事件会商机制。

三 城市安全与治理：房山抗洪抢险救灾中存在的问题

（一）人、财、物不足的状况凸显

1. 从参与救灾人员情况看，专业人员少

由于日常工作只重视业务上的管理职能，各部门缺少专业性的应急人员。这些专业人员包括专业的救援人员（掌握逃生、避险、救护等技能），专业的技术人员（水质监测员、地质灾害监测员、卫生防疫员、心理疏导员等），专业的灾情统计人员（能够及时查灾，准确报灾）。

2. 从救灾经费情况看，资金严重不足

北京市已经9年连续干旱，市级向区级拨付防汛资金不足，导致房山区在应对此次特大自然灾害中，租用、购置抢险救灾设备和善后物资时出现了较大资金缺口。另外，由于暴雨破坏力大，直接经济损失就达88亿元，房山经济总量只有416亿元，财政一般预算收入33.8亿元，灾后重建资金面临巨大缺口。

3. 从救灾物资储备情况看，数量少且落后

长期无汛可防，防汛物资储备严重不足，而且很多物资比较落后，派不上用场，如用于抢险救灾的大功率水泵、冲锋舟等；防疫药品、防疫设备储备严重不足，用于灾区群众应急的食物及其他生活必需品储备不足。通过调研，我们了解到，这些救灾物资的缺口大部分是从其他区县甚至从河北省紧急补充的，如大功率水泵等。

（二）制度缺失进一步暴露

1. 应急预案方面

（1）从应急预案方面看，区县与市级防汛预案不对接。2012年，北京市对《北京市防汛应急预案》进行了重新修订，而《房山区防汛应急预案》还是2007年的版本。

（2）防汛预案与实践操作不对接。防汛预案中明确要求"加强应急救援队伍的建设与管理，加强辖区各单位、群众的避险自救知识宣传，提高群众自我保护能力，加强应对防汛抗旱突发事件应急演练，加强应对防汛抗旱突发事件的宣传教育与培训"。这些在防汛预案中明文规定的措施没有在实践得到很好地贯彻，临时性、形式性代替了常规性，做得不实。

（3）防汛预案的宏观性与细致性不对接。防汛预案仅在宏观上对地区防汛突发事件进行指导，但在实际防汛过程中会发生无法由预案所能估计到的问题。在此次特大暴雨救灾中，房山区的领导认为，"我们的区级防汛预案以及各个部门的防汛预案做得还不够细，不能有效应对实际问题，这是非常值得反思的"。

（4）防汛预案的绩效评估很不完善。在《北京市防汛应急预案》中并没有对各个部门在实施防汛应急预案的过程和结果进行绩效评价，这不利于防汛工作的改进。此外，据调查，街道、乡镇及以下政府机构并没有相应的应急预案。

2. 灾情统计方面

此次特大自然灾害引起了社会广泛关注，政府、媒体和普通民众十分关心灾害所造成的人员伤亡和财产损失情况。但是，在灾后数日内并没对灾情人员伤亡及财产损失的确切数据进行公布，引发了部分群众猜疑，主观臆断，甚至个别人利用网络散布虚假信息。造成这种情况的主要原因有：一是灾情统计指标体系不完善（指标与灾情认定标准等），二是灾情统计人员不专业，三是灾情统计各部门口径不统一。这些不专业方面的内容导致查灾不及时，报灾不准确，不仅无法制定科学的救灾决策，而且造成社会不良影响。调研发现，最后公布的灾情数据是由房山区民政部门组织专业人员历时 7 天才摸清的。

3. 救助制度方面

我国灾后救助可参照的政策法规只有《自然灾害救助条例》和《捐赠资金管理办法》。关于实施《自然灾害救助条例》立法工作，北京市政府正在进行积极调研，还没有出台正式的政策法规；关于《捐赠资金管理办法》，北京市也没有明确的政策法规。在发生这么大的自然灾害时，政策是空白，在北京市级、区级没有相应配套政策可参照。因此，为灾后补偿、接受社会捐助等工作的有序开展带来很大困难。

（三）城乡发展不协调问题进一步凸显

1. 城郊道路交通发展不协调

通过调研，我们了解，当特大暴雨侵袭时，房山区只有一条公路能够与市区通行，但是，这条唯一的生命线——杜家坎收费站与平时一样仍然进行收费（据首发集团回答，没有应急停止收费的规定）。此次水灾暴露出，郊区与城区连接的道路还很少。交通的"瓶颈"严重制约了郊区的经济社会发展。此外，房山城区与农村之间道路交通发展也不协调，此次灾害，11 条村级道路被冲毁，导致村庄与外界联系被隔断。

2. 城区基础设施跟不上城市建设速度

随着经济结构转型、产业结构升级，房山区正从资源型的区域向高新技术产业、现代制造业、现代农业转型，工业化、城市化进程不断加快，但过分追求速度和规模，而忽视了城市质量。主要表现在以下三个方面。第一，排水标准过低，北京城区排水设计标准一般地区为 1～3 年一遇，重点地区为 5 年一遇，郊区排水设计标准则 1 年一遇。这说明，如果遇强降雨，基本是年年涝。第二，新老管网没有实现有效对接，老旧管网没有得到更新改造。第三，过分依赖排水设施，忽视蓄水功能，如城区公园绿地面积少，硬化路面多，蓄水功能弱。这也是北京市城市建设的问题。

3. 城乡居民生存环境差距比较大

由于自然、地理状况不同，城市与农村生产生活方式不同，城乡居民生活环境存在一定的差异。城市居民钢筋水泥楼房，农村居民砖瓦房，甚至是泥草房；城市居民行走的是油漆路，农村居民行走的是土路；城市居民获得突发事件信息渠道广泛，农村居民获得突发事件信息渠道相对狭窄。这些都对防灾、抗灾、避险等产生相当不利的影响。通过对公布的房山区"7·21"暴雨遇难名单分析①，42 人中除因公殉职的 4 人，其中 38 人中有 30 人是在农村因洪水而溺亡。

（四）群众防灾避险意识相当薄弱

《自然灾害救助条例》第二条规定，自然灾害救助工作遵循以人为本、政府主导、分级管理、社会互助、灾民自救的原则。但在灾害发生过程中，群众防灾避险意识相当薄弱，一方面政府缺少防灾避险方面的知识宣传，另一方面说明，群众严重缺乏自救知识和技能。通过对公布的北京市"7·21"特大暴雨 61 名遇难者名单进行分析（除 5 人因公殉职外），男 37 人，女 24 人；最大者年龄 80 岁，最小者年龄只有八个月，遇难者平均年龄 37 岁，21～50 岁占遇难人总数 63% 之多（见图 1）。通过调研，我们了解，大部分遇难者如果具有较强防范意识，掌握自救知识，具有一定的自救技能，是可以有效避险的。

---

① 本文房山区、北京市遇难人员统计时间截止于 2012 年 7 月 27 日。

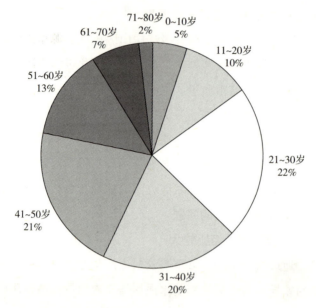

图1 北京"7·21"特大暴雨遇难者年龄分布

四 城市发展缺乏包容性：房山遭受
特大自然灾害引发的思考

北京市十一次党代会将"建设中国特色世界城市"作为未来发展的工作目标，实现这项工作要求提升城市发展质量，完善城市功能，特别要大力推进城市包容性发展①，从而促进首都又好又快地实现"建设中国特色世界城市"的战略目标。"7·21"特大暴雨，史无前例，值得好好总结经验教训，城市发展中存在的一些问题也需要我们认真思考与反思。

从系统论角度看，每一个城市都是一个独立的系统。城市发展的包容性，既是城市系统和自然（资源与环境）系统的协调发展，也是城市系统内部各子系统（区域）的协调发展，更是人与人之间包容与和谐发展。北京城市系

---

① 包容性发展的实质是以人为本，在促进经济发展的同时，统筹兼顾，注重经济社会协调发展、可持续发展，实现全民，特别是弱势群体具有平等参与发展的机会，发展成果人人共享，从而促进社会进步和人的全面发展。强调发展的包容性，包括经济、政治、文化、社会、生态，以及人口、资源与环境协调、可持续发展。

统发展并不协调（子系统与城市系统不协调、各子系统之间不协调、子系统内部不协调）。尽管北京市整体上已经进入后工业化社会，但是由于社会结构相对于经济结构处于滞后状态，北京市同时存在前工业社会、工业社会、后工业社会三种社会形态相叠加的发展阶段性特征，传统自然威胁与现代社会风险并存且愈发复杂、集中、突发，各社会形态所呈现出的特征和问题都会在城市系统中出现（如首都功能核心区已经进入了后工业社会的高级阶段，城市功能拓展区已经进入了后工业社会的初级或中级阶段，城市发展新区和生态涵养区还处在工业社会或前工业社会的阶段），而且各个子系统内部也不协调。城市的发展，首要体现"人"的平等权利，也要体现不同区域平等发展的权利。针对目前"7·21"特大自然灾害暴露出来的问题，我们应从以下几个方面采取有效措施，以避免类似的灾难再次降临。

第一，提高城市化质量。城市化是城市人口结构的变化和城市物理空间的变动，实质是要让本地区农民或外来农民进城，通过就业和收入改变生产生活状况，共同参与城市化发展，公平分享城市社会文明成果。首先，为提高城市化质量，建议实施中国特色新型城市道路的"三步走"战略：第一步，破除城乡二元结构，实现城乡一体化；第二步，破解城市内部二元结构（农民工制度、城中村体制等），实现城市内部一体化；第三步，实现人的城市化，同时加强城市生态建设。其次，根据城市发展规律，将城市建设速度和规模做一科学规划（当前城市化质量严重滞后城市建设速度），既重眼前发展，更要立足长远发展；既重城市建设，更要重视城市安全（在未来，传统的自然威胁和现代社会风险带来的不安全因素将不时地侵扰我们脆弱的城市，特别像北京这样特大型城市）；既重视城市资源集聚效果，更要重视资源溢出效应（例如，北京城市发展必须考虑北京城市核心功能区与城市功能拓展区，特别是与生态涵养区之间的资源配置关系，必须考虑北京城市发展与环首都经济圈贫困带之间的关系）。城市化是推进社会建设的重要实践路径，也是改变城乡二元结构和城市内部二元结构的重要载体。因此，要下大力气处理好城市建设速度与质量关系，千方百计提高人的城市化水平，高度重视城市安全与管理，充分发挥城市功能，全面提升城市化质量，实现扎扎实实的城市化、没有水分的城市化。

第二，完善防灾减灾法律体系。"7·21"灾害暴露出我们防灾减灾的法律法规体系还不健全、不完善，实践中还存在空白。因此，亟须健全、完善防灾减灾相关法律法规体系。①健全和完善防汛应急预案。预案是预防灾害，减少灾害负面影响先发制人的有效手段。一是要建立覆盖市级、区县、街道（乡镇）三级纵向防汛预案体系；二是要将防汛预案与实践操作相结合，将预案措施做实；三是要根据突发性灾害的特点、规律，不断完善预案，经得起实践检验。②健全和完善救助体系。灾害救助是灾后恢复重建的重要制度保障。一是要加快制定灾情认定标准，二是要明确灾情统计单位和报送单位，三是要加大培养专业灾情统计人才力度，四是要制定灾害损失补偿标准。③将防灾纳入城市规划。城市规划是城市建设和管理的起点，将防灾纳入城市规划，有利于城市可持续发展。④建立健全城建档案。城建档案真实、准确地记录着城市的规划、建设，是城市安全管理的重要基础性工作。据调查，北京现有管线约1万公里，但实际建档的管线约4000公里，存在巨大隐患。因此，要加快对原有管线的排查建档工作，同时，要加大力度对现有工程管线建档制度建设。⑤建立首席责任机制。落实部门责任，应对突发事件及灾害时，特事特批特办，不让事态扩大。因此，需要建立首席责任机制，统一指挥负责处理。

案例1：排水体制是个大问题

北京排水运行涉及规划、建设、管理中的体制问题。

关于排水运行，从机构和管理上看，市级有一级管理行政机构——市水务局，区县负责协调，由排水集团负责日常排水管理。三家管理一个问题，出现扯皮问题。市水务局有权限；区县无权限，但是事故主要负责人；水务局是公司运行，追求经济利益。

首先是规划体制问题：在规划的时候没有考虑发达地区和落后地区排水管线衔接的问题，如海淀区发达，而周边的昌平落后，但是，海淀不能等昌平，只能先规划，先建设。这样就导致只有上游管线，没有下游管线，无法对接。

其次是建设体制问题：有些排水管线是政府建的，在市水务局或排水集团有备案，但是，还有些地块是由央企或其他企业建设开发的，一是可能不去备案，二是想备案不给备（理由是建的时候没有告诉我或者排水集团没有拿到钱，没法负责）。所以，现在地下管线有的备案有的没备案，据说没有备案的地下管线有 6000 多公里。

最后是管理问题：由于规划体制问题，建设单位不同，如何管？怎么管？谁来管？成了扯皮的事情。

一是各方责任和利益不同；二是规划缺乏宏观统筹；三是建设违规，管理混乱；四是重建设轻管理。

所以，北京在经过"7·21"之后，解决排水体制问题是其中重要内容之一。

第三，运用科学技术防灾减灾。信息社会，智慧城市，高科技手段应用于商业领域，带来无限经济功能。但是，科技的发展应更多体现社会功能，更多惠及民生领域。发生突发性事件及灾害时要充分发挥预警系统、通信系统、视频系统、气象系统以及各种传统媒体、新兴媒体的科技功能，实时向市民传递路况、避险、自救等信息。2012 年 3 月 17 日，海淀区城市管理监督指挥中心成立，该中心集城市管理、应急管理、非紧急救助服务等功能于一身，利用视频采集系统、信息系统、计算机系统等现代高科技手段，实时对城市运行进行监测与分析，统筹协调全区城市管理工作，开展突发事件的指挥、协调，全面提升了全区城市管理监督与应急指挥能力。在应对"7·21"特大自然灾害中发挥了巨大作用。海淀区先行先试，利用高科技应对城市管理与应急走在全市前列，具有很好的示范作用，可以试点推行。在此基础上，要加快基于物联网的城市安全监管平台建设以及相应的配套政策和措施，提升城市安全管理水平，向信息化城市管理、智慧型城市迈进。

第四，提高群众防灾避险意识。根据实际调研情况及对"7·21"遇难者死亡情况分析，我们得知很多遇难者是因为缺乏防灾避险意识、知识、技能而丧生。因此，必须加强防灾减灾知识的宣传。首先，建议将防灾减灾防范、自救、逃生知识和技能宣传纳入义务教育阶段；其次，采用电视、报纸等传统媒体和网络、微博等新兴媒介以及公共交通移动媒体宣传防灾减灾防范、自救、逃生知识和技能。最后，在发生突发事件或自然灾害时，利用各种媒体、手机短信等方式实时预报，传递最新灾害信息。

第五，发挥政府、企业和社会合力。在应急管理领域，虽然政府在资源、人员、组织等方面具有优势，但仍不可避免地存在一定的局限性。因此，政府不论是在灾害预警、响应阶段，还是在灾害发生后的恢复重建阶段，都应积极建立政府、市场、社会、公众分工负责、协作配合的社会治理机制，吸纳社会各方面力量参与，充分发挥政府主导、社会协同、公众参与的合力作用，提高应急管理处理效率。因此，一是要以法的形式在制订应急预案或者突发事件应急条例中，不仅要细化政府职责，也要规定企业和公民的责任。二是要强化企业社会责任，并以法律形式加以约束，在突发应急事件、自然灾害事件中规定企业应该履行的基本义务。三是要政府在公共领域释放空间，鼓励和引导社会、企业参与城市管理，降低城市运行成本，提高城市运行效率，减少政府负面影响。在瑞士、荷兰、德国、法国等发达国家，不仅有军队或消防队实施救援，而且有专业救援组织和志愿者参与救灾。因此，可以考虑建立半公益性质的专业应急救援队伍，以有效弥补政府救援队伍方面的短板。

案例2：应对"7·21" 我们的政府疲惫

"7·21"特大自然灾害发生前后，到处可以看到北京市政府的身影，包括北京市各级领导干部都很重视，付出了很多艰辛和汗水。但是，政府并没有得到老百姓十足的认可。为什么？用句很简单的话来说，政府承揽了一些不应该属于自己的事务。为什么这么说？作为政府，承担社会管理，提供公共服务，做好应急预案中所规定的行为实属应该。但是，有些领域是政府不应该承担或者政府承担不好的，就不应该承担。

我们国家自新中国成立以来就是政府包揽一切，无论何时，特别是危难之事，利用举国体制，政治动员，政府总是冲在前面。但是，这种体制并不能解决所有问题。政府无处不在，做一切的事情，必然会有瑕疵。那么，国家的"三驾马车"中的另"两驾马车"在哪里呢？市场和社会，很少得到发挥和体现。

在应对"7·21"特大自然灾害过程中，市场表现得并不好，我们公民表现得也不大好。首先说市场，首发集团在那么严峻的情况下仍然在收费，包括京港澳段和机场高速等，仅维护企业利益，而不履行路况警示，不进行关闭收费口等社会责任。企业逐利，人之常情，但是，没有良心的逐利会遭到唾骂。北京出租车公司，首先想到的是别把自己的车给泡了，早早收车，不管滞留在雨水中的市民能否回家。另外，"垄断大佬"——电信和联通两大运营商，没有给市民提供一条路况信息、气象信息、安全提示等。

再说公民，包括笔者也是如此，没有对这场特大自然灾害提以足够的重视，因为没有"挨过蛇咬"，所以，"不怕井绳"。在此次遇难者中，20～50岁的遇难者占60%多。所以，作为公民，我们的素质还真的需要提升，因为这是个有风险的社会。所以，我们要珍惜自己的生命，提高风险意识，提升自身避险、自救互救技能。

因此，建议以法的形式在国家或者省市制定的应急预案或者突发事件应急条例中，不仅要细化政府的职责，也要规定企业和公民的责任。应急不是对付，政府、市场、社会都要将应急的内容落到实处。

根据2012年北京市国民经济与社会发展统计公报显示，北京城市化率已经达到86.2%，从数字上看，已经达到了发达国家城市水平。按照城市发展规律①，北京市已经进入城市化的成熟阶段。因此，在未来一段时期，北京城市发展战略需要适时做出调整，从城市建设速度的发展转变到提高城市质量上来；从城市管理上升到城市安全战略上来，建立完善的综合性防灾减灾体系，实现城市的包容性发展，为建设中国特色世界城市夯实基础。

Research Report on the Situation of "7·21" Serious Natural Disaster

Li Xiaozhuang

Abstract：On July 21st, 2012, Beijing was hit by a serious rainstorm that happens only once in a hundred years, in some areas, it happens only once in five hundred years. In order to grasp the first-hand information comprehensively and in detail about this serious rainstorm, we surveyed the most serous disaster area-Fang Shan district and completed the research report. The report includes the basic disaster

---

① 根据城市发展规律，城市化率超过80%，城市化进入成熟阶段，发展速度缓慢。

situation of Fang Shan district, experience and enlightenment in fighting with disaster as well as problems existing in city safety and governance. On this basic, some reflections are initiated. We think development of Beijing has periodical characteristics that three kinds of social formations: pro-industrial society, industrial society and post-industrial society exist simultaneously in different space and time. Meanwhile, traditional natural threat and modern social crisis exist at the same time and become more and more complicated, concentrated and bursting. Inclusive development of cities is a must way of solving difficult development problems and building world city with Chinese characteristics.

Key Words: 7·21 Serious Rainstorm; City Safety; Social Formations; Periodical Characteristics of Development; Inclusive Development of Cities

B.22
北京市城市化进程中基层党组织引领机制研究

——基于大兴新区调研

"北京市城市化进程中基层党组织引领机制研究"　课题组*

摘　要：

　　大兴新区作为北京市城南开发重阵，近年来城市化水平快速推进。在城市化进程中，该区充分发挥基层党组织的引领作用，区镇村三级联动，借鉴国内外城市化的相关经验，有序、有效、有力地推进城市化，探索出"村转社区""村居并行""农村社区化"三类社区基层党组织的组织设置及运行机制、功能定位、党组织自身建设等实践经验，总结出基层党组织在整合协调、促进资产管理、促进融合、促进就业创业和加强文化引导等方面的重要作用。

关键词：

　　城市化　基层党组织　引领

　　城市化是指由农业为主的传统乡村社会向以工业和服务业为主的现代城市社会逐渐转变的历史过程，具体包括产业结构的转变、地域空间的变化及人的生产生活方式的改变等，它是衡量一个国家或地区经济社会发展水平的重要标志。一般来看，一个现代化的国家或地区，其城市化水平应达到80%以上。1978年以来，我国城市化水平快速提高，2011年超过50%。城市化水平的快速

---

*　本课题组成员包括：何雪梅，大兴新区委党校教研室副主任；徐国红，大兴新区委组织部调研信息科科长；宋鹏，大兴新区委组织部组织科科长；谢振生，大兴新区委组织部党员教育管理科科长；蒋帮奎，大兴新区委组织部调研信息科主任科员；张秀娟，大兴新区委党校教研室副教授。

提高对我国经济社会发展产生了深远的影响，有力推进了经济增长，但是，在促进经济增长的同时，也引发了诸多社会问题。近年来，城市化进程中因征地拆迁引发诸多社会矛盾与冲突，基层组织的能力与快速城市化要求的不适应，村民向城市居民转变过程中思想观念的冲击，等等，都是当前面临的突出问题。

在这样的背景下，有序推进城市化，趋利避害，成为近年来不少地方各级党委政府的实践自觉。大兴新区作为北京市城南开发重阵，近年来城市化水平快速推进，在充分发挥基层党组织的引领作用，有序、有效、有力推进城市化方面，进行了一些有益的探索，总结了一些经验。为适应城市化不断深入推进的新形势，由大兴新区委组织部联合区委党校和北京工业大学北京社会建设研究院开展深入调查研究，在此基础上前瞻性地提出基层党组织在城市化进程中和社区建设过程中进一步发挥作用的模式，本次调研主要采取座谈走访、实地考察、文献研究、问卷调查等方式，共发出和收回问卷 326 份。

一 基层党组织在大兴新区城市化建设中的作用

（一）大兴新区近年来城市化概况

城市边缘是城市化最活跃的地带。大兴新区作为北京市近郊区县，受城市化影响显著。近年来，随着新机场建设、开发区扩区、两区深度融合，大兴新区迎来发展的新机遇，城市化也不断向纵深推进。目前，大兴新区涉及搬迁镇共 9 个，搬迁村 123 个，涉及 38216 户，共 97949 人。搬迁村全部完成产权制度改革；有就业意愿的劳动力就业率达 91.6%；新农合参合率 100%，城乡居民养老保险参保率 96%；大兴新区城市化率已由 1978 年的不到 15%，上升至目前的 36%。预计到 2020 年，大兴新区城市化率将达到 65% 以上。在过去的几年里，搬迁村主要是处于搬迁过渡期。2013 年是回迁年，将有 3.7 万搬迁群众回迁安置。

（二）三级联动及党员模范带头引领推进城市化进程

大兴新区推进城市化进程中，基层党组织充分发挥了"桥头堡"作用，这与各级党委的宏观把握和统筹安排密不可分，最终形成的城市化过程中

"拆迁精神""大兴速度",既是广大群众对城市化积极参与的结果,更是区镇村三级联动和党员干部模范带头的结果。

1. 区委宏观把握

思想是行动的先导,区委首先树立以人为本、统筹发展、科学管理的理念,通过法规和机制的建立宏观引导大兴新区城市化的方向和进程。一是建立保障机制以保障搬迁群众的利益。出台了《关于建立搬迁村农民长远利益保障机制的意见》,提出落实服务管理有组织、安置就业有岗位、增收经营有资产、稳定生活有保障的"四有"机制,成立"四有办",保障"四有机制"的落实。并相应研究出台了《大兴区关于促进搬迁劳动力就业暂行办法》及实施细则,对稳定就业人员,每人每月给予 100~300 元的三年期就业奖励。二是提出搬迁村党建工作机制的指导意见,制定《关于在推进城乡一体化发展中加强搬迁村党建工作的意见》,围绕党组织目标、功能、党员作用和工作机制等方面,提出了搬迁村"四个四"① 党建工作新模式。三是建立了搬迁村信息管理系统。通过设定区镇两级访问修改权限,实现查询搜索、汇总统计和维护拓展三大功能,对涉及搬迁的镇、村及村民的信息实行动态管理,反映搬迁各个时期各村党组织及其他各类组织的设置运行情况、党员的基本信息及联系户等作用发挥情况,及时汇总分析资产、就业、社保等各类数据信息,为更好地制定落实各项搬迁政策提供有效的建议和参考。

2. 镇党委统筹谋划

各镇党委以落实"四有"机制为目标,结合各自实际情况积极谋划,全面促进村级党组织与搬迁群众的联系,保障搬迁群众长远利益,实现和谐搬迁。具体做法有三个。一是统筹谋划群众利益实现机制。指导各村推进集体经济产权制度改革,全面做好清产核资、集体经济组织成员认定、资产量化、股权设置等相关工作,保障村民对集体资产的所有权;探索集体资产处置模式,

---

① "四个四"指的是:维护搬迁农民长远利益"四个有目标":"安置就业有岗位、经营增收有资产、稳定生活有保障、服务管理有组织";落实搬迁村党组织"四项功能":"资产处置、政策落地、协调运作、教育引导";明确搬迁村党员做到"四个带头":"带头宣传政策、带头做好亲属和群众思想工作、带头搬迁、带头创业就业";健全搬迁村服务保障"四项机制":"联系服务、阵地支撑、激励关爱、考核评价"。

成立镇级集体资产经营管理公司，采取委托理财经营、集体购置商业设施等经营模式，统筹管理各搬迁村的集体资产；大力推进养老和医疗保险政策的落实，解除群众后顾之忧；出台相关政策，推动群众主动就业和创业。二是建立统一的联系服务群众的机制。在拆迁中，党委靠前指挥，并派镇机关干部包村、包户，与村两委一起通过"早餐会""夜谈法"等，推进拆迁进度。在搬迁过渡期，通过统筹协调，采取村两委就近租借集中办公等方式，建立"1106"①、"2+1+N"② 等联系服务群众机制，保证搬迁村党组织和党员联系服务群众不间断。三是健全考核评价机制，各镇党委结合实际对搬迁村两委班子制定了专门的考核办法，把构建服务管理双网、联系服务村民、落实"两委"承诺和党员承诺、做好集体资产处理、促进劳动力就业等作为考核的重要内容，对各村设置共性指标和个性指标，通过考核，明确奖惩，推进搬迁村党建工作的不断加强。四是提前谋划回迁安置工作。在建设之前，就回迁房户型、居室比例充分征求群众的意愿和需求；在建设中，对回迁小区的规划面积、建设周期、建设质量等关键环节，由镇级层层把关；积极与开发商协商，保证回迁小区建设中预留面积不少于350平方米的社区组织办公用房；研究对撤制村干部的激励关爱机制，探索撤制村干部的出路和安置问题；提前研究回迁村组织设置问题。

3. 村级党组织积极推进

在搬迁及过渡期间，村级党组织在上级党委的带领下，坚持党建创新，从以下几方面发挥核心引领作用。一是在搬迁前和搬迁过程中，村两委积极宣传、贯彻和落实搬迁政策，有力推动新区搬迁工作顺利开展。首先在搬迁前期进行政策的宣传，推动村民搬迁；其次配合镇党委推进集体经济产权制度改革，推进农村土地承包经营权流转；再次公平公正地处理搬迁中的房屋补偿、土地征用补偿和医疗保险、养老保障等重大问题，推动农转非安置等各项政策的有效落实；最后围绕搬迁过程中的突出矛盾和问题，充分发挥沟通协调作用，积极处理组织与群众之间、搬迁单位与群众之间、党员与群众之间的关

---

① "1106"机制：1名支委联系10名党员，1名党员联系6户以上群众。
② "2+1+N"：以楼栋为单位建立党小组，党小组长同时兼任楼长2个职务；在每个单元门内设立1个楼门长；楼门长负责联系本社区党员若干户居民群众。

系。二是在过渡期，落实密切联系服务搬迁群众的机制。首先，村两委采取就近租借、集中办公的形式，保证都有固定的办公场所为村民提供不间断的服务。其次，定期组织党员群众活动，增加组织的凝聚力，调查显示，99.6%的被调查村民确认搬迁后村级设有固定办公地点和党员活动室，保证了党员群众活动经常化、规范化。再次，建立联系群众的机制，通过"1106"、"2+1+N"等机制，并设立经常性联系服务台账，设置群发器，发放联系卡，加强与群众联系，确保联系不间断。最后，积极为群众排忧解难。妥善解决搬迁过渡期间村民遇到的上学、就医、租房等矛盾和问题；积极组织村民参加就业培训，不断提升劳动力的就业技能，加大就业推荐力度，鼓励农民自主创业；积极教育引导村民科学理财、健康生活，促进农民尽快向新市民转变。总之，在过渡期间，各村党组织都在上级党委的指导下，做到搬迁村组织不撤、阵地不丢、活动不断、作用不减。三是加强教育引导党员干部充分发挥先锋模范作用，强化基层党组织的战斗堡垒作用。

4. 党员干部模范带头

一是在搬迁过程中，做到"四带头"。带头宣传搬迁政策、补偿标准，动员村民积极配合做好搬迁工作；带头做好思想工作，党员利用谈心、入户走访等形式，了解群众诉求，积极引导群众将思想统一到上级党委和政府的决策部署上来；带头搬迁，党员带头签订补偿协议、带头搬迁，为群众树立标杆。比如黄村镇李营村普通党员李玉忠，在大兴新城北区建设项目拆迁中，主动找周转房，做通子女思想工作，第一个报名搬迁，带动了其他村民搬迁；带头创业就业，党员干部带头加强对资产购置、经营管理、科学理财等方面知识的学习，积极参加就业培训，自主创业发展，带头转变就业观念实现就业，发挥了较好的示范带动作用。二是在搬迁过渡期间，带头联系服务群众，依托"1106"、"2+1+N"、群众联系服务台账等机制，采取电话访、走访等形式保持与搬迁群众的联系，并做联系记录。党员在搬迁过渡期间的模范带头作用树立了党组织的良好形象，增强了党组织的领导核心作用，获得了大多数群众对搬迁工作的支持。

正是在三级联动发挥引领作用下，在党员干部模范带头中，大兴新区城市化进程既实现了好、稳、快，又有效保障了群众的长远利益，提升了搬迁群众

的幸福感，在本次调研中，有 71.3% 的搬迁群众表示十分幸福和比较幸福，这个比例是比较高的。

二 大兴新区城市化进程中基层党组织发挥引领作用面临的新挑战

（一）大兴新区城市化进程中基层党组织面临的挑战

当前，大兴新区城市化进程即将进入回迁后的社区建设阶段，基层组织将在各级党委的领导下继续发挥重要的作用。作为深刻的经济社会转型，城市进一步深化，必然会出现新形势与新问题，给基层党组织的工作带来新的挑战。

1. 城市化进程的复杂性给基层党组织带来新挑战

大兴新区城市化进程是一个渐进动态的过程，其内部呈现出复杂状态。一是回迁居住状态复杂。有整村撤制转居的，也有没撤制但村民全部进社区上楼居住的；有的是一个村搬迁后整体回迁到一个社区居住，也有的是一个村的村民分散居住在不同的社区，或者是多个村回迁到一个社区居住。有的未撤制村村民已经没有土地，靠"瓦片经济"，也有的未撤制村村民仍有土地，但土地已流转，生产生活方式发生了根本性的变化。体现在回迁社区建设中，主要是三种状态：村转居社区、村居并行社区和农村社区①。同时，这些社区中也不同程度地包含购买商品房的社会人。二是组织形式结构复杂。比较突出的是几个村到同一个社区中，形成不同村的党支部和社区党组织在一个社区里共存的格局。由于这些村党支部承担着搬迁前各自村集体资产经营的经济功能，因此不能用简单撤并的方式进行整合，这就面临着这些村党支部的关系如何协调的问题（见表1）。另外，这些村党支部与回迁社区党支部、物业公司党支部之

---

① 村转社区即村庄整体搬迁，村民全部转居，完成集体经济产权制度改革和撤村转制的村建立的社区；村居并行即村庄整体搬迁，村民已回迁进入社区，但没有转居，原有村级组织设置不变，同时在回迁小区成立社区；即一些小城镇地区或纯农村地区进行镇区改造和新农村建设，实行村庄整体搬迁上楼，但农民身份不变，土地被集体流转，只是居住形态发生变化。

间的关系如何协调？在多元化利益背景之下参与社区建设的各种社会组织的关系如何？这都涉及各类党组织设置方式、功能定位和党组织工作人员安排等一系列新的问题。这种不同形态的大混居状态对基层党组织的工作带来全新的挑战。

表1　大兴新区搬迁社区基层党组织分类建设

基层类别	农村社区	村居并行社区	村转居社区
特　征	农民上楼未转居 拥有土地 完成产权制度改革 联村集中居住	农民上楼未转居 土地未完全征占 完成产权制度改革	撤村、转居 建立社会保障 完成产权制度改革 居住形态改变 设立居委会
面临的 主要问题	适应社区化生活习惯问题 土地流转问题 生产生活方式问题 就业问题	思想观念和生活习惯 就业问题 村党组织的职能定位 社区内各种组织职能定位 及关系如何协调，党组织如 何设置	思想观念和生活习惯问题 就业问题 集体资产处置 社区内各种组织职能定位及 关系协调，党组织如何设置

2. 群众利益的多元化给基层党组织带来新挑战

在传统的村庄建制下，人们之间的关系比较单一，利益诉求也较为单纯。但是随着城市化的不断深入，人们之间的利益关系日益复杂，呈现出利益主体多元化、利益诉求多元化和利益关系多元化的现象。集中体现在社区成员之间利益差别上，搬迁进社区的居民是有资产的新市民，原村集体群众拥有或多或少的集体经济份额，但获得集体经济分红之外的社会化生存能力和融入社区的能力相比社会人而言有一定欠缺，同时，如何保证集体经济份额的保值增值？回迁社区中不同群体的利益诉求各异。如何照顾到社区居民整体利益，又能顾及不同群体的特殊利益？这对基层党组织是一个挑战。

3. 搬迁群众思想和行为习惯不适应城市社区生活给基层党组织带来新挑战

城市化对于搬迁村民而言，是生活方式和思维观念的转变过程，在从农村向城市的转变过程中，要求个人在身份角色上有根本的改变，以适应新的社区生活。从目前的情况来看，相当数量已完成征地搬迁的群众，虽然生活在新社区，但是无论从行为方式上，还是从思想观念上都还没有顺利地实现向城市居民身份角色的转变，加之缺乏必要的城市生活知识，传统思想观念和生活习惯还依然有所保留，他们还不能完全适应城市的生活方式。比如，在调查中，认为不应该交纳物业费的占 26.3%，小区种菜，红白事在小区设堂吹打的情况并不少见。与此同时，由于回迁社区是一种不同村庄、区域群众混居的形式，社区居民之间相对缺乏了解，居民在社区融入上还存在一定困难，很多人在转居之后还依然有着"我们村"的意识，这非常不利于和谐社区建设及人际交往的融合。因此，如何引领群众融入新的城市社区生活，是基层党组织面临的一个巨大挑战。

4. 社区建设服务水平的相对滞后性给基层党组织带来新挑战

社区是城市化的重要载体，社区服务水平直接体现社区成熟程度。就当前大兴新区回迁社区的发展情况来看，一方面，社区基础设施的逐步完善需要相当长时间；另一方面，社区的服务方式和内容相对农村来说，也有很大的变化。之前村建制中村"两委"包打天下，解决所有问题的情形已经不能继续。这就需要基层党组织政治核心领导之下的各类组织共同为社区服务，尽力完善服务社区居民的配套设施建设，培育和引进社会资源服务社区，引导社区群众民主参与社区建设，不断提高社区建设和服务水平。

5. 加强基层党组织自身建设迫切性给基层党组织带来新挑战

随着工作对象、资源发生巨大的改变，基层党组织的组织设置、功能定位、运作方式、活动方式和党员作用发挥方式等，都要发生相应变化。尤其是党员队伍建设方面，普遍存在队伍老化、专业化不足的问题，无法满足现代社区管理服务的要求，很难适应社区居民服务需求的日益多元化现实。如何针对不断变化的形势，加强基层党组织的自身建设，也成为基层党组织的一个挑战。

（二）国内外城市化经验对大兴新区城市化进程中基层党组织建设的启示

第一，城市化进程要充分发挥组织引领作用。城市化是一个全面的经济社会发展进程，世界 300 多年的城市化发展历程表明，城市化需要政府力量进行方向的指引和力量的协调。在英国伦敦，城市化进程中政府一直是社区建设的引导者，市政府在目标规划、法律环境、项目组织、资金支持、监测评价体系方面对社区建设发挥着作用①。美国在城市化进程的最初阶段，曾经过度注重市场调节而忽略政府的力量，结果出现了社区死角中垃圾如山、犯罪横行等一些社会问题。在不断总结教训的基础上，美国社区建设也开始注意政府力量的引导。在纽约，市、区两级政府行政参与，市政府设立社区协助处、城市规划委员会，区政府中的行政委员会、服务委员会对社区建设进行指导②。就国内来看，在发挥政府主导方面，一个重要的经验就是加强基层党组织的建设。在这方面，武汉百步亭社区建设可以为国内城市化建设所借鉴。其主要经验是将社区进行网格化划分，落实党委书记、支部书记、支部委员、党小组长、党员五级负责制，推动组织力量下沉。通过这种网格化的管理和服务体系，形成组织和功能的全覆盖，大大提升了社区管理服务水平③。综观成功的社区建设经验，政府和党组织的力量能起到综合协调和宏观引导的作用，有利于社区建设的整体性及统一性。

第二，基层党组织的引领要找准群众利益关键点。城市化进程中的经济社会深刻转型，是以资源与机会为代表的利益的重新配置，回迁到社区后，改变了的利益关系如果得不到及时的关注和梳理，就有可能造成矛盾。因此，基层党组织首先要抓住社区建设中重点利益关系，并加以维护。上级党委在落实社区公共服务经费和社区公益事业专项补助资金、社区服务站专项经费上给予极大的支持，基层党组织则在统筹协调社区内各种组织之间的利益关系、大力引进社会组织和志愿组织上下功夫，极大地满足了群众的利益需求，推动了社区建设④。大兴新区基层党组织建设所面临的利益问题除群众的参与机制和社区公共服务外，更多的是转型时期特有的利益需求，如集体资产的处置、群众就

① 李阳：《伦敦社区建设的主要经验》，《社会建设与社会管理创新研究》，中国人民大学出版社，2012。
② 李康：《纽约社区建设的经验及对北京的启示》，《社会建设与社会管理创新研究》，中国人民大学出版社，2012。
③ 中组部组织二局调研组：《关于百步亭社区以党的建设引领文明和谐社区建设的调研报告》，中共中央组织部《组工通讯》2012年第78期。
④ 中共北京市朝阳区委社会工作委员会：《夯实基层基础 创新管理模式 推进和谐建设——朝阳区和谐社区建设工作情况报告》，http：//www.cycedu.com/templates/T_ Second/index.aspx?contentid=355&nodeid=36&page=ContentPage。

业创业方式的改变及理财能力的提升，大兴新区基层党组织要发挥引领作用，也必须紧紧抓住关键的群众利益诉求。

第三，基层党组织的引领要在促融合上下功夫。一个和谐的社区一定是一个高度融合的社区，即生产方式与生活方式适应、社区文化丰富、人际关系和谐。在伦敦社区，政府动员社区居民广泛参与社区植树活动，形成了社区森林，既增加了城市的树木绿化面积，也增进了社区居民之间的感情。另外，诸如"健康网络与社区声音""运动伦敦计划"等活动在社区的开展，也丰富了社区文化和增进了社区的凝聚力[①]。在武汉百步亭社区，基层党组织着重搭建文化引领、活动凝聚的群众参与平台，构建了以文化促和谐的社区文化。比如，通过红色教育、民俗节活动、文体活动、知识讲座等活动，不断丰富群众生活，也培育独具特色的百步亭社区文化，增强了社区的凝聚力[②]。相比较其他国家和地区较先进的经验而言，大兴新区社区建设的复杂性更需要基层党组织通过文化引领，增加组织的凝聚力和社区的聚合力，帮助群众培养城市生活理念，引导其市民化，实现向城市生活的融入，实现城市化的稳定有序。

第四，基层党组织的引领要注重政府、市场与社会的边界，有所为有所不为。市场经济之下，曾经政府包打天下的局面不复存在。一方面一些社区需求是政府无力完全承担的，另一方面社区内外有许多资源还没有充分利用和挖掘。这就需要基层党组织在政策许可下引导政府之外的力量完成社区内外的社会资源整合以更好服务于社区建设，同时把握好自身的定位，协调好社区内各种组织和团体的关系，有所为有所不为，从而形成互补互动而非取代的积极有效基层治理模式。在这一方面，国内外很多经验可以为我们所借鉴。如纽约社区建设中，政府行政参与基础之上的社区委员会自主治理、社区居民广泛参与的完整而规范的制度对社区健康发展起到至关重要的作用[③]。伦敦市的社区建设也注重借助社会力量，强化社区共同体的培养。一方面，市政府加大政策扶

---

① 李阳：《伦敦社区建设的主要经验》，《社会建设与社会管理创新研究》，中国人民大学出版社，2012。
② 中组部组织二局调研组：《关于百步亭社区以党的建设引领文明和谐社区建设的调研报告》，中共中央组织部《组工通讯》2012 年第 78 期。
③ 李康：《纽约社区建设的经验及对北京的启示》，《社会建设与社会管理创新研究》，中国人民大学出版社，2012。

持力度，如政府通过资助或向非营利组织购买社区服务等方式吸引更多组织参与到社区建设和发展中来，与政府共同承担责任，履行义务；另一方面，运用税收和政策、法律手段，加强对非营利组织的管理监督，使之在政策范围内运行。这就避免了仅依靠政府所带来的成本增大、效率低下、服务单一的弊端，提升了社区服务水平①。在国内，武汉百步亭社区建设也非常注重党组织、政府和社会力量在社区建设中的边界。形成党支部领导的居委会、业委会、物业公司"三位一体"的管理体制，在社区具体事务管理上，推行社区居民自治机制的民主管理模式，做到"居民的事居民办、居民说了算"②。北京朝阳区社区建设中，各街道积极培育、整合、引进社会服务组织，调动社区各种力量和资源共同参与社区建设。比如，团结湖、小关等街道采取政府购买服务的方式建立了"老年饭桌"；亚运村街道实行委托经营的方式，使社区服务中心实现了三个转变，由服务群众向服务组织、服务群众和服务党员并重转变，由提供服务向组织服务转变，由单一的阵地功能向龙头辐射功能转变③。

三　大兴新区基层党组织引领机制模式的思考

根据大兴新区推进城市化的实践，结合国内外不同国家和地区城市化的经验，在回迁社区党组织的组织设置及运行机制、功能定位、党组织自身建设等方面我们提出一些想法。

（一）基层党组织的组织设置及运行机制

大兴新区回迁社区形态的复杂性要求基层党组织的设置应把握四个原则：一是发挥领导核心作用；二是经济组织上建党组织；三是便于党员干部管理；

---

① 李阳：《伦敦社区建设的主要经验》，《社会建设与社会管理创新研究》，中国人民大学出版社，2012。

② 中组部组织二局调研组：《关于百步亭社区以党的建设引领文明和谐社区建设的调研报告》，中共中央组织部《组工通讯》2012 年第 78 期。

③ 中共北京市朝阳区委社会工作委员会：《夯实基层基础　创新管理模式　推进和谐建设——朝阳区和谐社区建设工作情况报告》，http://www.cycedu.com/templates/T_Second/index.aspx?contentid=355&nodeid=36&page=ContentPage。

四是便于各组织的协调。在此基础上，三类社区形态党组织的设置模式和运行机制应根据各自实际情况而有所不同。

1. "村转社区"模式

村转社区分为整建制独立回迁、分散回迁或混合回迁的情况，原村经济组织成员中的党员组织关系在经济组织，发挥作用在社区，党员实行双重管理。对整建制村独立回迁到一个社区的，采取独立建制模式，将原村党支部直接转变为社区党支部，村委会直接转变为居委会，承接原来村"两委"的功能，履行社区"两委"职能，对回迁村民实行城市社区的服务管理。对一个村分散回迁到几个社区或几个村混合回迁到一个社区的，有两种模式可供采用：第一种模式是在社区设立三类支部（见图1），一类是以回迁村为单位建立在集体经济组织上的原撤制村党支部，负责原回迁村的集体资产经营，对回迁村经济组织成员中的党员进行教育管理；二类是以非集体经济组织成员中的党员为主体的社区党支部，对原回迁村以外的党员进行管理教育；三类是物业公司为主的两新组织党支部。每个社区设立一个党总支领导三类党支部，成立一个社区居委会，为居民服务。形成社区党组织统领社区事务，撤制村党支部以资产管理为重点，同时协助抓好原村民党员的教育管理，社区党组织、居委会、物业公司党组织以服务居民为重点，抓好社区建设、服务社区居民的社区组织管理和运行模式。第二种模式（见图2）是以社区为单位成立党支部，楼栋为单位成立党小组，两新组织为单位成立党小组，同时依托原村集体经济组织成立党支部，该党支部由镇集体资产经营管理公司设立的党总支领导。每个社区均成立一个社区居委会，对居民进行服务管理。

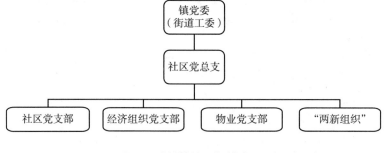

图1 "村转社区"模式一

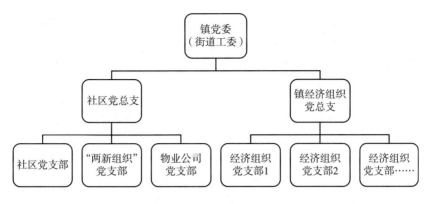

图2　"村转社区"模式二

2. "村居并行"模式

"村居并行"的社区，原有村党组织主要做好原村党员教育管理、经营集体资产、"三级联创"等工作；新成立的社区党组织管理服务在社区生活的其他党员群众（见图3）。根据居（村）民居住状况，及时设立社区居民委员会，与村党组织、村民委员会按照各自职责做好社区管理和服务工作。不适宜单独设立社区居民委员会的，并入相邻社区居民委员会管理，努力实现对社区居民的全员服务和管理。对于"村居并行"的社区党组织与村党组织，镇级应建立相应的沟通联系机制，加强两类组织之间的联系，共同为回迁村民服务。同时，党员实行双重管理，双重考核。

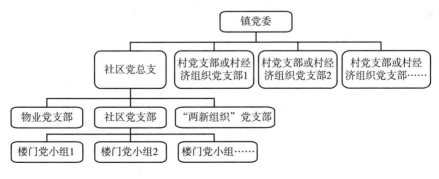

图3　"村居并行"模式

3. "农村社区化"模式

"农村社区化"可采取村村联建方式，在回迁小区建立党总支，起到协调、沟通作用，保留各回迁村党支部（见图4）。对小区实行社区化管理，配套建设社区综合服务中心，设立党建工作服务站、农村经济服务站、社会事业服务站、劳动就业服务站等，为社区服务提供场所保障和阵地支撑。组建社区党员和党务工作者为骨干、入党积极分子和共青团员为主体的服务队伍，定期开展各类义务服务活动。以回迁楼各单元、各楼栋为单位，构建联系网络，设立党小组、党员中心户，加强党员群众联系。

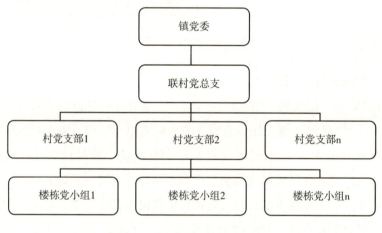

图4　"农村社区化"模式图

三种类型的社区，虽然党组织的设置各有不同，功能发挥各有侧重，但一个共同原则是，都要加强党组织的核心领导作用，保证城市化有序、有力、有效推进。不同类型的党组织发挥作用有所不同：村（经济组织）党组织主要负责集体资产与集体经济的经营管理；社区党组织在社区建设中发挥核心领导作用，通过文化引领，促进搬迁村民更好更快地转变为居民，适应和融入城市生活；物业党组织主要是如何引领物业公司更好地做好社区物业服务工作，保证居民拥有良好的已居住环境，促进社区和谐；两新党组织则可为社区提供更多的服务。不同类的党组织各有分工又相辅相成，共同为居民服务。

（二）回迁社区基层党组织重要职责及群众利益实现方式

不断变化的新形势，对回迁社区基层党组织引导和服务社会提出了新的要求。除了传统社区党组织承担的宣传执行党的路线方针政策和法律法规、密切联系群众、支持居委会工作、搞好社区精神文明建设等职责外，特别还应在整合协调、促进资产管理、促进融合、促进就业创业和加强文化引导等方面，发挥重要作用。

1. 整合协调功能

社区服务的多样化需求需要社区党组织引导和整合市场力量与社会力量参与社区建设和发展，社区混居状况和复杂的组织结构需要社区党组织在社区中发挥协调功能。具体从几个方面进行：一是引导社区自治。建立多种形式的民主参与、民主决策、民主管理、民主监督的机制，提高居民参与公共决策和社区事务的积极性，支持居民通过居委会、业主委员会、居民议事会等各种自治组织形式实行社区自治，这既是基层民主政治建设的产物，也可通过自治实现社区群众对社区决策的认同。比如，为避免以后搬迁群众不愿交物业费的情况，可以建立群众参与机制，让群众参与讨论，在大部分群众有交物业买服务的理性之下（73.7%的人愿意交物业买服务），讨论的结果也会是理性的，而且因为是大家讨论的结果，推行起来更容易。二是政策引导和培育各种非营利性、公益性、志愿性组织加入到社区服务中来。利用他们无偿或低偿的服务把政府、驻社区单位和社区群众的公益心等整合起来，化作社区公益行为，满足社区多元化需求。党组织引导作用的着力点是：通过外包或向社会组织购买的方式引进一些社区服务项目，同时制定政策允许、鼓励、动员、评估、规范社会各种力量立足于公益而投入、参与到社区建设中来，给各种自助助人的社会组织的健康发展创造良好的环境条件。三是统筹协调社区居委会、经济组织党支部和其他社会服务组织关系，推动建立行政调控机制与社区自治机制结合、政府力量与社会力量互动的社区治理模式。同时，对没有撤制的村，要加强与村级党组织的联系沟通，采取村社结对共建方式，争取村对社区建设的支持，共同建设社区。通过基层党组织的整合协调，充分实现组织引导、政府主导、市场介入、社会参与共建社区的局面，有利于和谐社区建设。

2. 资产管理功能

在完成产权制度改革后，基层党组织还应在集体资产和群众拆迁款的保值增值方面下功夫。一是可以采取"四集中"的措施，通过村（撤村转居后称经济组织）党组织集中理财、集中购买商业设施、集中联合入股、集中经营

建设用地，从而发挥资产规模效应，实现利益最大化，确保集体资产有收益，家庭资产能收益。二是探索"两管"模式，一方面探索挖潜管理模式，通过调整合同，提高租金，完善村（经济组织）集体资产、资金、资源管理，增加集体收入；另一方面探索委托代管模式，聘请专业公司对搬迁群众富余回迁房实行统一委托代管经营，使搬迁群众获得长久、稳定的收入。

3. 促进就业和创业功能

对于搬迁群众而言，就业是保证自身利益有可持续性的最好途径，但也是他们较弱的环节。回迁社区党组织应该把促进搬迁群众充分就业和创业，作为重要职责。针对搬迁群众不出去就业主要是客观原因导致（见表2）的问题，采取相应措施。可以通过"四给"进行：第一是给政策，通过政策鼓励群众出去工作；第二是给观念，通过现代化的就业观念宣传让群众愿意出去工作；第三是给能力，通过与相关企业建立沟通机制，举行就业培训，提高搬迁群众的就业技能；第四是给机会，协调包括社区企业在内的各类企业进社区招聘，并拓展各种渠道增加群众就业岗位，同时可以对各类就业困难的群体实行动态帮扶和"托底"工作，为他们提供低门槛的社区就业岗位。

表2　大兴新区搬迁村民没有就业的原因

单位：%

选项	占比
拆迁补偿款足够生活	2.7
工作不好,待遇低	33.8
年龄偏大	44.6
没有技能,不好找	18.9
合　计	100.0

4. 促进融合功能

一个和谐的社区应该是人际关系和谐、各社会群体和谐相处的社会生活共同体。回迁社区构成的复杂性和社区成员的疏离性更需要基层党组织发挥核心促融的作用。促进融合有两个方面，一是人际关系的融合，二是组织之间的融

合。前者的融合可以通过组织活动进行；后者的融合主要可以采取社区党组织
建立融合机制，定期召开会议或谈话的方式进行，通过人的融合达到组织的融
合。

5. 文化引导功能

社区文化建设是和谐社区的重要标志和基础，是一个社区达到真正交融的
黏合剂。回迁社区居民大都是利益共同体，如果社区文化活动少，居民精神生
活单调，很可能出现"无事生非"的问题。社区党组织要充分发挥文化活动
引导作用，开展经常性的文化活动带着居民"玩"，并在此基础上引导居民通
过组建社区性的文体组织自己"玩"起来，让居民在参与文化活动中加强正
能量的沟通交流。这样，既可以丰富社区文化，促进社区和谐，又可以及时了
解掌握居民的诉求，帮助解决问题。社区党组织在发挥文化引导功能时，应主
要从以下几方面着手：一是加强社区文化活动设施的配置，搭建社区居民精神
生活的平台，保证社区党员群众文化活动有固定的场地，就像哈贝马斯所理解
的，城市公共空间更多地体现在为市民提供更多的交流的领域，有利于人们的
相互沟通与合作；二是协调促进文化、卫生、科技和法律等现代生活必备的知
识技能以不同的形式进社区，宣传文明进步的新社区新市民理念，引导搬迁群
众转变观念，适应新的生活方式；三是在传统文化传承的基础上逐渐引导积极
向上的城市生活习惯，比如，通过修缮整理村史、征集老物件、深挖非物质文
化遗产，凝聚精神力量，满足搬迁群众的情感需求，同时，设立专门场地为搬
迁群众提供办红白事地方，采用物质和精神奖励的办法，引导群众红白事的操
办走出社区，等等。

（三）加强党组织自身建设

加强基层党组织自身建设，是有效发挥引领作用、提高基层党建工作水平
的基础性工作。要着力在加强党员干部队伍建设，进一步建立健全党建考核机
制，提高党建工作保障水平等方面下功夫。

1. 加强党员干部队伍建设

一是做好社区干部的选拔任用。可以通过招能人党员回社区（村）工
作，镇党委选派有能力、有经验的骨干充实到基层党组织中，面向社会公开

选拔专业性强、工作能力突出的党员担任社区干部等方式，提升社区党组织工作能力的专业化水平。其中还应加强对原撤制村干部的选用和安置工作。原村干部有丰富的工作经验和较好的群众基础，曾经为村级发展和村民利益付出过艰辛的劳动，做出了巨大的贡献，对他们进行妥善安置，既能体现组织对他们的关怀，又能有效发挥他们的作用，继续为社区建设出力。在鼓励社区和集体经济组织书记一肩挑的同时，还可以采取定岗安置的办法，利用他们各自的特长、能力，在社区服务站、物业等部门给他们安排相应工作岗位。如果不能给予工作安排，通过制定相应政策，给一定的资金补贴或养老保障也是可行的。二是加强党员的学习培训。通过定期的有针对性的学习培训，提高党员干部实践水平，提升依法办事能力和公共管理、预测预防及处置突发事件能力。三是充分发挥社区党员作用。实行社区党员亮身份、设立党员责任区、党员承诺制等办法，有效发挥党员作用，提高社区党员和党组织在居民群众中的威信。

2. 建立健全党建工作考核机制

对回迁社区党建设工作的考核，应该根据回迁社区的特殊性，制定专门的考核办法。要把社区党组织发挥领导核心作用的情况，促进融合情况，促进就业工作，促进资产管理工作、构建联系服务群众机制等方面，作为重点考核内容。同时，要充分考虑回迁后，村民的管理职能已经转由社区组织承担的实际，对原村级组织的村民管理职能考核指标应该取消，将对该项指标的考核和奖励向回迁社区转移。

3. 提高基层党建工作保障水平

保证基层党组织核心作用的发挥，还需要资金、场地和制度等方面的支持。要想方设法让社区党组织拥有更多的资源，来为社区党员群众提供优质的服务。要有充分的党建资金保障，不断完善党建创新项目经费支持和奖励办法，加大对回迁社区党建工作资金支持力度。要为社区提供足够的活动场地，通过集中建设、协调租用、共同使用等多种途径，为社区党组织提供工作和活动阵地。另外，制度的确定也是组织有效运行的根本保证。应从功能定位、设置方式、运行方式、激励方式等方面入手做好制度设计，保障回迁社区平稳有序运行。

Mechanism of Grass-roots Party Organizations to Lead the Process of Urbanization in Beijing

—Research Based on Daxing District

Project Group

Abstract: Daxing District as developing heavy array in south of Beijing, in recent years, the level of urbanization has rapidly advanced. In the process of urbanization, the area gives full play to the leading role of grass-roots party organizations, districts, towns and villages three linkage, draws on relevant experience in domestic and international cities to promote urbanization orderly, efficiently, effectively, and explores the three types of communities in grass-roots party organizations functional orientation—— "transforming Village to Community", "village-community parallel", "countryside communization", and Party Building in the practical experience. They summed up the important role of grassroots organization in integration and coordination, promoting asset management, promoting integration, promoting employment and entrepreneurship, and strengthening cultural guidance.

Key Words: Urbanization; Grass-roots Party Organization; Leading

B.23
北京市征地搬迁村民生活幸福感

胡 备　胡建国*

摘　要：

在城市化快速推进过程中，妥善安置征地搬迁村民是政府面临的重要任务。本文对北京市近郊征地搬迁村民的安置情况进行了调研，其中问卷调查了搬迁村民在安置后的生活幸福感。结果表明，北京征地搬迁村民生活幸福感整体处于较高的水平。主要原因是北京作为政治中心，实现社会的和谐与稳定具有更加重要的社会意义，所以在征地搬迁引发的资源与机会的重新配置中，对于征地搬迁村民的利益给予了较好的尊重。这表明，避免城市化进程中因征地搬迁引发的冲突是可能的，关键是处理好效率与公平的关系，北京市的实践做出了积极的回应。

关键词：

城市化　征地拆迁　幸福感　和谐

一　背景

城市化是衡量一个国家或地区经济社会发展水平的重要标志，近年来我国城市化快速推进，2011 年城市化水平超过 50%，对经济社会发展产生了深远的影响。据相关测算，在过去 20 年间，城市化水平每提高 1%，对我国各省市经济增长的贡献率为 2%～6%[1]。但是，城市化在促进经济增长的同时，也引发了诸多社会问题。其中最突出的就是城市化进程中妥善安置征地搬迁村

---

* 胡备，北京工业大学人文社科学学院社会学专业硕士研究生；胡建国，博士，北京工业大学人文社会科学学院见习教授。

[1] 聂华林：《基于面板数据的我国人口城市化与经济增长动态比较研究》，《软科学》2012 年第 5 期。

民，使其就业生活得到保障。对此，在一些地方因为侵犯征地搬迁村民的利益，引发矛盾与冲突，甚至是人身伤害或大规模的群体性事件，严重影响社会的和谐与稳定。

北京市近年来城市化快速推进。以大兴区为例，近年来搬迁镇共9个，搬迁村123个，涉及搬迁村民38216户，近10万人。在如此大规模的征地搬迁过程中，如何妥善安置征地搬迁村民，保障征地搬迁村民的利益，北京市郊区县进行了积极的探索。2012年7月，我们对北京近郊区326户征地搬迁村民的安置生活状况进行了问卷调查，其中包括生活幸福感。生活幸福感是社会成员对生活质量的主观感受，通过生活幸福感的分析，可以从一个方面分析征地搬迁村民安置后的生活现状。

二　征地搬迁村民生活幸福感现状分析

（一）征地搬迁村民生活幸福感状况

第一，从总体来看，被调查征地搬迁村民生活幸福感较高。有26.2%被调查村民认为目前生活十分幸福，50.2%认为生活比较幸福，二者合计占到76.4%，也就是说有3/4被调查的征地搬迁村民认为生活幸福，而选择"不太幸福"的比例为1.9%，选择"很不幸福"的比例为1.6%，合计只有3.5%的居民认为自己现在生活得不幸福。总体上看，大多数被调查对象幸福感较高，只有极少部分居民的幸福感较低（见图1）。

第二，不同性别征地搬迁村民的幸福指数。① 从性别来看，男性村民总体上幸福指数高于女性村民，男性平均的幸福指数为4.04，而女性的平均幸福指数为3.91。但两者的差异不显著，性别与生活幸福指数之间的关联度较小（见图2）。

第三，不同年龄征地搬迁村民的幸福指数。从年龄来看，35周岁以下的

①　幸福指数取值为1~5分。其中，5分代表十分幸福，1分代表很不幸福。幸福指数越高，代表生活幸福感越强；反之越弱。

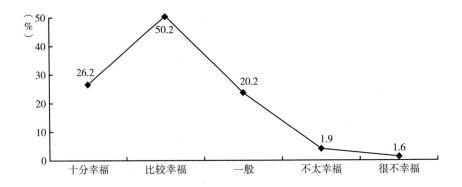

图1　北京市征地搬迁村民生活幸福感

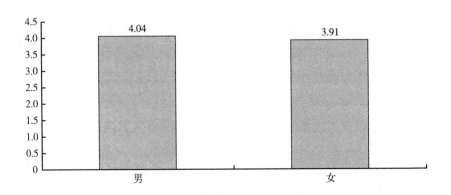

图2　被调查不同性别征地搬迁村民生活幸福感

注：$F = 2.128$，$df = 1$，$p < 0.05$。

被调查者幸福指数为3.85，36～45周岁为3.89，46～60周岁为4.05，61周岁以上的为4.09。虽然总体上存在年龄越大幸福指数越高的趋势，但是，不同年龄段之间的生活幸福指数并不存在显著的差异（见图3）。

第四，不同学历征地搬迁村民的幸福指数。从学历来看，学历越高，征地搬迁居民生活幸福指数越低。初中及以下学历、高中及中专学历的征地搬迁村民生活幸福指数相差不大，分别为4.00和3.99，然而大专及以上学历群体的幸福指数降到了3.92。不过总起来看，不同学历征地搬迁村民生活幸福感差异不显著（见图4）。

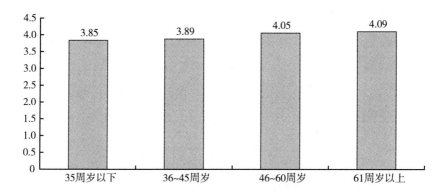

图3　被调查不同年龄段征地搬迁村民生活幸福感

注：$F = 1.351$，$df = 3$，$p < 0.05$。

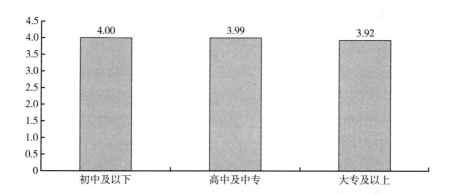

图4　被调查不同学历征地搬迁村民生活幸福感

注：$F = 0.262$，$df = 2$，$p < 0.05$。

第五，不同收入水平征地搬迁村民的幸福指数。从村民的家庭收入来看，收入的高低与征地搬迁村民生活幸福感存在高度相关。在图5中呈现出家庭年收入越高的被调查对象幸福指数越高的趋势。认为"很不幸福"的被调查对象家庭收入为2.40万元，"不太幸福"为4.33万元，"一般"为5.42万元，"比较幸福"为5.60万元，"十分幸福"为6.73万元。收入与居民的幸福感高度相关，这与相关研究结论相符合。

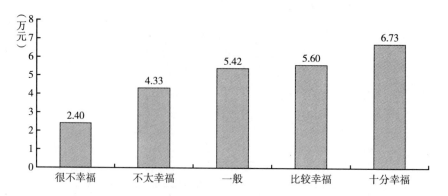

图5 被调查不同生活幸福感征地搬迁村民的最年一年家庭收入（万元）

注：$F = 3.772$，$df = 3$，$p < 0.05$

（二）征地搬迁对村民生活幸福感的影响

第一，从对征地搬迁安置政策了解情况来看，越了解政策的村民生活幸福感越强。"很清楚"征地搬迁政策的被调查者其幸福指数为4.29，有所了解的被调查群体为3.9，完全不了解政策的群体只为3.19，远低于平均水平。当征地搬迁村民对搬迁政策有所了解后，对于他们生活幸福感的提高有正面的影响（见图6）。

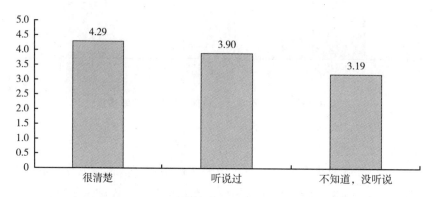

图6 各被调查征地搬迁村民对搬迁安置政策了解程度群体的生活幸福感

注：$F = 43.802$，$df = 2$，$p < 0.05$。

第二，从征地搬迁过程的几个重要阶段来看，在不同征地搬迁阶段，村民生活幸福感差异并不显著。"正准备搬迁"的被调查对象的生活幸福感最高，幸福指数为4.07，"搬迁过渡中"的被调查对象生活幸福度降为3.94，而

"已回迁"的被调查对象生活幸福度为 3.97。不过，这种细微差异不显著（见图 7）。

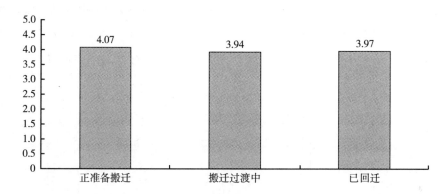

图7　被调查征地搬迁各阶段中村民生活幸福指数

注：$F = 0.245$，$df = 2$，$p < 0.05$。

第三，从回迁后的不同时期来看，村民的生活幸福感呈现抛物线变化的趋势。回迁时间在 1 年以下的被调查者幸福指数为 3.83，相对较低，这可能与搬迁初期对新的城市社区生活的不适相关。"1～2 年"的被调查者幸福指数最高，达到峰值 4.27，这与搬迁一年后搬迁者适应了新社区的生活并且经济状况较好有关。"2～3 年""3 年以上"的被调查对象幸福指数开始降低，分别为 4.09 和 3.81。在调查中，我们发现部分老搬迁村民在搬迁几年后开始不满意搬迁补偿与安置，这与本文的数据相符合（见图 8）。

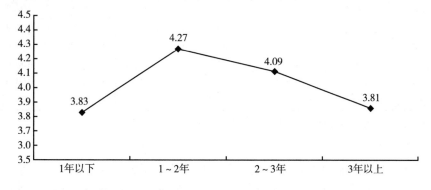

图8　被调查征地搬迁村民回迁后不同时段生活幸福指数

注：$F = 3.772$，$df = 3$，$p < 0.05$。

第四，从征地搬迁意愿来看，与生活幸福感呈现正相关，搬迁意愿越明显的居民的生活幸福指数越高。"十分愿意"的搬迁村民的生活幸福指数高达4.43，而"很不愿意"的搬迁居民的幸福指数仅为2.80。由此可见，搬迁村民的生活幸福感与搬迁意愿存在强烈的相关性（见图9）。进一步分析（见表1），在认为自己目前生活十分幸福的村民中，有53.7%十分愿意搬迁。

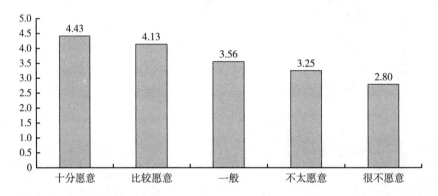

图9　查不同搬迁意愿村民的生活幸福指数

注：$F = 31.196$，$df = 4$，$p < 0.05$。

表1　被调查不同搬迁意愿村民的生活幸福感

单位：%

生活幸福感	搬迁意愿					合计
	十分愿意	比较愿意	一般	不太愿意	很不愿意	
很不幸福	40.0	—	—	—	60.0	100.0
不太幸福	—	16.7	50.0	16.7	16.6	100.0
一般	7.8	14.0	39.1	26.6	12.5	100.0
比较幸福	16.7	66.7	12.2	3.2	1.2	100.0
十分幸福	53.7	35.4	8.5	1.2	1.2	100.0
合计	24.6	45.7	17.3	7.7	4.7	100.0

注：$\chi^2 = 190.952$，$df = 16$，$p < 0.05$。

第五，从征地搬迁补偿满意度来看，与生活幸福感呈现正相关的关系。对征地搬迁补偿越满意其幸福指数越高。"十分满意"的搬迁村民的生活幸福指数高达4.84，而"很不满意"的搬迁居民的幸福指数则为3.18，整体上呈阶梯状递减趋势。由此可见，搬迁村民的生活幸福感与征地补偿的满意度存在显著相关，反映搬迁过程中获得的经济收益直接影响居民的生活幸福度（见图10）。

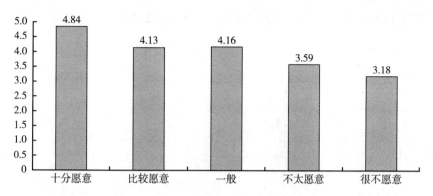

图10 被调查不同征地搬迁补偿满意度村民的生活幸福指数

注：$F = 37.016$，$df = 4$，$p < 0.05$。

第六，从对征地搬迁安置工作的满意度来看，与生产幸福感呈现正相关的关系。对征地搬迁安置工作越满意其幸福指数越高。"十分满意"的搬迁村民的生活幸福指数高达4.73，而"不太满意"的搬迁居民幸福满意度只为3.21，"很不愿意"幸福指数稍高，也只为3.26。由此可见，搬迁村民的生活幸福感与搬迁安置的满意度存在强烈的相关性（见图11）。

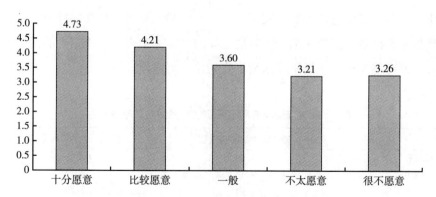

图11 被调查不同征地搬迁安置满意度村民的生活幸福指数

注：$F = 38.657$，$df = 4$，$p < 0.05$。

第七，从新的生活融入情况来看，与生产幸福感呈现正相关的关系。我们选取是否缴纳物业费为例，对缴纳物业费的态度是搬迁村民对新的生活方式融入的重要标识。在转变社会身份成为城市新居民后，是否缴纳物业费，不同产生幸福感的搬迁村民有着明显的态度差异。生活融入状况越好，即认为认可物业费的态度越积极，居民的幸福指数越高，在图12表现得十分明显。

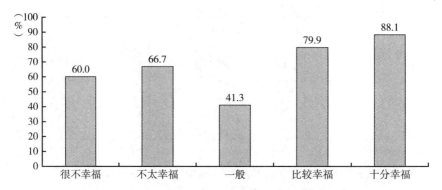

图12　被调查不同生活幸福指数的征地搬迁村民缴纳物业费的态度

注：$\chi^2 = 46.846$，$df = 4$，$p < 0.05$。

第八，从职业的变化来看，不同职业的村民在征地搬迁前后的生活幸福感出现变化。整体上看（见表2），对比搬迁前生活幸福指数，搬迁后生活幸福指数有所提高的是从事农业生产的农民、服务员、无业居民，而搬迁后生活幸福指数下降的有自己做生意的商贩和在工厂做工的工人。在传统职业分层的过程中，工人和做生意的商贩都较服务员、农民和无业者有更高的社会地位，而搬迁带来的巨额经济收入缩小了阶层之间的差距，工人和商贩相对的社会地位下降，这可能是他们生活幸福指数下降的最主要原因。

表2　被调查搬迁前后不同职业村民的生活幸福指数

	搬迁前生活幸福指数	搬迁后生活幸福指数
从事农业生产	4.02	4.05
自己做生意	4.15	4.13
在工厂做工人	3.84	3.80
服务员	3.45	4.06
无业	3.67	3.78
其他	4.12	4.07
总数	3.98	3.96
F 检验	2.740 *	1.835 *

注：* $p < 0.05$。

总起来看，征地搬迁村民生活幸福感处于较高水平，与此相应的搬迁意愿也处于较高的水平，因为，对于村民而言搬迁意味着新生活的开始，因此对于搬迁有着较高的预期，在搬迁安置方面，尤其是在搬迁补偿方面，村民持有较高的期待。也正是因为较高的心理预期，往往会与现实存在一着的差距，所以导致村民在搬迁安置与搬迁补偿上的满意度相对要低。但是，这并不影响村民的生活幸福感，因为相对比较以往，无论是搬迁得到的补偿在经济条件上的改善，还是新的生活质量，相比较以往都有了显著的提高。

表3　被调查征地搬迁村民主观感受比较

程度	幸福程度	愿意搬迁程度	搬迁安置满意程度	搬迁补偿满意程度
很高	26.2	24.7	12.0	10.3
较高	50.2	45.6	50.5	37.5
一般	20.2	17.4	18.6	20.3
较低	1.9	7.6	9.1	15.9
很低	1.6	4.7	9.8	15.9

三　北京搬迁村民社会幸福感较高的原因分析

　　概括来看，北京市搬迁村民生活幸福感较高的的原因主要有以下几方面。

　　第一，政治原因。北京市作为全国的政治经济文化中心，尤其是政治中心的重要地位使得北京市在处理关系社会问题时以稳定为主，对可能造成社会不公与社会矛盾的潜在危机都予以重视。搬迁问题是我国在社会经济转型过程中造成社会冲突的重要原因。对此，积极采取减少矛盾的措施，更大程度地满足搬迁群众的需求，在减少社会矛盾发生的同时，也提高了搬迁居民的满意度，搬迁居民的生活幸福感也得到较大的提高。

　　第二，经济原因。较高水平的搬迁补偿是搬迁居民生活幸福感较高的又一重要原因。在我们的调查中发现，搬迁村民在搬迁过程中，往往能够得到较高水平的搬迁补偿。这对于缓解长期处于低收入群体的农民家庭而言，有着改善生活的重要意义。这对于其提高生活幸福感有重要的作用。

第三，组织原因。强有力的组织动员能力是北京市搬迁村民生活幸福指数较高的重要社会支持系统。以我们调研的大兴区为例，在搬迁过程中，大兴区政府建立搬迁村转制工作新模式，形成一套完善的保障搬迁村农民长远利益的长效机制，制定了确保安置就业有岗位、经营增收有资产、稳定生活有保障、服务管理有组织的"四有机制"。该机制使居民在搬迁过程中的长效利益得到了保障，完整的社会支持系统保证了居民在搬迁以后的生活安置和生活适应，这对于提高居民的生活幸福感有重要的作用。

第四，利益原因。处理好资源与机会重新配置中的效率与公平问题。城市化是一场深刻的社会转型，必然引发资源与机会重新配置，在这个过程中，如果处理好效率与公平问题，避免资源与机会的重新配置不平衡引发社会矛盾与冲突，北京市不少郊区县在保护征地搬迁村民的利益方面，给予了较好的尊重，保证征地搬迁过程中居民的利益不受损的同时还能不断增收，逐渐实现由村民向市民的转变，不断推进北京城市化的进程。这对于减少征地搬迁过程的矛盾，保障居民的合法利益，提高搬迁居民生活幸福感有重要意义。

总起来看，北京市的实践表明，避免征地搬迁中的冲突是可能的。虽然作为首都，北京的资源禀赋是其他地区所不能复制和比拟的，但是从工作机制来看，理好市场与社会、效率与公平的关系，北京市的实践做出了积极的回应，搬迁村民的生活幸福感很高则是积极的证明。

Life Well-being of Land-expropriated and Resettled Villagers in Beijing

Hu Bei   Hu Jianguo

Abstract：During the rapid urbanization, how to resettle the land-expropriated villagers is a major task that governments need to process. This article is written on the basis of the survey on the Beijing suburb resettled villagers, in which well-being of them is an important question. The results of the data have shown that the resettled suburb villagers in Beijing are comparatively enjoying a high level of well-being. Beijing is the political center of China, which is the main reason, and keeping the harmony and stabilization of society is significant. That is why the well-being is high because interests of land-expropriated and resettled villagers are given a good respect during the reconfiguration of resources and opportunities. The data indicate that avoiding the conflicts during the resettlement in urbanization is possible, if we can handle the balance between efficiency and equity, and Beijing is a good example.

Key Words: Urbanization; Land Expropriation; Well-being; Harmony; Social Construction

B.24
大学生学习倦怠及影响因素的研究

赵丽琴　张海静*

摘　要：

本文采用"大学生学习倦怠量表"和自编的"大学生学习倦怠的影响因素"的调查问卷对北京工业大学的668名大学生进行了调查研究。结果表明，大学生存在一定程度的学习倦怠，在学习倦怠的"行为不当"维度上表现突出。学习倦怠在性别、年级、专业、学习成绩、家庭经济状况、学生干部这6个人口变量上存在显著性差异，在家庭所在地变量上无显著差异。学习目标、学习习惯、归因方式、网络成瘾、专业兴趣、家庭经济状况、学习氛围可以有效预测学生的学习倦怠，这些变量能够解释学生学业倦怠的66%。对此，需要采取各种有效措施来预防和降低学生的学习倦怠。

关键词：

大学生　学习倦怠　影响因素

一　引言

学生对学习没有兴趣或缺乏动力而又不得不为之时，就会感到厌倦、疲乏、沮丧和挫折，从而产生一系列不适当的逃避学习的行为，这种状态称为学习倦怠（learning burnout）。学习倦怠对于学生本人的身心健康、长远发展极为不利。这不仅关系高等教育的质量、学校的人才培养，也会造成教育资源的极大浪费。大学生学习动力不足、学习目标匮乏、学习状态不佳，主要原因是什么，应该如何采取有效措施预防并解决学生的学习倦怠问题，值得人们的思

* 赵丽琴，北京工业大学社会工作系副教授；张海静，北京工业大学社会学系研究生。

考与关注。

目前多数研究者将学习倦怠视为一种心理状态，表现为对学习的消极情绪和学习的逃避行为；但也有研究者认为，倦怠是一种心理过程，是在特定的学习情境中逐渐发展而成的。福建师范大学连榕教授将学习倦怠分为三个维度：情绪低落、行为不当和成就感低。情绪低落反映大学生由于不能很好地处理学习中的问题与要求，表现出倦怠、沮丧、缺乏兴趣等情绪特征；行为不当反映大学生由于厌倦学习而表现出逃课、不听课、迟到、早退、不交作业等行为特征；成就感低反映大学生在学习过程中体验到低成就的感受，或指完成学习任务时能力不足所产生的学习能力上的低成就感。

一些研究表明，大学生存在不同程度的学业倦怠，在行为不当这一维度上表现明显。近年来，大学生逃课、迟到早退等现象比较普遍，作业抄袭、考前突击、考试作弊等问题也屡见不鲜。一些高校公共课的到课率甚至不足50%，大班授课的课堂学生出勤情况更糟，即使在课堂上，隐性逃课现象也十分明显。玩手机、睡觉、聊天者大有人在。孙晓莉等（2007）对东南大学、南京师范大学、南京药科大学、南京信息工程大学、南京晓庄学院、南京艺术学院六所高校1036名大学生的调查研究表明，大学生存在一定程度的学习倦怠，学习倦怠人数占总人数的37.5%。

本研究旨在对目前北京市属高校大学生的学习倦怠状况及影响因素进行深入的调查，了解学生学习倦怠的基本情况，掌握影响学生学习倦怠的主要因素，并提出可行的解决策略。

二 研究方法

（一）调查对象

被试为北京工业大学学生。采用随机抽样方法，选取大学一到三年级的本科生为研究对象，共发放问卷700份，回收有效问卷668份，有效回收率为95.4%。调查对象中，男生340人，女生328人；大学一年级179人，大学二年级216人，大学三年级273人；文科专业284人，理工科专业384人。

（二）研究工具

本研究采用的是福建师范大学连榕等编制的"大学生学习倦怠调查量表"。该量表包括三个维度：情绪低落、行为不当和成就感低。量表的内部一致性 α 系数为：全量表为 0.865，情绪低落 0.782，行为不当 0.735，成就感低 0.700。问卷具有良好的信效度。学习倦怠的影响因素采用的是笔者自编的"大学生学习倦怠影响因素的调查问卷"。

（三）数据分析

采用 SPSS 17.0 统计软件进行数据分析处理。

三　研究结果与分析

（一）大学生学习倦怠的总体情况分析

大学生的学习倦怠基本情况见表1。

表1　大学生学习倦怠的基本情况

	N	均值 M	标准差 SD
情绪低落	668	2.804	0.669
行为不当	668	2.928	0.692
成就感低	668	2.596	0.603
学习倦怠总分	668	2.779	0.546

该量表的中间值为3，从表1中可以看出，大学生学习倦怠总分的均值为 2.779，行为不当、情绪低落、成就感低三个维度上的平均得分都在量表中值 3.0 以下，说明大学生学习倦怠情况接近中等水平但并没有达到严重化程度，与杨丽娴、孙爱玲等人的研究结果一致。其中，行为不当的得分最高，为 2.928，接近3，这与学生的实际学习情况比较符合。

学习倦怠总分、行为不当、情绪低落和成就感低的得分在3分以上者占总人数的比例分别是 39.1％、51.2％、43.7％和 29.5％。不容乐观的是，大学生普遍在"行为不当"这一维度得分最高，得分在 3 分以上的超过半数，这与贺泽明等人的研究结果一致。说明大学生的学习倦怠整体状况虽不至于非常严重，但在行为方面，相当一部分学生存在着比较严重的学习倦怠表现，如很多学生经常表现出迟到、早退、旷课等不当学习行为。

造成大学生"行为不当"的原因很复杂，社会、学校、教师、学生的角色职能履行不到位是重要的原因。严进宽出的教学体制以及应试教育暴露的弊端是重要原因；从学校来看，学校专业及课程设置不够合理，学校管理体制存在缺陷、课程考核不科学是重要原因。从教师职能上看，教学水平、教学要求和教学风格是影响学生学习的主要原因。从学生职能上看，角色的不正确定位以及对待学习任务的不负责态度是主要原因。针对大学生逃课的多样性，高校要根据实际情况，调整课程设置、提高教师授课水平、不断提高教学质量、采取激励机制提升学生学习积极性，减少学生"行为不当"现象的出现。

（二）学习倦怠得分在人口学变量上的分布差异

1. 学习倦怠的性别差异

以性别为自变量，学习倦怠的各维度和整体得分为因变量进行 t 检验。结果如表 2 所示。

表 2　学习倦怠得分在性别变量上的分布差异

	男（M ± SD）	女（M ± SD）	t 值
情绪低落	2.90 ± 0.66	2.71 ± 0.67	3.70 ***
行为不当	2.95 ± 0.67	2.90 ± 0.71	0.90
成就感低	2.64 ± 0.61	2.56 ± 0.59	1.70
学习倦怠总分	2.84 ± 0.53	2.72 ± 0.56	2.71 **

注：$^*p < 0.05$，$^{**}p < 0.01$，$^{***}p < 0.001$，下同。

由表 2 可以看出，男女大学生在情绪低落及学习倦怠总分上存在显著差异，且男生得分高于女生，也即男生比女生表现出更大程度的情绪低落，总体倦怠水平也比女生更高。但是性别对学习倦怠的其他两个维度没有影响。

　　许有云在研究中发现：男女生在倦怠总分、情绪低落和行为不当维度得分存在显著差异，并且男生得分高于女生。连榕在研究中也发现：男生在情绪低落维度的得分高于女生。从个人因素上看，女生的学习态度和学习心理更加积极些。与女生相比，当学习遇到挫败时，男生不善于情绪的宣泄与表达，会表现出情绪低落的反应。从外界因素上看，社会赋予男女不同的性别角色期待，对于男生更加强调"男儿当自强"，无形中赋予男生更多的社会责任和担当，但过多的社会责任转换成了一种压力，使得男生更容易表现出情绪上的倦怠。在以工科为主的高校中，男生比例居高，男生更容易被充满诱惑的网络游戏所吸引，自制力较差的大学生往往深陷其中而厌倦学习。

2. 学习倦怠的年级差异

表3　学习倦怠得分在年级变量上的分布差异

	大学一年级 M ± SD	大学二年级 M ± SD	大学三年级 M ± SD	F 值
情绪低落	2.77 ± 0.69	2.86 ± 0.64	2.78 ± 0.68	1.35
行为不当	2.93 ± 0.73	2.97 ± 0.68	2.90 ± 0.68	0.62
成就感低	2.54 ± 0.59	2.70 ± 0.60	2.55 ± 0.60	4.79 **
学习倦怠总分	2.75 ± 0.57	2.85 ± 0.51	2.75 ± 0.55	2.44

　　以年级为自变量，学习倦怠的各维度和整体得分为因变量进行单因素方差分析。如表3所示，不同年级的大学生在成就感低维度上存在显著差异。为进一步明确各个年级间的差异，使用 Scheffe 进行多重比较。结果表明：在成就感低维度上，大一学生与大二学生，大二学生与大三学生的得分具有显著差异。大二的成就感低得分高于大一、大三学生，在成就感低维度上的学习倦怠程度要比其他学生严重，这与连榕、贺泽明的研究结论一致。

　　大学一年级学生通过高考考验之后成就感较高，同时对自己未来的角色抱有很高的期待。随着对大学学习的了解和实际体验，对大学的新鲜感消失，学习任务的艰巨性和人际关系的复杂性凸显、理想与现实的冲突加剧，这些都会使学生的负性情绪体验逐步上升，对学习也产生倦怠情绪。进入三年级之后，他们对大学的生活已经适应，有了一套适合自己的学习方法，同时对自己的角色认知也更加理性和现实，知道如何调控自己的行为来匹配自身角色，面对毕业和工作，他们又能重拾自己的自信，找回学习生活中的成就感。

3. 学习倦怠的专业差异

表4 学习倦怠得分在专业变量上的分布差异

	理工科 M ± SD	文科 M ± SD	t 值
情绪低落	2.87 ± 0.67	2.71 ± 0.66	2.98 ***
行为不当	2.92 ± 0.70	2.94 ± 0.69	− 0.38
成就感低	2.64 ± 0.61	2.53 ± 0.58	2.41 *
学习倦怠总分	2.82 ± 0.55	2.73 ± 0.54	2.11 *

以专业为自变量，学习倦怠的各维度和整体得分为因变量进行 t 检验。统计结果如表4所示：不同专业的大学生在情绪低落、成就感低及学习倦怠总分上存在显著差异，理工科学生在这三项上的分值均高于文科学生，说明理工科学生的学习倦怠程度高于文科生，并且主要表现在情绪低落和成就感低维度上。

造成理工科与文科学生学习倦怠显著差异的原因可能是多方面的。从客观因素来看，理工科学生所学课程的难度较大，课程也比较枯燥，对学生的挑战性较高。从学生本身方面看，文科学生往往更善于表达情绪，遇到学习压力时也更加善于疏导与沟通，这些因素利于舒缓他们的倦怠情绪。

4. 学习倦怠的生源地差异

表5 学习倦怠得分的生源地差异

	农村 M ± SD	镇 M ± SD	县城 M ± SD	县以上城市 M ± SD	F 值
情绪低落	2.78 ± 0.67	2.76 ± 0.67	2.82 ± 0.67	3.04 ± 0.31	0.38
行为不当	3.00 ± 0.70	2.84 ± 0.67	2.93 ± 0.69	3.39 ± 0.42	1.40
成就感低	2.65 ± 0.62	2.60 ± 0.61	2.58 ± 0.60	2.78 ± 0.35	0.49
学习倦怠总分	2.81 ± 0.56	2.73 ± 0.54	2.78 ± 0.55	3.07 ± 0.20	0.61

以学生家庭所在地为自变量，学习倦怠的各维度和整体得分为因变量进行单因素方差分析。如表5所示，不同家庭所在地大学生的学习倦怠得分不存在

显著性差异。

5. 学习倦怠在学习成绩变量上的差异分析

以学习成绩为自变量，学习倦怠的各维度和整体得分为因变量，进行单因素方差分析。结果如表6所示。

表6 学习倦怠得分在学习成绩变量上的分布差异

	优秀 M ± SD	良好 M ± SD	一般 M ± SD	较差 M ± SD	F 值
情绪低落	2.51 ± 0.69	2.68 ± 0.63	3.06 ± 0.58	3.17 ± 0.78	27.24 ***
行为不当	2.55 ± 0.65	2.80 ± 0.65	3.22 ± 0.62	3.45 ± 0.65	39.84 ***
成就感低	2.23 ± 0.58	2.50 ± 0.54	2.85 ± 0.56	3.03 ± 0.61	40.23 ***
学习倦怠总分	2.44 ± 0.58	2.66 ± 0.54	3.05 ± 0.56	3.21 ± 0.61	52.92 ***

统计结果表明，不同学习成绩的大学生在学习倦怠的三个维度和总分上均存在显著性差异。成绩优秀者倦怠得分最低，其次为成绩良好者和一般者，成绩较差的学生倦怠程度最高。用 Scheffe 进行多重比较，结果发现，情绪低落维度上，成绩优秀与良好，一般与较差的学生差异不显著。优秀与一般、较差学生，良好与一般、较差的学生之间得分有显著差异。行为不当维度上，除成绩一般和较差的学生外，其他类型的学生得分具有显著差异，其次为成绩良好者和一般者，成绩较差的易在学习中表现不良行为。成就感低维度上，除了成绩一般和较差的学生，其他类型之间的学生得分具有显著差异，较差学生的成就感最低，学习优秀的学生成就感最高。

从个人因素来看，成绩较好的学生一般而言具有较强的学习动机，学习态度端正，学习认真，体验到成功的机会较多，更容易获得学习上的成就感，在学习中表现出的不良行为相对较少。从外界因素上看，虽然全面发展教育和减负的要求一直没有停下，但在应试教育的大背景下，上至社会各界下至教师家长往往以考试成绩作为衡量学生好坏的标准。成绩优秀的学生往往获得更多的赞许与关注，从而更加激发了他们在学习上的动力，使得他们不易产生学习倦怠情绪。

6. 学习倦怠在家庭经济状况变量上的差异分析

以家庭经济状况为自变量，学习倦怠的各维度和整体得分为因变量进行单因素方差分析。结果如表7所示。

表7 学习倦怠得分在家庭经济状况变量上的分布差异

	很好 M ± SD	较好 M ± SD	一般 M ± SD	困难 M ± SD	F 值
情绪低落	2.81 ± 0.60	2.70 ± 0.69	2.86 ± 0.64	2.87 ± 0.79	2.70 *
行为不当	2.87 ± 0.63	2.79 ± 0.72	3.02 ± 0.65	2.96 ± 0.78	4.96 **
成就感低	2.40 ± 0.59	2.46 ± 0.60	2.69 ± 0.58	2.72 ± 0.66	8.88 ***
学习倦怠总分	2.71 ± 0.49	2.66 ± 0.57	2.85 ± 0.51	2.85 ± 0.63	6.65 ***

统计结果显示，不同家庭经济状况的大学生在学习倦怠的三个维度和总分上均存在显著性差异。从总体上看，家庭经济较差的学生的倦怠程度会高于家境优越的学生，并且分别表现在情绪低落、行为不当、成就感低三个维度上。用 Scheffe 进行多重比较后显示：在行为不当维度上，家庭状况较好与一般的学生得分构成显著差异，经济状况较好的学生的得分低于经济状况一般的学生得分，较少出现不良行为。在成就感低维度上，经济状况很好与一般、较好与一般、较好与困难的学生得分具有显著差异。经济状况很好的学生得分低于一般的学生，经济状况较好的学生得分低于一般的学生，经济状况较好的学生得分低于困难的学生得分。在学习倦怠总分上，经济状况较好与一般学生得分呈现显著差异，经济状况较好的学生得分低于一般的学生。

从个人因素上看，家庭困难的大学生承受着较大的经济心理压力的同时，很容易因为周围同学在物质生活等方面与自己差距而产生自卑的心理，这种情绪延续至学习中影响了他们对学习的热情。从外界因素上看，良好的家庭环境减少了学生在学习中的"后顾之忧"，家庭富裕的学生能够更加专注地投入学习。出于更多的经济压力，家境困难的学生往往担当着各种不同的社会角色，如兼职打工等，这些社会角色如果与学生的角色相冲突（如过多的兼职工作时间占用了学习时间），就容易影响他们对学习的态度，使他们产生学习倦怠情绪。

7. 学习倦怠在学生干部变量上的差异分析

以学生干部为自变量，学习倦怠的各维度和整体得分为因变量进行 t 检验。结果如表 8 所示。

表8 学习倦怠得分在学生干部变量上的分布差异

	学生干部 M ± SD	非学生干部 M ± SD	t 值
情绪低落	2.74 ± 0.67	2.85 ± 0.66	− 2.08 *
行为不当	2.82 ± 0.71	3.00 ± 0.67	− 3.32 **
成就感低	2.53 ± 0.64	2.64 ± 0.57	− 2.21 *
学习倦怠总分	2.70 ± 0.56	2.83 ± 0.53	− 3.02 **

如表8所示，学生干部与非学生干部在学习倦怠的三个维度及总体得分上存在显著差异，学生干部的得分低于非学生干部。

从个人因素上看，班干部在学习和工作中有更强的成就动机。大多数班干部也是班里学习比较优秀的学生，成绩比较优异的学生更加乐于学习，较少产生倦怠情绪。从外界因素上看，学生干部任职以后，老师和同学的关注使得他们在学习效能上明显高于普通同学，加之社会期待所产生的"榜样带头"作用，使他们在学习生活中更少倦怠。

（三）学习倦怠的影响因素

综合以往的研究，我们编制了有关大学生学习倦怠的影响因素的调查问卷，涉及的影响因素主要包括学生自身、学校、家庭和社会四个方面。学生本身的因素主要包括学习目标、学习习惯、网络成瘾、心理困扰、归因方式、专业兴趣、角色冲突等；学校因素主要包括教学水平、课程设置、学习氛围、考试、学业负担等；家庭因素主要包括父母的期望、经济状况及教养方式等；社会因素主要包括社会风气、就业压力等。将这些变量作为自变量，把学习倦怠总分作为因变量进行多元回归分析。标准回归系数 R 为 0.818，R^2 为 0.668，调整后的 R^2 为 0.660。结果如表9所示。

表9 大学生学习倦怠影响因素的回归分析

变量	非标准回归系数 B	标准回归系数 β	t	Sig.
常数	.836	—	7.491	.000
课程设置	.011	.014	.479	.632
学习氛围	.042	.057	2.181	.030 *

变量	非标准回归系数 B	标准回归系数 β	t	Sig.
教学水平	0.015	.018	.691	.490
考试水平	.005	.006	.239	.811
学业负担	.051	.075	2.817	.005 **
学习目标	.080	.122	3.704	.000 **
学习习惯	.241	.374	11.167	.000 **
归因方式	.072	.099	3.285	.001 **
心理困扰	.031	.045	1.597	.111
网络成瘾	.105	.165	5.332	.000 **
专业兴趣	.148	.208	7.397	.000 **
父母期望	− .030	− .042	− 1.745	.081
经济状况	− .051	− .059	− 2.472	.014 *
家庭教养	− .025	− .037	− 1.497	.135
社会风气	.032	.047	1.527	.127
就业压力	.014	.022	.779	.436
角色冲突	− .009	− .012	− .413	.680

由表9可以看出，学习目标、学习习惯、归因、网络成瘾、专业兴趣、经济状况、学习氛围这些变量进入回归方程。这些变量能够解释学生学业倦怠变异的66%。

进一步使用 Stepwise 进行逐步回归，依次进入回归方程的变量是：学习习惯、专业兴趣、网络成瘾、学习目标、归因风格、学习负担、学习氛围、经济状况和社会风气。

从这一研究结果可以看出，目前大学生能够比较客观地看待自己的学习状态，大多从个人因素进行分析。结合访谈研究，我们发现，良好的学习习惯、明确的学习目标、合理的归因方式、对专业的兴趣等个人因素是影响学生学习倦怠的重要因素。而目前以工科为主的院校中男生普遍对网络游戏比较痴迷，这也是引起学生学习倦怠的重要诱因。从外界因素看，学习负担重，功课有难度，周围的学习氛围等，加上多年的应试教育，使一些学生对学习产生了严重的厌倦心理。

学习氛围也是影响学生学习倦怠的重要因素。有些班级和宿舍的学习风气不佳，一些宿舍的男生玩游戏现象十分突出，除了上课外，业余时间大多用在娱乐和玩耍方面，作业抄袭，考前突击。对网络游戏的痴迷，会在很大程度上影响学生对学习的态度和学习投入。另外，一些同学的经济状况不佳，需要抽出时间去打工，这在一定程度上也会影响他们对学习的态度，此外，目前一些不良的社会风气，也在一定程度上助长了学生的学习倦怠心理。

四　结论及建议

（一）结论

根据调查研究的结果，得出下列结论。

第一，调查中大学生存在的学习倦怠状况处于中等水平，在"行为不当"维度上表现明显。

第二，大学生学习倦怠得分在性别、年级、专业、学习成绩、家庭经济状况、学生干部这6个人口变量上存在显著性差异。男生比女生表现出更大程度的情绪低落，总体倦怠水平也比女生更高；理工科学生比文科学生的学习倦怠程度要高；不同学习成绩的大学生在学习倦怠的三个维度和总分上均存在显著性差异。成绩优秀者的倦怠得分最低，成绩较差的学生倦怠程度最高；学生干部比一般同学的倦怠程度更低。学生学习倦怠得分在家庭所在地变量上无显著差异。

第三，学习习惯、专业兴趣、网络成瘾、学习目标、归因风格、学习负担、学习氛围、经济状况和社会风气等因素可以有效预测学生的学习倦怠。

（二）建议

针对上述研究结果，为了有效预防和降低学生的学习倦怠，学校、家庭和社会需要采取各种措施来有效应对学生的学习倦怠。

（1）从新生入学起，加强新生入学教育，通过选拔责任心强、热爱学生工作的教师作为学生的指导教师，与学生建立一对一的联系，帮助学生正确认识大学的学习，确立明确的学习目标，掌握有效的学习策略。

（2）加强专业实践与专业教育，与社会用人单位建立联系，通过讲座、参观、实习等渠道，让学生了解社会用人单位对大学生的多方面素质的要求，增强个人的责任感和紧迫感。

（3）结合专业特点，有针对性地开展一些活动，如读书会、学生优秀成果展示会等，注重营造良好的学习氛围，加强对不同学习动机的学生的引导和管理。

（4）引导学生合理上网，对于网络成瘾的学生要通过班主任、学生干部、心理咨询老师、团体辅导等各种途径加以干预，建立针对性的干预机制。

（5）通过各种途径增加学校勤工助学的机会，切实帮助学生解决经济方面的负担。可以将学生的勤工助学与教师的科研工作结合起来，让学生在工作的过程中提升学习和科研能力。

（6）不断提升教师的教学水平，增强课堂吸引力，改革考试内容和形式，注重过程性评价。

参考文献

连榕、杨丽娴、吴兰花：《大学生专业承诺、学习倦怠的状况及其关系》，《心理科学》2006 年第 1 期。

贺泽明：《大学生的学习倦怠与认识论信念的关系》，山东师范大学硕士论文，2008。

许有云：《大学生学习倦怠及其与应对风格的关系》，《中国健康心理学杂志》2007 年第 3 期。

孙爱玲：《大学生学习倦怠及其影响》，山东师范大学硕士论文，2006。

魏婷：《大学生学习倦怠初探》，合肥工业大学硕士论文，2007。

孔媛媛：《大学生学习倦怠及其应对策略研究》，大连理工大学硕士论文，2008。

付立菲、张阔：《学生积极心理资本与学习倦怠的关系》，《中国健康心理学杂志》2010 年第 11 期。

孙晓莉：《大学生学习倦怠的现状及成因研究》南京师范大学硕士论文，2007。

Study on the Learning Burnout of University Students

Zhao Liqin   Zhang Haijing

Abstract: The study was conducted in a sample of 668 college students from Beijing University of Technology. "The college students' learning burnout scale" and the "factors affecting college students' learning burnout questionnaire" designed by ourselves are used as the survey scales. The results indicate that college students have the middle level on learning burnout level, and they appear serious on the dimension of "unsuitable behavior". Learning burnout present significant difference at the demography variables of sex, grade, major, academic performance, family economic status and student leader, and there is no significant difference at the student homeplace. Such variables as learning goals, study habit, attribution style, internet addiction, major interest, family economic status, learning atmosphere can significantly predict learning burnout, and explain 66% of the variance of learning burnout. Therefore all kinds of effective measures should be taken to prevent and reduce the learning burnout of college students.

Key Words: College Students; Learning Burnout; Affecting Factors

B.25
2012 年北京郊区县社会建设评估报告

王丽珂*

摘　要：

2011 年，伴随着经济全面结构性减速的大背景，北京郊区县的经济发展相比 2010 年有所回落，大部分地区财政收入减少，但社会建设呈现均衡发展的态势。文章对北京郊区县近两年社会建设数据进行整理和分析，以便真实、客观地对北京主要郊区县社会建设情况作出综合评价，总结现状和成绩，找出问题并提出进一步优化的对策建议。

关键词：

北京郊区县　社会建设　评估

一　2011 年度北京郊区县社会建设现状

2011 年是北京郊区县社会建设取得关键性推进的一年。截至 2011 年底，北京郊区县与往年经济强势增长的形势相比，大部分地区在财政收入不增反减的情况下，依然保持了社会建设的长足发展。总体上从年度经济发展和社会建设的成绩比较来看，2011 年度是近年来社会建设绩效产出最高的一年。

根据《北京区域统计年鉴 2012》和《北京统计年鉴 2012》，将社会建设九大方面二级指标所涉及的主要代表性三级指标进行计算整理可以看出，与中心城区相比，在基本民生上，北京各郊区县收入分配结构合理，优于全市平均水平，但就业形势严峻。其中，在就业方面，各区县人均从业人员劳动报酬为

---

* 王丽珂，博士，毕业于北京工业大学，华北水利水电学院讲师，研究方向为社会建设与社会管理。

5.03 万元，低于全市平均 7.43 万元，与东城、西城平均 9.51 万元和朝阳、丰台、石景山和海淀平均 7.61 万元差距更大；除了顺义和大兴外，其他郊区县的失业率均高于全市平均失业率 1.17%，形势严峻。在收入分配方面，各区县居民收入占 GDP 比重平均水平为 65.28%，高于全市平均 37.76%，各区县城乡收入差距均小于全市平均水平 2.23∶1。在社会保障与救助方面，各区县人均社会保障支出额小于全市平均 2780 元/人。

　　就以教育和医疗卫生为主要代表的公共事业而言，北京 9 个郊区县小学每一专任教师负担学生数与中学每一专任教师负担学生数平均分别为 12.96 人和 8.29 人，低于全市平均水平 14.90 人和 8.88 人；人均教育事业费平均为 2385.30 元，低于东城区和西城区首都功能核心区平均水平（2902.88 元），但高于朝阳、丰台、石景山和海淀城市功能拓展区平均水平（2076.04 元），总体上看与中心城区差别不大。医疗卫生事业中，郊区县每千人拥有医护人员与医院床位数平均分别为 4.84 人和 3.24 张，与全市平均水平 7.07 人和 4.34 张相比有一定差距；各地区人均医疗卫生支出平均为 1534.42 元，除怀柔与密云两地区外，其余均低于全市平均 1764.47 元。

　　涉及公益性基础服务的交通方面，郊区县人均私人汽车拥有量为 0.25 辆，也就是说每四个人就拥有一辆私人汽车，与东城和西城功能核心区数量持平，低于朝阳、丰台、石景山和海淀城市功能拓展区的平均水平（0.36 辆）。在住房建设上，各地区商品房价格为 1.10 万元/平方米，低于全市平均水平 1.68 万元/平方米；位于城市发展新区的郊区县房价总体上高于生态涵养区，除昌平外，各区县的房价收入比均低于全市平均水平。环境保护与美化方面，各郊区县人均环保支出平均为 351.58 元，高于中心城区六地区平均 194 元，由于郊区的自然环境优势，2/3 的郊区县林木绿化率高于全市 54% 的平均水平。

　　在社会治安管理方面，各地区除顺义外万人刑事案件立案数均低于全市平均 70.76 件；当年刑事案件破案率平均为 63.18%，稍高于全市平均 62.42%；值得注意的是，2011 年度各区县刑事案件立案增长率为 42.21%，高于全市 36.91% 的平均水平，并且从总体上高出往年平均水平。

　　2011 年度北京郊区县社会建设情况主要指标见表 1。

表 1   2011 年北京郊区县社会建设情况

项目\地区	房山	通州	顺义	昌平	大兴	怀柔	平谷	密云	延庆
人均教育事业费(千元)	1.97	1.78	2.73	2.29	2.67	3.08	2.21	2.06	2.69
小学每一专任教师负担学生数(人)	13.53	17.34	15.00	14.82	13.55	11.65	8.61	12.86	9.33
中学每一专任教师负担学生数(人)	8.65	8.45	9.06	6.76	7.26	7.59	8.52	9.64	8.72
人均医疗卫生支出(千元)	1.26	1.06	1.46	1.09	1.16	2.89	1.11	2.20	1.58
每千人医护人员(人)	5.42	3.84	4.62	3.83	4.21	5.83	5.99	4.96	4.89
每千人床位(张)	5.67	1.45	2.65	4.32	2.77	3.44	3.92	2.25	2.72
居民收入占 GDP 比重(%)	52.69	70.91	19.71	94.77	96.38	49.01	63.21	59.59	81.26
城市农村收入比(倍)	1.99	1.94	1.97	2.06	2.02	2.05	2.01	2.06	2.04
商品房价格(千元/平方米)	12.22	11.84	13.82	17.41	11.68	10.52	4.10	9.48	7.52
房价收入比(倍)	0.45	0.43	0.49	0.63	0.42	0.39	0.15	0.36	0.29
人均私人汽车拥有量(辆)	0.21	0.27	0.27	0.52	0.39	0.20	0.14	0.14	0.14
人均环保支出(千元)	0.25	0.17	0.24	0.15	0.13	0.63	0.38	0.69	0.51
林木绿化率(%)	54.7	23.9	26.7	61.8	26.0	75.6	66.8	65.5	65.8
每万人刑事案件立案数(件)	51.29	63.26	72.57	52.45	55.97	44.69	40.00	38.32	38.15
当年刑事案件破案率(%)	49.35	62.51	68.16	49.86	61.77	75.57	86.78	55.24	59.41
刑事案件立案增长率(%)	29.94	27.02	36.29	28.22	38.02	65.80	10.29	62.17	81.91
人均社会保障支出额(千元)	2.11	1.85	2.64	2.53	1.78	2.41	1.96	1.80	2.74
优抚救济对象人数所占比例(%)	2.79	2.07	2.05	1.23	1.26	4.77	3.59	3.38	3.71
人均从业劳动人员报酬(万元)	5.04	4.46	6.31	5.37	6.50	5.45	3.97	4.07	4.06
失业率(%)	4.04	1.67	0.50	1.51	0.88	2.79	1.33	2.18	2.78

资料来源:根据《北京统计年鉴 2012》《北京区域统计年鉴 2012》数据计算整理所得。http://www.bjstats.gov.cn/。

二   2011 年度北京郊区县经济发展与社会建设评估

(一)2011 年北京郊区县经济发展评估

对北京郊区县 2011 年经济发展的各项指标进行综合评估后发现,经济发展综合得分排在前五位的依次是顺义、通州、大兴、房山和怀柔。这其中经济总量指标排名前五位的分别是顺义、大兴、房山、通州和昌平,经济增速指标排名前五位的分别是怀柔、密云、顺义、平谷和通州。在经济总量上,排名前五位的都是规划中的城市发展新区;排名后四位的都是生态涵养区。在经济增速上,由于

转变经济发展方式，排名前五位的五个地区中，怀柔、密云和平谷三个地区都位于生态涵养区，其中怀柔和密云还占据了经济增速的冠亚军；在排名后四位的地区中，除了延庆位于生态涵养区，其余三个全部是城市发展新区，其中大兴和房山虽然在经济总量上居第二位和第三位，但在经济增速上却列第九位和第八位后两位，显示出在当前经济全面结构性减速大背景下的发展后劲不足（见表2）。

表2　2011 年北京郊区县经济发展排名

	房山	通州	顺义	昌平	大兴	怀柔	平谷	密云	延庆
经济总量 排名	0.40513 3	0.37294 4	0.83061 1	0.31445 5	0.49052 2	0.15016 6	0.10128 8	0.10697 7	0.00009 9
经济增速 排名	0.20498 8	0.40375 5	0.61863 3	0.30106 6	0.07859 9	0.64251 1	0.57534 4	0.63682 2	0.35967 7
综合得分 排名	0.33854 4	0.38312 2	0.76001 1	0.30996 6	0.35333 3	0.31415 5	0.25918 8	0.28337 7	0.11979 9

（二）2011 年度北京郊区县社会建设评估

依据对北京郊区县 2011 年就业、社会保障、收入分配、教育、医疗、交通、环境保护和社会治安管理 9 个方面的主要指标所进行的综合评估可以看出，社会建设综合得分排名第一位的是怀柔、第二位的是平谷、第三位的是顺义、第四位的是大兴、第五位的是昌平。社会建设综合得分排名前两位的依然是位于远郊生态涵养区的怀柔和平谷，其次才是位于城市发展新区的顺义、昌平和大兴。社会建设综合得分排名后四位的依次是延庆、房山、通州和密云，其中生态涵养区的延庆和密云分别列第六名和第九名，城市发展新区的房山和大兴分别列第七名和第八名（见表3）。

表3　2011 年北京郊区县社会建设评估排名

	房山	通州	顺义	昌平	大兴	怀柔	平谷	密云	延庆
就 业 排 名	0.2099 9	0.4267 5	0.9818 1	0.4695 3	0.8841 2	0.4134 6	0.4274 4	0.3467 7	0.2233 8
社保救助 排 名	0.2942 8	0.3856 6	0.8202 2	0.8999 1	0.5389 4	0.4503 5	0.2943 7	0.2383 9	0.7492 3

续表

	房山	通州	顺义	昌平	大兴	怀柔	平谷	密云	延庆
收入分配 排　名	0.4845 5	0.8517 1	0.6355 3	0.5429 4	0.6808 2	0.2261 9	0.4661 6	0.2319 8	0.2868 7
教　育 排　名	0.2925 7	0.1246 9	0.4336 6	0.5432 5	0.6525 2	0.8092 1	0.5496 4	0.2401 8	0.6499 3
医　疗 排　名	0.5656 2	0.0014 9	0.2836 6	0.2110 7	0.1686 8	0.8192 1	0.4885 3	0.4635 4	0.3519 5
交　通 排　名	0.2900 8	0.3331 6	0.3003 7	0.4000 3	0.3507 5	0.4484 2	0.2838 9	0.3751 4	0.5999 1
住　房 排　名	0.3874 7	0.4490 6	0.2767 8	0.0000 9	0.4502 5	0.5153 4	1.0000 1	0.5895 3	0.7360 2
环　境 排　名	0.4158 6	0.1874 8	0.2266 7	0.4182 5	0.1114 9	0.8608 1	0.7550 2	0.7050 3	0.4797 4
社会治安 排　名	0.3359 9	0.4342 4	0.4105 5	0.3404 8	0.4396 3	0.6090 2	0.9866 1	0.3962 6	0.3843 7
综合得分 排　名	0.3639 7	0.3638 8	0.5478 3	0.4689 5	0.5241 4	0.5624 1	0.5560 2	0.3533 9	0.4641 6

（三）北京郊区县社会建设历史回溯

　　根据 2011 年与 2010 年的数据比较显示，在经济建设方面，怀柔的排名上升了三位，由 2010 年的第八位上升至 2011 年的第五位，超过了平谷、密云和昌平；通州的排名上升了两位，由 2010 年的第四位上升至 2011 年的第二位，超过了大兴和房山；顺义、大兴和延庆的排名没有发生变化；排名下降的四个地区分别为昌平、平谷、密云和房山。在社会建设方面，排名上升两位的地区有顺义和大兴，排名上升一位的有房山和通州，怀柔和平谷保持原来的领先地位不变，昌平和密云和延庆则分别后退了一位、二位和三位。2011 年，原来经济发展的优势地区明显增大了社会建设的投入力度，排名得到改善，如房山、通州、顺义和大兴。特别是房山在经济发展落后两位的情况下，社会建设排名依然前进一位（见表 4）。

表4 北京郊区县社会建设（2011年与2010年比较）

地区	房山	通州	顺义	昌平	大兴	怀柔	平谷	密云	延庆
2011年经济发展	0.3385	0.3831	0.7600	0.3099	0.3533	0.3141	0.2591	0.2833	0.1197
2011年排名	4	2	1	6	3	5	8	7	9
2010年经济发展	0.6019	0.3408	0.6216	0.2902	0.3980	0.0995	0.1020	0.1056	0.0096
2010年排名	2	4	1	5	3	8	7	6	9
排名变化	-2	+2	0	-1	0	+3	-1	-1	0
2011年社会建设	0.3639	0.3638	0.5478	0.4689	0.5241	0.5624	0.5560	0.3533	0.4641
2011年排名	7	8	3	5	4	1	2	9	6
2010年社会建设	0.3602	0.3136	0.4996	0.5179	0.4629	0.6217	0.5695	0.3791	0.5605
2010年排名	8	9	5	4	6	1	2	7	3
排名变化	+1	+1	+2	-1	+2	0	0	-2	-3

三 北京郊区县社会建设2011年度评述

（一）北京郊区县社会建设的区域格局：区域差距持续缩小，基本民生与基本公共服务的均等化水平稳步提高

表5 北京郊区县2009年、2010年、2011年社会建设综合指数

指标	均值	标准差	最大值	最小值	总值
2011年社会建设综合指数	0.4671	0.0873	0.5624	0.3533	4.204
2010年社会建设综合指数	0.4761	0.1053	0.6217	0.3136	4.285
2009年社会建设综合指数	0.5348	0.1170	0.7008	0.3208	4.895

在对北京郊区县构成社会建设总体规模的分项组成要素进行综合描述统计分析可以发现，从社会建设综合指数来看，2011 年各地区较 2009 年、2010 年相比，均值（0.4671）分别下降 0.068 和 0.009，标准差（0.0873）分别下降 0.030 和 0.018，指数加总（4.204）分别下降 0.691 和 0.081。数据说明 2011 年北京郊区县社会建设总体上与前两年相比略呈下降态势但差别不大，产出基本持平，同时，区域间社会建设产出的差距在持续缩小，意味着政府基本民生与基本公共服务的均等化水平得到稳步提高。

（二）北京郊区县社会建设的结构变化：生态涵养区独占前两名，城市发展新区的社会建设推进速度加快

2011 年北京郊区县社会建设的综合水平较往年相比，在结构上呈现出均衡发展态势。首先，位于生态涵养区的四个区县除了怀柔和平谷由于前期基础较好，继续保持原来的第一位和第二位地位不变之外，延庆的第六位属于中等地位，密云排名第九居最后一名，但是单就延庆和密云的经济形势来看，其社会建设地位与其经济地位基本相符。其次，位于城市发展新区的五个区县，顺义、大兴和昌平包揽了社会建设的第三位、第四位、第五位居中上等，房山和通州列第七位和第八位，排名靠后，但与往年相比，城市发展新区的平均排名得到了提高。这说明 2011 年度城市发展新区的各区县明显加快了社会建设的投入力度，排名落后的结构得到改善。

（三）北京郊区县社会建设的优势与问题：区域之间总体呈现均衡，各地区内部的局部均衡性有待提高

前文通过表 5 的分析可以看出，北京郊区县社会建设综合指数的标准差近年来出现连续下降，说明区域之间社会建设总体上逐步呈现均衡发展的态势。但是，通过对各地区构成社会建设的要素指标进行雷达图分析可以明显看出，在构成社会建设总指标的 9 个要素指标中，各地区的发展仍然不够均衡。例如，怀柔因其教育、医疗和环境等要素优势使社会建设综合得分居首位，但其

就业要素指标的得分却位列第六，收入分配要素指标得分甚至居末位；通州的收入分配指标得分虽然位列第一，其教育和医疗卫生的要素指标得分却居末位；顺义和昌平的就业、社保救助和收入分配等要素指标虽然位列前茅，其住房等要素指标却相对落后。平谷的住房和社会治安要素指标虽然位列第一，其交通指标得分却居末位；延庆的交通和住房指标得分虽然位列前茅，但与其就业指标的得分相比落差较大。涵盖了基本民生和公共服务的社会建设需要统筹兼顾、均衡发展才能实现协调，因此，各地区社会建设内部的局部均衡性有待进一步提高（见图1）。

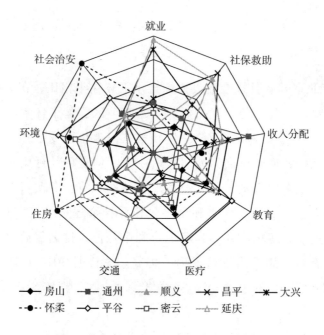

图1　北京郊区县2011年社会建设雷达图

（四）北京郊区县社会建设的协调性：经济发展与社会建设开始呈现协调发展态势

如果将北京郊区县各地区2011年经济发展情况按照从小到大的顺序依次排列，得到图2所示从延庆到顺义各地区经济发展综合指数呈单调递增状态的分布线，对应的社会建设综合指数分布线虽然呈现出上下波动状态，但与往年相比，社会建设综合指数分布线在 2011 年开始整体上与经济发展综合指数的分布线走向趋近一致，说明在 2011 年度经济发展与社会建设开始呈现协调发展态势，虽然这一态势还需继续加强，这是一个可喜的变化。

具体而言，经济发展排名前三的顺义、通州和大兴，除通州由于人口基数因素，原本社会建设基础较差位列第八之外，顺义和大兴的社会建设已经前进至第三和第四；经济发展排名位居第四、第五和第六的房山、怀柔和昌平，除怀柔基础较好继续保持冠军的优势外，房山和昌平对应的社会建设分别位列第七和第五；经济发展排名第七、第八和第九的密云、平谷和延庆，除平谷由于良好的基础继续保持亚军的优势外，密云和延庆对应的社会建设分别位列第九和第六（见图 2）。

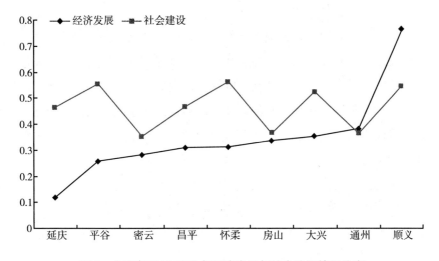

图 2　北京郊区县 2011 年经济发展与社会建设情况分布

四　政策建议

根据规划，"十二五"时期北京的社会建设将本着"统筹协调，整体推进"的基本工作原则进一步完善，经济发展与社会建设也将统筹兼顾、更加协调。要实现这个目标，需要重点做到以下几个方面的工作。

第一，继续调整结构，进一步推进中心城区与郊区公共服务的区域均等化发展。

北京郊区县的社会建设在很多方面与中心城区相比，还存在不小的差距。今后一段时期，需要政府继续调整结构，进一步加大对北京郊区县基本公共服务的投入力度，持续提高北京郊区县各地区在教育、就业、医疗卫生等资源方面的服务水平与服务质量，实现中心城区与郊区公共服务的区域均等化发展。

第二，因地制宜，重点增大社会建设体系中弱项指标的投入。

前文分析得出，在北京郊区县区域间社会建设开始呈现均衡发展，但是在各地区内部，社会建设各项要素指标的发展仍然欠缺均衡。这需要各地区在下一步工作中，结合自身实际，重点增大本地区社会建设体系中弱项指标的投入，缩小差距，从整体上提高社会建设的质量。

第三，完善政策设计，推进经济发展与社会建设的进一步协调。

虽然北京郊区县经济发展与社会建设开始呈现协调发展态势，但总体而言这种态势还不够明显，城市发展新区的社会建设仍落后于生态涵养区。政府需完善政策设计，加强服务体系和治理体系的建设，构建相互联系、相互支持的规范与制度体系，建立适当、务实、全面的绩效考核制度，实现经济与社会更加协调的发展。

参考文献

北京市统计局：2012 年《北京区域统计年鉴》，北京统计信息网，http://www.bjstats.gov.cn/。

北京市统计局：2012 年《北京统计年鉴》，中国统计出版社，2012。

北京市统计局：2009～2011 年《北京区域统计年鉴》，同心出版社，历年。

北京市统计局：2009～2011 年《北京统计年鉴》，中国统计出版社，历年。

连玉明：《中国社会管理创新报告》，社会科学文献出版社，2012。

陆学艺、李培林、陈光金：《2013 年中国社会形势分析与预测》，社会科学文献出版社，2012。

汝信、付崇兰：《中国城乡一体化发展报告》，社会科学文献出版社，2012。

附表 1　北京郊区县经济发展评价指标体系各级指标及权重

一级指标	二级指标	权重	三级指标	权重	指标性质
北京郊县 经济发展	经济总量 指标	0.667	GDP(亿元) 人均 GDP(元/人) 地方财政收入(亿元)	0.200 0.200 0.267	正指标 正指标 正指标
	经济增速 指标	0.333	第三产业增长率(%) GDP 增长率(%) 地方财政收入增速(%)	0.067 0.133 0.133	正指标 正指标 正指标

附表 2　北京郊区县社会建设评价指标体系各级指标及权重

一级指标	二级指标	权重	三级指标	权重	指标性质
北京郊区县 社会建设 U	就业 U_1	0.143	从业人员(人)U_{11} 城镇居民平均每一就业者负担人数(人)U_{12} 从业人员人均劳动报酬(万元/人)U_{13} 失业率(%)U_{14}	0.0215 0.0358 0.0358 0.0501	正指标 逆指标 正指标 逆指标
	社会保障与 社会救助 U_2	0.143	优抚、救济对象人数所占比例(%)U_{21} 城乡最低生活保障人数(人)U_{22} 社会救济总人数(人)U_{23} 人均社会保障支出额(元)U_{24}	0.0357 0.0214 0.0214 0.0643	适度指标 适度指标 适度指标 正指标
	收入分配 U_3	0.143	居民收入占 GDP 比重(%)U_{31} 城镇居民人均可支配收入(元)U_{32} 农村居民人均纯收入(元)U_{33} 城市农村收入比(倍)U_{34}	0.0429 0.0286 0.0286 0.0429	正指标 正指标 正指标 适度指标
	教育 U_4	0.143	人均教育事业费(元)U_{41} 中学每一专职教师负担学生数(人)U_{42} 小学每一专职教师负担学生数(人)U_{43}	0.0572 0.0429 0.0429	正指标 适度指标 适度指标
	医疗卫生 U_5	0.143	人均医疗卫生支出(元)U_{51} 每千人拥有医院床位数(张)U_{52} 每千人拥有医护人员数(人)U_{53}	0.0572 0.0429 0.0429	正指标 正指标 正指标
	交通 U_6	0.047	人均汽车拥有量(辆)U_{61} 人均公路里程(米)U_{62} 经营性停车场车位总数(个)U_{63}	0.0094 0.0188 0.0188	适度指标 正指标 正指标
	住房 U_7	0.047	商品房价格(元/平方米)U_{71} 住宅价格(元/平方米)U_{72} 房价收入比(倍)U_{73}	0.0141 0.0141 0.0188	适度指标 适度指标 逆指标

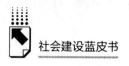
续附表

一级指标	二级指标	权重	三级指标	权重	指标性质
北京郊区县社会建设 U	环境保护与美化 U_8	0.048	人均环保支出(元)U_{81}	0.0168	正指标
			生活垃圾无害化处理率(%)U_{82}	0.0168	正指标
			林木绿化率(%)U_{83}	0.0144	正指标
	社会治安管理 U_9	0.143	万人刑事案件立案数(件)U_{91}	0.0357	逆指标
			刑事案件立案增长率(%)U_{92}	0.0358	逆指标
			当年刑事案件破案率(%)U_{93}	0.0715	正指标

2012 Beijing Suburban Counties Society-building Assessment Report

Wang Like

Abstract: In 2011, with the context of the overall economic structural deceleration, compared to the last year, Beijing county's economic growth rate fell back, the revenue of the most region reduced, but the society-building showed a balanced development situation. The report did the data collection and analysis on Beijing suburban counties society-building in the past two years, made a comprehensive evaluation on the society-building of major suburban counties of Beijing, summarized the status and achievements, and identified problems and proposed further optimization suggestions.

Key Words: Beijing Suburban Counties; Society-building; Assessment

权威报告 热点资讯 海量资源

当代中国与世界发展的高端智库平台

皮书数据库 www.pishu.com.cn

皮书数据库是专业的人文社会科学综合学术资源总库，以大型连续性图书——皮书系列为基础，整合国内外相关资讯构建而成。包含七大子库，涵盖两百多个主题，囊括了近十几年间中国与世界经济社会发展报告，覆盖经济、社会、政治、文化、教育、国际问题等多个领域。

皮书数据库以篇章为基本单位，方便用户对皮书内容的阅读需求。用户可进行全文检索，也可对文献题目、内容提要、作者名称、作者单位、关键字等基本信息进行检索，还可对检索到的篇章再作二次筛选，进行在线阅读或下载阅读。智能多维度导航，可使用户根据自己熟知的分类标准进行分类导航筛选，使查找和检索更高效、便捷。

权威的研究报告，独特的调研数据，前沿的热点资讯，皮书数据库已发展成为国内最具影响力的关于中国与世界现实问题研究的成果库和资讯库。

皮书俱乐部会员服务指南

1. 谁能成为皮书俱乐部会员？

- 皮书作者自动成为皮书俱乐部会员；
- 购买皮书产品（纸质图书、电子书、皮书数据库充值卡）的个人用户。

2. 会员可享受的增值服务：

- 免费获赠该纸质图书的电子书；
- 免费获赠皮书数据库100元充值卡；
- 免费定期获赠皮书电子期刊；
- 优先参与各类皮书学术活动；
- 优先享受皮书产品的最新优惠。

社会科学文献出版社 皮书系列

卡号：2584471480966102
密码：

（本卡为图书内容的一部分，不购书刮卡，视为盗书）

3. 如何享受皮书俱乐部会员服务？

（1）如何免费获得整本电子书？

购买纸质图书后，将购书信息特别是书后附赠的卡号和密码通过邮件形式发送到 pishu@188.com，我们将验证您的信息，通过验证并成功注册后即可获得该本皮书的电子书。

（2）如何获赠皮书数据库100元充值卡？

第1步：刮开附赠卡的密码涂层（左下）；

第2步：登录皮书数据库网站（www.pishu.com.cn），注册成为皮书数据库用户，注册时请提供您的真实信息，以便您获得皮书俱乐部会员服务；

第3步：注册成功后登录，点击进入"会员中心"；

第4步：点击"在线充值"，输入正确的卡号和密码即可使用。

皮书俱乐部会员可享受社会科学文献出版社其他相关免费增值服务
您有任何疑问，均可拨打服务电话：010-59367227 QQ:1924151860
欢迎登录社会科学文献出版社官网(www.ssap.com.cn)和中国皮书网（www.pishu.cn）了解更多信息

法 律 声 明

　　“皮书系列”（含蓝皮书、绿皮书、黄皮书）由社会科学文献出版社最早使用并对外推广，现已成为中国图书市场上流行的品牌，是社会科学文献出版社的品牌图书。社会科学文献出版社拥有该系列图书的专有出版权和网络传播权，其 LOGO（　）与“经济蓝皮书”、“社会蓝皮书”等皮书名称已在中华人民共和国工商行政管理总局商标局登记注册，社会科学文献出版社合法拥有其商标专用权。

　　未经社会科学文献出版社的授权和许可，任何复制、模仿或以其他方式侵害“皮书系列”和 LOGO（　）、“经济蓝皮书”、“社会蓝皮书”等皮书名称商标专用权的行为均属于侵权行为，社会科学文献出版社将采取法律手段追究其法律责任，维护合法权益。

　　欢迎社会各界人士对侵犯社会科学文献出版社上述权利的违法行为进行举报。电话：010－59367121，电子邮箱：fawubu@ssap.cn。

社会科学文献出版社